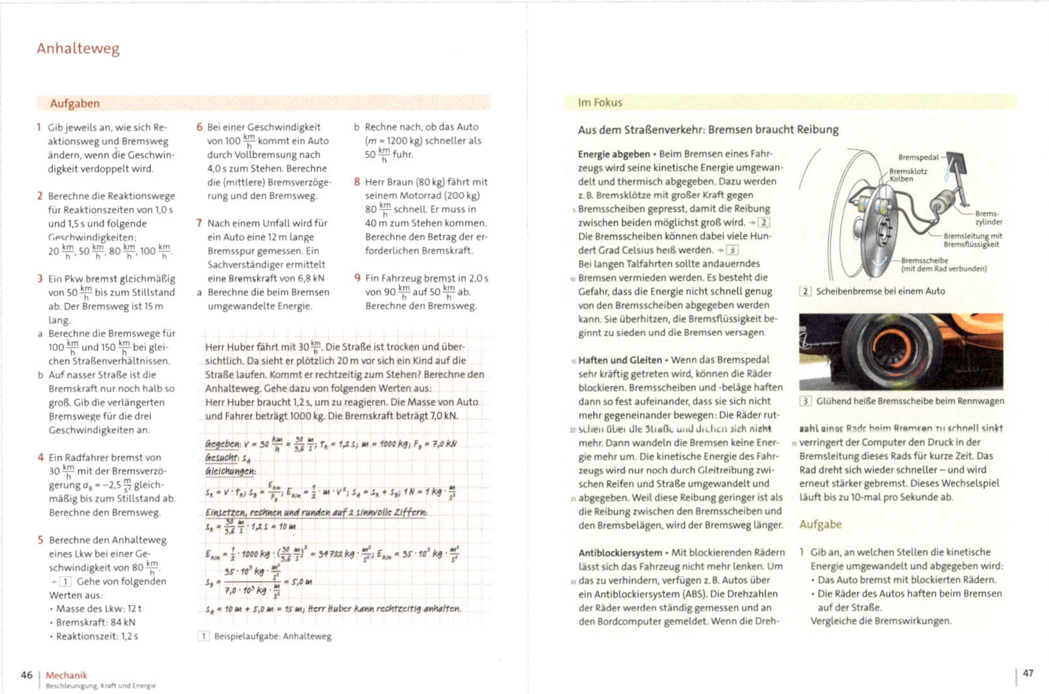

Anhalteweg

Aufgaben

1 Gib jeweils an, wie sich Reaktionsweg und Bremsweg ändern, wenn die Geschwindigkeit verdoppelt wird.

2 Berechne die Reaktionswege für Reaktionszeiten von 1,0 s und 1,5 s und folgende Geschwindigkeiten: $20\,\frac{km}{h}$, $50\,\frac{km}{h}$, $80\,\frac{km}{h}$, $100\,\frac{km}{h}$.

3 Ein Pkw bremst gleichmäßig von $50\,\frac{km}{h}$ bis zum Stillstand ab. Der Bremsweg ist 15 m lang.
a Berechne die Bremswege für $100\,\frac{km}{h}$ und $150\,\frac{km}{h}$ bei gleichen Straßenverhältnissen.
b Auf nasser Straße ist die Bremskraft nur noch halb so groß. Gib die verlängerten Bremswege für die drei Geschwindigkeiten an.

4 Ein Radfahrer bremst von $30\,\frac{km}{h}$ mit der Bremsverzögerung $a_B = -2{,}5\,\frac{m}{s^2}$ gleichmäßig bis zum Stillstand ab. Berechne den Bremsweg.

5 Berechne den Anhalteweg eines Lkw bei einer Geschwindigkeit von $80\,\frac{km}{h}$. → 1 Gehe von folgenden Werten aus:
- Masse des Lkw: 12 t
- Bremskraft: 84 kN
- Reaktionszeit: 1,2 s

6 Bei einer Geschwindigkeit von $100\,\frac{km}{h}$ kommt ein Auto durch Vollbremsung nach 4,0 s zum Stehen. Berechne die (mittlere) Bremsverzögerung und den Bremsweg.

7 Nach einem Unfall wird für ein Auto eine 12 m lange Bremsspur gemessen. Ein Sachverständiger ermittelt eine Bremskraft von 6,8 kN
a Berechne die beim Bremsen umgewandelte Energie.
b Rechne nach, ob das Auto (m = 1200 kg) schneller als $50\,\frac{km}{h}$ fuhr.

8 Herr Braun (80 kg) fährt mit seinem Motorrad (200 kg) $80\,\frac{km}{h}$ schnell. Er muss in 40 m zum Stehen kommen. Berechne den Betrag der erforderlichen Bremskraft.

9 Ein Fahrzeug bremst in 2,0 s von $90\,\frac{km}{h}$ auf $50\,\frac{km}{h}$ ab. Berechne den Bremsweg.

Herr Huber fährt mit $30\,\frac{km}{h}$. Die Straße ist trocken und übersichtlich. Da sieht er plötzlich 20 m vor sich ein Kind auf die Straße laufen. Kommt er rechtzeitig zum Stehen? Berechne den Anhalteweg. Gehe dazu von folgenden Werten aus:
Herr Huber braucht 1,2 s, um zu reagieren. Die Masse von Auto und Fahrer beträgt 1000 kg. Die Bremskraft beträgt 7,0 kN.

Gegeben: $v = 30\,\frac{km}{h} = \frac{30}{3{,}6}\,\frac{m}{s}$; $t_R = 1{,}2\,s$; $m = 1000\,kg$; $F_B = 7{,}0\,kN$
Gesucht: s_A
Gleichungen:
$s_R = v \cdot t_R$; $s_B = \frac{E_{kin}}{F_B}$; $E_{kin} = \frac{1}{2} \cdot m \cdot v^2$; $s_A = s_R + s_B$; $1\,N = 1\,kg \cdot \frac{m}{s^2}$
Einsetzen, rechnen und runden auf 2 sinnvolle Ziffern:
$s_R = \frac{30}{3{,}6}\,\frac{m}{s} \cdot 1{,}2\,s = 10\,m$
$E_{kin} = \frac{1}{2} \cdot 1000\,kg \cdot \left(\frac{30}{3{,}6}\,\frac{m}{s}\right)^2 = 34722\,kg \cdot \frac{m^2}{s^2}$; $E_{kin} = 35 \cdot 10^3\,kg \cdot \frac{m^2}{s^2}$
$s_B = \frac{35 \cdot 10^3\,kg \cdot \frac{m^2}{s^2}}{7{,}0 \cdot 10^3\,kg \cdot \frac{m}{s^2}} = 5{,}0\,m$
$s_A = 10\,m + 5{,}0\,m = 15\,m$; Herr Huber kann rechtzeitig anhalten.

1 Beispielaufgabe: Anhalteweg

46 | Mechanik
Beschleunigung, Kraft und Energie

Im Fokus

Aus dem Straßenverkehr: Bremsen braucht Reibung

Energie abgeben • Beim Bremsen eines Fahrzeugs wird seine kinetische Energie umgewandelt und thermisch abgegeben. Dazu werden z. B. Bremsklötze mit großer Kraft gegen Bremsscheiben gepresst, damit die Reibung zwischen beiden möglichst groß wird. → 2 Die Bremsscheiben können dabei viele Hundert Grad Celsius heiß werden. → 3
Bei langen Talfahrten sollte andauerndes Bremsen vermieden werden. Es besteht die Gefahr, dass die Energie nicht schnell genug von den Bremsscheiben abgegeben werden kann. Sie überhitzen, die Bremsflüssigkeit beginnt zu sieden und die Bremsen versagen.

Haften und Gleiten • Wenn das Bremspedal sehr kräftig getreten wird, können die Räder blockieren. Bremsscheiben und -beläge haften dann so fest aufeinander, dass sie sich nicht mehr gegeneinander bewegen: Die Räder rutschen über die Straße und drehen sich nicht mehr. Dann wandeln die Bremsen keine Energie mehr um. Die kinetische Energie des Fahrzeugs wird nur noch durch Gleitreibung zwischen Reifen und Straße umgewandelt und abgegeben. Weil diese Reibung geringer ist als die Reibung zwischen den Bremsscheiben und den Bremsbelägen, wird der Bremsweg länger.

Antiblockiersystem • Mit blockierenden Rädern lässt sich das Fahrzeug nicht mehr lenken. Um das zu verhindern, verfügen z. B. Autos über ein Antiblockiersystem (ABS). Die Drehzahlen der Räder werden ständig gemessen und an den Bordcomputer gemeldet. Wenn die Drehzahl eines Rads beim Bremsen zu schnell sinkt verringert der Computer den Druck in der Bremsleitung dieses Rads für kurze Zeit. Das Rad dreht sich wieder schneller – und wird erneut stärker gebremst. Dieses Wechselspiel läuft bis zu 10-mal pro Sekunde ab.

Bremspedal
Bremsklotz
Kolben
Bremszylinder
Bremsleitung mit Bremsflüssigkeit
Bremsscheibe (mit dem Rad verbunden)

2 Scheibenbremse bei einem Auto

3 Glühend heiße Bremsscheibe beim Rennwagen

Aufgabe

1 Gib an, an welchen Stellen die kinetische Energie umgewandelt und abgegeben wird:
- Das Auto bremst mit blockierten Rädern.
- Die Räder des Autos haften beim Bremsen auf der Straße.

Vergleiche die Bremswirkungen.

47

Aufgaben schließen die Grundlagen ab. Dann können weitere Aufgaben, Methoden und Anwendungen folgen.

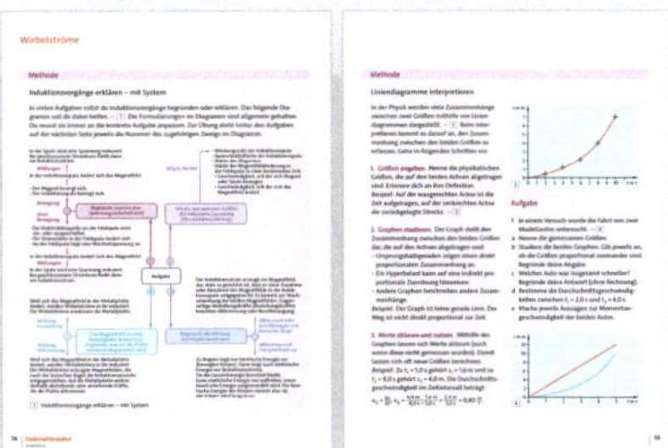

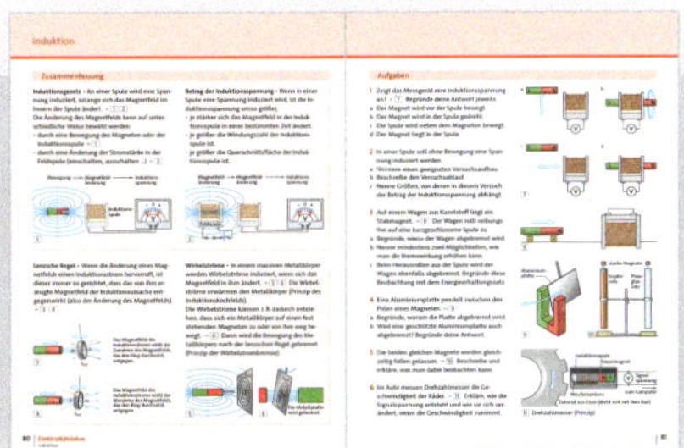

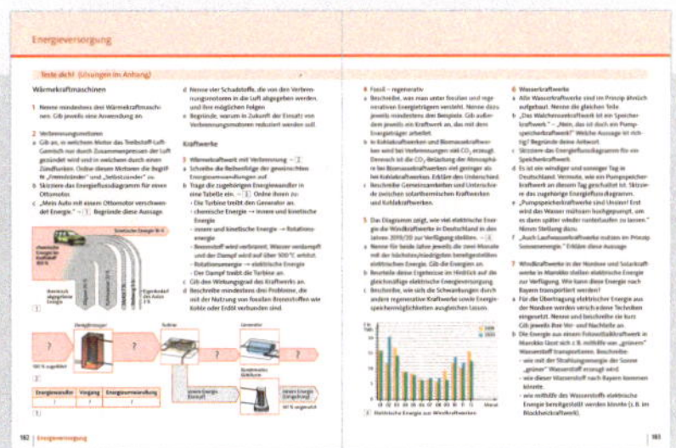

Methoden leiten dich Schritt für Schritt an: Wie erkläre ich Induktionsvorgänge? Wie interpretiere ich Liniendiagramme?

Zusammenfassungen geben einen Überblick über das Fachwissen mehrerer Themen. Zur Übung gibt es Aufgaben dazu.

Teste dich! steht für Aufgaben ganz am Kapitelende. Schätze dein Fachwissen selbst ein – die Lösungen stehen im Anhang.

NATUR UND TECHNIK

PHYSIK

REALSCHULE BAYERN

10 II/III

erarbeitet von:

Viola Bauer (Abensberg)
Nico Hirschbolz (Bobingen)
Christian Hörter (Weilheim)
Peter Kiener (Roding)
Sven Ungelenk (Zusmarshausen)

Cornelsen

NATUR UND TECHNIK
PHYSIK REALSCHULE BAYERN 10 II/III

Autorinnen und Autoren: Viola Bauer (Abensberg), Nico Hirschbolz (Bobingen), Christian Hörter (Weilheim), Peter Kiener (Roding), Sven Ungelenk (Zusmarshausen)

Mit Beiträgen von: Dr. Jochim Lichtenberger

Redaktion: Stephan Möhrle

Grafik und Illustration: Rainer Götze, Matthias Pflügner

Umschlaggestaltung: SOFAROBOTNIK GbR, Augsburg & München

Layoutkonzept: Typo Concept GmbH, Hannover

Technische Umsetzung: Straive

www.cornelsen.de

Dieses Werk enthält Vorschläge und Anleitungen für Untersuchungen und Experimente.
Vor jedem Experiment sind mögliche Gefahrenquellen zu besprechen.
Beim Experimentieren sind die Richtlinien zur Sicherheit im Unterricht einzuhalten.

1. Auflage, 2. Druck 2023

Alle Drucke dieser Auflage sind inhaltlich unverändert und können im Unterricht nebeneinander verwendet werden.

Druck: Mohn Media Mohndruck, Gütersloh

ISBN 978-3-06-013799-2

PEFC
PEFC/04-31-1033

PEFC zertifiziert
Dieses Produkt stammt aus nachhaltig bewirtschafteten Wäldern und kontrollierten Quellen.

www.pefc.de

Inhaltsverzeichnis

Mechanik 14

Elektrizitätslehre 52

Atom- und Kernphysik 110

Energieversorgung 140

Anhang 184

Wiederholung

Mechanik und Energie

Grundlagen	Beispiele und Beispielaufgaben
Physikalische Größen Länge, Zeit, Geschwindigkeit und andere messbare Eigenschaften sind physikalische Größen. Sie werden immer als Produkt von Maßzahl und Einheit angegeben. Grundgrößen (Basisgrößen) können nicht aus anderen Größen abgeleitet werden. Abgeleitete Größen werden aus anderen Größen gebildet. Sie sind sowohl berechenbar als auch messbar.	• Grundgrößen: Weg: $s = 12\ \text{m}$ Zeit: $t = 23{,}5\ \text{s}$ • Abgeleitete Größen: Geschwindigkeit: $v = \frac{s}{t}$; $v = 25\ \frac{\text{km}}{\text{h}}$ Volumen: $V = l_1 \cdot l_2 \cdot l_3$; $V = 12\ \text{cm}^3$ Energie: $E = F \cdot s$; $E = 60\ \text{Nm} = 60\ \text{J}$ Leistung: $P = \frac{E}{t}$; $P = \frac{60\ \text{J}}{2{,}0\ \text{s}} = 30\ \text{W}$
Gleichförmige Bewegung – Geschwindigkeit Bei gleichförmiger Bewegung legt ein Körper in gleichen Zeiten gleich lange Wege zurück. Der zurückgelegte Weg ist direkt proportional zur Zeit. Der konstante Quotient aus Weg und Zeit gibt die Geschwindigkeit an: $v = \frac{s}{t}$. Die Einheit der Geschwindigkeit ist $1\ \frac{\text{m}}{\text{s}}$. Umrechnung: $1\ \frac{\text{m}}{\text{s}} = \frac{1\ \text{m}}{1\ \text{s}} = \frac{60\ \text{m}}{1\ \text{min}} = \frac{3600\ \text{m}}{1\ \text{h}} = \frac{3{,}6\ \text{km}}{1\ \text{h}} = 3{,}6\ \frac{\text{km}}{\text{h}}$	Ein Radfahrer legt in 20 s eine Strecke von 150 m zurück. Berechne seine Geschwindigkeit in $\frac{\text{km}}{\text{h}}$. Lösung: $v = \frac{s}{t}$; $v = \frac{150\ \text{m}}{20\ \text{s}} = 7{,}5\ \frac{\text{m}}{\text{s}} = 7{,}5 \cdot 3{,}6\ \frac{\text{km}}{\text{h}} = 27\ \frac{\text{km}}{\text{h}}$
Kraft Kräfte erkennt man daran, dass der Bewegungszustand oder die Form eines Körpers verändert wird. Damit Kräfte entstehen können, müssen (mindestens) zwei Körper aufeinander einwirken. Die Einheit der Kraft ist 1 Newton (1 N). Jede Kraft wird durch Angriffspunkt, Betrag und Richtung bestimmt. Das Symbol für die Kraft ist $\vec{F}$, für den Betrag der Kraft schreibt man einfach F. **Wechselwirkungsgesetz** Wenn zwei Körper aufeinander einwirken, entsteht immer ein Kräftepaar. Die beiden Kräfte sind gleich groß, aber entgegengesetzt gerichtet. **Gravitation und Gewichtskraft** Alle Körper ziehen sich aufgrund ihrer Masse gegenseitig an, diese Eigenschaft nennt man Gravitation. Die Gravitationskraft der Erde auf Körper in ihrer Nähe bezeichnet man als Gewichtskraft $\vec{F_G}$. 1,0 N ist ungefähr der Betrag der Gewichtskraft auf einen Körper mit einer Masse von 100 g auf der Erde. Die Gewichtskraft ist keine Körpereigenschaft. **Trägheitsgesetz** Alle Körper sind träge. Ihre Geschwindigkeit oder Bewegungsrichtung – also ihr Bewegungszustand – ändert sich nur, wenn eine Kraft auf sie wirkt (Trägheitsgesetz).	• Gummiband dehnen: elastische Verformung Teig kneten: plastische Verformung • Wagen anschieben: Änderung der Geschwindigkeit • Ball ablenken: Änderung der Bewegungsrichtung  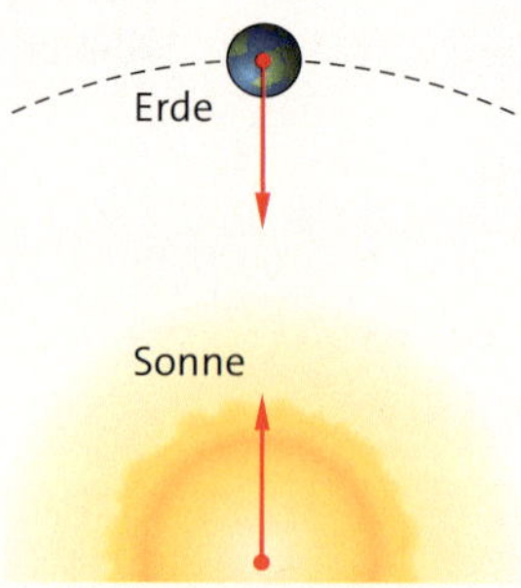 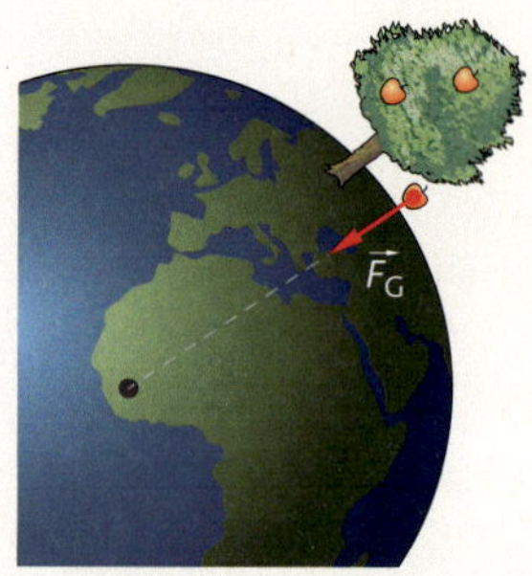 • Wenn du im Bus stehst und dich nicht festhältst, fällst du nach vorn, wenn er plötzlich abbremst. Du setzt deine Bewegung zunächst ungebremst fort.

Grundlagen	Beispiele und Beispielaufgaben
Masse und Gewichtskraft Die Masse gibt an, wie schwer und träge ein Körper ist (Körpereigenschaft). Ihre Einheit ist 1 Kilogramm (1 kg). Masse und Gewichtskraft sind an jedem Ort direkt proportional zueinander. Der Quotient heißt Ortsfaktor: $g = \frac{F_G}{m}$. Für die Gewichtskraft auf einen Körper gilt: $F_G = m \cdot g$.	• In Mitteleuropa gilt: $g = 9{,}81\,\frac{N}{kg}$ (genähert: $g \approx 10\,\frac{N}{kg}$). Berechne die Gewichtskraft, die in Mitteleuropa auf eine Person mit einer Masse von 75,0 kg wirkt. Lösung: $F_G = m \cdot g$; $F_G = 75{,}0\,kg \cdot 9{,}81\,\frac{N}{kg} = 736\,N$
Druck Je größer der Druck p in einem eingeschlossenen Gas (bzw. einer Flüssigkeit) ist, desto größer ist der Betrag F der Kraft, die das Gas (bzw. die Flüssigkeit) senkrecht auf eine Begrenzungsfläche A ausübt. Es gilt: $p = \frac{F}{A}$.	Die Luft im Fahrradreifen übt eine Kraft von 72 N senkrecht auf 2,0 cm² des Reifens aus. Berechne den Druck. Lösung: $p = \frac{F}{A}$; $p = \frac{72\,N}{2{,}0\,cm^2} = 36\,\frac{N}{cm^2} = 3{,}6 \cdot 10\,\frac{N}{cm^2} = 3{,}6\,bar$
Energieformen Energie begegnet uns in verschiedenen Formen: • potenzielle Energie (Lageenergie und Spannenergie) • kinetische Energie (Bewegungsenergie) • Rotationsenergie • innere Energie • chemische Energie • elektrische Energie • Strahlungsenergie **Energieerhaltungssatz und Energieentwertung** Energie kann umgewandelt, übertragen und gespeichert werden. Sie nimmt dabei insgesamt weder zu noch ab. Bei jedem Vorgang wird aber Energie entwertet. Sie wird oft ungenutzt an die Umgebung thermisch abgegeben. **Energieberechnung** Wenn auf einen Körper eine konstante Kraft in Bewegungsrichtung wirkt, beträgt die zugeführte Energie: $E = F \cdot s$. Einheit der Energie: 1 Joule (1 J), 1 J = 1 Nm **Arbeit** Die Arbeit W gibt an, wie viel Energie gerade mechanisch übertragen wird: $W = F \cdot s$ (Einheit: 1 J = 1 Nm).	Energieträger: • angehobene Tasche, gespannte Feder • fallender Stein, fahrendes Auto • rotierendes Windrad • warmes Wasser • Benzin, Nahrung • geschlossener Stromkreis mit Glühlampe • Sonnenstrahlung 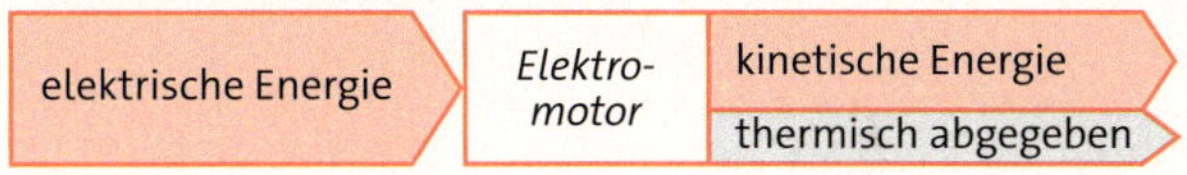 Berechne die Arbeit W beim Hochschieben des Wagens und die Zunahme seiner potenziellen Energie E_{pot}. 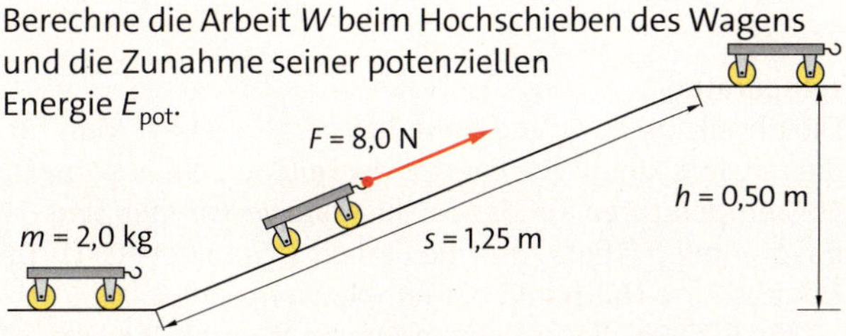 Lösung: $W = F \cdot s$; $W = 8{,}0\,N \cdot 1{,}25\,m = 10\,Nm = 10\,J$ $E_{pot} = F_G \cdot h = m \cdot g \cdot h$; $E_{pot} = 2{,}0\,kg \cdot 9{,}81\,\frac{N}{kg} \cdot 0{,}50\,m = 9{,}8\,J$
Leistung und Wirkungsgrad Die Leistung gibt an, wie viel Energie pro Sekunde übertragen wird: $P = \frac{E}{t}$ bzw. $P = \frac{W}{t}$. Einheit der Leistung: 1 Watt (1 W), $1\,W = 1\,\frac{J}{s} = 1\,\frac{Nm}{s}$ Der Wirkungsgrad gibt an, welcher Anteil der zugeführten Energie in Nutzenergie umgewandelt wird: $\eta = \frac{E_{nutz}}{E_{zu}}$ oder $\eta = \frac{P_{nutz}}{P_{zu}}$.	Ein Farbeimer (m = 25 kg) wird von einem Elektromotor (P_{el} = 300 W) in 10 s um 6,0 m angehoben. Berechne: • die Zunahme der potenziellen Energie des Eimers • die zugeführte elektrische Energie • den Wirkungsgrad des Elektromotors Lösung: • $E_{pot} = F_G \cdot h = m \cdot g \cdot h$; $E_{pot} = 25\,kg \cdot 9{,}81\,\frac{N}{kg} \cdot 6{,}0\,m = 1{,}5\,kJ$ • $E_{el} = P_{el} \cdot t$; $E_{el} = 300\,W \cdot 10\,s = 3{,}0\,kJ$ • $\eta = \frac{E_{nutz}}{E_{zu}} = \frac{E_{pot}}{E_{el}}$; $\eta = \frac{1{,}5\,kJ}{3{,}0\,kJ} = 50\,\%$

Wiederholung

Wärmelehre

Grundlagen	Beispiele und Beispielaufgaben
Teilchenmodell Wir stellen uns vor, dass jeder Stoff aus kleinsten Teilchen aufgebaut ist. Die Teilchen verschiedener Stoffe unterscheiden sich in Größe und Masse. Zwischen den Teilchen fester oder flüssiger Stoffe wirken Anziehungskräfte. Zwischen den Teilchen von Gasen bestehen fast keine Anziehungskräfte. Die Teilchen befinden sich in ständiger Bewegung: • In Festkörpern sind die Teilchen regelmäßig angeordnet und bewegen sich an ihren Plätzen ein wenig hin und her. • In Flüssigkeiten haben die Teilchen keine festen Plätze und bewegen sich aneinander vorbei. • In Gasen bewegen sich die Teilchen frei im ganzen Raum, der ihnen zur Verfügung steht.	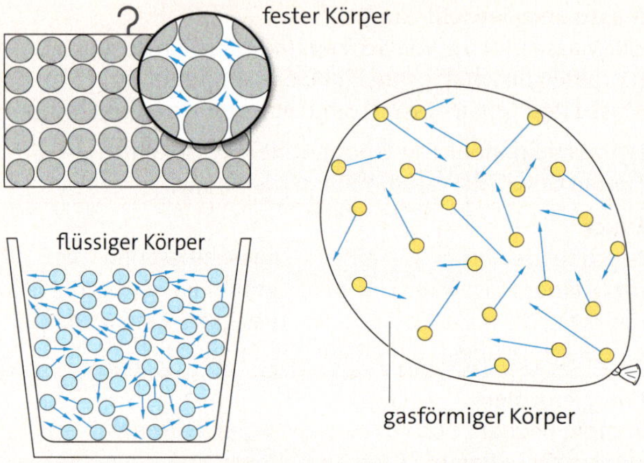
Wärme Die Wärme W_{th} gibt an, wie viel Energie thermisch von einem Körper auf einen anderen Körper oder seine Umgebung übertragen wird. Die übertragene Energie erhöht die innere Energie des aufnehmenden Körpers. Einheit der Wärme: 1 Joule (1 J)	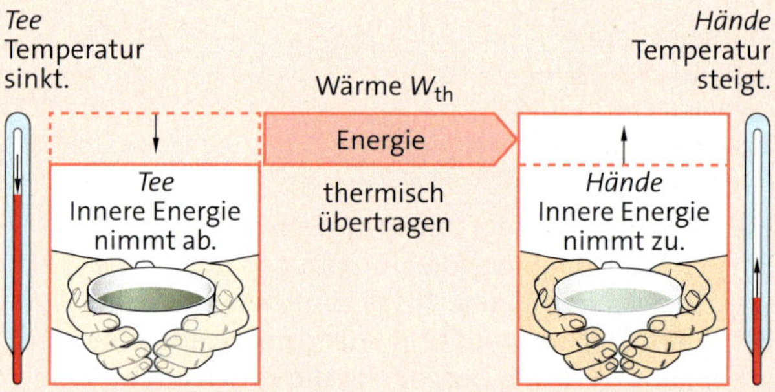 *Erwärmen der Hände durch Berühren*
Temperatur Die physikalische Grundgröße Temperatur ist ein Maß für die mittlere kinetische Energie der Teilchen eines Körpers. Für Temperaturen auf der Celsiusskala verwenden wir das Symbol ϑ (Theta) und die Einheit 1 Grad Celsius (1 °C). Der absolute Nullpunkt der Temperatur beträgt −273,15 °C. Bei dieser tiefsten Temperatur würden sich die Teilchen nicht mehr bewegen. Die absolute Temperatur T hat die Einheit 1 Kelvin (1 K).	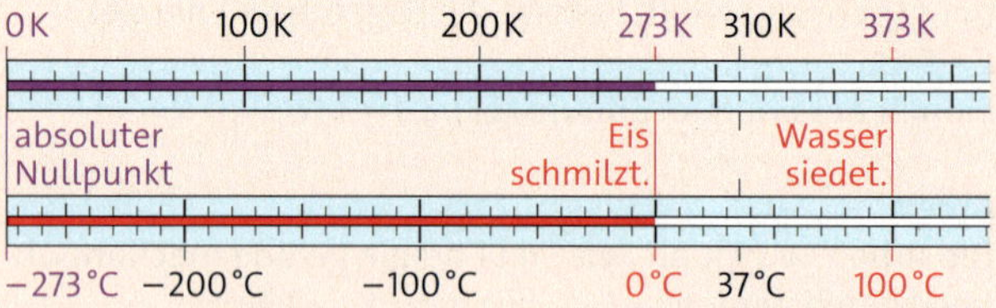
Leistung einer Wärmequelle Die thermische Leistung P_{th} gibt an, wie viel Energie eine Wärmequelle pro Sekunde thermisch abgibt: $P_{th} = \frac{W_{th}}{t}$.	Ein Wasserkocher hat eine thermische Leistung von 2,2 kW. Berechne, wie viel Wärme er in 60 s abgibt. Lösung: $W_{th} = P \cdot t$; $W_{th} = 2{,}2\,\frac{kJ}{s} \cdot 60\,s = 1{,}3 \cdot 10^2\,kJ$
Heizwert Der spezifische Heizwert H gibt an, wie viel Wärme beim Verbrennen eines Stoffs pro kg abgegeben wird: $H = \frac{W_{th}}{m}$.	Berechne, wie viel Wärme beim Verbrennen von 2,5 kg Holz ($H = 15\,\frac{MJ}{kg}$) abgegeben wird. Lösung: $W_{th} = H \cdot m$; $W_{th} = 15\,\frac{MJ}{kg} \cdot 2{,}5\,kg = 38\,MJ$

Grundlagen	Beispiele und Beispielaufgaben
Erwärmungsgesetz Die Energie zum Erwärmen eines Stoffs ist direkt proportional zu seiner Masse und zur Temperaturänderung: $W_{th} = c \cdot m \cdot \Delta\vartheta$ (Erwärmungsgesetz). Die spezifische Wärmekapazität c gibt an, wie viel Energie thermisch zugeführt werden muss, damit die Temperatur von 1 kg eines Stoffs um 1 °C steigt.	Berechne, wie viel Wärme man 0,75 l Wasser zuführen muss, um seine Temperatur von 17 °C auf 98 °C zu erhöhen. Lösung: $W_{th} = c \cdot m \cdot \Delta\vartheta$; $W_{th} = 4{,}2\,\frac{kJ}{kg \cdot °C} \cdot 0{,}75\,kg \cdot 81\,°C = 26 \cdot 10\,kJ$

Magnetismus

Grundlagen	Beispiele und Beispielaufgaben
Magnetismus Magnete und Körper aus ferromagnetischen Stoffen ziehen sich gegenseitig an. Jeder Magnet hat (mindestens) einen Nordpol und einen Südpol. Gleichnamige Pole zweier Magnete stoßen sich gegenseitig ab, ungleichnamige Pole ziehen sich gegenseitig an. Modellvorstellung: Wir stellen uns vor, dass jeder ferromagnetische Stoff aus kleinsten Elementarmagneten besteht. Beim Magnetisieren werden sie einheitlich ausgerichtet, sodass ein Magnet mit zwei Polen entsteht.	 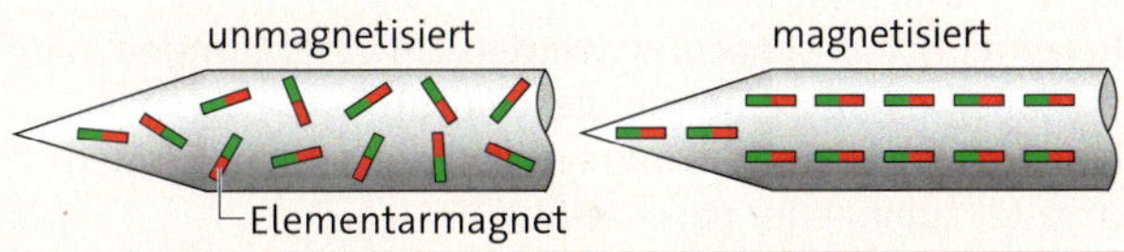
Magnetfelder Ein Magnet erzeugt in seiner Umgebung ein Magnetfeld. Darin wirken Kräfte auf andere Magnete und ferromagnetische Körper. Magnetfelder kann man mit Feldlinien veranschaulichen. Diese verlaufen außerhalb des Magneten immer vom Nord- zum Südpol eines Magneten. Je größer die magnetische Kraft an einem Ort ist, desto dichter zeichnet man dort die Feldlinien.	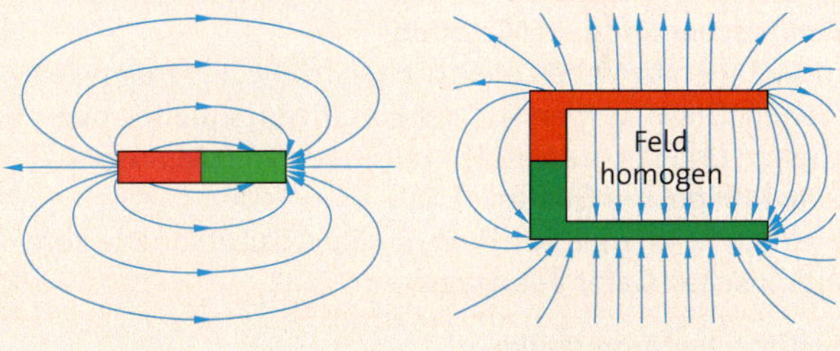

Elektrizitätslehre

Grundlagen	Beispiele und Beispielaufgaben
Elektrisches Feld Jeder elektrisch geladene Körper erzeugt in seiner Umgebung ein elektrisches Feld, das abstoßende oder anziehende Kräfte auf andere geladene Körper oder Teilchen bewirkt. Feldlinien stellen die Struktur des elektrischen Felds dar. Sie verlaufen vom positiv zum negativ geladenen Körper. Sie sind so gerichtet wie die elektrische Kraft auf einen kleinen positiv geladenen Körper.	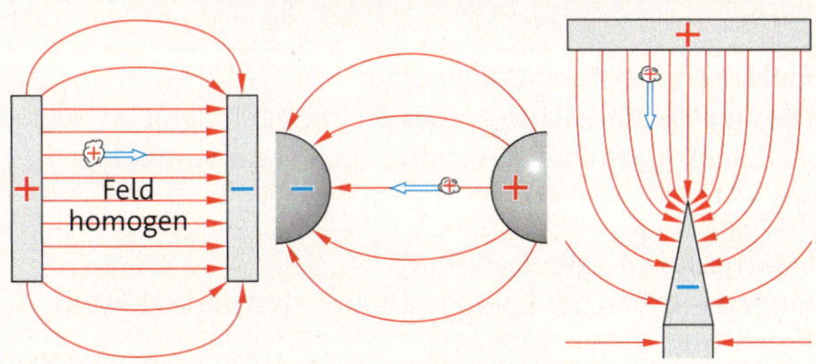

Wiederholung

Elektrizitätslehre (Fortsetzung)

Grundlagen	Beispiele und Beispielaufgaben
Atommodell Atome haben immer gleich viele positiv geladene Protonen wie negativ geladene Elektronen. Sie sind nach außen hin elektrisch ungeladen (neutral). Ein Atom, das Elektronen aufgenommen oder abgegeben hat, bezeichnet man oft als negatives Ion oder als positives Ion. Ortsfeste Atome, die (mindestens) ein Elektron abgegeben haben, nennen wir auch Atomrümpfe.	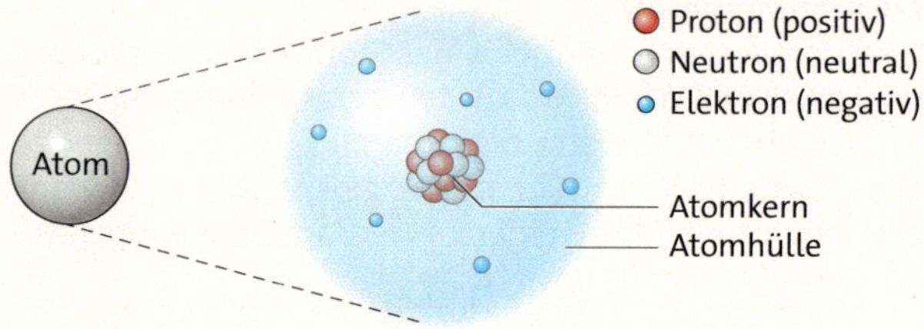
Elektrische Ladung Die elektrische Ladung Q eines Körpers beträgt stets ein ganzzahliges Vielfaches der Elementarladung e: $Q = n \cdot e$. Einheit der elektrischen Ladung: 1 Coulomb (1 C) Beziehung: $1\,\text{C} = 6{,}242 \cdot 10^{18}\,e$ Ein Körper wird positiv geladen, wenn er Elektronen abgibt (Elektronenmangel). Ein Körper wird negativ geladen, wenn er zusätzliche Elektronen aufnimmt (Elektronenüberschuss).	• Ladung eines Protons: $1 \cdot e = 1{,}602 \cdot 10^{-19}\,\text{C}$ • Ladung eines Elektrons: $-1 \cdot e$ Ein negativ geladener Kunststoffstab hat eine Ladung von $-7{,}2 \cdot 10^{-9}\,\text{C}$. Berechne, wie viele Elektronen auf ihm im Überschuss sind. Lösung: $Q = -n \cdot e$; $n = \frac{-Q}{e}$; $n = \frac{7{,}2 \cdot 10^{-9}\,\text{C}}{1{,}602 \cdot 10^{-19}\,\text{C}} = 45 \cdot 10^{9}$
Reihen- und Parallelschaltung Bei einer Reihenschaltung werden z. B. zwei Lampen in einer Reihe hintereinander geschaltet. Bei einer Parallelschaltung werden die beiden Lampen parallel zueinander geschaltet.	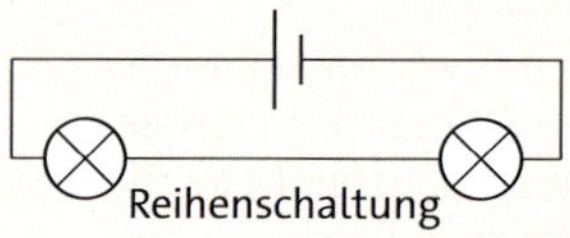 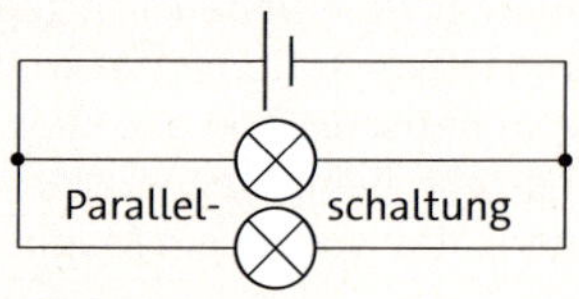
Elektrischer Strom in Metallen In Metallen bestehen elektrische Ströme aus freien Elektronen. Diese werden von der Elektrizitätsquelle angetrieben und strömen in den Leitungen vom Minuspol zum Pluspol der Quelle. Elektrische Energie wird von der Elektrizitätsquelle zum elektrischen Gerät übertragen.	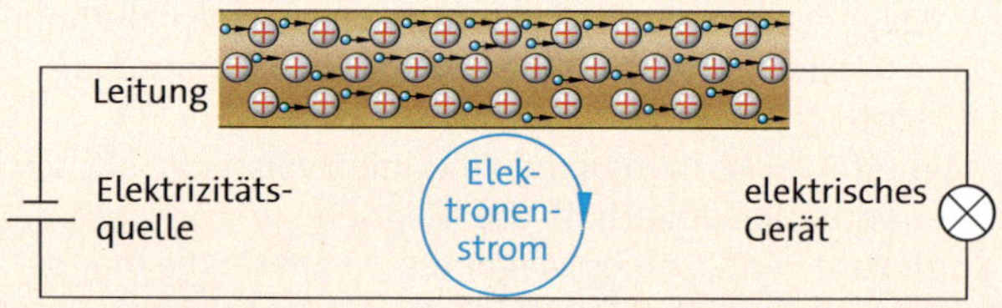
Elektrische Stromstärke Die Stromstärke I ist definiert als Quotient aus der Ladung Q, die durch eine Stelle des Stromkreises fließt, und der dabei vergehenden Zeit t: $I = \frac{Q}{t} = \frac{n \cdot e}{t}$. Einheit der Stromstärke: 1 Ampere (1 A) Beziehung: $1\,\text{A} = 1\,\frac{\text{C}}{\text{s}}$ bzw. $1\,\text{C} = 1\,\text{A} \cdot \text{s}$	Der Akku einer LED-Lampe hat eine Ladung von 900 mAh. Berechne, wie lange die Lampe bei einer Stromstärke von 20 mA leuchtet. Lösung: $I = \frac{Q}{t}$; $t = \frac{Q}{I}$; $t = \frac{900\,\text{mAh}}{20\,\text{mA}} = 45\,\text{h}$
Elektrische Leistung und Energie Die elektrische Leistung eines Elektrogeräts gibt an, wie viel elektrische Energie es pro Sekunde umwandelt: $P_{el} = \frac{E_{el}}{t}$. Elektrische Energie: $E_{el} = P_{el} \cdot t$ Einheit elektrischer Energie: 1 Kilowattstunde (1 kWh) Beziehung: $1\,\text{kWh} = 3{,}6\,\text{MJ}$	Ein Haartrockner mit einer elektrischen Leistung von 2200 W ist 5,0 min in Betrieb. Berechne die elektrische Energie (in kWh), die in dieser Zeit umgewandelt wird. Lösung: $E_{el} = P_{el} \cdot t$; $E_{el} = 2200\,\text{W} \cdot \frac{5{,}0}{60}\,\text{h} = 18 \cdot 10\,\text{Wh} = 0{,}18\,\text{kWh}$

Grundlagen	Beispiele und Beispielaufgaben
Elektrische Spannung Die Spannung an einem elektrischen Gerät ist gleich dem Quotienten aus elektrischer Leistung und Stromstärke: $U = \frac{P_{el}}{I}$. Einheit der elektrischen Spannung: 1 Volt (1 V) Beziehung: $1\,\text{V} = 1\,\frac{\text{W}}{\text{A}}$ Je größer die Spannung ist, desto stärker treibt die Elektrizitätsquelle den Elektronenstrom an. Er überträgt dann mehr Energie pro Ladung: $U = \frac{E_{el}}{Q}$.	• Spannung am Fahrraddynamo: 6 V • Spannung an der Steckdose: 230 V Achtung, Lebensgefahr: Führt niemals Versuche an Steckdosen durch! Experimentiert nur mit Spannungen unter 25 V! Auf einer LED-Lampe steht „8,5 W; 230 V“ Berechne die Stromstärke. Lösung: $P_{el} = U \cdot I$; $I = \frac{P_{el}}{U}$; $I = \frac{8{,}5\,\text{V} \cdot \text{A}}{230\,\text{V}} = 0{,}037\,\text{A}$
Elektrischer Widerstand Je kleiner die Stromstärke ist, die ein Leiter bei einer bestimmten Spannung zulässt, desto größer ist sein elektrischer Widerstand: $R = \frac{U}{I}$. Einheit des elektrischen Widerstands: 1 Ohm (1 Ω) Beziehung: $1\,\Omega = 1\,\frac{\text{V}}{\text{A}}$ Der Widerstand eines Metalldrahts nimmt mit steigender Temperatur in der Regel zu. Er hängt von der Länge, der Querschnittsfläche und dem Material des Drahts ab. Widerstandsgesetz: $R = \varrho \cdot \frac{l}{A}$ (ϱ: spezifischer Widerstand)	Für eine Spule wurden folgende Größen gemessen: $U = 12\,\text{V}$ und $I = 1{,}25\,\text{A}$. Berechne den Widerstand. Lösung: $R = \frac{U}{I}$; $R = \frac{12\,\text{V}}{1{,}25\,\text{A}} = 9{,}6\,\frac{\text{V}}{\text{A}} = 9{,}6\,\Omega$ Eine Spule besteht aus einem 115 m langen Kupferdraht mit einem Durchmesser von 1,0 mm. Berechne den Widerstand. Lösung: $A = \pi \cdot r^2$; $A = \pi \cdot 0{,}50^2\,\text{mm}^2 = 0{,}79\,\text{mm}^2$ $R = \varrho \cdot \frac{l}{A}$; $R = 0{,}0172\,\frac{\Omega \cdot \text{mm}^2}{\text{m}} \cdot \frac{115\,\text{m}}{0{,}79\,\text{mm}^2} = 2{,}5\,\Omega$
Magnetfeld stromdurchflossener Spulen Das Feldlinienbild einer Spule entspricht außerhalb der Spule dem Feldlinienbild eines Stabmagneten. Im Inneren der Spule ist das Magnetfeld fast homogen, die Feldlinien verlaufen dort vom Südpol zum Nordpol. Eine stromdurchflossene Spule mit Weicheisenkern bildet einen Elektromagneten. Die magnetische Wirkung eines Elektromagneten nimmt mit der Stromstärke und der Windungszahl zu.	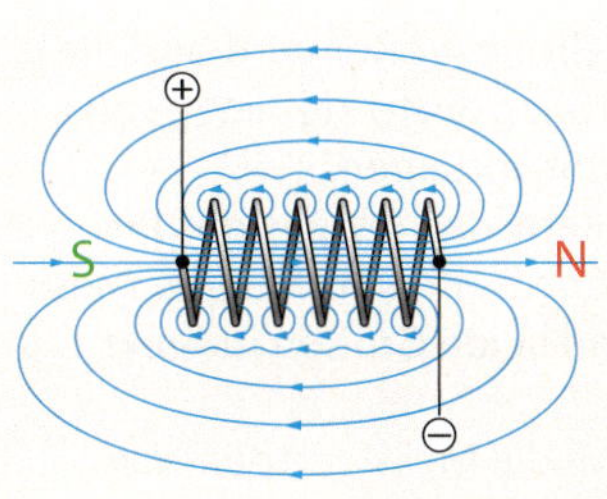 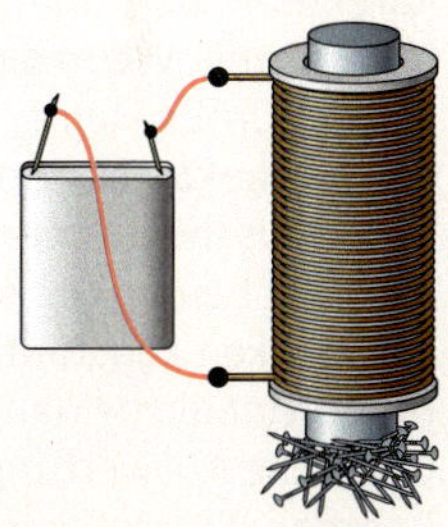
Elektromotor Gleichstrommotoren bestehen aus Stator, Rotor und Kommutator. Der Rotor dreht sich, weil seine Magnetpole von den Magnetpolen des Stators abgestoßen oder angezogen werden. Der Kommutator kehrt die Polung des Rotors im richtigen Moment um, sodass die Drehung nicht aufhört. Elektromotoren wandeln elektrische Energie in Rotationsenergie (kinetische Energie) um.	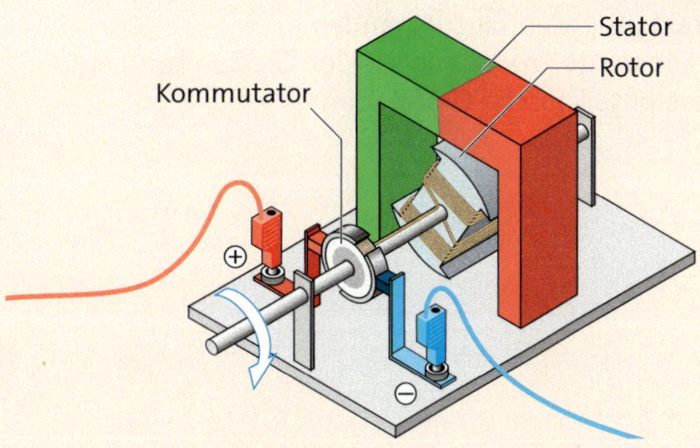

Wiederholung

Methoden

Grundlagen

Auswertung von Messreihen

In der Physik sind zwei Größen häufig direkt oder indirekt proportional zueinander. Durch rechnerische oder grafische Auswertung einer Messwerttabelle kann man einen proportionalen Zusammenhang nachweisen.
Vor der Auswertung betrachtet man die Messwerte und stellt eine Vermutung auf, ob eine direkte oder indirekte Proportionalität vorliegen könnte.

Direkte Proportionalität

- Vermutung: Wenn beide Größen im Verlauf des Versuchs größer werden („Je größer, desto größer"), kann eine direkte Proportionalität vorliegen.
- Rechnerische Auswertung: Berechne jeweils den Quotienten der beiden Größen. Wenn er im Rahmen der Messgenauigkeit konstant ist, sind beide Größen direkt proportional zueinander.
- Grafische Auswertung: Wenn die Messwertpaare im Rahmen der Messgenauigkeit auf einer Ursprungshalbgeraden liegen, sind beide Größen direkt proportional zueinander.
- Der konstante Quotient der beiden Größen kann eine eigene physikalische Größe sein.

Indirekte Proportionalität

- Vermutung: Wenn die eine Größe größer wird und die andere Größe kleiner („Je größer, desto kleiner"), kann eine indirekte Proportionalität vorliegen.
- Rechnerische Auswertung: Berechne jeweils das Produkt der beiden Größen: Wenn es im Rahmen der Messgenauigkeit konstant ist, sind beide Größen indirekt proportional zueinander.
- Grafische Auswertung: Wenn die Messwertpaare im Rahmen der Messgenauigkeit auf einem Hyperbelast liegen, der nie die Achsen berührt, sind beide Größen indirekt proportional zueinander.
- Das konstante Produkt der beiden Größen kann eine eigene physikalische Größe sein.

Beispiele und Beispielaufgaben

- Eine Schülerin ist mit dem Fahrrad auf ebener Strecke gefahren. Die Zeit wurde abhängig vom Weg gemessen.

s in m	10,0	20,0	30,0	40,0	50,0
t in s	1,3	2,5	3,8	4,9	6,4
$\frac{s}{t}$ in $\frac{m}{s}$	7,7	8,0	7,9	8,2	7,8

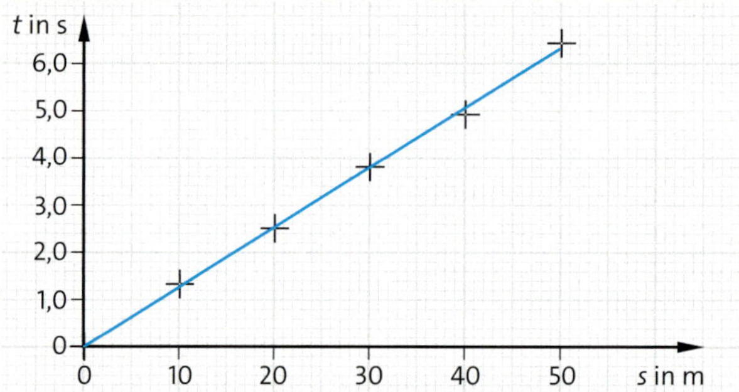

Der Quotient ist im Rahmen der Messgenauigkeit konstant, die Messwertpaare liegen auf einer Ursprungshalbgeraden – Weg und Zeit sind direkt proportional zueinander. Der konstante Quotient aus Weg und Zeit ist die Geschwindigkeit: $v = \frac{s}{t}$; $v \approx 7{,}9\,\frac{m}{s}$.

- Ein Körper wurde auf unterschiedlich langen Rampen immer auf dieselbe Höhe nach oben gezogen. Die Zugkraft wurde abhängig von der Rampenlänge gemessen.

s in m	0,30	0,40	0,50	0,60	0,80
F in N	1,25	0,93	0,75	0,63	0,47
$F \cdot s$ in Nm	0,38	0,37	0,38	0,38	0,38

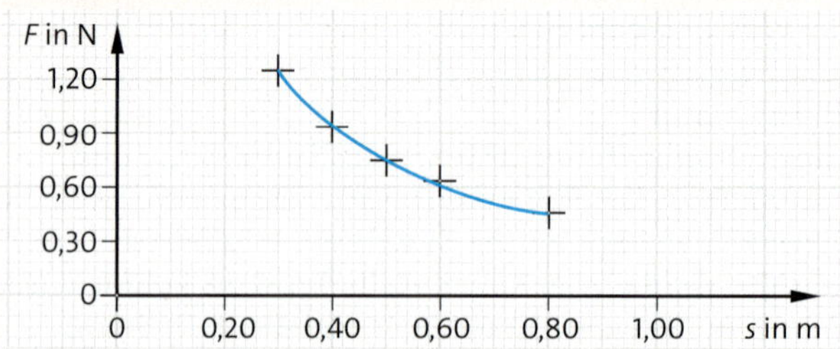

Das Produkt ist im Rahmen der Messgenauigkeit konstant, die Messwertpaare liegen auf einem Hyperbelast – Rampenlänge und Zugkraft sind indirekt proportional zueinander. Das konstante Produkt aus Rampenlänge und Zugkraft ist die aufgewendete Energie (die verrichtete Arbeit): $E = F \cdot s$; $E = 0{,}38\text{ Nm} = 0{,}38\text{ J}$.

Grundlagen	Beispiele und Beispielaufgaben
Physikalische Rechenaufgaben schrittweise lösen 1. Schreibe die gegebenen Größen mit ihren Einheiten sowie die gesuchten Größen auf. 2. Schreibe die Größengleichung(en) auf. 3. Stelle nach der gesuchten Größe um. 4. Setze Maßzahlen und Einheiten der gegebenen Größen ein. Rechne Einheiten um, falls notwendig. 5. Kürze Einheiten, wenn es möglich ist. 6. Berechne die gesuchte Maßzahl. Runde sinnvoll. 7. Gib das Ergebnis mit Maßzahl und Einheit an.	Ein Auto fährt mit einer Geschwindigkeit von 90 $\frac{km}{h}$. Berechne die Strecke, die es in 1,5 s zurücklegt. Gegeben: $v = 90\,\frac{km}{h}$; $t = 1{,}5\,s$ Gesucht: s Lösung: $v = \frac{s}{t} \quad \vert \cdot t$ $s = v \cdot t$ $s = 90\,\frac{km}{h} \cdot 1{,}5\,s$ Nebenrechnung: $90\,\frac{km}{h} = 25\,\frac{m}{s}$ $s = 25\,\frac{m}{s} \cdot 1{,}5\,s = 37{,}5\,m$ $s = 38\,m$ (gerundet auf 2 sinnvolle Ziffern)
Messwerte und Rechenergebnisse sinnvoll angeben Sinnvolle Ziffern sind die am Messgerät abgelesenen Ziffern. Die letzte Ziffer wird unsichere Ziffer genannt. Nullen am Anfang („Vornullen“) gehören nicht zu den sinnvollen Ziffern. Bei Produkten und Quotienten von Messwerten werden die Rechenergebnisse auf so viele sinnvolle Ziffern gerundet, wie der Messwert mit der kleinsten Anzahl von sinnvollen Ziffern hat. Bei Summen und Differenzen wird das Ergebnis mit der Genauigkeit des ungenauesten Messwerts angegeben. Bei der Umrechnung von Einheiten darf sich die Anzahl sinnvoller Ziffern nicht ändern.	• $s = 150\,m$ Die Maßzahl hat 3 sinnvolle Ziffern. • $t = 24\,s$ Die Maßzahl hat 2 sinnvolle Ziffern. • $t = 0{,}25\,h$ Die Maßzahl hat 2 sinnvolle Ziffern. • $v = \frac{150\,m}{24\,s} = 6{,}3\,\frac{m}{s}$ (gerundet auf 2 sinnvolle Ziffern) • $l_1 = 11{,}7\,cm$ Genauigkeit: 0,1 cm $l_2 = 14\,cm$ Genauigkeit: 1 cm $l_1 + l_2 = 11{,}7\,cm + 14\,cm = 26\,cm$ Genauigkeit: 1 cm
Gleichungen umstellen $a = \frac{b}{c} \quad \vert \cdot c$ $a \cdot c = b \quad \vert : a$ $c = \frac{b}{a}$	• Geschwindigkeit $v = \frac{s}{t} \quad \vert \cdot t$ $v \cdot t = s \quad \vert : v$ $t = \frac{s}{v}$

Mechanik

Beim Achterbahnfahren spielen Geschwindigkeit, Beschleunigung und Kräfte eine große Rolle. Was bedeuten diese Größen und wie hängen sie zusammen?

Die Felsenspringer müssen genau rechtzeitig abspringen, damit unter ihnen genug Wasser ist. Wie lange fallen sie und mit welcher Geschwindigkeit tauchen sie ein?

Schnell reagieren, bremsen und rechtzeitig anhalten – auch darauf kommt es im Straßenverkehr an. Wovon hängt der Bremsweg ab? Wie lang ist der Anhalteweg?

Geschwindigkeit

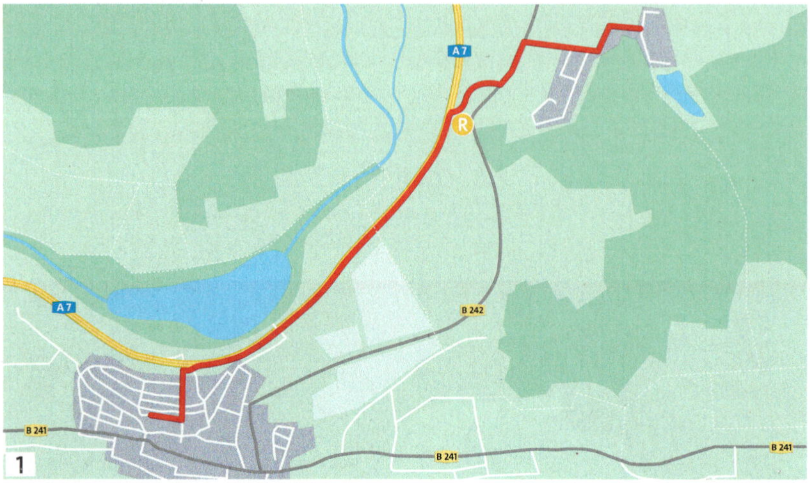

1

Familie Schmieder besucht die Großeltern. Ihre Fahrt ist abwechslungsreich: Die Landschaft ändert sich und die Straßen sind verschieden. Wie hoch ist die Geschwindigkeit im Durchschnitt – mehr als 80 $\frac{km}{h}$?

A Aufgaben

Die Fahrt der Schmieders

1 Die Fahrt hat vier Abschnitte:

a In der Stadt werden 10 km in 20 min ($\frac{1}{3}$ h) zurückgelegt. Berechnet die durchschnittliche Geschwindigkeit in der Stadt.

b Auf der Autobahn fährt die Familie 80 km mit 130 $\frac{km}{h}$ weiter. Berechnet die Fahrtdauer auf der Autobahn.

c An einer Raststätte wird eine Pause von 40 min eingelegt. Die restliche Strecke auf Landstraßen wird bei 80 $\frac{km}{h}$ in 30 min zurückgelegt. Berechnet die Strecke auf den Landstraßen.

2 Stellt die Fahrt in einem Zeit-Weg-Diagramm dar:
- Zeitachse: 1,0 cm ≙ 10 min
- Wegachse: 1,0 cm ≙ 20 km

B Aufgabe

Wettschwimmen

1 Anna und Paul sind im Hallenbad 100 m um die Wette geschwommen.

a Lest aus dem Diagramm ab, welche Strecken die beiden in 30 s, 50 s, 90 s und 120 s zurückgelegt haben. → 2

b Lest die Zeiten ab, wie lange Anna und Paul für 50 m und für 80 m gebraucht haben.

c Wer war schneller? Begründet eure Antwort.

d Berechnet jeweils die Geschwindigkeit von Anna und Paul. Beschreibt und begründet, wie ihr vorgeht.

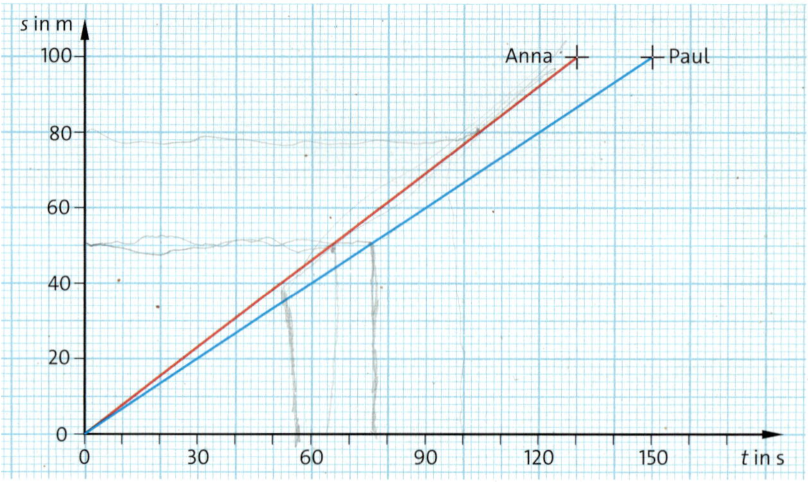

2 Wettschwimmen von Anna und Paul

die Geschwindigkeit
die Durchschnittsgeschwindigkeit
die Momentangeschwindigkeit

Grundlagen

Geschwindigkeit • Um zu erfassen, wie schnell eine Bewegung ist, hast du die Geschwindigkeit kennengelernt.
Bei einer gleichförmigen Bewegung (z. B. auf einer Rolltreppe) gilt:

- doppelte Zeit → doppelter Weg
- dreifache Zeit → dreifacher Weg

Im Zeit-Weg-Diagramm ergibt sich eine Ursprungshalbgerade. → 3 Der Weg ist direkt proportional zur Zeit. Der Quotient $\frac{\Delta s}{\Delta t}$ aus zurückgelegter Strecke $\Delta s = s_2 - s_1$ und benötigter Zeitspanne $\Delta t = t_2 - t_1$ ist bei derselben gleichförmigen Bewegung immer gleich groß.

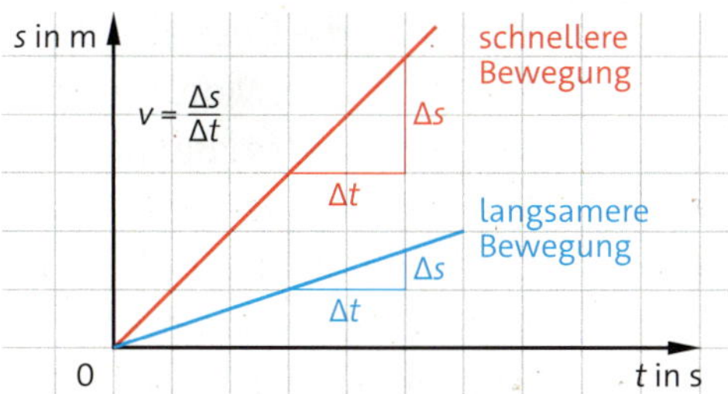

3 Definition der Geschwindigkeit

Bei einer schnelleren gleichförmigen Bewegung wird in der gleichen Zeitspanne Δt eine längere Strecke Δs zurückgelegt. → 3 Also ist die Steigung der Ursprungshalbgeraden größer. Der Quotient $\frac{\Delta s}{\Delta t}$ ist somit ein Maß für die Geschwindigkeit (lat. *velocitas*).

Geschwindigkeit: $v = \frac{\Delta s}{\Delta t}$
Einheit der Geschwindigkeit: $1\,\frac{\text{m}}{\text{s}}$

Für $s_1 = 0$ m bei $t_1 = 0$ s vereinfacht sich die Gleichung zu:
$v = \frac{s}{t}$.

Durchschnittsgeschwindigkeit • Bei ungleichförmigen Bewegungen ändert sich die Geschwindigkeit. → 4 Die Durchschnittsgeschwindigkeit ist der Quotient aus Gesamtstrecke und -zeit:

$$v_D = \frac{\Delta s_{ges}}{\Delta t_{ges}}.$$

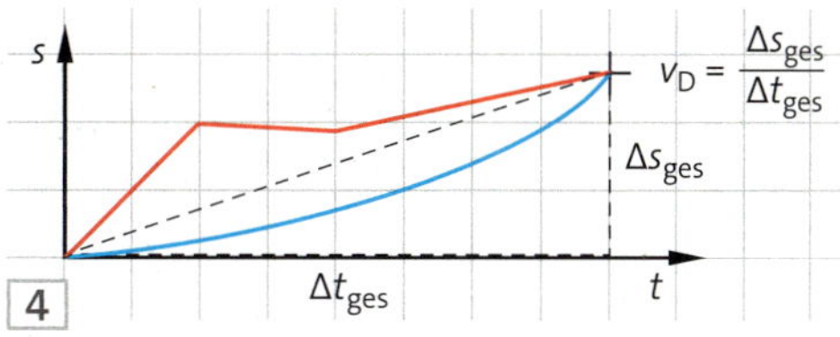

4

Momentangeschwindigkeit • In einer winzigen Zeitspanne Δt_{klein} (z. B. 1 µs), ändert sich auch bei einer ungleichförmigen Bewegung die Geschwindigkeit praktisch nicht. Diese Momentangeschwindigkeit v_M zeigt der Tacho an:

$$v_M = \frac{\Delta s_{klein}}{\Delta t_{klein}}.$$

Aufgabe

1 Eine Fahrt mit dem Fahrrad → 5

a Gib den Zeitabschnitt mit der größten Geschwindigkeit an. Begründe ohne Rechnung.

b Berechne die Durchschnittsgeschwindigkeit v_D des Radfahrers.

c Ermittle die Geschwindigkeiten in den einzelnen Abschnitten.

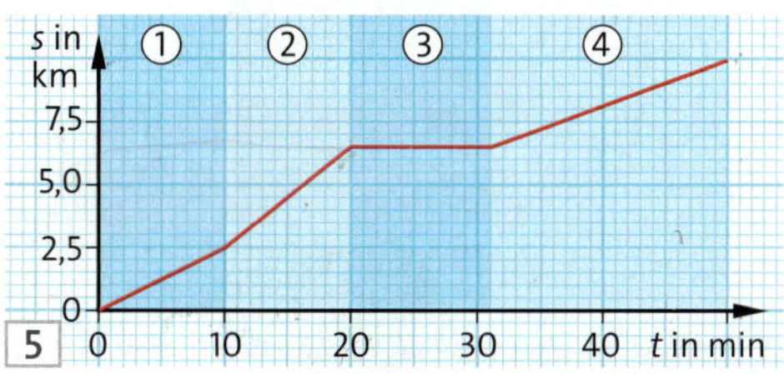

5

$\frac{\text{m}}{\text{s}} \rightarrow \frac{\text{km}}{\text{h}}$

$1\,\frac{\text{m}}{\text{s}} = \frac{3600\,\text{m}}{3600\,\text{s}} = \frac{3{,}6\,\text{km}}{1\,\text{h}}$

$1\,\frac{\text{m}}{\text{s}} = 3{,}6\,\frac{\text{km}}{\text{h}}$

(Zahlenwert mit 3,6 multiplizieren)

$\frac{\text{km}}{\text{h}} \rightarrow \frac{\text{m}}{\text{s}}$

$1\,\frac{\text{km}}{\text{h}} = \frac{1000\,\text{m}}{3600\,\text{s}} = \frac{1}{3{,}6}\,\frac{\text{m}}{\text{s}}$

(Zahlenwert durch 3,6 dividieren)

Umrechnungen

Geschwindigkeit

C Aufgaben

Verschiedene Geschwindigkeiten

1 Ergänze die folgenden Sätze:

a Ein Tacho zeigt die ...geschwindigkeit an.

b Peter fährt auf seinem Fahrrad die 20 km von A-Dorf nach B-Stadt mit einer ...geschwindigkeit von 18 $\frac{km}{h}$.

2 Berechne die Durchschnittsgeschwindigkeiten ($\frac{m}{s}$, $\frac{km}{h}$):

a 100-m-Lauf: 9,58 s

b 500-m-Eisschnellauf: 36,36 s

c 1000-m-Zeitfahren (Radrennen): 56,303 s

d 3312 m Skiabfahrt: 1:51,58 min

3 Die Erde dreht sich in rund 24 h einmal um ihre Achse. Berechne die Geschwindigkeit von Menschen am Äquator (Umfang: 40 000 km) infolge der Erddrehung.

4 Der Schall braucht in Luft bei einer Messung 2,94 s für 1000 m.

a Berechne die Schallgeschwindigkeit in Luft (in $\frac{m}{s}$ und in $\frac{km}{h}$).

b Du siehst einen Blitz und hörst den Donner 8,10 s später. Berechne, wie weit der Blitz entfernt war. (Annahme: Du siehst den Blitz ohne Zeitverzögerung.)

5 Angaben auf dem Navi → 1

a Nenne die Art von Geschwindigkeit, die angezeigt wird.

b Berechne, wie weit das Auto mit der angezeigten Geschwindigkeit bis 13.40 Uhr käme.

c Tatsächlich ist das Ziel 240 km entfernt. Berechne die Durchschnittsgeschwindigkeit, mit der das Navi rechnet.

d Vergleiche diese Durchschnittsgeschwindigkeit mit der Momentangeschwindigkeit. Was folgerst du daraus für die restliche Fahrt?

6 Das Diagramm stellt eine Motorradfahrt dar. → 2 Auf der senkrechten Achse ist diesmal nicht die zurückgelegte Strecke *s* aufgetragen, sondern die Distanz *d* zum Startpunkt.

a Beschreibe die Fahrt in den drei Bereichen.

b Berechne die Geschwindigkeit (in $\frac{m}{s}$) des Motorrads im Bereich 1 und im Bereich 3. Was bedeutet es, dass die Geschwindigkeit im Bereich 3 ein negatives Vorzeichen hat?

c Berechne die Strecke, die das Motorrad nach 15 min zurückgelegt hat.

1

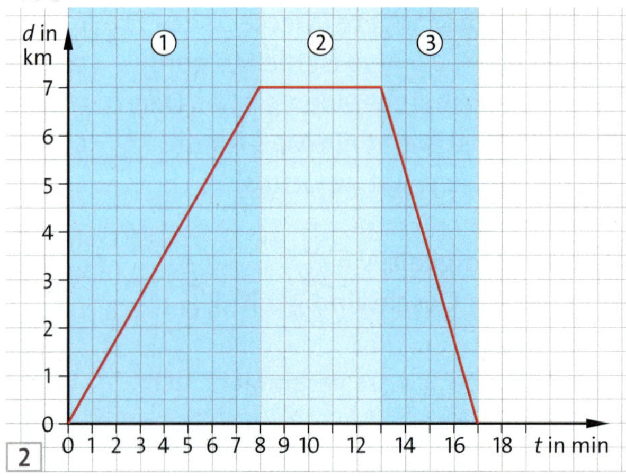

2

Methode

Liniendiagramme interpretieren

In der Physik werden viele Zusammenhänge zwischen zwei Größen mithilfe von Liniendiagrammen dargestellt. → 3 Beim Interpretieren kommt es darauf an, den Zusammenhang zwischen den beiden Größen zu erfassen. Gehe in folgenden Schritten vor:

1. Größen angeben Nenne die physikalischen Größen, die auf den beiden Achsen abgetragen sind. Erinnere dich an ihre Definition.
Beispiel: Auf der waagerechten Achse ist die Zeit aufgetragen, auf der senkrechten Achse die zurückgelegte Strecke. → 3

2. Graphen studieren Der Graph stellt den Zusammenhang zwischen den beiden Größen dar, die auf den Achsen abgetragen sind:
- Ursprungshalbgeraden zeigen einen direkt proportionalen Zusammenhang an.
- Ein Hyperbelast kann auf eine indirekt proportionale Zuordnung hinweisen.
- Andere Graphen beschreiben andere Zusammenhänge.

Beispiel: Der Graph ist keine gerade Linie. Der Weg ist nicht direkt proportional zur Zeit.

3. Werte ablesen und nutzen Mithilfe des Graphen lassen sich Werte ablesen (auch wenn diese nicht gemessen wurden). Damit lassen sich oft neue Größen berechnen.
Beispiel: Zu $t_1 = 5{,}0\,\text{s}$ gehört $s_1 = 1{,}6\,\text{m}$ und zu $t_2 = 8{,}0\,\text{s}$ gehört $s_2 = 4{,}0\,\text{m}$. Die Durchschnittsgeschwindigkeit im Zeitintervall beträgt:

$$v_D = \frac{\Delta s}{\Delta t};\ v_D = \frac{4{,}0\,\text{m} - 1{,}6\,\text{m}}{8{,}0\,\text{s} - 5{,}0\,\text{s}} = \frac{2{,}4\,\text{m}}{3{,}0\,\text{s}} = 0{,}80\,\frac{\text{m}}{\text{s}}.$$

3

Aufgabe

1 In einem Versuch wurde die Fahrt von zwei Modellautos untersucht. → 4
a Nenne die gemessenen Größen.
b Studiere die beiden Graphen. Gib jeweils an, ob die Größen proportional zueinander sind. Begründe deine Angabe.
c Welches Auto war insgesamt schneller? Begründe deine Antwort (ohne Rechnung).
d Bestimme die Durchschnittsgeschwindigkeiten zwischen $t_1 = 2{,}0\,\text{s}$ und $t_2 = 4{,}0\,\text{s}$.
e Mache jeweils Aussagen zur Momentangeschwindigkeit der beiden Autos.

4

Beschleunigung

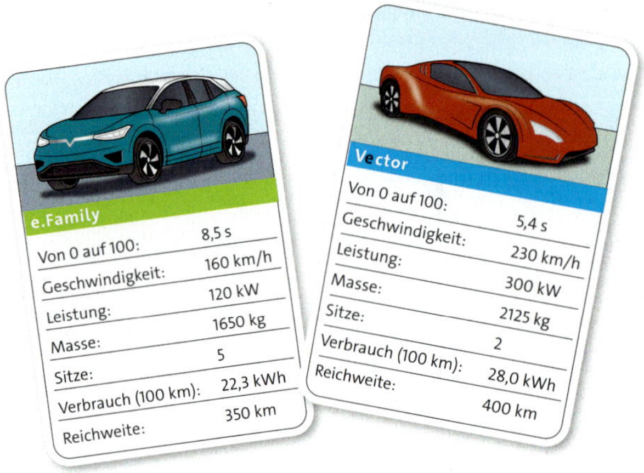

1

Das schnellste Rennauto der Welt braucht nicht einmal 1,7 s, um von 0 auf 100 $\frac{km}{h}$ zu beschleunigen. „Normale" Autos haben eine viel kleinere Beschleunigung. Was bedeutet Beschleunigung und wie kann man sie messen?

A Aufgabe

Beschleunigen und bremsen

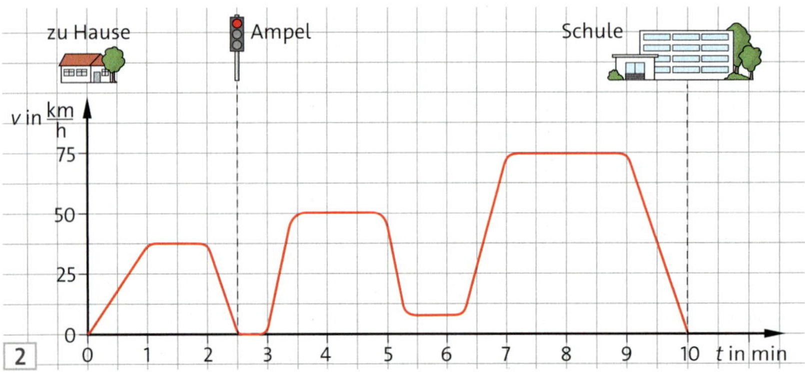

2

1 Frau Bauer fährt mit dem Pkw zur Schule. Die Momentangeschwindigkeit, die der Tacho anzeigt, ändert sich immer wieder. → 2

a Beschreibt in einer kleinen Geschichte, wie die Fahrt abläuft.

b Gebt an, in welchen Zeitabschnitten Frau Bauer das Auto beschleunigt hat und wann sie gebremst hat.

B Aufgabe

Wer beschleunigt am schnellsten?

1 Wer erreicht mit dem Fahrrad aus dem Stand heraus am schnellsten eine Geschwindigkeit von 20 $\frac{km}{h}$?

a Plant einen Wettkampf. Gebt an, was ihr dafür braucht. Skizziert und beschreibt die Durchführung. → 3

b Vielleicht könnt ihr den Wettkampf durchführen. **Achtung** • Übertreibt nicht, damit ihr euch nicht verletzt und das Fahrrad nicht beschädigt wird! Sichert die Strecke ab.

3

C Versuch

Beschleunigte Kugel

Material: Kugel, lange Rinne (mindestens 3,0 m), Klötzchen, Markierungen, 5 Stoppuhren (oder Handys), langes Lineal

1 Bringt an der Rinne alle 50 cm Markierungen an und stellt die Rinne leicht geneigt auf. → 4

a Fünf Zeitnehmer messen die Zeit, die die Kugel für 0,50 m, 1,00 m usw. braucht. Bildet jeweils den Mittelwert und notiert ihn. → 5

b Erstellt ein *t*-*s*-Diagramm. Zeichnet den Graphen und studiert ihn.

c Berechnet das Quadrat der Zeiten. Erstellt ein t^2-s-Diagramm und zeichnet den Graphen. Formuliert einen mathematischen Zusammenhang zwischen t^2 und s.

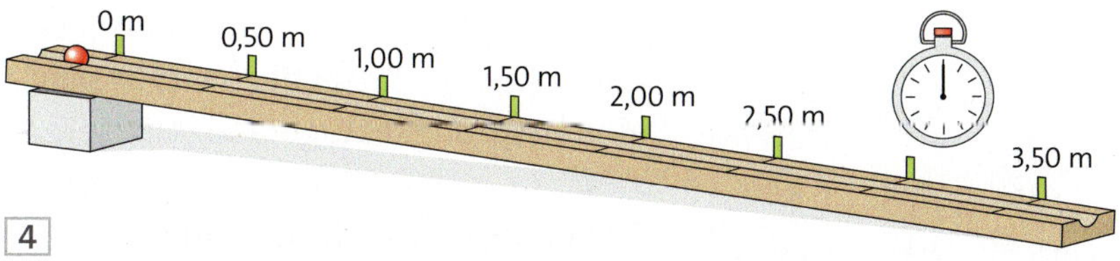

4

s in m	0	0,50	1,00	...
t in s	0	?	?	...
t^2 in s^2	0	?	?	...

5 Beispieltabelle

D Versuch

Beschleunigter Wagen

Material: Fahrbahn, Wagen, 2 kleine Wägestücke, Lichtschranke, Speichenrad, Faden, Mess- und Anzeigegerät

1 Stellt die Fahrbahn so auf, dass der Wagen nach dem Anstoßen mit konstanter Geschwindigkeit weiterrollt.

2 Das absinkende Wägestück beschleunigt den Wagen. → 6 Die Drehgeschwindigkeit des Speichenrads ist ein Maß für die (Momentan-)Geschwindigkeit *v* des Wagens.

a Messt *v* in Abhängigkeit von der Zeit *t*. Zeichnet und interpretiert das Diagramm.

b Wiederholt den Versuch mit 2 Wägestücken. Vergleicht.

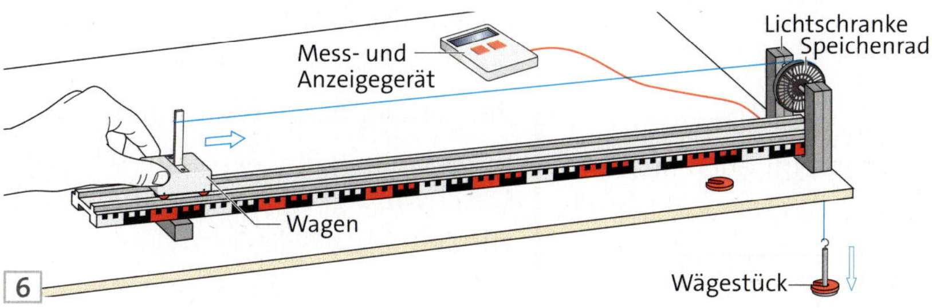

6

E Aufgabe

Abbremsen

1 Ein Auto bremst ab. → 7

a Erstellt und interpretiert das *t*-*v*-Diagramm.

b Beschreibt, wie ihr am Graphen erkennt, dass es sich um ein Abbremsen handelt.

t in s	*v* in $\frac{km}{h}$
0	100
10,0	86
20,0	72
30,0	60
40,0	45
50,0	32
60,0	20

7 Abbremsen eines Autos

Beschleunigung

Grundlagen

Kraft und Bewegungsänderung • Um mit dem Fahrrad zu beschleunigen, musst du Kräfte auf die Pedale ausüben. Auch zum Bremsen übst du Kräfte aus. Allgemein gilt:
Wenn ein Körper schneller oder langsamer wird oder seine Bewegungsrichtung ändert, sind Kräfte die Ursache.

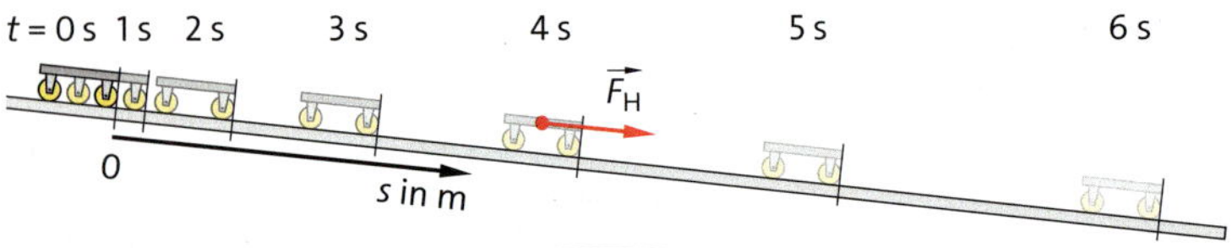

***t* in s**	0	1,00	2,00	3,00	4,00	5,00	6,00
***s* in m**	0	0,054	0,218	0,489	0,870	1,359	1,958
t^2 in s^2	0	1,00	4,00	9,00	16,0	25,0	36,0

·4 (von 1,00 s zu 4,00 s); ca. ·16 (von 0,054 m zu 0,870 m); ·16 (von 1,00 s^2 zu 16,0 s^2)

1 Gleichmäßig beschleunigte Bewegung eines Wagens

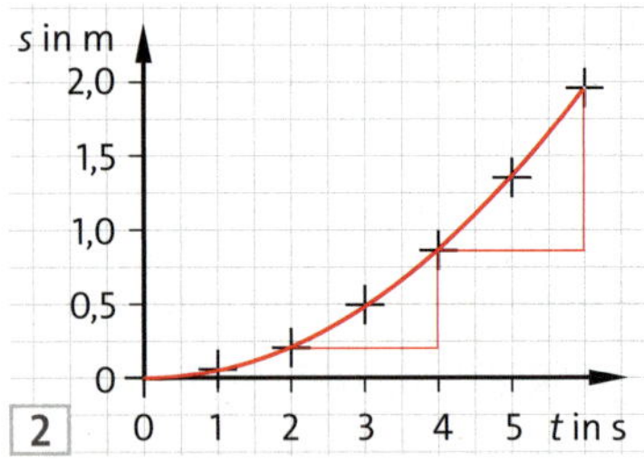

2

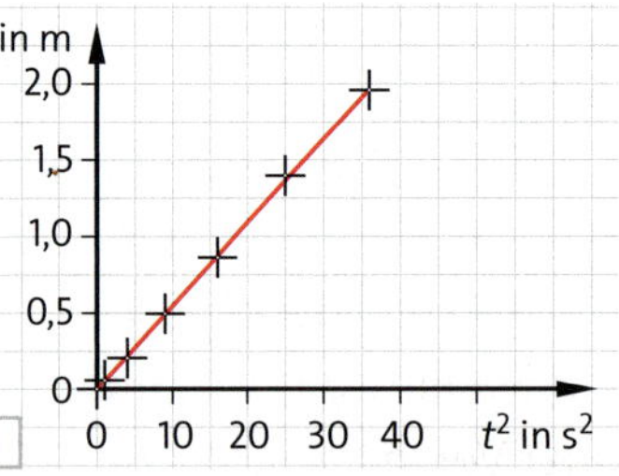

3

***t* in s**	0	1,00	2,00	3,00	4,00	5,00	6,00
***v* in $\frac{m}{s}$**	0	0,109	0,218	0,326	0,435	0,544	0,653

·4 (von 1,00 s zu 4,00 s); ca. ·4 (von 0,109 zu 0,435)

4

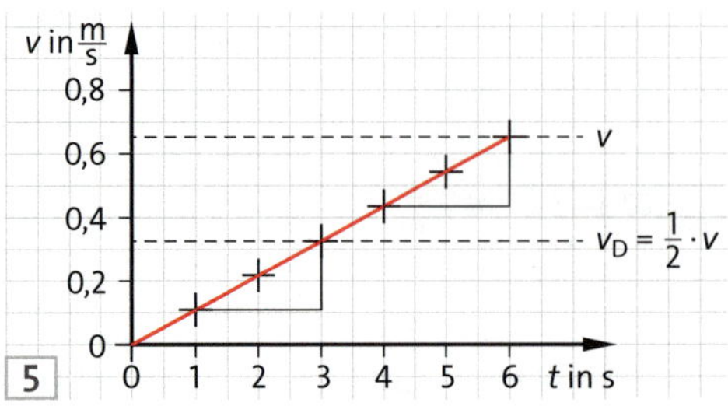

5

Gleichmäßig beschleunigte Bewegung • Auf einer schräg gestellten Fahrbahn wird ein Wagen unter dem Einfluss der konstanten Hangabtriebskraft $\vec{F}_H$ immer schneller. → 1 In gleich großen Zeitspannen Δt werden immer größere Strecken Δs zurückgelegt. → 2 Im *t*-*s*-Diagramm erhält man einen Graphen, der mathematisch als Parabel bezeichnet wird. Damit es sich wirklich um eine Parabel handelt, muss der Weg direkt proportional zum Quadrat der Zeit sein. Wir zeichnen deshalb ein t^2-*s*-Diagramm. → 3 Tatsächlich ergibt sich eine Ursprungshalbgerade. Also gilt: $s \sim t^2$.
Bewegungen mit diesem quadratischen Zusammenhang heißen gleichmäßig beschleunigt. Ihre Ursache ist eine konstante Kraft.

Bei gleichmäßig beschleunigten Bewegungen nimmt der Weg mit dem Quadrat der Zeit zu: $s \sim t^2$.

Es gilt also:
- doppelte Zeit → vierfacher Weg
- dreifache Zeit → neunfacher Weg

Beschleunigung • Wenn man die Geschwindigkeit in Abhängigkeit von der Zeit ermittelt, erhält man einen einfachen Zusammenhang: → 4 5

Bei gleichmäßig beschleunigten Bewegungen aus dem Stand ist die Geschwindigkeit direkt proportional zur Zeit: $v \sim t$.

die **gleichmäßig beschleunigte Bewegung**
die **Beschleunigung**
das **Weg-Zeit-Gesetz**
die **Verzögerung**

In gleich großen Zeitspannen Δt ist die Geschwindigkeitsänderung Δv immer gleich groß.
Die Durchschnittsgeschwindigkeit v_D ist halb so groß wie die zum Schluss erreichte Geschwindigkeit v: → 5
$v_D = \frac{1}{2} \cdot v$.
Bei einer steileren Fahrbahn ist die konstante Hangabtriebskraft größer, der Wagen wird stärker beschleunigt. Im t-v-Diagramm ergibt sich eine steilere Ursprungshalbgerade. → 6 Ihre Steigung ist also ein Maß für die Beschleunigung (lat. *acceleratio*).

Die Beschleunigung a ist definiert als Quotient aus der Geschwindigkeitsänderung Δv und der zugehörigen Zeitspanne Δt: → 7

$$a = \frac{\Delta v}{\Delta t}.$$

Für gleichmäßig beschleunigte Bewegungen (aus dem Stand) gilt:

$$a = \frac{v}{t}.$$

Die Beschleunigung gibt also an, um wie viele Meter pro Sekunde sich die Geschwindigkeit pro Sekunde ändert.

Die Einheit der Beschleunigung ist:

$$\frac{1\,\frac{\text{m}}{\text{s}}}{1\,\text{s}} = 1\,\frac{\text{m}}{\text{s}^2}.$$

Weg-Zeit-Gesetz • Ein Körper wird aus dem Stand gleichmäßig beschleunigt. Wie lässt sich der Weg s vorausberechnen, den er in der Zeit t zurücklegt? Um eine Gleichung zu entwickeln, starten wir mit der folgenden Überlegung:

Wenn du mit dem Fahrrad gleichmäßig beschleunigst, ist deine Geschwindigkeit in den ersten Sekunden sehr gering und wird immer größer – bis zur Endgeschwindigkeit v. Dabei kommst du so weit, als wärst du die ganze Zeit t mit der Durchschnittsgeschwindigkeit v_D gefahren. Dafür würde gelten:
$s = v_D \cdot t$.
Darin ersetzen wir v_D durch $\frac{1}{2} \cdot v$:
$s = \frac{1}{2} \cdot v \cdot t$.
Aus $a = \frac{v}{t}$ folgt: $v = a \cdot t$.
Also ersetzen wir v durch $a \cdot t$:
$s = \frac{1}{2} \cdot v \cdot t = \frac{1}{2} \cdot a \cdot t \cdot t = \frac{1}{2} \cdot a \cdot t^2$.

Für gleichmäßig beschleunigte Bewegungen aus dem Stand gilt das folgende Weg-Zeit-Gesetz:

$$s = \frac{1}{2} \cdot a \cdot t^2.$$

Abbremsen • Wenn ein Körper durch eine konstante Kraft abgebremst wird, nimmt seine Geschwindigkeit gleichmäßig mit der Zeit ab. → 8 Der Quotient $\frac{\Delta v}{\Delta t}$ ist dann negativ. Man spricht von einer negativen Beschleunigung oder Verzögerung a_B (B: Bremsen).

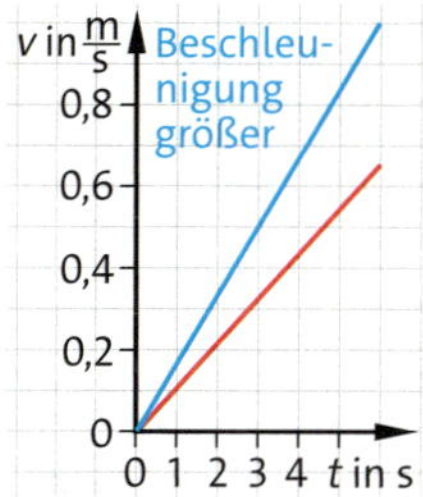

6

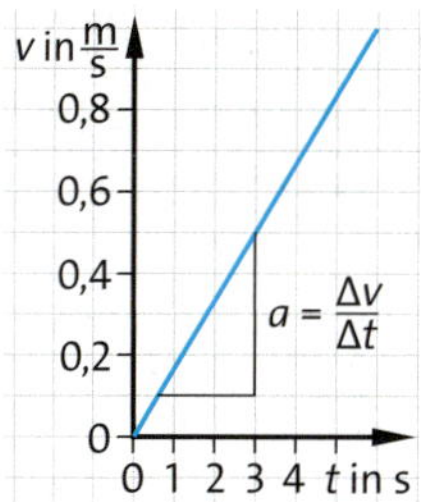

7

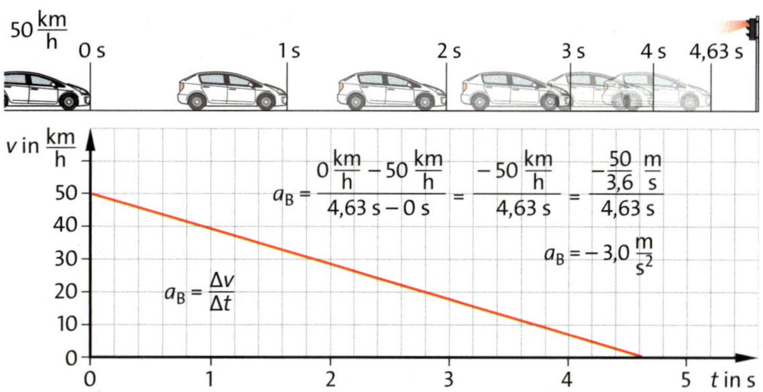

8 Gleichmäßig verzögerte Bewegung

Beschleunigung

1 Anna beschleunigt mit dem Fahrrad in 8,0 s aus dem Stand auf 20,0 $\frac{km}{h}$. Berechne ihre Beschleunigung.

Gegeben: $t = 8{,}0\,s$, $v = 20{,}0\,\frac{km}{h} = 5{,}56\,\frac{m}{s}$ — Gesucht: a

Gleichung: $a = \frac{v}{t}$

Einsetzen und rechnen: $a = \frac{5{,}56\,\frac{m}{s}}{8{,}0\,s} = 0{,}695\,\frac{m}{s^2}$

Runden: Die Zeit ist mit 2 sinnvollen Ziffern angegeben.

Ergebnis: $a = 0{,}70\,\frac{m}{s^2}$

2 Paul beschleunigt mit dem Fahrrad 6,0 s lang mit $a = 1{,}2\,\frac{m}{s^2}$. Berechne den zurückgelegten Weg.

Gegeben: $a = 1{,}2\,\frac{m}{s^2}$, $t = 6{,}0\,s$ — Gesucht: s

Gleichung: $s = \frac{1}{2} \cdot a \cdot t^2$

Einsetzen und rechnen: $s = \frac{1}{2} \cdot 1{,}2\,\frac{m}{s^2} \cdot (6{,}0\,s)^2 = 21{,}6\,m$

Runden: Alle Größen sind mit 2 sinnvollen Ziffern angegeben.

Ergebnis: $s = 22\,m$

3 Ein Auto beschleunigt aus dem Stand 4,0 s lang mit $a = 3{,}0\,\frac{m}{s^2}$. Berechne die erreichte Geschwindigkeit.

Gegeben: $a = 3{,}0\,\frac{m}{s^2}$, $t = 4{,}0\,s$ — Gesucht: v

Gleichung: $v = a \cdot t$

Einsetzen und rechnen: $v = 3{,}0\,\frac{m}{s^2} \cdot 4{,}0\,s = 12\,\frac{m}{s}$

Runden: Alle Größen sind mit 2 sinnvollen Ziffern angegeben.

Ergebnis: $v = 12\,\frac{m}{s} = 43\,\frac{km}{h}$

4 Ein Flugzeug wird mit $a = 2{,}0\,\frac{m}{s^2}$ beschleunigt. Bis zum Abheben legt es 1200 m zurück. Berechne die Zeit bis zum Abheben.

Gegeben: $a = 2{,}0\,\frac{m}{s^2}$, $s = 1200\,m$ — Gesucht: t

Gleichung: $s = \frac{1}{2} \cdot a \cdot t^2$; $t = \sqrt{\frac{2 \cdot s}{a}}$

Einsetzen und rechnen: $t = \sqrt{\frac{2 \cdot 1200\,m}{2{,}0\,\frac{m}{s^2}}} = 34{,}6410\,s$

Runden: Die Beschleunigung ist mit 2 sinnvollen Ziffern angegeben.

Ergebnis: $t = 35\,s$

1 Gleichmäßig beschleunigte Bewegungen aus dem Stand heraus

Aufgaben

1 Ordne den verschiedenen Wagen im Diagramm die Bewegungen gleichförmig, beschleunigt und abgebremst zu. → 2
Begründe die Zuordnungen.

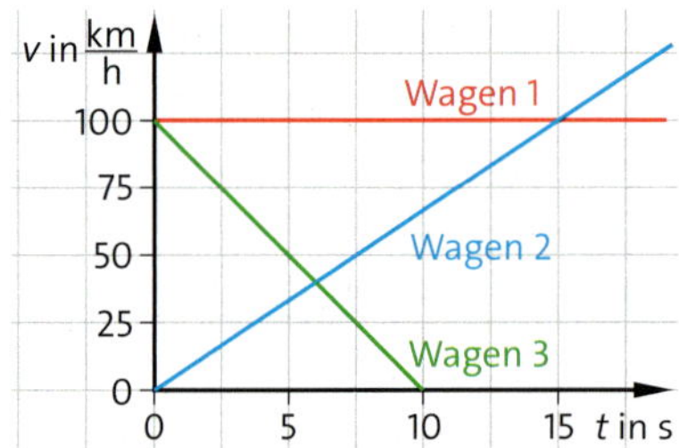

2

2 Entscheide jeweils, ob es sich um eine gleichmäßig beschleunigte Bewegung handelt. → 3 – 5
Begründe die Entscheidungen.

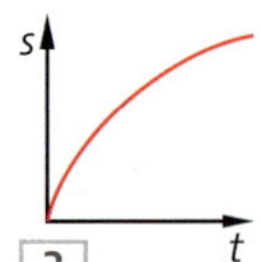

3

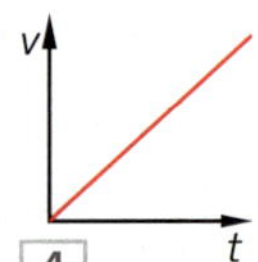

4

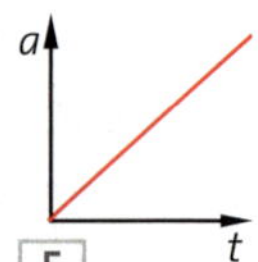

5

3 Das schnellste Rennauto der Welt kann in 1,69 s aus dem Stand heraus auf 100 $\frac{km}{h}$ beschleunigen.

a Berechne seine Beschleunigung.

b Berechne den zurückgelegten Weg nach 1,69 s.

c Skizziere das *t*-*s*-Diagramm und das *t*-*v*-Diagramm.

4 Ein Sportwagen startet mit konstanter Beschleunigung: $a = 9{,}0\,\frac{m}{s^2}$.

a Berechne seine Geschwindigkeit (in $\frac{km}{h}$) nach 6,0 s.

b Berechne die zurückgelegte Strecke nach 6,0 s.

c Berechne die Zeit, die der Sportwagen während der Beschleunigung für die ersten 100 m braucht.

5 Das Diagramm zeigt die Flughöhe h einer Höhenfeuerwerksrakete in Abhängigkeit von der Flugzeit t. → 6
Die Rakete wird bis zu ihrer Explosion in 280 m Höhe gleichmäßig beschleunigt.

a Zeige rechnerisch, dass die Rakete mit $a_1 = 1{,}1 \cdot 10^2\,\frac{m}{s^2}$ beschleunigt.

b Berechne die Geschwindigkeit (in $\frac{km}{h}$) der Rakete direkt vor der Explosion.

c Übertrage das Diagramm ins Heft. Ergänze den Graphen einer zweiten Rakete mit $a_2 = 50\,\frac{m}{s^2}$, die nach 3,0 s explodiert.

6 Ein Auto fährt mit $50\,\frac{km}{h}$. Dann wird es mit einer Verzögerung von $-3{,}0\,\frac{m}{s^2}$ gleichmäßig bis zum Stillstand abgebremst. Kommt es vor der roten Ampel in 35 m Abstand zum Stehen?

a Berechne die Bremsdauer.

b Berechne den Bremsweg.

c Beantworte die Frage.

7 Auf einer Achterbahn fährt der Wagen mit $25\,\frac{km}{h}$ in eine Gefällstrecke ein. → 7 Bei der Abfahrt beschleunigt der Wagen gleichmäßig in 3,0 s auf $100\,\frac{km}{h}$. Berechne:

a die Beschleunigung

b die Länge der Gefällstrecke

8 Auf einer geraden Teststrecke wird die Beschleunigung von Motorrädern miteinander verglichen: → 8

- Motorrad M1 erreicht nach 5,0 s eine Geschwindigkeit von $130\,\frac{km}{h}$.
- Motorrad M2 benötigt 6,0 s, um einen Weg von 120 m zurückzulegen.

a Vergleiche die Beschleunigungen beider Motorräder rechnerisch. Gehe jeweils von einer gleichmäßig beschleunigten Bewegung aus dem Stand aus.

b Ein drittes Motorrad M3 besitzt laut Datenblatt die maximale Beschleunigung $a_{max} = 5{,}8\,\frac{m}{s^2}$.
M3 beschleunigt aus dem Stand 5,0 s lang mit a_{max}. Zeichne das t-s-Diagramm.

c Entnimm diesem Diagramm:

- den zurückgelegten Weg nach 1,5 s
- die Zeit, die M3 für einen Weg von 55 m benötigt

d Überprüfe die beiden abgelesenen Werte rechnerisch.

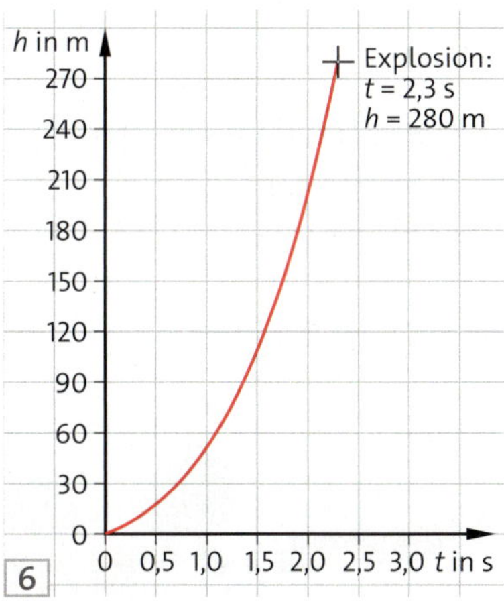

6

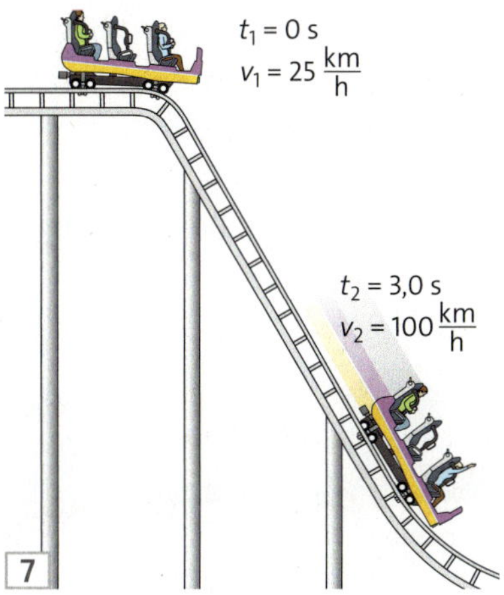

7

8

Beschleunigung

F Aufgabe

1

Beschleunigtes Fahrrad

1 Das Anfahren eines Radfahrers wurde aufgezeichnet. → 1 Der Ort der Vorderachse wurde alle 0,40 s markiert.

a Bestimme anhand der Punkte im Bild jeweils den zurückgelegten Weg s_{Bild}. Trage deine Werte in die zweite Zeile einer Tabelle ein. → 2

b Berechne und notiere die real zurückgelegten Wege *s* mithilfe des Maßstabs 1:50.

c Stelle die Werte in einem *t*-*s*-Diagramm dar und zeichne den Graphen.

d Stelle eine Vermutung auf, wie *s* und *t* mathematisch zusammenhängen.

e Überprüfe deine Vermutung mit einem Diagramm. Berechne dazu t^2 und erstelle eine neue Tabelle. → 3

f Berechne die Beschleunigung des Radfahrers.
Tipp: Weg-Zeit-Gesetz

g Berechne die Geschwindigkeit des Radfahrers zu den verschiedenen Zeitpunkten. Trage die Werte in eine weitere Tabelle ein und erstelle das *t*-*v*-Diagramm.

t in s	0	0,40	0,80	1,20	1,60	2,00	2,40	2,80	3,20
s_{Bild} in mm	0	?	?	?	?	?	?	?	?
s in m	0	?	?	?	?	?	?	?	?

2 Beispieltabelle: *t* und *s*

t^2 in s^2	0	0,16	0,64	...
s in m	0	?	?	?
?	–	?	?	?

3 Beispieltabelle: t^2 und *s*

G Aufgabe

Beschleunigte Kugel

1 Bestimme die Beschleunigung der Kugel. → 4

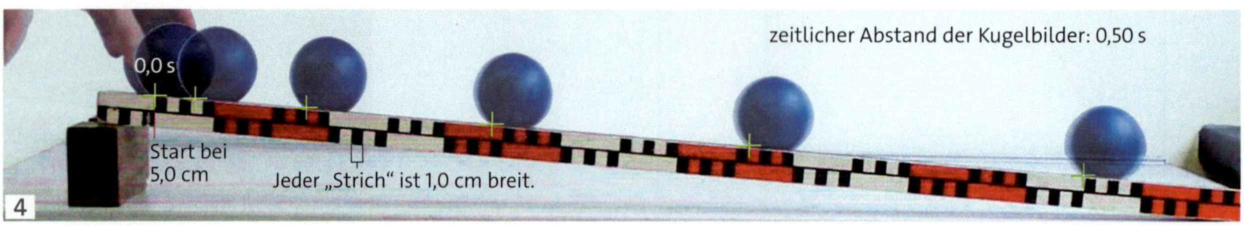

4

H Aufgabe

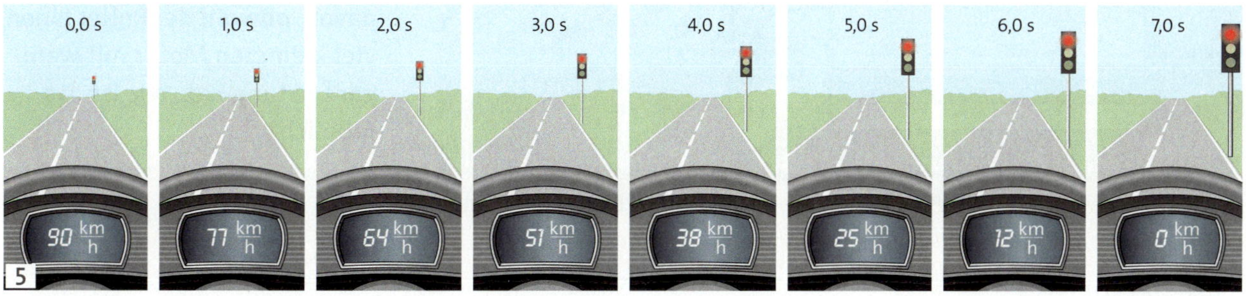

5

Abbremsen eines Autos

1 Die Bildfolge zeigt Einzelbilder aus einem Video, das beim Abbremsen eines Autos aufgenommen wurde. → 5 Die Einzelbilder haben jeweils einen Zeitabstand von 1,0 s.

a Erstelle eine Messwerttabelle mit Zeit und Geschwindigkeit. → 6 Rechne die Geschwindigkeit in $\frac{m}{s}$ um.

b Zeichne das *t*-*v*-Diagramm.

c Beschreibe den Unterschied zum *t*-*v*-Diagramm eines Autos, das aus dem Stand gleichmäßig beschleunigt.

d Berechne die (negative) Beschleunigung beim Abbremsen.

***t* in s**	0	1,0	...
***v* in $\frac{km}{h}$**	90	?	...
***v* in $\frac{m}{s}$**	?	?	...

6 Beispieltabelle: *t* und *v*

I Aufgaben

Nicht immer Full Speed!

Ein Rennwagen fährt während einer Runde unterschiedlich schnell. → 7

1 Lies aus dem Weg-Geschwindigkeit-Diagramm ab:

a Wo wurde die geringste Geschwindigkeit gefahren und wo die höchste? Gib die Geschwindigkeiten jeweils an.

b Wo war die Geschwindigkeit (annähernd) konstant?

c In welchen Abschnitten der Rennstrecke beschleunigte der Rennwagen, wo bremste er ab? Begründe jeweils.

d Gib an, welche Messwerte fehlen, um die Beschleunigung zu berechnen.

2 Finde die passende Rennstrecke und begründe. → 8

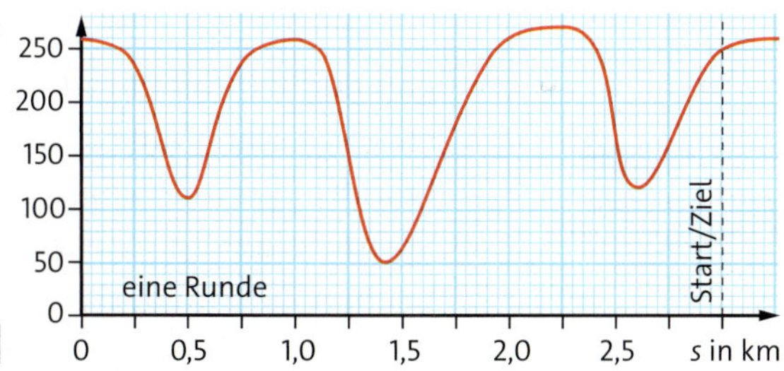

7

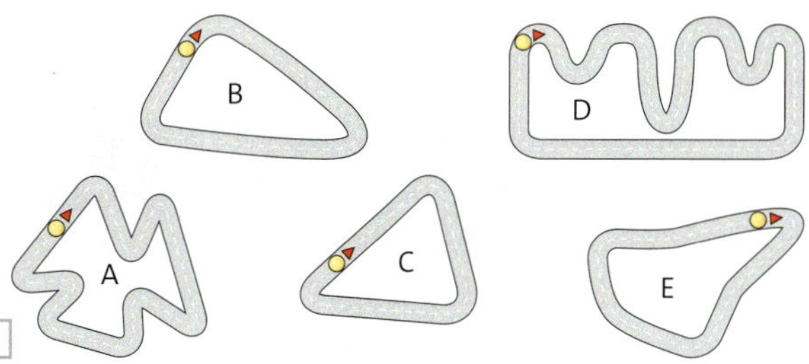

8

Grundgleichung der Mechanik

1

Beim Beschleunigen fährt der Roller dem Transporter leicht davon, obwohl der Roller einen viel kleineren Motor mit weniger Leistung hat. Wie ist das möglich?

A Versuche

Beschleunigter Wagen (1)

Material: Wagen, Wägestücke, Kraftmesser

1 Beladet den Wagen mit einem Wägestück. → 2 Beschleunigt ihn einmal mit geringer Kraft, einmal mit großer Kraft. Beschreibt, wie Beschleunigung und Kraft zusammenhängen.

2 Beschwert den Wagen mit weiteren Wägestücken und beschleunigt ihn wieder unterschiedlich stark. Vergleicht mit Versuch 1.

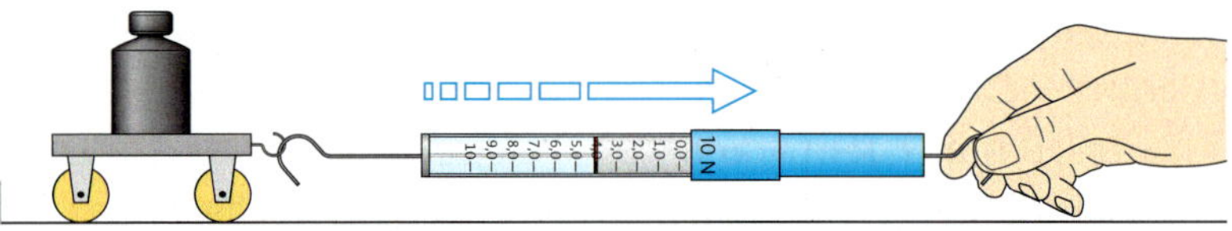

2

B Versuche

Beschleunigter Wagen (2)

Material: Fahrbahn, Wagen, kleine und große Wägestücke, 2 Lichtschranken, Speichenrad, Faden, Mess- und Anzeigegerät

Stellt die Fahrbahn so auf, dass der Wagen nach dem Anstoßen mit konstanter Geschwindigkeit weiterrollt.
Wenn das kleine Wägestück absinkt, wird der Wagen durch die konstante Gewichtskraft beschleunigt, die auf das Wägestück wirkt. → 3 Messt die Geschwindigkeit des Wagens in Abhängigkeit von der Zeit. Berechnet die Beschleunigung.

1 Wie hängt die Beschleunigung von der beschleunigenden Kraft ab?
a Stellt eine Vermutung auf.
b Überprüft die Vermutung mit einer Versuchsreihe. Erstellt ein *F*-*a*-Diagramm.

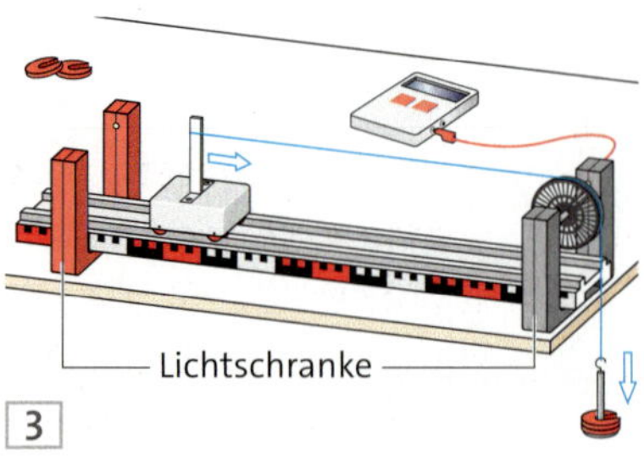

3

2 Wie hängt die Beschleunigung bei konstanter Kraft von der Wagenmasse ab?
a Stellt eine Vermutung auf.
b Überprüft sie mit einer Versuchsreihe: Beladet den Wagen nacheinander mit mehreren großen Wägestücken. Erstellt ein *m*-*a*-Diagramm.
c Vermutet einen mathematischen Zusammenhang. Bestätigt ihn rechnerisch.

die **Grundgleichung der Mechanik**

Grundlagen

Beschleunigung und Kraft • Ein Wagen wird gleichmäßig beschleunigt. → 4 Je größer die beschleunigende Kraft ist, desto größer ist die Beschleunigung. Genaue Messungen ergeben: $a \sim F$ (bei konstanter Masse).

Beschleunigung und Masse • Zwei unterschiedlich beladene Wagen werden mit gleich großer Kraft beschleunigt. → 5 Je größer die beschleunigte Masse ist, desto kleiner ist die Beschleunigung. Genaue Messungen ergeben: $a \sim \frac{1}{m}$ (bei konstanter Kraft).

Beschleunigung, Kraft und Masse • Die beiden Proportionalitäten lassen sich mathematisch zusammenfassen: $a \sim \frac{F}{m}$.

Grundgleichung der Mechanik • Auf einer Fahrbahn wird ein Wagen (500 g) von einem absinkenden Wägestück (50 g; F_G = 0,49 N) beschleunigt. → 3 Es gilt also:

$$\frac{F}{m} = \frac{0{,}49\ \text{N}}{0{,}550\ \text{kg}} = 0{,}89\ \frac{\text{N}}{\text{kg}}.$$

Für die Beschleunigung bestimmt man dieselbe Maßzahl: $a = 0{,}89\ \frac{\text{m}}{\text{s}^2}$. → 6 Auch bei allen anderen Massen und Kräften sind die Maßzahlen von a und $\frac{F}{m}$ gleich groß.

t in s	0	0,20	0,40	0,60	0,80	1,00
v in $\frac{\text{m}}{\text{s}}$	0	0,18	0,35	0,53	0,72	0,89
a in $\frac{\text{m}}{\text{s}^2}$	–	0,90	0,88	0,88	0,90	0,89

6 Beschleunigung auf der Fahrbahn

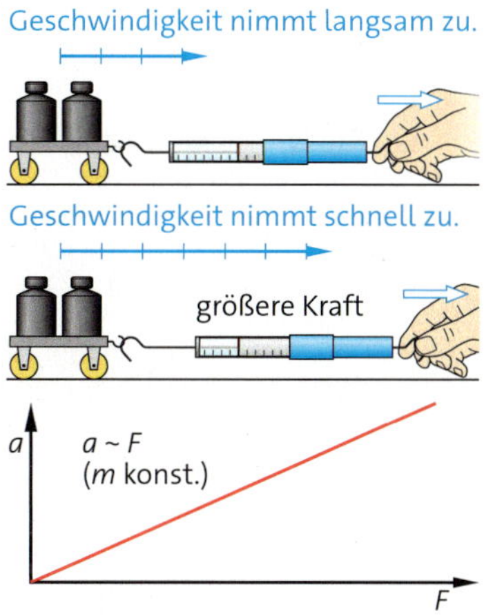

4 Doppelte Kraft → doppelte Beschleunigung

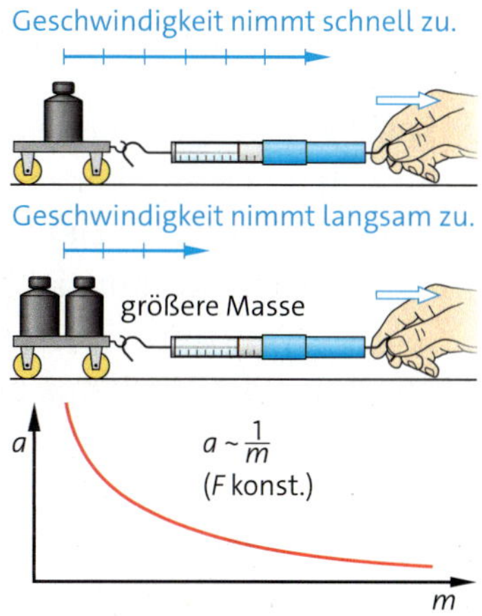

5 Doppelte Masse → halbe Beschleunigung

Wir legen daher fest:

$$a = \frac{F}{m} \quad \text{mit} \quad 1\,\frac{\text{m}}{\text{s}^2} = 1\,\frac{\text{N}}{\text{kg}}.$$

Auflösen nach F ergibt:

$F = m \cdot a$
Grundgleichung der Mechanik

Für die Krafteinheit 1 N folgt daraus:

$$1\ \text{N} = 1\ \text{kg} \cdot \frac{\text{m}}{\text{s}^2} = 1\ \text{kg} \cdot \frac{\frac{\text{m}}{\text{s}}}{\text{s}}.$$

Die Kraft 1 N beschleunigt einen Körper der Masse 1 kg um $1\,\frac{\text{m}}{\text{s}}$ pro Sekunde.

Aufgaben

1 Der Roller (m = 170 kg, F = 225 N) fährt dem Lkw (m = 20 t, F = 3,0 kN) davon. → 1 Erkläre dies.

2 Ergänze im Heft: „Je größer die ... auf einen Körper der Masse m ist, desto größer ist seine ...“ Formuliere weitere Je-desto-Zusammenhänge für Kraft, Masse und Beschleunigung.

Grundgleichung der Mechanik

Aufgaben (Fortsetzung)

3 Rechne mit Kraft, Masse und Beschleunigung. Übertrage dazu die Tabelle ins Heft. → 1 Berechne dann die fehlenden Werte mit der Grundgleichung der Mechanik und ergänze die Tabelle.

F in N	*m* in kg	*a* in $\frac{m}{s^2}$
1,0	?	1,0
?	1,0	3,0
3,0	3,0	?
?	5,0	2,0

1

4 Mit ihrem Rennmotorrad (180 kg) beschleunigt eine Frau (70 kg) in 2,8 s aus dem Stand heraus gleichmäßig auf 100 $\frac{km}{h}$.
Berechne: → 2
a die Beschleunigung
b den Betrag der beschleunigenden Kraft

5 Ein Auto (m_{Auto} = 1200 kg) wird durch seinen Motor mit einer Kraft von 3,0 kN beschleunigt.
Berechne:
a die Beschleunigung des Autos
b die Geschwindigkeit in $\frac{km}{h}$ nach 10,0 s
c die Durchschnittsgeschwindigkeit des Autos in diesen 10,0 s
d die Strecke, die in diesen 10,0 s zurückgelegt wird

6 Ein sehr großes Passagierflugzeug hat eine Startmasse von 569 t. Es beschleunigt gleichmäßig aus dem Stand heraus. Dabei beträgt die beschleunigende Kraft 666 kN.
a Berechne die Beschleunigung des Flugzeugs.
b Das Flugzeug hebt bei einer Geschwindigkeit von 300 $\frac{km}{h}$ von der Startbahn ab. Berechne die Zeit bis zum Abheben und die Strecke, die bis zum Abheben zurückgelegt wird.

7 Das *t*-*v*-Diagramm zeigt die Fahrt eines U-Bahn-Zugs zwischen zwei Bahnhöfen. → 3
a Beschreibe die Fahrt des U-Bahn-Zugs.
b Berechne den Betrag der beschleunigenden Kraft und der bremsenden Kraft. Rechne mit *m* = 50,0 t.
c Zeichne das zugehörige *t*-*F*-Diagramm.

Ein Pkw (*m* = 1000 kg) beschleunigt gleichmäßig in 10,0 s aus dem Stand auf 100 $\frac{km}{h}$. Berechne die Beschleunigung und den Betrag der beschleunigenden Kraft.

Gegeben: $m = 1000\ kg;\ \Delta t = 10{,}0\ s;\ \Delta v = 100\ \frac{km}{h} = \frac{100}{3{,}6}\ \frac{m}{s}$
Gesucht: *a*, *F*
Gleichungen: $a = \frac{\Delta v}{\Delta t}$ und $F = m \cdot a$

Einsetzen, rechnen und runden auf 3 sinnvolle Ziffern:

$a = \frac{\frac{100}{3{,}6}\ \frac{m}{s}}{10{,}0\ s} = 2{,}77777\ \frac{m}{s^2};\ a = 2{,}78\ \frac{m}{s^2}$

$F = 1000\ kg \cdot 2{,}78\ \frac{m}{s^2} = 2780\ N;\ F = 2{,}78\ kN$

2

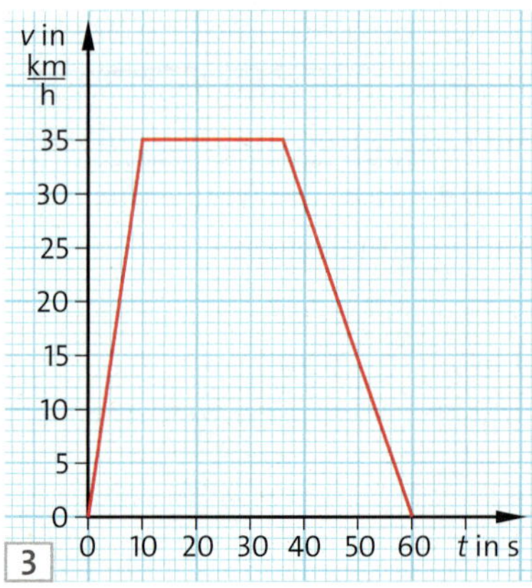

3

Aus dem Alltag: Beschleunigungen und Kräfte

Erdbeschleunigung und Gravitationskraft • Die Grundgleichung der Mechanik drückt den direkten Zusammenhang zwischen der Kraft auf einen Körper und seiner Beschleunigung aus: $F = m \cdot a$.

Eine Kraft, die unser Leben auf der Erde bestimmt, ist die Gravitationskraft $\vec{F_G}$ (Gewichtskraft). Sie bewirkt bei frei fallenden Körpern eine Beschleunigung, die man als Fall- oder Erdbeschleunigung g bezeichnet. Es gilt: $F_G = m \cdot g$. → 4

In Mitteleuropa gilt im Durchschnitt: $g = 9{,}81\,\frac{\text{m}}{\text{s}^2}$.

Bei dieser Beschleunigung wächst die Geschwindigkeit eines Körpers pro Sekunde um rund $10\,\frac{\text{m}}{\text{s}} = 36\,\frac{\text{km}}{\text{h}}$. Die beschleunigende Kraft beträgt fast 10 N pro kg des Körpers.

Große Beschleunigungen • Wenn wir uns Beschleunigungen aussetzen, die deutlich größer sind als 1 g, reagiert unser Körper. So spürt man in der Achterbahn „Dodonpa" beim Katapultstart riesige Kräfte, die eine Beschleunigungen von nahezu 3,3 g bewirken. → 5

Bei Beschleunigungen ab 3 g nach oben wird es fast unmöglich aufzustehen. Das Blut versackt infolge der Trägheit in den Beinen. Bei 2–4 g entstehen nach einigen Sekunden Sehstörungen, bei 5–6 g setzt Bewusstlosigkeit infolge eingeschränkter Hirndurchblutung ein. Sobald die Beschleunigung aufhört, normalisiert sich die Durchblutung wieder.

Eine Flohkäferart ist nicht so empfindlich wie wir: Ihre Beschleunigung beim Absprung beträgt bis zu $8650\,\frac{\text{m}}{\text{s}^2} \approx 880\,g$! → 6

Aufgaben

1 Berechne die beschleunigende Kraft beim Absprung des Flohkäfers (m = 1,6 mg). → 6

2 Eine S-Bahn beschleunigt mit $1{,}0\,\frac{\text{m}}{\text{s}^2}$. Vergleiche mit der Erdbeschleunigung.

3 Ein Auto (1200 kg) bremst gleichmäßig in 6,0 s von $100\,\frac{\text{km}}{\text{h}}$ auf $0\,\frac{\text{km}}{\text{h}}$. Berechne die Verzögerung a_B und den Betrag F_B der Bremskraft. Vergleiche mit g und F_G.

Freier Fall
$g = 9{,}81\,\frac{\text{m}}{\text{s}^2}$

4

Katapultstart
$a \approx 3{,}3\,g$
(vor der ersten Steigung)

5

Flohkäfer
$a_{max} \approx 880\,g$

6

Geschwindigkeit, Beschleunigung und Kraft

Zusammenfassung

Geschwindigkeit • Die Geschwindigkeit eines bewegten Körpers ist definiert als Quotient aus der zurückgelegten Strecke und der dafür benötigten Zeitspanne: → 1

$v = \frac{\Delta s}{\Delta t}$.

Die Einheit der Geschwindigkeit ist $1\,\frac{\text{m}}{\text{s}}$. Es gilt: $1{,}0\,\frac{\text{m}}{\text{s}} = 3{,}6\,\frac{\text{km}}{\text{h}}$.

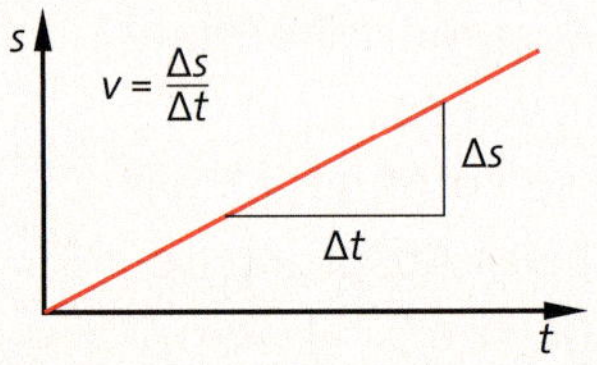

1

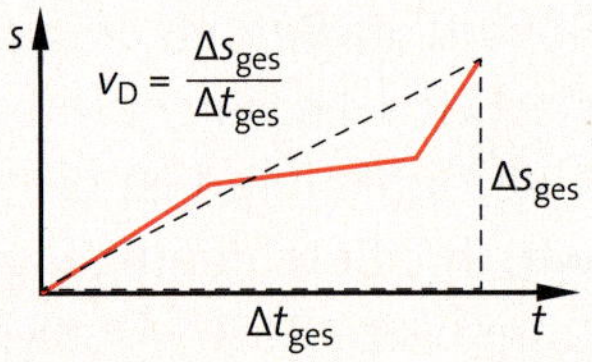

2

Bei einer gleichförmigen Bewegung ist die Geschwindigkeit konstant. Wenn die Bewegung zur Zeit $t_1 = 0$ s am Ort $s_1 = 0$ m beginnt, gilt:

$v = \frac{s}{t}$.

Bei einer ungleichförmigen Bewegung ändert sich die Geschwindigkeit. Für die Durchschnittsgeschwindigkeit gilt: → 2

$v_D = \frac{\Delta s_{ges}}{\Delta t_{ges}}$.

In einem sehr kleinen Zeitintervall Δt_{klein} ändert sich die Geschwindigkeit praktisch nicht. Diese Momentangeschwindigkeit zeigt der Tacho an:

$v_M = \frac{\Delta s_{klein}}{\Delta t_{klein}}$.

Beschleunigung • Die Beschleunigung eines Körpers ist definiert als Quotient aus seiner Geschwindigkeitsänderung und der dafür benötigten Zeitspanne: → 3

$a = \frac{\Delta v}{\Delta t}$.

Die Einheit der Beschleunigung ist $1\,\frac{\text{m}}{\text{s}^2}$.

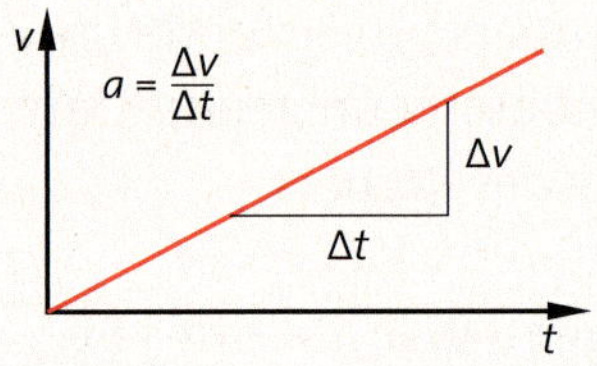

3

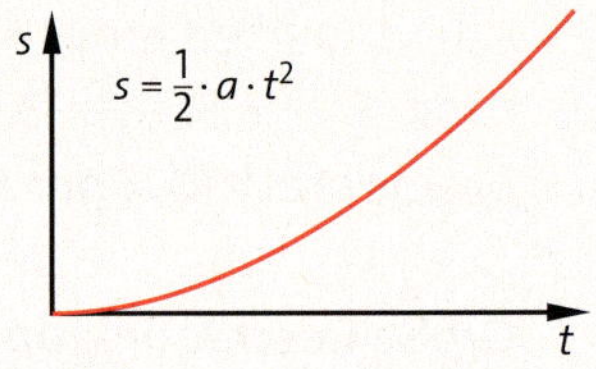

4

Gleichmäßig beschleunigte Bewegungen • Wenn ein Körper durch eine konstante Kraft beschleunigt wird, ist auch seine Beschleunigung konstant. Beim Beschleunigen aus dem Stand gilt:

$a = \frac{v}{t}$ bzw. $v = a \cdot t$.

Weg-Zeit-Gesetz • Bei gleichmäßig beschleunigten Bewegungen aus dem Stand nimmt der Weg mit dem Quadrat der Zeit zu. Es gilt das folgende Weg-Zeit-Gesetz: → 4

$s = \frac{1}{2} \cdot a \cdot t^2$.

Grundgleichung der Mechanik • Je größer die beschleunigende Kraft auf einen Körper ist, desto größer ist seine Beschleunigung. → 5

Je größer die Masse eines Körpers ist, desto kleiner ist seine Beschleunigung (wenn die beschleunigende Kraft jeweils gleich groß ist). → 6

Es gilt die Grundgleichung der Mechanik:

$F = m \cdot a$ (Einheiten: $1\,\text{N} = 1\,\text{kg} \cdot \frac{\text{m}}{\text{s}^2}$).

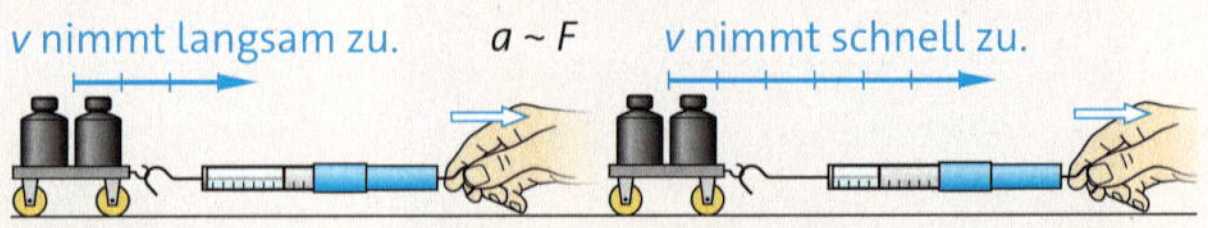

5

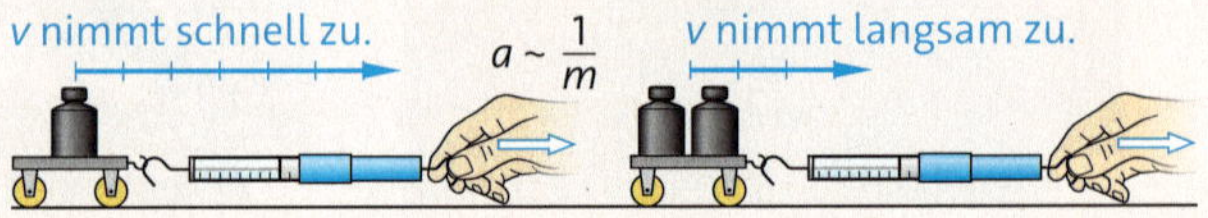

6

Aufgaben

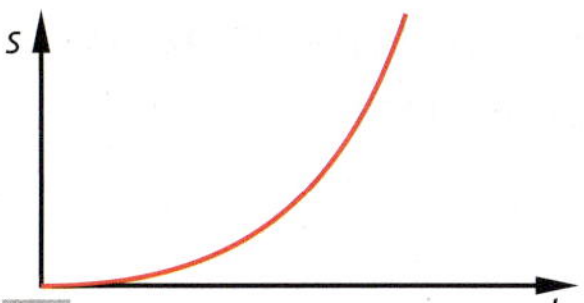

7

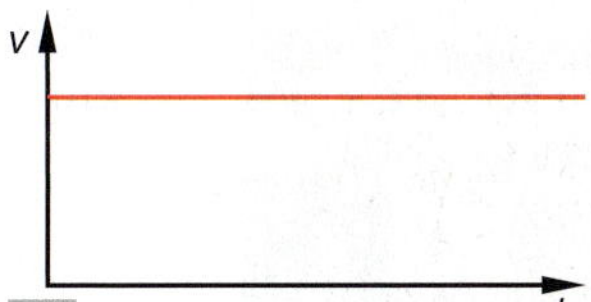

8

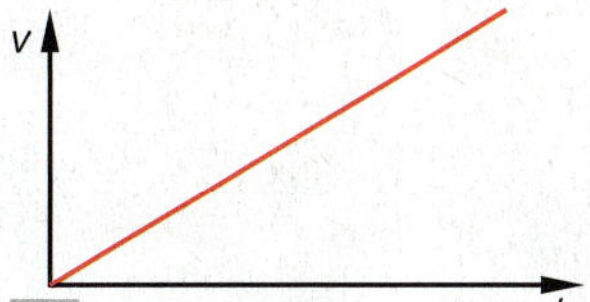

9

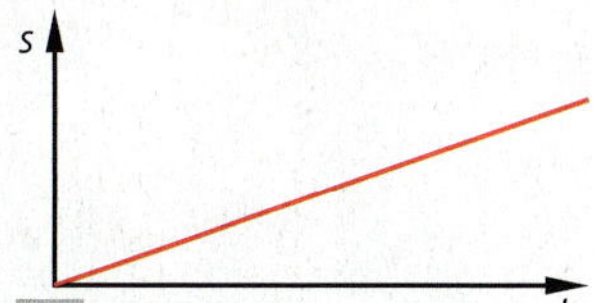

10

1 Ordne den Graphen folgende Aussagen zu:
$v \sim t$ | $s \sim t$ | $s \sim t^2$ | v = konstant → 7 – 10
Beschreibe die jeweiligen Bewegungsarten.

2 Das *t*-*d*-Diagramm zeigt die Fahrten zweier Züge zwischen München und Augsburg. → 11
Auf der Hochwertachse ist die Distanz *d* zum Hauptbahnhof in München aufgetragen.

a Gib an, welcher Zug von München nach Augsburg fährt und welcher Zug von Augsburg nach München.

b Lies aus dem Diagramm ab, wann und wo die Züge aneinander vorbeifahren.

c Entnimm dem Diagramm, welche Strecken die Züge in 10 min, 20 min zurücklegen.

d Lies ab, welche Zeiten die Züge jeweils für 20 km brauchen.

e Berechne für beide Züge die Durchschnittsgeschwindigkeit.

f Ordne die Züge 1 und 2 zu:
schneller ICE, langsamere Regionalbahn.

3 Ein Rennwagen beschleunigt gleichmäßig mit $7{,}50\,\frac{\text{m}}{\text{s}^2}$ aus dem Stand. Berechne:

a die Zeit bis zur Geschwindigkeit $100\,\frac{\text{km}}{\text{h}}$

b die zurückgelegte Strecke in dieser Zeit

c Zeit und Strecke, die ein Pkw mit der Beschleunigung $2{,}0\,\frac{\text{m}}{\text{s}^2}$ benötigt, um $100\,\frac{\text{km}}{\text{h}}$ zu erreichen

4 Beim Tennis wird ein Ball (m = 57 g) in 3,0 ms gleichmäßig auf $150\,\frac{\text{km}}{\text{h}}$ beschleunigt. Berechne den Betrag der beschleunigenden Kraft.

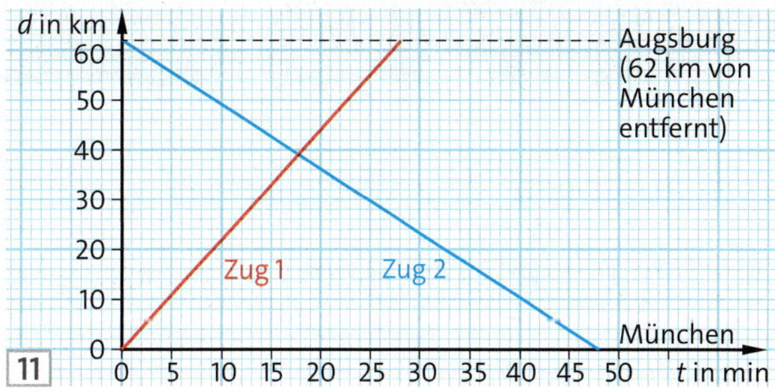

11

5 Die über 60 m hohe, rund 800 t schwere Rakete Ariane 64 bringt Satelliten ins All. Am Start beträgt die beschleunigende Kraft 7,2 MN.

a Berechne die Beschleunigung beim Start.

b Die Beschleunigung nimmt gleich nach dem Abheben immer mehr zu, obwohl die Kraft von den Triebwerken gleich groß bleibt. Erkläre die Zunahme der Beschleunigung.
Tipp: Die Masse der Rakete verändert sich.

6 Auf einem Flugzeugträger wird ein Flugzeug (m = 36 t) mithilfe eines Katapults gestartet. Dabei wird es in 2,1 s gleichmäßig auf eine Geschwindigkeit von $260\,\frac{\text{km}}{\text{h}}$ beschleunigt.

a Berechne die Beschleunigung a, die der Pilot aushalten muss. Vergleiche sie mit der Erdbeschleunigung g.

b Ermittle den Betrag $F = m \cdot a$ der Kraft, die das Katapult auf das Flugzeug ausübt. Vergleiche dein Ergebnis mit dem Betrag F_G der Gewichtskraft auf das Flugzeug.

c Berechne den Weg, den das Flugzeug während der Beschleunigungszeit zurücklegt.

Kinetische Energie

1

Schaukeln macht Spaß und ist auch physikalisch interessant. Man startet mit potenzieller Energie und dann ...

A Aufgaben

Mit dem Pendel schaukeln

1 Das Pendel wird ausgelenkt und losgelassen. → 2

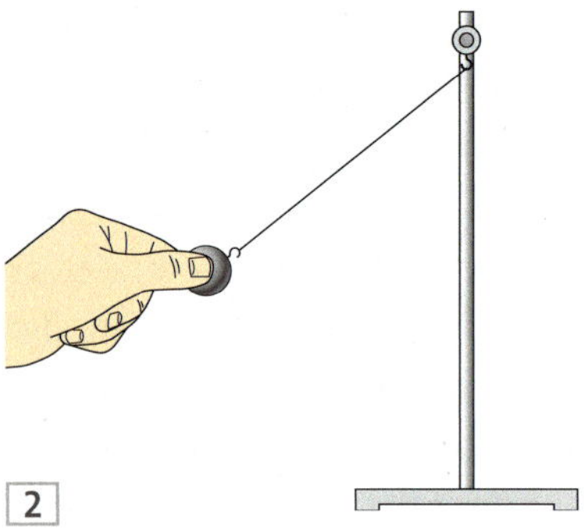

2

Der Mittelpunkt der Kugel muss im tiefsten Punkt genau vor der Lichtschranke sein.

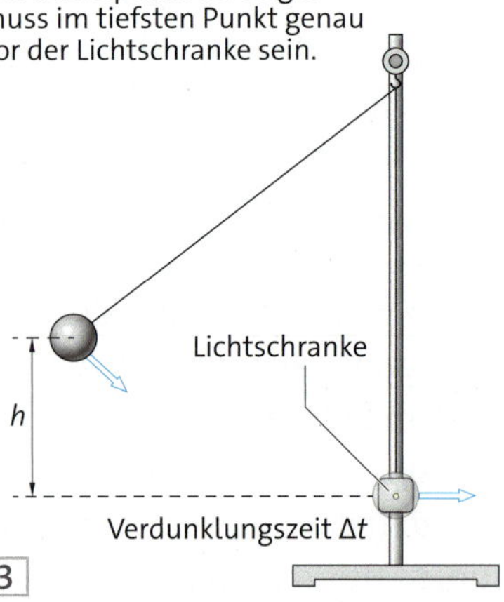

3

a Beschreibt die Energieumwandlungen bei einer vollständigen Schwingung (hin und wieder zurück).

b Erklärt mit dem Energieerhaltungssatz: „Die kinetische Energie beim Durchlaufen des tiefsten Punkts ist (fast) genauso groß wie die potenzielle Energie beim Start."

2 Je höher die Kugel startet, desto größer ist ihre kinetische Energie im tiefsten Punkt der Bahn. Gehört zur doppelten kinetischen Energie auch die doppelte Geschwindigkeit?

Ein Versuch soll diese Frage beantworten: → 3 4 Die Kugel wurde aus verschiedenen Höhen h losgelassen und hat die Lichtschranke im tiefsten Punkt für eine kurze Zeitspanne Δt verdunkelt.

a Berechnet jeweils die potenzielle Energie der Kugel beim Start (3. Tabellenzeile).

b Berechnet mithilfe der Verdunklungszeit die Geschwindigkeit der Kugel im tiefsten Punkt (4. Tabellenzeile): $v = \frac{d}{\Delta t}$.
Überprüft, ob gilt: $v \sim E_{kin}$.

c Überprüft, ob gilt: $v^2 \sim E_{kin}$ (5. Tabellenzeile).

h in cm	5,0	10,0	15,0	20,0	25,0
Δt in 10^{-3} s	25,9	18,0	14,8	12,6	11,5
E_{pot} (Startpunkt) = E_{kin} (tiefster Punkt)	? J	? J	? J	? J	? J
v in $\frac{m}{s}$	?	?	?	?	?
v^2 in $\frac{m^2}{s^2}$	?	?	?	?	?

4 Pendeln einer Kugel (m = 72,0 g; Durchmesser $d = 25{,}2 \cdot 10^{-3}$ m)

Grundlagen

Energie beim Pendeln • Beim Schaukeln oder Pendeln wandeln sich potenzielle Energie und kinetische Energie immer wieder ineinander um. → 5 Durch Reibung gibt das schwingende Pendel zudem ständig ein wenig Energie thermisch an die Umgebung ab. Für die folgenden mathematischen Überlegungen gehen wir aber zur Vereinfachung davon aus, dass keine Reibung auftritt.

Kinetische Energie • Im höchsten Punkt der Pendelbewegung liegt nur potenzielle Energie vor. Bei der Höhe h gilt:
$E_{pot} = m \cdot g \cdot h$.
Im tiefsten Punkt der Pendelbewegung liegt nur kinetische Energie vor. Sie ist genauso groß wie die potenzielle Energie im höchsten Punkt:
$E_{kin} = E_{pot}$ (Energieerhaltung).
Die potenzielle Energie im höchsten Punkt ist direkt proportional zur Masse der Pendelkugel – und damit auch die kinetische Energie im tiefsten Punkt:
$E_{kin} \sim m$.
Wie die potenzielle Energie im höchsten Punkt mit der Geschwindigkeit im tiefsten Punkt zusammenhängt, lässt sich im Experiment untersuchen. → 3
Die rechnerische Auswertung von Messwerten ergibt: → 6
$E_{pot} \sim v^2$
und damit auch
$E_{kin} \sim v^2$.
Die beiden Proportionalitäten für die kinetische Energie lassen sich mathematisch zusammenfassen:
$E_{kin} \sim m \cdot v^2$.

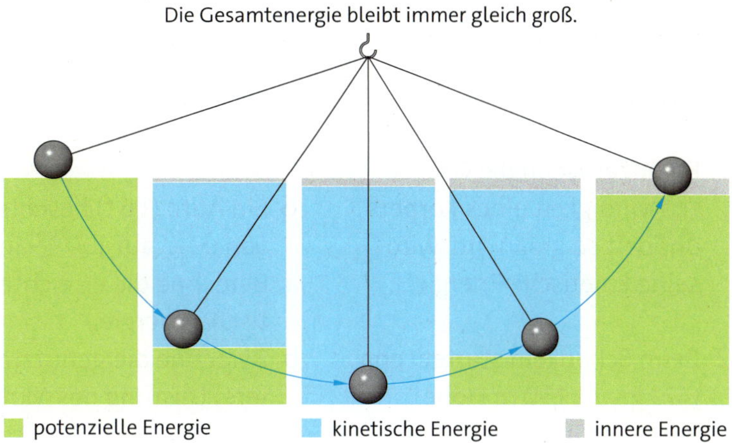

5 Energie beim Pendeln

Die Messwerte zeigen, dass E_{kin} im Rahmen der Messgenauigkeit stets halb so groß ist wie $m \cdot v^2$: → 6
$E_{kin} = \frac{1}{2} \cdot m \cdot v^2$.
Dieser Zusammenhang gilt nicht nur beim Pendeln, sondern für jeden bewegten Körper. Er lässt sich mathematisch herleiten. → S. 37, D

Ein Körper der Masse m, der sich mit der Geschwindigkeit v bewegt, besitzt folgende kinetische Energie:

$$E_{kin} = \frac{1}{2} \cdot m \cdot v^2.$$

Für die Einheit der Energie gilt damit:
$1\,J = 1\,kg \cdot \frac{m^2}{s^2}$.

E_{pot} in J	0,035	0,071	0,106	0,141	0,176
E_{kin} in J	0,035	0,071	0,106	0,141	0,176
v in $\frac{m}{s}$	0,97	1,40	1,69	2,00	2,19
v^2 in $\frac{m^2}{s^2}$	0,94	1,96	2,86	4,00	4,80
$m \cdot v^2$ in $kg \cdot \frac{m^2}{s^2}$	0,068	0,141	0,206	0,288	0,346

(Pfeile in der Tabelle: ca. · 5 von 0,035 zu 0,176 bei E_{pot} und E_{kin}; ca. · 5 von 0,94 zu 4,80 bei v^2; ca. · $\frac{1}{2}$ von 0,346 zu 0,176)

6 Energie und Geschwindigkeit einer Pendelkugel (m = 72,0 g)

Kinetische Energie

Aufgaben

Kinetische Energie

1 Ergänze: Wenn die Geschwindigkeit eines Körpers doppelt so groß wird, wird seine kinetische Energie ...

2 Beim Schaukeln startet Lena (42 kg) aus 1,20 m Höhe. Berechne ihre kinetische Energie und Geschwindigkeit im tiefsten Punkt (0,60 m).

3 Viola (64,8 kg) fährt mit dem Fahrrad (15,2 kg) zur Schule, ihre Geschwindigkeit beträgt 20,0 $\frac{km}{h}$. Berechne die kinetische Energie von Viola und ihrem Fahrrad.

4 Im Eisstadion verlässt ein Curlingstein (18,0 kg) die Hand des Spielers mit einer kinetischen Energie von 150 J. Berechne die Geschwindigkeit des Steins.

5 Ein fallender Stein hat bei einer Geschwindigkeit von 10,0 $\frac{m}{s}$ eine kinetische Energie von 200 J. Berechne die Masse des Steins.

6 Ein Auto (1,6 t) beschleunigt von 0 $\frac{km}{h}$ auf 100 $\frac{km}{h}$ in 12 s.

a Berechne die erreichte kinetische Energie.

b Berechne die genutzte (mittlere) Leistung des Motors.

7 Bei Viererbob-Rennen hängt viel vom „explosiven" Start ab. → 1 Bob und Mannschaft dürfen bei Herrenwettbewerben eine Masse von 630 kg haben.
Ein Team mit dieser Maximalmasse erreicht beim gleichmäßig beschleunigten Anschieben auf der 50,0 m langen Beschleunigungsstrecke eine Startzeit von 7,20 s. Berechne:

a die Durchschnitts- und die Endgeschwindigkeit in $\frac{m}{s}$ und in $\frac{km}{h}$

b die Beschleunigung in $\frac{m}{s^2}$

c die kinetische Energie in kJ am Ende der Beschleunigungsstrecke

Energieerhaltungssatz

8 Sven (50 kg) springt aus dem Stand 30 cm hoch.

a Berechne Svens potenzielle Energie in 30 cm Höhe.

b Berechne die Geschwindigkeit, mit der Sven vom Boden abspringt.

9 Evi (40,5 kg) sitzt mit ihrem Schlitten (10,2 kg) auf einem kleinen Hügel. → 2

a Berechne die potenzielle Energie, die Evi und der Schlitten zusammen in 5,1 m Höhe besitzen.

b Evi erreicht am Fuß des Hügels die Höchstgeschwindigkeit: 6,0 $\frac{m}{s}$. Berechne die kinetische Energie.

c Vergleiche die potenzielle Energie oben auf dem Hügel mit der maximalen kinetischen Energie. Erkläre den Unterschied.

d Berechne, wie groß Evis maximale Geschwindigkeit wäre, wenn es keine Reibungsverluste gäbe.

1

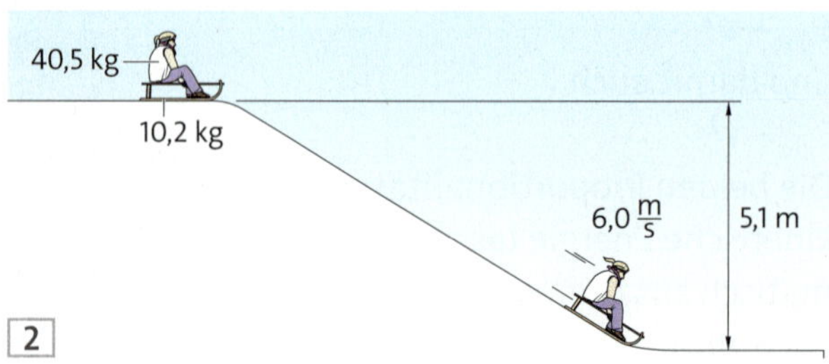

2

B Aufgabe

Berg-und-Tal-Bahn

1 Kay (60,0 kg) fährt mit dem Skateboard. → 3 Er nimmt Anlauf und erreicht am Punkt A 4,0 $\frac{m}{s}$. Danach rollt er weiter, ohne neuen Schwung zu holen. Gehe zur Vereinfachung bei den Aufgabenteilen a–c davon aus, dass die Reibung keine Rolle spielt.

a Berechne Kays Gesamtenergie am Punkt A: $E_{ges} = E_{kin} + E_{pot}$.

b Berechne die Geschwindigkeit im Punkt B in $\frac{m}{s}$ und $\frac{km}{h}$.

c Berechne die Geschwindigkeit von Kay im Punkt C.

d In Wirklichkeit „verliert" Kay 20 % der kinetischen Energie durch Reibung. Berechne, wie schnell er im Punkt C tatsächlich ist.

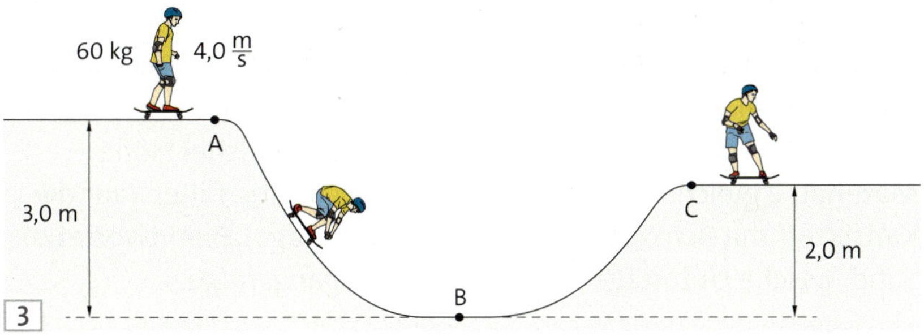

3

C Versuch

Münzen hochschleudern

Material: 2 gleiche Münzen, stabiles Lineal, zylindrischer Stift

1 Schlage mit einem Finger auf die Nullmarke des Lineals. → 4

a Münze 2 ist doppelt so weit vom Drehpunkt entfernt wie Münze 1. Fliegt sie auch doppelt so hoch?

b Erkläre deine Beobachtung. Leite zunächst her, dass die „Abschussgeschwindigkeit" von Münze 2 doppelt so groß ist wie die von Münze 1.

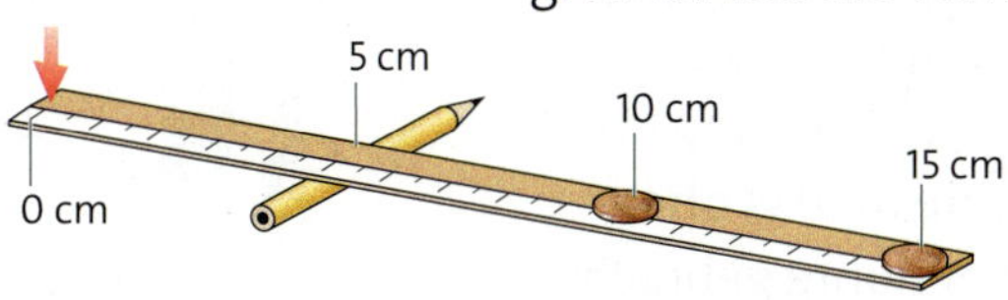

4

D Aufgabe

Kinetische Energie – selbst hergeleitet

1 Stelle dir vor, du stehst an einem See und wirfst einen Stein weit weg ins Wasser. Leite in deinem Heft mithilfe des Lückentexts im grauen Kasten die Gleichung für die kinetische Energie des Steins her: → 5
$E_{kin} = \frac{1}{2} \cdot m \cdot v^2$.

Der Stein mit der Masse m wird mit einer konstanten Kraft vom Betrag F gleichmäßig beschleunigt. Auf der Strecke s führt die Hand ihm die Energie E zu:
$E = F \cdot s$.
Sie wird als kinetische Energie E_{kin} im Stein gespeichert:
$E_{kin} = F \cdot s$.
Für den Betrag der Kraft gilt:
$F = m \cdot a$.
Ersetze also F durch $m \cdot a$:
$E_{kin} = F \cdot s = \ldots \cdot s$.
Für die Beschleunigungsstrecke gilt:
$s = \frac{1}{2} \cdot a \cdot t^2$.
Ersetze also s durch $\frac{1}{2} \cdot a \cdot t^2$:
$E_{kin} = \ldots \cdot s = \ldots \cdot \ldots$
Für die Beschleunigung gilt:
$a = \frac{v}{t}$.
Ersetze also a durch $\frac{v}{t}$:
$E_{kin} = \ldots$

5

Freier Fall

1

Auf dem Volksfest an einem Turm 80 Meter tief ungebremst fallen – das ist für viele ein aufregendes Vergnügen. Erreicht man dabei mehr als „Tempo 100"?

A Demoversuch

Freier Fall einer Kugel

Material (Beispiel): Stahlkugel, Elektromagnet, Schalter, Kabel, Netzgerät, Kontaktplatte, Meterstab, Zeitmessgerät

1 Die Kugel fällt aus verschiedenen Höhen. → 2 Fallzeiten und Fallstrecken werden gemessen.

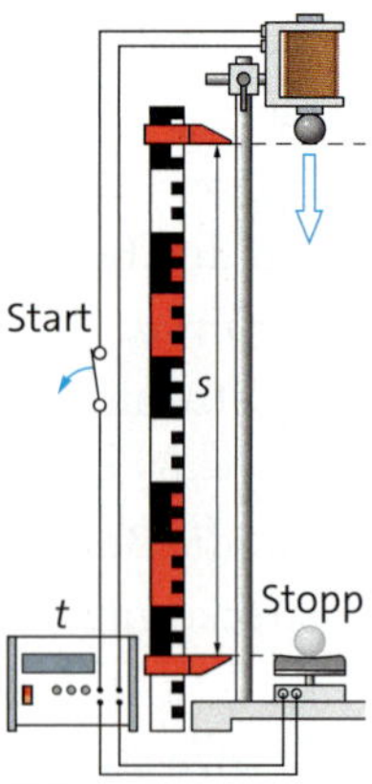

2

a Überprüft: $s \sim t^2$.

b Ermittelt die Beschleunigung der Kugel: $a = \frac{v}{t}$. Berechnet v jeweils mithilfe von v_D.

B Versuch

Fällt die schwere Dose schneller als die leichte?

Material: 2 gleiche Dosen aus Kunststoff mit Schraubdeckel, Sand, weiche Unterlage

1 Füllt die Dosen mit unterschiedlich viel Sand. Lasst sie aus gleicher Höhe gleichzeitig fallen (auf die Unterlage). Beantwortet die Ausgangsfrage.

C Demoversuch

Fällt die Stahlkugel schneller als die Feder?

Material: evakuierbare Glasröhre mit Kugel und Feder, Vakuumpumpe

1 In einer Glasröhre befinden sich eine Stahlkugel und eine Flaumfeder. → 3 Kugel und Feder werden durch eine Drehung der Glasröhre an das obere Ende der Röhre gebracht.

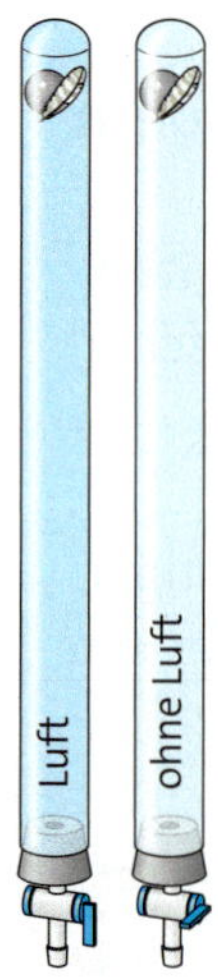

3

Von dort lässt man sie fallen:
- einmal in Luft
- einmal im luftleeren Raum

Vergleicht, was ihr bei den beiden Fällen beobachtet. Erklärt den Unterschied. Beantwortet die Ausgangsfrage.

Grundlagen

Freier Fall • Die Passagiere des Freifallturms fallen praktisch nur unter dem Einfluss der Gewichtskraft. → 1 Die Luftreibung bremst sie nur ganz wenig.

Ein freier Fall liegt vor, wenn ein Körper nur unter dem Einfluss der Gewichtskraft fällt.

Erdbeschleunigung • Wenn man eine Stahlkugel frei fallen lässt, ergibt sich im Zeit-Weg-Diagramm eine Parabel. → 4 Der Quotient $\frac{s}{t^2}$ ist im Rahmen der Messgenauigkeit konstant (vorletzte Spalte der Tabelle). Folglich gilt: $s \sim t^2$.

Der freie Fall der Kugel ist also eine gleichmäßig beschleunigte Bewegung. Dafür gilt das Weg-Zeit-Gesetz: $s = \frac{1}{2} \cdot a \cdot t^2$.

Umformen nach a ergibt: $a = \frac{2 \cdot s}{t^2}$.

Die Werte in der letzten Tabellenspalte wurden damit berechnet. *Beispiel:*

$$a = \frac{2 \cdot 0{,}500\ \text{m}}{0{,}102\ \text{s}^2} = 9{,}80\ \frac{\text{m}}{\text{s}^2} \quad \text{(Tabellenzeile 7)}$$

Man bezeichnet die Beschleunigung als Fall- oder Erdbeschleunigung g.

Der freie Fall ist eine gleichmäßig beschleunigte Bewegung. In Mitteleuropa beträgt die Erdbeschleunigung: $g = 9{,}81\ \frac{\text{m}}{\text{s}^2}$ (genähert: $g = 10\ \frac{\text{m}}{\text{s}^2}$).

Die Gewichtskraft $\vec{F_G}$ ist die beschleunigende Kraft beim freien Fall. Nach der Grundgleichung der Mechanik gilt:

$F_G = m \cdot g$ und damit $g = \frac{F_G}{m}$.

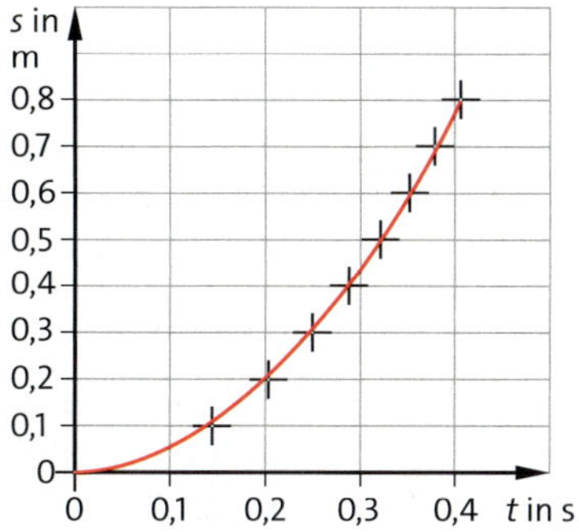

s in m	t in s	t^2 in s^2	$\frac{s}{t^2}$ in $\frac{\text{m}}{\text{s}^2}$	$\frac{2s}{t^2}$ in $\frac{\text{m}}{\text{s}^2}$
0	0	0	–	–
0,100	0,143	0,0204	4,90	9,80
0,200	0,202	0,0408	4,90	9,80
0,300	0,248	0,0615	4,88	9,76
0,400	0,286	0,0818	4,89	9,78
0,500	0,319	0,102	4,90	9,80
0,600	0,350	0,123	4,88	9,76
0,700	0,377	0,142	4,93	9,86
0,800	0,404	0,163	4,91	9,82

4 Freier Fall einer Stahlkugel

Man kann g also auch in $\frac{\text{N}}{\text{kg}}$ angeben: $g = 9{,}81\ \frac{\text{N}}{\text{kg}}$.
Diese Angabe kennst du bereits als Ortsfaktor für die Gewichtskraft.

Geschwindigkeit • In der Luft fällt die schwere Kugel schneller als die leichte Feder, im luftleeren Raum nicht. → 5
Wir erklären dies so:

- Ein Körper mit der Masse m hat in der Höhe h folgende potenzielle Energie: $E_{pot} = m \cdot g \cdot h$.
- Im Aufschlagpunkt hat der Körper nur noch kinetische Energie: $E_{kin} = \frac{1}{2} \cdot m \cdot v^2$.
- Die Feder wird durch Luftreibung stärker gebremst als die Kugel. Ohne Luft wird keine kinetische Energie durch Reibung umgewandelt, es gilt:
  $E_{pot} = E_{kin}$ (Energieerhaltung)
  $m \cdot g \cdot h = \frac{1}{2} \cdot m \cdot v^2$
- Wir teilen beide Seiten durch m:
  $g \cdot h = \frac{1}{2} \cdot v^2$.
- Umformen nach v ergibt:
  $v = \sqrt{2 \cdot g \cdot h}$.
  Also hängt v nicht von m ab.

Im luftleeren Raum fallen alle Körper gleich schnell.

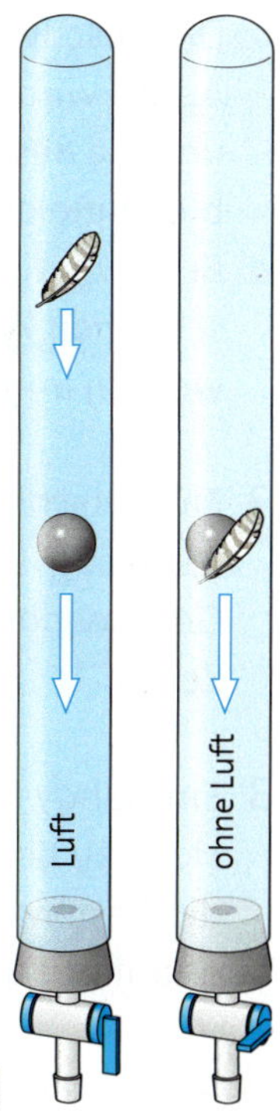

5

Freier Fall

Aufgaben

Gehe bei den folgenden Aufgaben zur Vereinfachung jeweils von einem freien Fall (also ohne Reibungskräfte) aus.

1 Wähle aus den Aussagen a–d die richtige für die Bewegung des frei fallenden Apfels aus.
a Beschleunigung und Geschwindigkeit des Apfels verändern sich nicht.
b Die Beschleunigung des Apfels wird immer größer und die Geschwindigkeit bleibt gleich groß.
c Die Geschwindigkeit des Apfels wird immer größer und die Beschleunigung bleibt gleich groß.
d Beschleunigung und Geschwindigkeit des Apfels werden immer größer.

2 Ein Fallschirmspringer fällt 4,0 s lang. Berechne seine Geschwindigkeit zu dieser Zeit.

3 Ein Handy fällt aus 1,50 m Höhe zu Boden. Berechne die Geschwindigkeit, mit der es aufschlägt.

4 Auf dem Volksfest fällt eine Gondel an einem Turm 80 m nach unten. → S. 38
Berechne die Geschwindigkeit (in $\frac{m}{s}$ und in $\frac{km}{h}$), die die Gondel erreicht.

5 Ein Auto prallt im Crashtest frontal mit 50 $\frac{km}{h}$ gegen eine Mauer. Berechne, aus welcher Höhe es fallen müsste, um die gleiche Aufprallgeschwindigkeit zu erreichen.

6 Ein Körper fällt aus großer Höhe zur Erde. Berechne die Fallstrecke nach 10,0 s.

7 Lena wirft einen Ball senkrecht nach oben. → 1
a Beschreibe die Energieumwandlungen des Balls nach dem Abwurf.
b Berechne den Höhenunterschied Δh, wenn der Ball mit $v = 12{,}0\ \frac{m}{s}$ startet.
c Berechne Δh für ein Hochwerfen auf dem Mond statt auf der Erde. Rechne mit $g_{Mond} = 1{,}62\ \frac{m}{s^2}$.

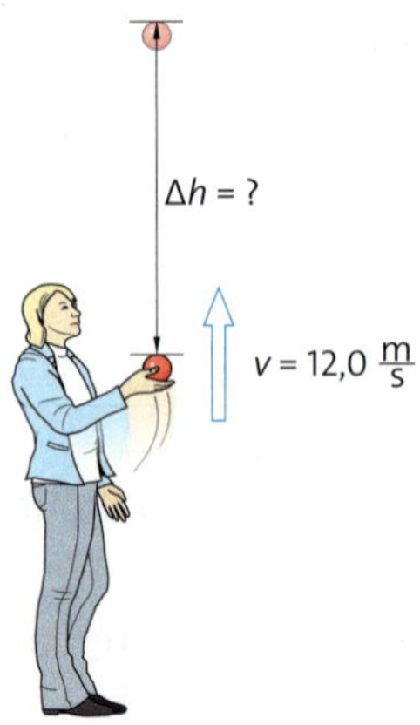

1

D Aufgabe

Fall einer Kugel

1 Eine fallende Kugel wurde im zeitlichen Abstand von jeweils 0,025 s immer wieder belichtet. → 2 Daneben ist ein Meterstab eingeblendet.
a Bei einer Fallstrecke von 50 cm wurde die Kugel nach dem Start 13-mal belichtet. Berechne aus diesen Werten die Fallbeschleunigung a für diesen Versuch.
b Vermute, wieso dein Ergebnis ein wenig kleiner ist als die Erdbeschleunigung $g = 9{,}81\ \frac{m}{s^2}$.

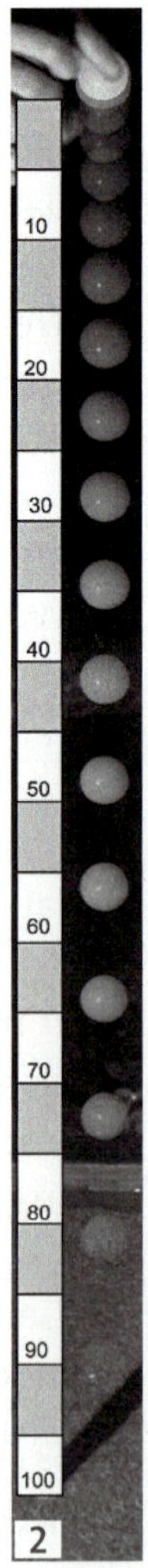

2

Aus Sport und Freizeit: Fallschirmspringen

Die Luft macht's möglich • Die Luft sorgt dafür, dass man beim Fallschirmspringen nicht immer schneller wird. → 3 Die Reibungskraft zwischen der Luft und dem fallenden Springer wirkt entgegengesetzt zur Gewichtskraft auf den Springer, sie wächst mit der Geschwindigkeit. ① Rund 10 s nach dem Absprung sind Gewichtskraft und Reibungskraft gleich groß. ② Es herrscht Kräftegleichgewicht, die Bewegung ist gleichförmig. Die Geschwindigkeit beträgt konstant etwa $200\,\frac{\text{km}}{\text{h}}$. Je nach Fallhöhe und Körperhaltung liegt die Höchstgeschwindigkeit zwischen $180\,\frac{\text{km}}{\text{h}}$ und $280\,\frac{\text{km}}{\text{h}}$. Richtung und Geschwindigkeit lassen sich durch Änderungen der Körperhaltung verändern.
Beim Öffnen des Schirms wird der Fall stark gebremst. ③ Die Geschwindigkeit sinkt in kurzer Zeit von $200\,\frac{\text{km}}{\text{h}}$ auf etwa $15\,\frac{\text{km}}{\text{h}}$. Die bremsende Kraft ist etwa fünfmal so groß wie die Gewichtskraft. Bald stellt sich ein neues Gleichgewicht zwischen der Luftreibungskraft auf den Schirm und der Gewichtskraft ein. ④ Der Springer sinkt mit konstanter Geschwindigkeit von weniger als $15\,\frac{\text{km}}{\text{h}}$ zur Erde.

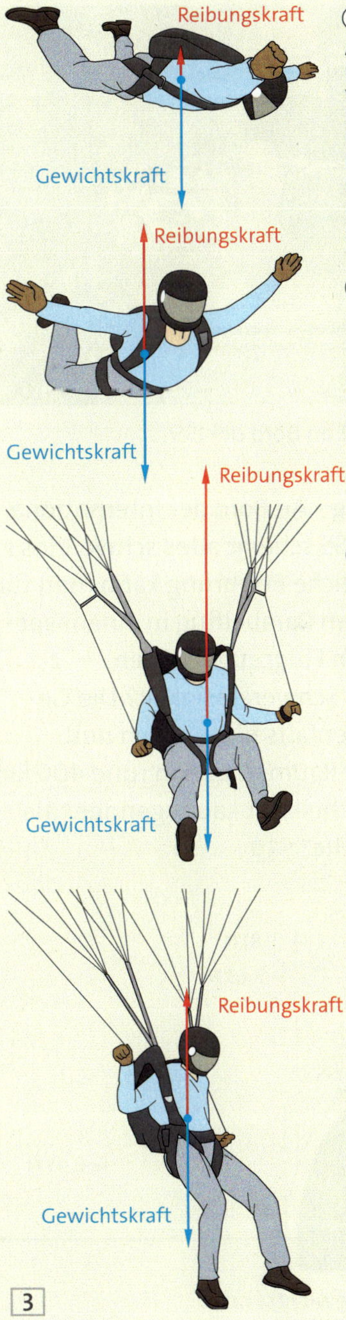

①
Absprung (0 s)
Der Fallschirmspringer verlässt das Flugzeug. Die Gewichtskraft beschleunigt ihn. Die Reibungskraft bremst ihn. Sie wird mit wachsender Fallgeschwindigkeit größer.

②
nach 10 s; $v \approx 200\,\frac{\text{km}}{\text{h}}$
Die Reibungskraft ist so groß wie die Gewichtskraft. Es besteht ein Kräftegleichgewicht.

③
Öffnen des Fallschirms
Wenn der Fallschirmspringer seinen Fallschirm öffnet, wird die Reibungskraft plötzlich sehr groß. Der Springer wird stark abgebremst.

④
ca. 2 s später; $v < 15\,\frac{\text{km}}{\text{h}}$
Jetzt herrscht wieder ein Kräftegleichgewicht zwischen der Reibungskraft und der Gewichtskraft.

3

Aufgabe

1 Fallschirmspringen – näher betrachtet

a Beschreibe die Bewegung vom Absprung bis zur Landung. → 3 Wann ist sie beschleunigt, gebremst, gleichförmig?

b Stelle die Geschwindigkeit in Abhängigkeit von der Zeit in einem Diagramm dar.

c Wie verändern sich die Kräfte auf den Springer? Beschreibe und erkläre.

Im Fokus

Aus der Wissenschaft: Schwerelosigkeit trotz Schwerkraft

1 Alexander Gerst an Bord der ISS ...

2 ... und bei einem Parabelflug im Flugzeug

ISS und Parabelflug • An Bord der Internationalen Raumstation ISS scheint alles schwerelos zu sein. → 1 Die gleiche Erfahrung kann man für kurze Zeit bei einem Parabelflug in einem speziell ausgerüsteten Flugzeug machen. → 2 Wie kommt es zur Schwerelosigkeit? Die Gewichtskraft ist jedenfalls nicht gleich null: Selbst an Bord der Raumstation in rund 400 km Höhe ist die Gewichtskraft kaum geringer als an der Erdoberfläche. → 3

Schwereloser Apfel • Um die Schwerelosigkeit zu erklären, starten wir mit einem Versuch. → 4 In einer durchsichtigen Kiste steht eine bruchsichere Waage. Ein Apfel ist auf ihr locker befestigt. Darüber liegt ein Handy auf der Kiste, das die Anzeige der Waage filmt. Wenn man die Kiste (auf eine weiche Matte) fallen lässt, zeigt das Video etwas Erstaunliches: Die fallende Waage misst für den Apfel eine viel geringere Masse als zuvor – der Apfel ist fast schwerelos!

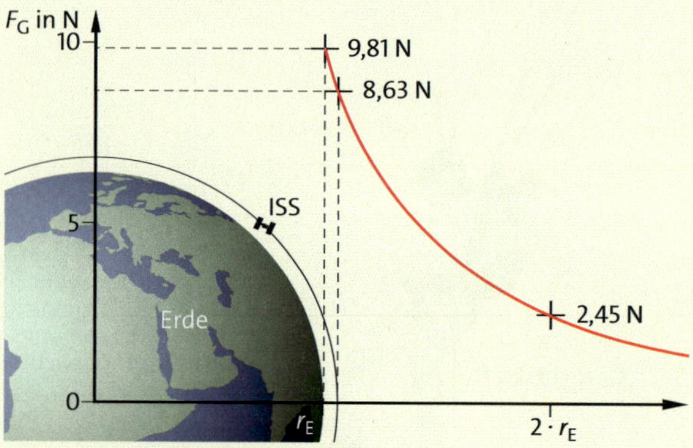

3 Abnahme der Gewichtskraft

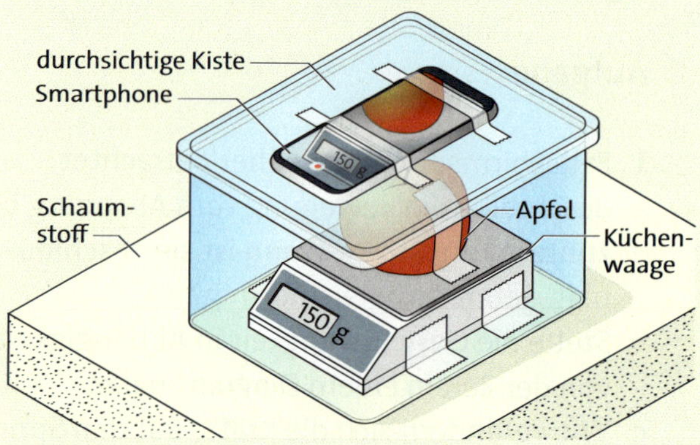

4 Versuch zur Schwerelosigkeit

Natürlich ändert sich die Masse des Apfels beim Fallen nicht wirklich, sie ist ja eine Körpereigenschaft. Aber der Apfel kann im freien Fall keine Kraft mehr auf die Waage ausüben! Sie fällt nämlich andauernd unter ihm weg – mit derselben Geschwindigkeit wie der Apfel.
Etwas Ähnliches kennst du vielleicht vom Fahrstuhl (oder vom Freifallturm auf dem Volksfest): Wenn der Fahrstuhl schnell nach unten losfährt, fühlst du dich leichter. Er „fällt" jetzt gemeinsam mit dir, du übst kaum noch eine Kraft auf ihn aus – und er auch nicht auf dich.

Schwerelosigkeit im Flugzeug • Beim Parabelflug wird das Flugzeug erst steil nach oben gezogen. → 5 Dann werden die Triebwerke stark gedrosselt, sodass sich das Flugzeug für rund 22 s praktisch nur unter dem Einfluss der Gewichtskraft bewegt. In dieser Zeit befindet sich das Flugzeug im freien Fall, an Bord herrscht Schwerelosigkeit. Sie wird z. B. dazu genutzt, um Astronauten zu trainieren.
Das Flugzeug fällt aber nicht senkrecht nach unten zur Erde, sondern auf einer parabelförmig gekrümmten Bahn – ähnlich wie ein schräg nach oben geworfener Stein.

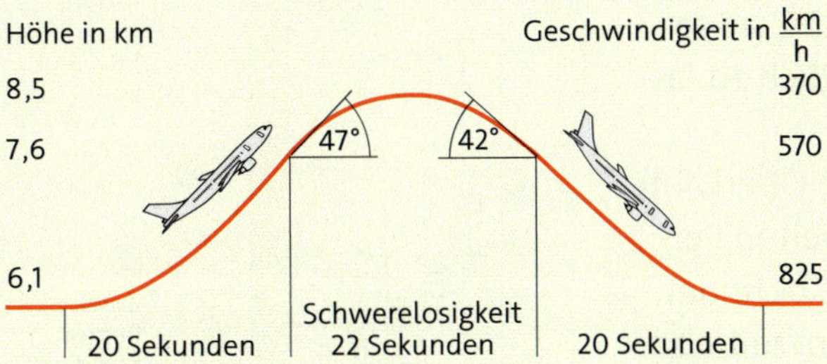

5 Parabelflug

Schwerelosigkeit an Bord der ISS • Die Raumstation wurde mit Raketen in eine Höhe von rund 400 km gebracht, ihre Geschwindigkeit beträgt fast 29 000 $\frac{km}{h}$! Seitdem wirkt nur noch die Gewichtskraft auf die ISS: Sie befindet sich im freien Fall, an Bord herrscht Schwerelosigkeit.
Die ISS stürzt nicht ab, weil sie ständig zwei Bewegungen gleichzeitig macht: eine Vorwärtsbewegung mit fast 29 000 $\frac{km}{h}$ infolge der Trägheit und eine Abwärtsbewegung in Richtung Erdmittelpunkt wegen der Gewichtskraft. → 6 Zusammen ergeben sie die Erdumlaufbahn der ISS.

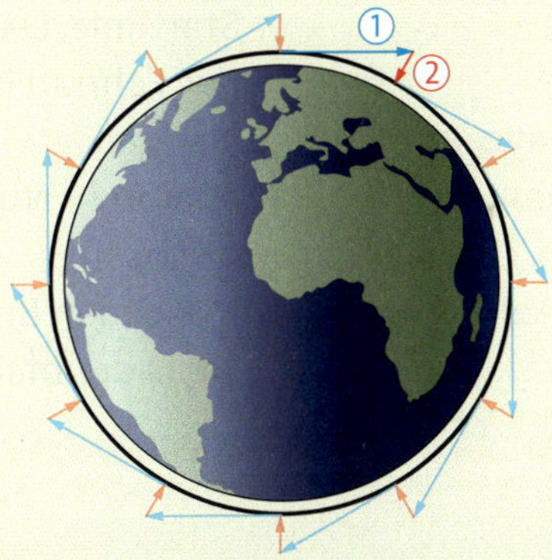

6 Zwei Bewegungen – eine Umlaufbahn

Aufgaben

1 Lasst den Versuch zur Schwerelosigkeit vorführen. → 4 Erklärt, was die Waage anzeigt.

2 „Auf der ISS ist alles schwerelos, weil keine Gewichtskraft wirkt." Nimm Stellung dazu.

3 Der Fallturm der Uni Bremen ermöglicht Versuche bei Schwerelosigkeit. Informiere dich!

Anhalteweg

1

Der Fahrer erschrickt: Plötzlich rennt ein Kind vor ihm über die Straße!
Wird das Auto rechtzeitig zum Stillstand kommen? Wovon hängt das ab?

A Versuch

Bremsweg messen

Material: Fahrrad mit Tacho, Maßband

1 Steckt eine 30 m lange, gerade Strecke auf dem trockenen Schulhof ab. Zieht eine Startlinie am Anfang der Strecke.
Einer von euch fährt auf dem Fahrrad mit möglichst genau 8 (16, 24) $\frac{km}{h}$ bis zur Startlinie. Dann bremst er das Fahrrad immer gleich stark ab.
Achtung • Nur das Hinterrad bremsen!

a Messt den Bremsweg jeweils dreimal. Bildet den Mittelwert und notiert ihn zusammen mit der Geschwindigkeit.

b Überprüft rechnerisch, ob der Bremsweg direkt proportional zur Geschwindigkeit ist.

c Stellt eine Vermutung auf, wie der Bremsweg von der Geschwindigkeit abhängt.

B Versuch

Reaktionszeit messen

Material: lange Leiste (mehr als 60 cm) ohne Splitter

1 Zeichnet auf der Leiste die Markierungen für die Reaktionszeiten an. → 2

a Eine Person hält die Leiste so hoch, dass ihre Unterkante 20 cm neben der Hand einer zweiten Person ist.

b Dann lässt die erste Person die Leiste ohne „Vorwarnung" fallen – und die zweite Person versucht, sie so schnell wie möglich zu fassen.

c Dort, wo sich die Oberkante der Hand der zweiten Person an der Leiste befindet, wird die Reaktionszeit abgelesen. Wer reagiert am schnellsten?

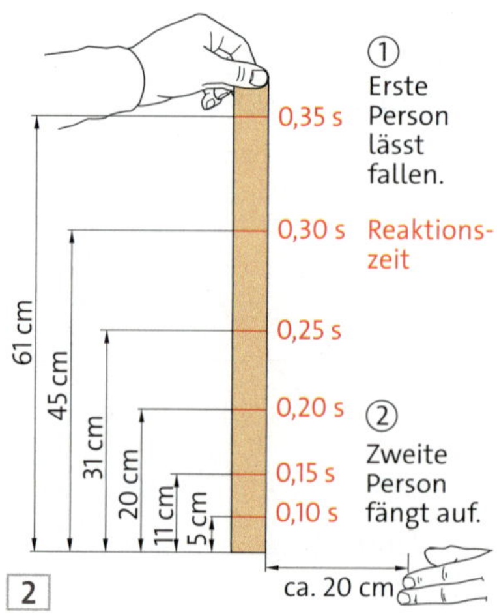

2

der Anhalteweg
der Reaktionsweg
der Bremsweg
die Reaktionszeit
die Bremsverzögerung
die Bremskraft

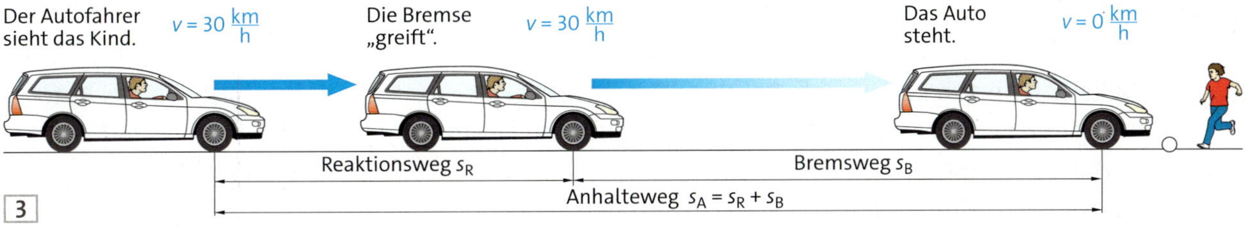

3

Grundlagen

Anhalteweg • Der Fahrer braucht zunächst einen Moment zum Reagieren und bremst erst danach ab: → 3

> Anhalteweg = Reaktionsweg + Bremsweg
> $s_A = s_R + s_B$

Reaktionsweg • Die Reaktionszeit t_R beträgt je nach Fahrer zwischen 0,50 s und 2,0 s. In dieser Zeit fährt das Fahrzeug mit unverminderter Geschwindigkeit v geradeaus weiter. Dabei legt es den Reaktionsweg s_R zurück:

> Reaktionsweg: $s_R = v \cdot t_R$.

Bremsweg • Vom Ansprechen der Bremsen bis zum Stillstand legt das Fahrzeug den Bremsweg zurück. Dabei ist der Quotient $\frac{\Delta v}{\Delta t}$ negativ. Man bezeichnet ihn als Bremsverzögerung a_B. Bei gleichmäßigem Abbremsen von der Geschwindigkeit v zum Stillstand gilt:
$s_B = -\frac{1}{2} \cdot a_B \cdot t_B^2$ und $t_B = -\frac{v}{a_B}$.
Einsetzen von t_B in s_B ergibt:

> Bremsweg: $s_B = -\frac{1}{2} \cdot \frac{v^2}{a_B}$.

Es gilt also: $s_B \sim v^2$. Doppelte Geschwindigkeit → vierfacher Bremsweg!

Bremsweg und Energie • Beim Bremsen wird kinetische Energie des Fahrzeugs durch Reibung in innere Energie umgewandelt und thermisch abgegeben. Das Fahrzeug kommt zum Stillstand, wenn es keine kinetische Energie mehr hat. Je mehr kinetische Energie E_{kin} umgewandelt werden muss, desto länger ist der Bremsweg s_B. Wenn die Bremskraft $\vec{F_B}$ konstant ist, gilt:
$E_{kin} = F_B \cdot s_B$.
Auflösen nach dem Bremsweg ergibt:

> Bremsweg: $s_B = \frac{E_{kin}}{F_B}$.

Beispiel: Viola fährt mit dem Fahrrad. Bei 10 $\frac{km}{h}$ hat sie eine kinetische Energie von 0,25 kJ, bei 20 $\frac{km}{h}$ sind es 1,0 kJ. Sie bremst nun jeweils mit 150 N ab:

- 10 $\frac{km}{h}$: Bremsweg $s_B = \frac{0{,}25\,kJ}{150\,N} = 1{,}7\,m$
- 20 $\frac{km}{h}$: Bremsweg $s_B = \frac{1{,}0\,kJ}{150\,N} = 6{,}7\,m$

Der Bremsweg ist bei doppelter Geschwindigkeit viermal so lang, weil viermal so viel kinetische Energie abgegeben werden muss.
Bei trockener Straße ist die maximal mögliche Bremskraft eines Autos oft etwas größer als die Gewichtskraft: $F_{B,\,max} \approx 1{,}2 \cdot F_G$. → 4
Bei Nässe und Eis ist $F_{B,\,max}$ kleiner, sodass der Bremsweg entsprechend länger wird. → 5

Straße	$F_{B,\,max}$
trocken	0,65 bis 1,2 · F_G
nass	0,40 bis 0,65 · F_G
Eis	0,10 bis 0,15 · F_G

4 Maximale Bremskraft (Pkw mit Sommerreifen)

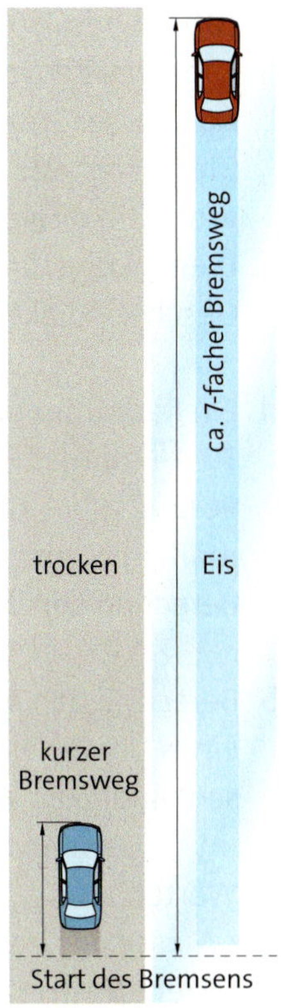

5 Bremswege

Anhalteweg

Aufgaben

1 Gib jeweils an, wie sich Reaktionsweg und Bremsweg ändern, wenn die Geschwindigkeit verdoppelt wird.

2 Berechne die Reaktionswege für Reaktionszeiten von 1,0 s und 1,5 s und folgende Geschwindigkeiten: $20\,\frac{km}{h}$, $50\,\frac{km}{h}$, $80\,\frac{km}{h}$, $100\,\frac{km}{h}$.

3 Ein Pkw bremst gleichmäßig von $50\,\frac{km}{h}$ bis zum Stillstand ab. Der Bremsweg ist 15 m lang.

a Berechne die Bremswege für $100\,\frac{km}{h}$ und $150\,\frac{km}{h}$ bei gleichen Straßenverhältnissen.

b Auf nasser Straße ist die Bremskraft nur noch halb so groß. Gib die verlängerten Bremswege für die drei Geschwindigkeiten an.

4 Ein Radfahrer bremst von $30\,\frac{km}{h}$ mit der Bremsverzögerung $a_B = -2{,}5\,\frac{m}{s^2}$ gleichmäßig bis zum Stillstand ab. Berechne den Bremsweg.

5 Berechne den Anhalteweg eines Lkw bei einer Geschwindigkeit von $80\,\frac{km}{h}$.
→ 1 Gehe von folgenden Werten aus:
- Masse des Lkw: 12 t
- Bremskraft: 84 kN
- Reaktionszeit: 1,2 s

6 Bei einer Geschwindigkeit von $100\,\frac{km}{h}$ kommt ein Auto durch Vollbremsung nach 4,0 s zum Stehen. Berechne die (mittlere) Bremsverzögerung und den Bremsweg.

7 Nach einem Unfall wird für ein Auto eine 12 m lange Bremsspur gemessen. Ein Sachverständiger ermittelt eine Bremskraft von 6,8 kN.

a Berechne die beim Bremsen umgewandelte Energie.

b Rechne nach, ob das Auto (m = 1200 kg) schneller als $50\,\frac{km}{h}$ fuhr.

8 Herr Braun (80 kg) fährt mit seinem Motorrad (200 kg) $80\,\frac{km}{h}$ schnell. Er muss in 40 m zum Stehen kommen. Berechne den Betrag der erforderlichen Bremskraft.

9 Ein Fahrzeug bremst in 2,0 s von $90\,\frac{km}{h}$ auf $50\,\frac{km}{h}$ ab. Berechne den Bremsweg.

Herr Huber fährt mit $30\,\frac{km}{h}$. Die Straße ist trocken und übersichtlich. Da sieht er plötzlich 20 m vor sich ein Kind auf die Straße laufen. Kommt er rechtzeitig zum Stehen? Berechne den Anhalteweg. Gehe dazu von folgenden Werten aus:
Herr Huber braucht 1,2 s, um zu reagieren. Die Masse von Auto und Fahrer beträgt 1000 kg. Die Bremskraft beträgt 7,0 kN.

Gegeben: $v = 30\,\frac{km}{h} = \frac{30}{3{,}6}\,\frac{m}{s}$; $t_R = 1{,}2\,s$; $m = 1000\,kg$; $F_B = 7{,}0\,kN$

Gesucht: s_A

Gleichungen:

$s_R = v \cdot t_R$; $s_B = \frac{E_{kin}}{F_B}$; $E_{kin} = \frac{1}{2} \cdot m \cdot v^2$; $s_A = s_R + s_B$; $1\,N = 1\,kg \cdot \frac{m}{s^2}$

Einsetzen, rechnen und runden auf 2 sinnvolle Ziffern:

$s_R = \frac{30}{3{,}6}\,\frac{m}{s} \cdot 1{,}2\,s = 10\,m$

$E_{kin} = \frac{1}{2} \cdot 1000\,kg \cdot \left(\frac{30}{3{,}6}\,\frac{m}{s}\right)^2 = 34\,722\,kg \cdot \frac{m^2}{s^2}$; $E_{kin} = 35 \cdot 10^3\,kg \cdot \frac{m^2}{s^2}$

$$s_B = \frac{35 \cdot 10^3\,kg \cdot \frac{m^2}{s^2}}{7{,}0 \cdot 10^3\,kg \cdot \frac{m}{s^2}} = 5{,}0\,m$$

$s_A = 10\,m + 5{,}0\,m = 15\,m$; Herr Huber kann rechtzeitig anhalten.

1 Beispielaufgabe: Anhalteweg

Aus dem Straßenverkehr: Bremsen braucht Reibung

Energie abgeben • Beim Bremsen eines Fahrzeugs wird seine kinetische Energie umgewandelt und thermisch abgegeben. Dazu werden z. B. Bremsklötze mit großer Kraft gegen Bremsscheiben gepresst, damit die Reibung zwischen beiden möglichst groß wird. → 2 Die Bremsscheiben können dabei viele Hundert Grad Celsius heiß werden. → 3 Bei langen Talfahrten sollte andauerndes Bremsen vermieden werden. Es besteht die Gefahr, dass die Energie nicht schnell genug von den Bremsscheiben abgegeben werden kann. Sie überhitzen, die Bremsflüssigkeit beginnt zu sieden und die Bremsen versagen.

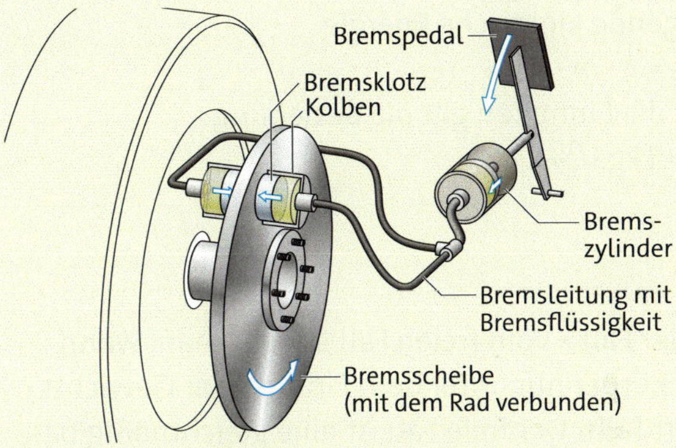

2 Scheibenbremse bei einem Auto

3 Glühend heiße Bremsscheibe beim Rennwagen

Haften und Gleiten • Wenn das Bremspedal sehr kräftig getreten wird, können die Räder blockieren. Bremsscheiben und -beläge haften dann so fest aufeinander, dass sie sich nicht mehr gegeneinander bewegen: Die Räder rutschen über die Straße und drehen sich nicht mehr. Dann wandeln die Bremsen keine Energie mehr um. Die kinetische Energie des Fahrzeugs wird nur noch durch Gleitreibung zwischen Reifen und Straße umgewandelt und abgegeben. Weil diese Reibung geringer ist als die Reibung zwischen den Bremsscheiben und den Bremsbelägen, wird der Bremsweg länger.

Antiblockiersystem • Mit blockierenden Rädern lässt sich das Fahrzeug nicht mehr lenken. Um das zu verhindern, verfügen z. B. Autos über ein Antiblockiersystem (ABS). Die Drehzahlen der Räder werden ständig gemessen und an den Bordcomputer gemeldet. Wenn die Drehzahl eines Rads beim Bremsen zu schnell sinkt, verringert der Computer den Druck in der Bremsleitung dieses Rads für kurze Zeit. Das Rad dreht sich wieder schneller – und wird erneut stärker gebremst. Dieses Wechselspiel läuft bis zu 10-mal pro Sekunde ab.

Aufgabe

1 Gib an, an welchen Stellen die kinetische Energie umgewandelt und abgegeben wird:
- Das Auto bremst mit blockierten Rädern.
- Die Räder des Autos haften beim Bremsen auf der Straße.

Vergleiche die Bremswirkungen.

Zusammenfassung

Kinetische Energie • Ein Körper der Masse m, der sich mit der Geschwindigkeit v bewegt, besitzt folgende kinetische Energie:
$E_{kin} = \frac{1}{2} \cdot m \cdot v^2$. → 1
Für die Einheiten gilt die Beziehung:
$1\,J = 1\,kg \cdot \frac{m^2}{s^2}$.

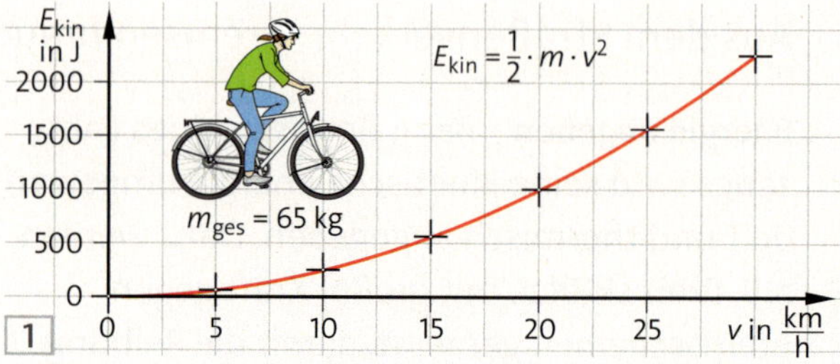

1

Freier Fall • Vom freien Fall spricht man, wenn ein Körper nur unter dem Einfluss der Gewichtskraft fällt. Der freie Fall ist eine gleichmäßig beschleunigte Bewegung. An der Erdoberfläche gilt für die Fall- oder Erdbeschleunigung:
$g = 9{,}81\,\frac{m}{s^2}$. → 2
Im luftleeren Raum fallen alle Körper gleich schnell. → 3 In Luft werden sie durch Reibung unterschiedlich stark abgebremst.
Wenn ein Körper aus der Höhe h frei fällt, gilt für seine Geschwindigkeit beim Aufprall:
$v = \sqrt{2 \cdot g \cdot h}$.

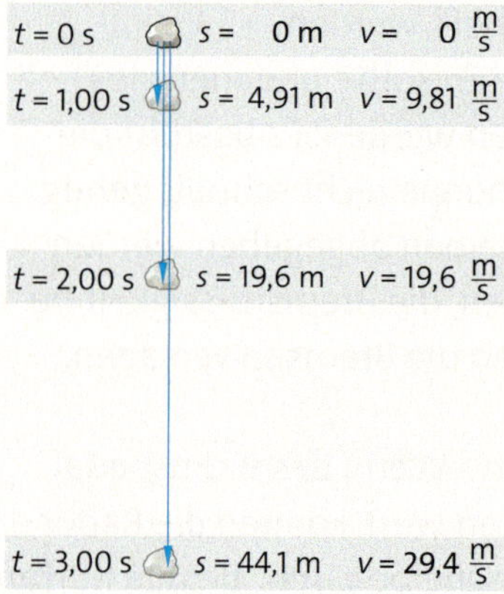

2 Erdbeschleunigung $9{,}81\,\frac{m}{s^2}$

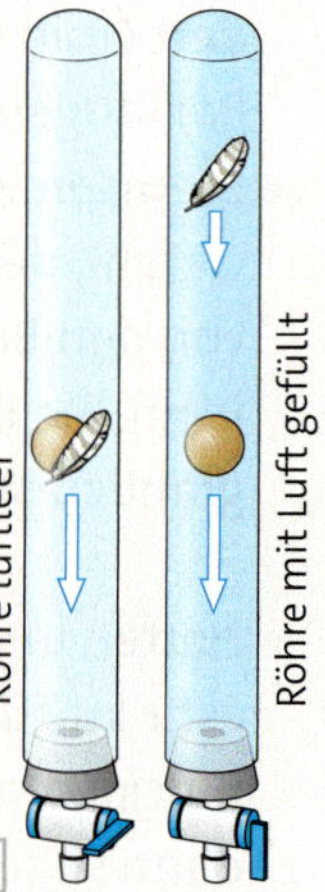

3

Anhalteweg • Der Fahrer braucht einen Moment zum Reagieren und bremst erst danach ab: → 4
Anhalteweg = Reaktionsweg + Bremsweg,
$s_A = s_R + s_B$.
In der Reaktionszeit t_R fährt das Fahrzeug mit unverminderter Geschwindigkeit v geradeaus weiter und legt dabei den Reaktionsweg s_R zurück:
$s_R = v \cdot t_R$.

Vom Ansprechen der Bremsen bis zum Stillstand legt das Fahrzeug den Bremsweg s_B zurück:

$$s_B = -\frac{1}{2} \cdot \frac{v^2}{a_B} \quad \text{bzw.} \quad s_B = \frac{E_{kin}}{F_B}.$$

Der Bremsweg ist direkt proportional zum Quadrat der Geschwindigkeit: Doppelte Geschwindigkeit → vierfacher Bremsweg! Er ist umso länger, je geringer die Bremskraft ist.

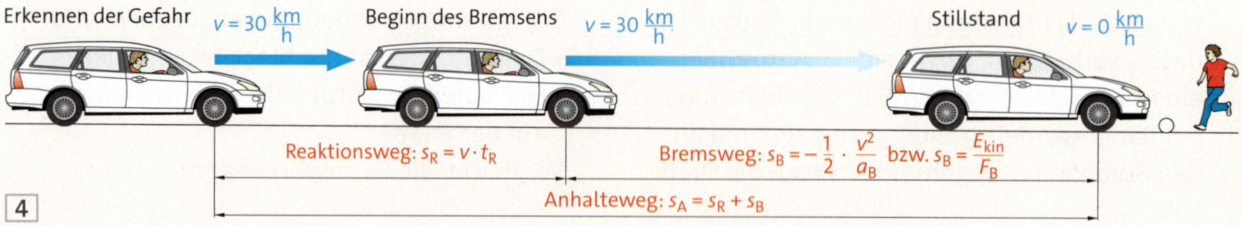

4

Aufgaben

1 Das Schiff Queen Mary 2 hat eine Masse von 79 300 t und fährt bis zu 56 $\frac{km}{h}$ schnell. → 5
Das größte Passagierflugzeug der Welt fliegt in einer Höhe von 11,0 km mit 940 $\frac{km}{h}$, seine Masse beträgt z. B. 520 t. → 6
Berechne, wer mehr kinetische Energie besitzt: die Queen Mary 2 bei 56 $\frac{km}{h}$ oder das Flugzeug bei 940 $\frac{km}{h}$.

2 Ein Lkw hat eine Masse von 38 t. Berechne, wie viel Dieselöl verbrannt werden muss, damit er eine Geschwindigkeit von 80 $\frac{km}{h}$ erreicht. Gehe davon aus, dass der Motor beim Verbrennen von 1,0 l Dieselöl eine Energie von 7,2 MJ zum Beschleunigen bereitstellt.

3 Der Wagen einer Achterbahn hat mit Fahrgästen eine Masse von 1,50 t. Er wird zu Beginn der Fahrt auf eine Höhe von 27 m gezogen.
a Berechne die potenzielle Energie des Wagens.
b Berechne, welche Geschwindigkeit der Wagen bei der Talfahrt maximal erreichen kann.

4 Wenn ein Auto bei einem Crashtest mit 50 $\frac{km}{h}$ frontal gegen eine Mauer fährt, ist das ungefähr so wie ein Aufprall aus 10 m Höhe. → 7
a Begründe diese Aussage durch eine Rechnung.
b Ist ein Crash bei 100 $\frac{km}{h}$ wie ein Aufprall aus 20 m oder 40 m Höhe? Begründe die Antwort.

7

5

6

5 Maria wirft einen Ball senkrecht nach oben. Er verlässt ihre Hand in 1,80 m Höhe mit einer Geschwindigkeit von 50 $\frac{km}{h}$. Berechne, welche Höhe der Ball maximal erreichen kann.

6 Ein Auto bremst von 60 $\frac{km}{h}$ mit $a_B = -3{,}0\ \frac{m}{s^2}$ gleichmäßig bis zum Stillstand ab. Berechne die Bremsdauer und den Bremsweg.

7 Auf einer Teststrecke wurde der Bremsweg s_B eines Autos in Abhängigkeit von der Anfangsgeschwindigkeit v gemessen. → 8
a Überprüfe, ob der Bremsweg direkt proportional zum Quadrat der Geschwindigkeit ist.
b Berechne jeweils die Bremsdauer t_B. Verwende dazu diese Gleichung: $s_B = \frac{1}{2} \cdot v \cdot t_B$.
c Berechne die Bremsverzögerung.

v in $\frac{km}{h}$	35	50	75	100
s_B in m	6,0	12,4	27,8	49,5

8

Teste dich! (Lösungen im Anhang)

Geschwindigkeit, Beschleunigung und Kraft

1 Beschreibe jeweils, wie sich der Körper bewegt.
a Auf den Körper wirkt keine Kraft.
b Auf den Körper wirkt eine Kraft in Bewegungsrichtung.
c Auf den Körper wirkt eine Kraft entgegengesetzt zur Bewegungsrichtung.

2 Wähle den richtigen Merksatz aus und formuliere die falschen Merksätze richtig:
a Ohne Kraft keine Bewegung.
b Bei gleicher Kraft wird der Körper mit der größeren Masse stärker beschleunigt.
c Bei gleicher Kraft ist die Beschleunigung umso größer, je schneller der Körper ist.
d Beschleunigung gleich Kraft durch Masse.

3 Ein Auto wird aus dem Stand gleichmäßig beschleunigt. Gib jeweils an, welcher Zusammenhang zutrifft, und begründe mithilfe einer Gleichung:
a Der in 3 s zurückgelegte Weg ist genauso groß, 2-mal so groß, 3-mal so groß, 4-mal so groß, 9-mal so groß wie der Weg, den das Auto in 1 s zurücklegt.
b Die in 3 s erreichte Geschwindigkeit ist genauso groß, 2-mal so groß, 3-mal so groß, 4-mal so groß, 9-mal so groß wie die Geschwindigkeit, die das Auto in 1 s erreicht.

4 Steffi schlägt mit ihrem Tennisschläger den Ball (58 g) auf, seine Geschwindigkeit erreicht 180 $\frac{km}{h}$. Dabei wird der Ball vom Schläger über eine Strecke von 10 cm gleichmäßig beschleunigt. Berechne den Betrag der beschleunigenden Kraft.

5 Schnelles Motorrad
a Ein Motorrad beschleunigt bei gleicher Antriebskraft schneller als ein Auto. Begründe den Unterschied.
b Das Motorrad beschleunigt in 3,0 s gleichmäßig von 0 $\frac{km}{h}$ auf 100 $\frac{km}{h}$. Berechne die Beschleunigung und die zurückgelegte Strecke.

6 Ein Flugzeug beschleunigt beim Starten gleichmäßig mit 5,0 $\frac{m}{s^2}$, bis es nach 20 s abhebt.
a Wie lang muss die Startbahn dafür sein: 800 m, 1600 m oder mehr? Begründe deine Antwort rechnerisch.
b Berechne, mit welcher Geschwindigkeit (in $\frac{km}{h}$) das Flugzeug abhebt.
c Zeichne das *t*-*s*-Diagramm und das *t*-*v*-Diagramm (*v* in $\frac{m}{s}$) für den Start bis zum Abheben.

7 Was verrät das Diagramm? → 1
a Beschreibe die dargestellte Bewegung mit Worten.
b Berechne die insgesamt zurückgelegte Strecke und die Durchschnittsgeschwindigkeit. *Tipp:* Berechne die Strecken abschnittsweise und setze die Teilstrecken zum Schluss zusammen.
c Berechne die Beschleunigung bzw. die Bremsverzögerung für die Abschnitte, in denen sich die Geschwindigkeit ändert.

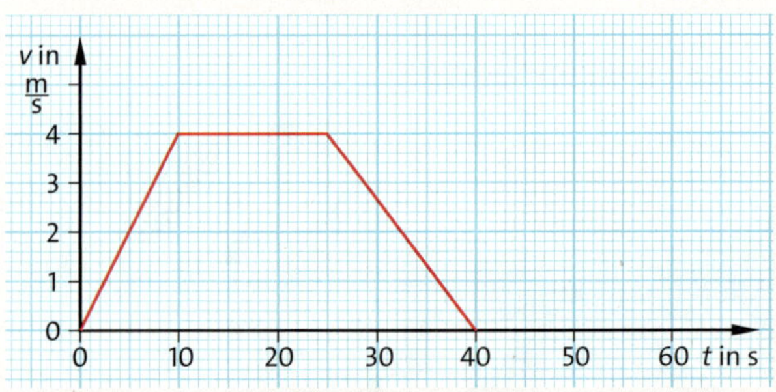

1 Diagramm zu Aufgabe 7

d Beschreibe jeweils, was die Beschleunigung über die Änderung der Geschwindigkeit des Körpers aussagt:
- $a = 3{,}0\,\frac{m}{s^2}$
- $a_B = -5{,}0\,\frac{m}{s^2}$

Beschleunigung, Kraft und Energie

8 Kevin (70 kg) testet ein Auto (1,2 t). Von $0\,\frac{km}{h}$ auf $50\,\frac{km}{h}$ beschleunigt er gleichmäßig in 1,9 s.

a Berechne die erreichte kinetische Energie und die genutzte Leistung des Motors.

b Berechne, wie groß die beschleunigende Gesamtkraft ist.

9 Bei einem Wettbewerb sollten 1000 Personen ein großes Schiff (23 000 t) in maximal 300 s 20 m weit ziehen. Ist das zu schaffen?

a Berechne die Endgeschwindigkeit, auf die das Schiff gebracht werden muss. Gehe von einer gleichmäßig beschleunigten Bewegung aus.

b Berechne die Energie, die auf das Schiff übertragen werden muss, damit es die Endgeschwindigkeit erreicht.

c Berechne den Betrag der Gesamtkraft, um die in Teil b berechnete Energie auf der Strecke von 20 m auf das Schiff zu übertragen. Gehe zur Vereinfachung davon aus, dass das Schiff nicht durch Reibung gebremst wird.

d Gib den Betrag der Kraft an, mit der jeder der 1000 Menschen ziehen müsste. Schätze ab, ob ein normal kräftiger Mensch eine so große Kraft ausüben kann.

10 Ein Pkw fährt mit $130\,\frac{km}{h}$ auf der Autobahn, als das Ende eines Staus sichtbar wird. Der Fahrer bremst nach einer Reaktionszeit von $t_R = 0{,}80$ s mit einer Bremsverzögerung von $a_B = -6{,}0\,\frac{m}{s^2}$ bis zum Stand ab. Berechne den Reaktionsweg, die Bremszeit, den Bremsweg, und den Anhalteweg.

11 Fallschirmspringer landen mit einer Geschwindigkeit von $15\,\frac{km}{h}$. Berechne, aus welcher Höhe sie im Training ohne Fallschirm fallen müssen, um die Landung zu üben.

12 Aus einer Abschlussprüfung: Beim Anfahren eines Zugs wurde seine Geschwindigkeit v in Abhängigkeit von der Zeit t gemessen. → 2

a Werten Sie die Tabelle grafisch und rechnerisch aus.

b Geben Sie begründet an, ob die Bewegung gleichmäßig beschleunigt ist.

c Berechnen Sie die Beschleunigung a des Zugs.

d Lesen Sie im Diagramm die Zeit t ab, bei der $v = 60\,\frac{km}{h}$ gilt. *Tipp:* $60\,\frac{km}{h}$ in $\frac{m}{s}$ umrechnen.

e Bestätigen Sie die abgelesene Zeit durch eine Rechnung. Verwenden Sie dafür: $v = a \cdot t$.

f Berechnen Sie die Strecke, die der Zug zurückgelegt hat, wenn er $60\,\frac{km}{h}$ erreicht.

g Berechnen Sie den Betrag der beschleunigenden Kraft auf den Zug ($m = 120$ t).

h Berechnen Sie die kinetische Energie des Zugs bei $60\,\frac{km}{h}$.

i Berechnen Sie die Leistung des Zugmotors, die für die Beschleunigung genutzt wird.

t in s	0	2,0	4,0	6,0	8,0	10	12	14	16	18	20
v in $\frac{m}{s}$	0	2,2	4,4	6,6	9,4	12	15	17	20	22	24

2 Anfahrender Zug (Tabelle zu Aufgabe 12)

Elektrizitätslehre

Elektrische Energie wird mit mehr als hunderttausend Volt zu uns transportiert. Wie werden so hohe Spannungen erzeugt – und warum reichen nicht 230 Volt?

In der Radnabe steckt ein kleines Kraftwerk. Wie funktioniert es und aus welchen Teilen besteht es?

Widerstände werden für verschiedene Zwecke unterschiedlich zusammengeschaltet. Die Wirkung der Schaltungen lässt sich genau berechnen.

Unverzweigte Stromkreise

1

Die Spannung an jeder Lampe der Lichterkette darf maximal 12 V betragen. Trotzdem wird die Lichterkette an 230 V angeschlossen – und die Lampen gehen nicht kaputt!
Wie sind die Lampen in der Lichterkette geschaltet?

A Demoversuch und Aufgabe

Gesetze der Reihenschaltung

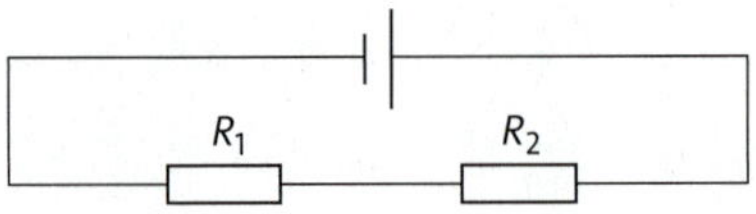

2

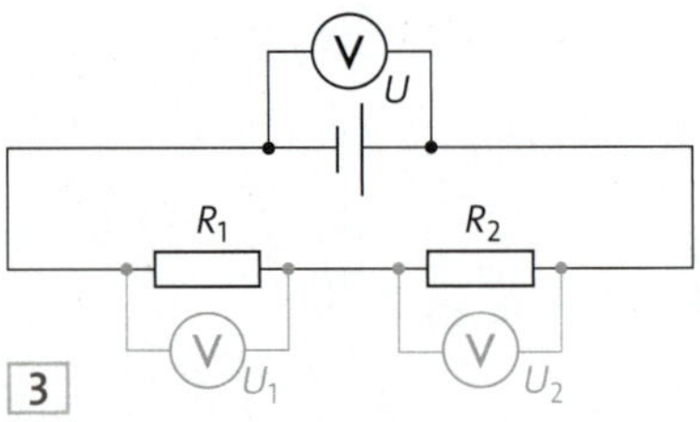

3

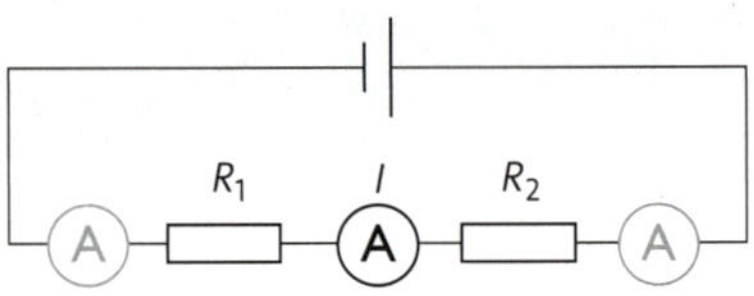

4

Widerstandsmessgerät

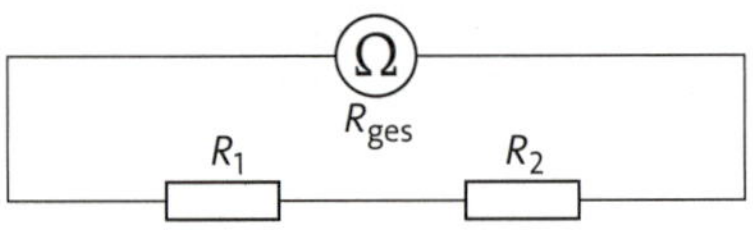

5

Material: Batterie (9 V), 2 verschiedene Festwiderstände (z. B. $R_1 = 150\ \Omega$, $R_2 = 300\ \Omega$), Vielfachmessgerät, Kabel

1 Um die Schaltung der Lampen in der Lichterkette zu verstehen, untersuchen wir eine Reihenschaltung von zwei Festwiderständen. → 2 Die Festwiderstände stehen für die Lampen.

a Die Spannung U an der Batterie sowie die Spannungen U_1 und U_2 an den beiden Widerständen wird gemessen. → 3 Beschreibt, was euch auffällt.

b Die Stromstärke I wird an verschiedenen Stellen des Stromkreises gemessen. → 4 Vergleicht: Hängt das Ergebnis davon ab, an welcher Stelle des Stromkreises die Stromstärke gemessen wird?

c Der Gesamtwiderstand R_{ges} der beiden Widerstände wird gemessen. → 5 Vergleicht ihn mit den beiden Einzelwiderständen. Gebt einen mathematischen Zusammenhang zwischen den Widerstandswerten an.

2 Bei einer Reihenschaltung von drei Festwiderständen wurden die Widerstandswerte in der folgenden Tabelle gemessen. → 6 Stellt einen mathematischen Zusammenhang zwischen den Widerstandswerten auf.

Messung	a	b	c
R_1 in Ω	200	100	150
R_2 in Ω	300	400	150
R_3 in Ω	200	100	150
R_{ges} in Ω	700	600	450

6 Reihenschaltung

Grundlagen

Stromstärke • Bei der Lichterkette sind die einzelnen Lampen in Reihe geschaltet. → 1 7 Der Stromkreis verzweigt sich nicht. Wenn eine Lampe aus der Kette herausgeschraubt wird, erlöschen auch alle anderen Lampen. Für die Stromstärke gilt:

In einer Reihenschaltung ist die Stromstärke überall gleich groß:
$I_1 = I_2 = ... = I$.

Deshalb ist es egal, ob man bei einer Reihenschaltung von elektrischen Bauteilen die Stromstärke vor, zwischen oder nach den Bauteilen misst – sie ist überall gleich groß. → 8

Gesamtwiderstand • Je mehr Widerstände in Reihe geschaltet sind, desto stärker wird der Elektronenstrom behindert und desto kleiner wird folglich die Stromstärke. Für den Gesamtwiderstand der Schaltung gilt: → 9

In einer Reihenschaltung ist der Gesamtwiderstand gleich der Summe der einzelnen Widerstände:
$R_{ges} = R_1 + R_2 + ...$

Der Gesamtwiderstand ist also immer größer als der größte Einzelwiderstand.

Spannung • Wenn man die Spannungen an den einzelnen Widerständen mit der Spannung der elektrischen Energiequelle vergleicht, erkennt man: → 10

In einer Reihenschaltung ist die Spannung der elektrischen Energiequelle gleich der Summe der Spannungen an den einzelnen Bauteilen:
$U = U_1 + U_2 + ...$

Man sagt: Die Spannung der elektrischen Energiequelle teilt sich auf die angeschlossenen Bauteile auf. Diese Aufteilung der Spannung sorgt beispielsweise dafür, dass die Glühlampen der Lichterkette nicht durchbrennen. → 1 Die Teilspannungen werden durch die Widerstände der einzelnen Bauteile bestimmt.

Für die Teilspannungen im unverzweigten Stromkreis gilt:
$U_1 = R_1 \cdot I$; $U_2 = R_2 \cdot I$ ...
Am Bauteil mit dem größeren Widerstand liegt auch die größere Teilspannung an.

Elektrische Energie und Leistung • Für die Energie, die die elektrische Energiequelle in der Zeit t abgibt, gilt:
$E = U \cdot I \cdot t$.
Diese Energie wird von den elektrischen Geräten umgewandelt und abgegeben.

Die Energie, die von der elektrischen Energiequelle abgegeben wird, ist gleich der Summe der von den Geräten umgewandelten Energien:
$E = E_1 + E_2 + ...$ mit $E_1 = U_1 \cdot I \cdot t$ usw.
Die Leistung der elektrischen Energiequelle ist gleich der Summe der Geräteleistungen:
$P = P_1 + P_2 + ...$ mit $P_1 = U_1 \cdot I$ usw.

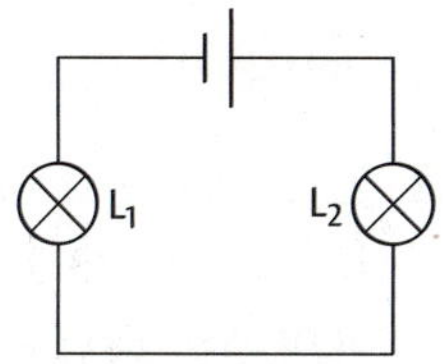

7 Reihenschaltung von Lampen

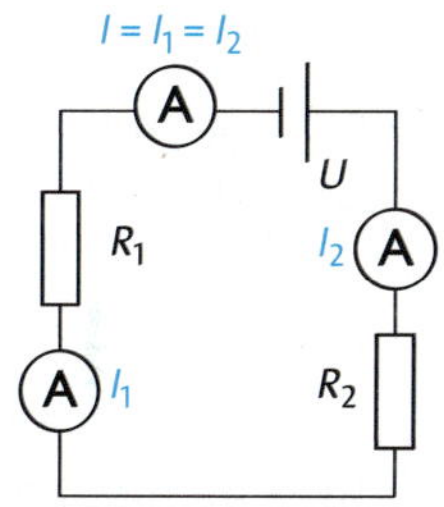

8 Stromstärken

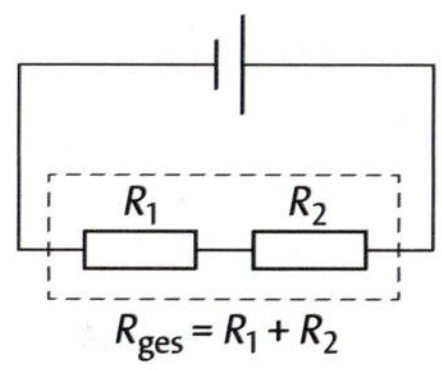

9 Widerstände

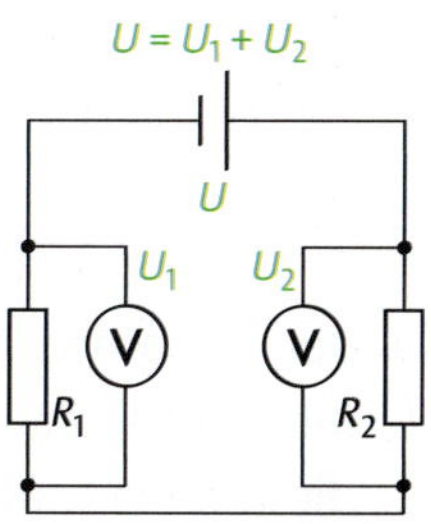

10 Spannungen

Unverzweigte Stromkreise

Aufgaben

1 Zwei Widerstände sind in Reihe an eine Batterie angeschlossen. → 1

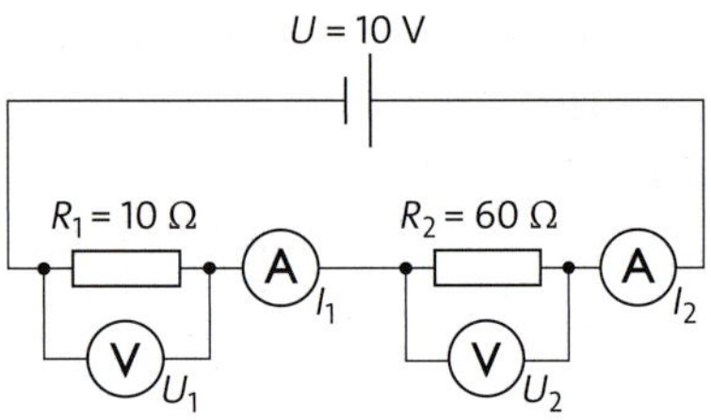

1

Gib dafür die richtige Aussage an und korrigiere die falschen Aussagen:

- $U_1 < U_2$
- $U_1 > U_2$
- $I_1 > I_2$
- $I_1 < I_2$
- $U_1 = U_2$

2 Zwei Widerstände ($R_1 = 100\ \Omega$ und $R_2 = 200\ \Omega$) sind in Reihe an ein Netzgerät ($U = 12{,}0$ V) angeschlossen. → 2

Berechne: → 3

a den Gesamtwiderstand R_{ges}
b die Stromstärke I
c die Teilspannungen U_1, U_2
d die Leistungen P_1 und P_2 der Widerstände

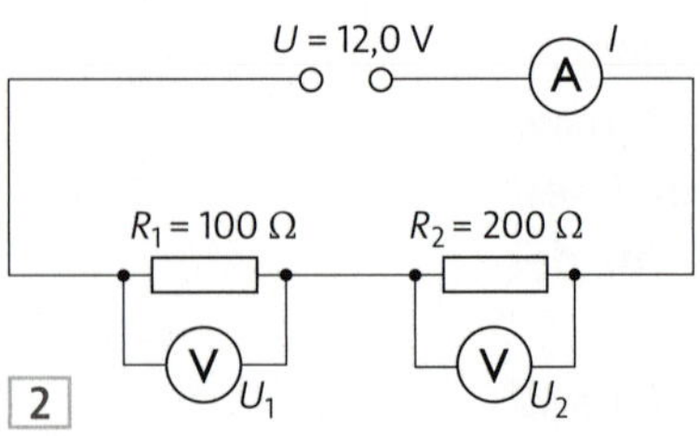

2

3 Berechne die Spannung der Batterie und die Teilspannungen an den Widerständen. → 4

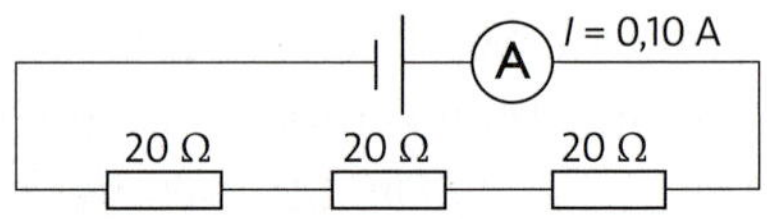

4

4 An ein Netzgerät ($U = 24$ V) sind drei Widerstände ($R_1 = 100\ \Omega$, $R_2 = 200\ \Omega$ und $R_3 = 300\ \Omega$) in Reihe angeschlossen. Berechne R_{ges}, I, die Teilspannungen und die Leistungen der Widerstände.

5 An eine Batterie ($U = 9{,}0$ V) sind drei Widerstände ($R_1 = 100\ \Omega$, $R_2 = 200\ \Omega$) in Reihe angeschlossen. Am Widerstand R_3 wird die Spannung $U_3 = 6{,}0$ V gemessen. Berechne R_3 und die Stromstärke I.

Zwei Widerstände sind in Reihe an ein Netzgerät angeschlossen. Berechne:

a den Gesamtwiderstand
b die Stromstärke
c die Teilspannungen
d die Leistungen der Widerstände

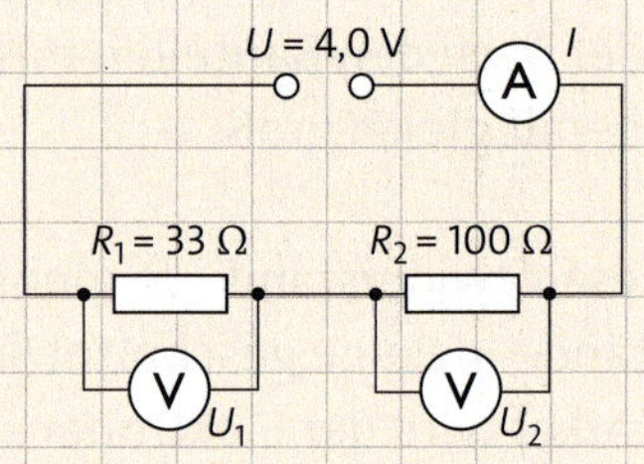

Gegeben: $U = 4{,}0\ V$; $R_1 = 33\ \Omega$; $R_2 = 100\ \Omega$

Gesucht: R_{ges} in Ω, I in A, U_1 und U_2 in V, P_1 und P_2 in W

Gleichungen:

a $R_{ges} = R_1 + R_2$

b Aus $R_{ges} = \frac{U}{I}$ folgt: $I = \frac{U}{R_{ges}}$

c $U_1 = R_1 \cdot I$; $U_2 = R_2 \cdot I$

d $P_1 = U_1 \cdot I$; $P_2 = U_2 \cdot I$

Einsetzen und gemäß der sinnvollen Ziffern runden:

a $R_{ges} = 33\ \Omega + 100\ \Omega = 133\ \Omega$

b $I = \frac{4{,}0\ V}{133\ \Omega} = 0{,}030\ A$

c $U_1 = 33\ \Omega \cdot 0{,}030\ A = 0{,}99\ V$; $U_2 = 100\ \Omega \cdot 0{,}030\ A = 3{,}0\ V$

d $P_1 = 0{,}99\ V \cdot 0{,}030\ A = 0{,}030\ W$; $P_2 = 3{,}0\ V \cdot 0{,}030\ A = 0{,}090\ W$

3 Beispielaufgabe: Reihenschaltung

B Aufgaben

Vorwiderstand

Wenn man ein Glühlämpchen (6,0 V; 0,20 A) direkt an eine 9-V-Batterie anschließt, brennt es durch. Um es zu schützen, schaltet man einen Vorwiderstand in Reihe vor oder hinter das Lämpchen. → 5

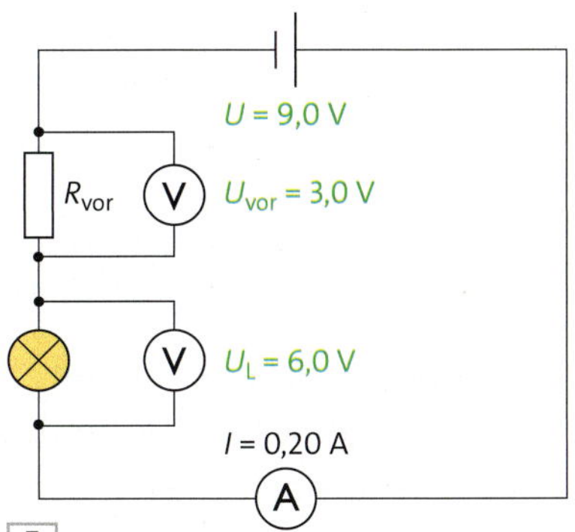

5

Am Vorwiderstand muss die überschüssige Teilspannung U_{vor} = 3,0 V „abfallen":
$U_{vor} = U - U_L$
U_{vor} = 9,0 V – 6,0 V = 3,0 V
Dann bleibt am Lämpchen die erforderliche Spannung von U_L = 6,0 V „übrig".
Der Vorwiderstand lässt sich berechnen. Wir verwenden dafür, dass auch durch den Vorwiderstand der Betriebsstrom I = 0,20 A des Lämpchens fließt:

$$R_{vor} = \frac{U_{vor}}{I}$$

$$R_{vor} = \frac{3{,}0\,\text{V}}{0{,}20\,\text{A}} = 15\,\Omega$$

1 Eine Glühlampe (12 V; 60 W) soll mithilfe eines Vorwiderstands mit Netzspannung (230 V) betrieben werden.
a Erstelle eine Schaltskizze.
b Berechne den Vorwiderstand. → 6
c Ermittle die elektrische Leistung des Vorwiderstands sowie den Wirkungsgrad der Schaltung. → 6

2 Eine Leuchtdiode braucht eine Spannung von 1,9 V, bei I = 0,015 A ist die Leuchtstärke optimal. Zum Betrieb steht eine Batterie mit 12 V zur Verfügung. Berechne den Vorwiderstand und seine Leistung. → 6

3 Mit Widerstandsrechnern für LEDs kann man im Internet einfach und schnell den passenden Vorwiderstand errechnen lassen.
a Finde einen Widerstandsrechner im Internet. Gib folgende Werte ein:
- U = 12 V („Spannungsquelle")
- U_{LED} = 3,2 V („Durchlassspannung")
- I = 20 mA („LED-Strom")

b Überprüfe das Ergebnis durch eigene Rechnungen. → 6
c Recherchiere, warum statt des errechneten Widerstands oft ein anderer Widerstand empfohlen wird.

Eine LED (2,4 V; 1,0 W) soll mit einem Netzgerät (6,0 V) betrieben werden. Berechne den geeigneten Vorwiderstand. Bestimme auch den Wirkungsgrad dieser Schaltung.

Gegeben: $U = 6{,}0\,\text{V}$; $U_{LED} = 2{,}4\,\text{V}$; $P_{LED} = 1{,}0\,\text{W} = 1{,}0\,\text{V}\cdot\text{A}$
Gesucht: R_{vor} in Ω, η in %
Rechnen und runden auf 2 sinnvolle Ziffern:

Betriebsstromstärke der LED: $I = \frac{P}{U}$; $I = \frac{1{,}0\,\text{V}\cdot\text{A}}{2{,}5\,\text{V}} = 0{,}40\,\text{A}$

Teilspannung am Vorwiderstand:
$U_{vor} = U - U_{LED}$; $U_{vor} = 6{,}0\,\text{V} - 2{,}4\,\text{V} = 3{,}6\,\text{V}$

Vorwiderstand: $R_{vor} = \frac{U_{vor}}{I}$; $R_{vor} = \frac{3{,}6\,\text{V}}{0{,}40\,\text{A}} = 9{,}0\,\Omega$

Wirkungsgrad: $\eta = \frac{P_{nutz}}{P_{zu}} = \frac{U_{LED}\cdot I}{U\cdot I} = \frac{U_{LED}}{U}$; $\eta = \frac{2{,}4\,\text{V}}{6{,}0\,\text{V}} = 0{,}40 = 40\,\%$

6 Beispielaufgabe: Vorwiderstand

Verzweigte Stromkreise

1

Mit welcher Spannung werden unsere Haushaltsgeräte betrieben? Werden die Geräte in Reihe angeschlossen?

A Demoversuch

Gesetze der Parallelschaltung

Material: Batterie (4,5 V), 2 unterschiedliche Festwiderstände, Vielfachmessgerät, Kabel

Wie hängen Widerstände, Spannungen und Stromstärken bei einer Parallelschaltung zusammen?

1 Die beiden Festwiderstände werden parallel an die Batterie angeschlossen.

a Die Spannung U an der Batterie sowie U_1 und U_2 an den beiden Widerständen werden gemessen. Beschreibt, was euch auffällt.

b Die Stromstärke I_{ges} in einer Zuleitung zur Batterie sowie die Stromstärken I_1 und I_2 in den beiden Widerständen werden gemessen. Vermutet, wie die Stromstärken mathematisch zusammenhängen.

c Bestimmt den Gesamtwiderstand R_{ges} der Parallelschaltung.
Wählt die richtige Beziehung aus: Der Gesamtwiderstand ist kleiner/größer als jeder Einzelwiderstand.

B Demoversuch

Drei Widerstände – verschiedene Schaltungen

Material: 3 Widerstände (jeweils 100 Ω), Batterie (4,5 V), Vielfachmessgerät, Kabel

1 Die drei Widerstände sollen in einem gemeinsamen Stromkreis verbaut werden.

a Zeichnet alle Möglichkeiten als Schaltskizzen.
Tipp: Es gibt vier verschiedene Schaltungen.

b Die Schaltungen werden aufgebaut. Die Gesamtstromstärke I_{ges} wird jeweils an der Batterie gemessen.

c Gebt an, bei welcher Schaltung I_{ges} am größten ist. Beschreibt diese Schaltung.

die Parallelschaltung

Grundlagen

Verzweigte Stromkreise • Die Haushaltsgeräte benötigen jeweils eine Spannung von 230 V. → 1 Jedes Gerät wird in der Mehrfachsteckdose parallel zu den anderen Geräten an das Stromnetz angeschlossen. → 2 Man spricht von einer Parallelschaltung, der Stromkreis verzweigt sich. Wenn ein Gerät aus der Mehrfachsteckdose herausgezogen wird, laufen die anderen parallel angeschlossenen Geräte weiter.

Spannung • Jedes Bauteil ist direkt an die elektrische Energiequelle (hier das Stromnetz) angeschlossen. Also gilt:

In einer Parallelschaltung liegt an jedem Bauteil dieselbe Spannung an: $U = U_1 = U_2 = ...$ → 3

Stromstärke • In jedem Bauteil fließt der Elektronenstrom, der für den Betrieb erforderlich ist. Die Summe der einzelnen Ströme ergibt den Gesamtstrom in der gemeinsamen Zuleitung:

Bei einer Parallelschaltung ist die Gesamtstromstärke genauso groß wie die Summe der Einzelstromstärken in den einzelnen Bauteilen: $I_{ges} = I_1 + I_2 + ...$ → 4

Widerstände • Da die Spannung an allen Bauteilen gleich ist, gilt z. B.:

$U = I_1 \cdot R_1 = I_2 \cdot R_2$. Daraus folgt: $\frac{I_1}{I_2} = \frac{R_2}{R_1}$.

Die Einzelstromstärken verhalten sich umgekehrt wie die Widerstände.

Bei einer Parallelschaltung fließt durch das Bauteil mit dem größeren Widerstand der kleinere Strom.

Mit jedem parallel geschalteten Bauteil steigt die Gesamtstromstärke, sodass der Gesamtwiderstand sinkt. Er lässt sich aus den Einzelwiderständen berechnen:

$I_{ges} = I_1 + I_2 + ...$

$\frac{U}{R_{ges}} = \frac{U}{R_1} + \frac{U}{R_2} + ...$

Kürzen durch U ergibt:

$\frac{1}{R_{ges}} = \frac{1}{R_1} + \frac{1}{R_2} + ...$ → 5

Der Kehrwert des Gesamtwiderstands ist gleich der Summe der Kehrwerte der Einzelwiderstände.

Der Gesamtwiderstand ist immer kleiner als der kleinste Einzelwiderstand.

Elektrische Leistung und Energie • Aus den beiden Gleichungen für Spannung und Stromstärke folgt für die Leistung der elektrischen Energiequelle:

$P = U \cdot I_{ges}$

$P = U \cdot (I_1 + I_2 + ...)$

$P = U \cdot I_1 + U \cdot I_2 + ...$

$P = U_1 \cdot I_1 + U_2 \cdot I_2 + ... = P_1 + P_2 + ...$

In einer Parallelschaltung ist die Leistung der elektrischen Energiequelle gleich der Summe der Leistungen der einzelnen Bauteile: $P = P_1 + P_2 + ...$ mit $P_1 = U \cdot I_1$ usw. Für die abgegebenen und umgewandelten elektrischen Energien folgt daraus: $E = E_1 + E_2 + ...$ mit $E_1 = U \cdot I_1 \cdot t$ usw.

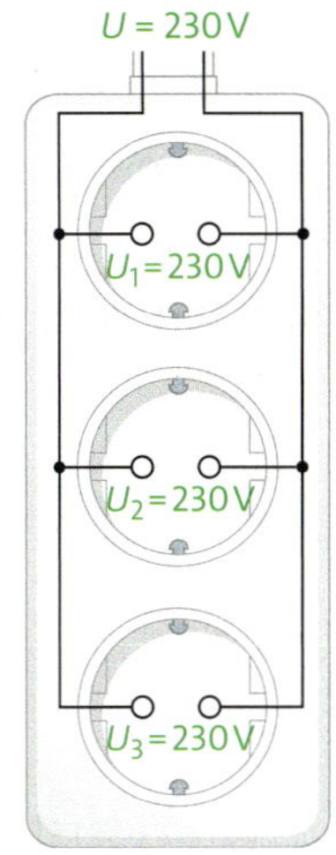

2 Spannungen

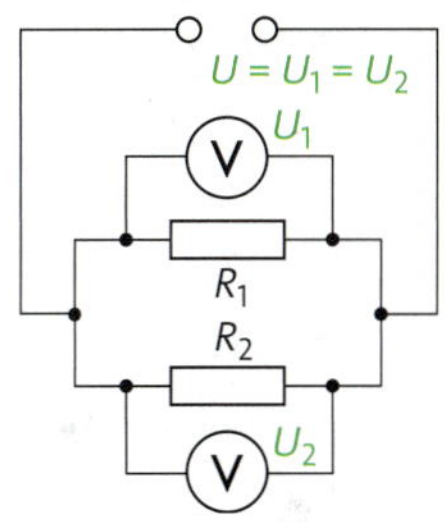

3 Spannungen

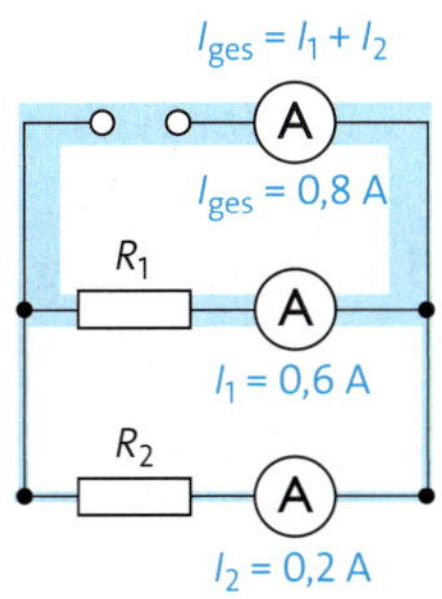

4 Stromstärken

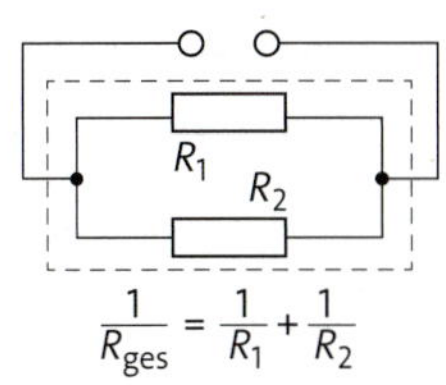

5 Widerstände

Verzweigte Stromkreise

Aufgaben

1 Berechne die fehlenden Werte. → 1

R_1 in Ω	R_2 in Ω	R_{ges} in Ω (Reihe)	R_{ges} in Ω (parallel)
100	100	?	?
100	200	?	?
100	?	500	?
?	$R_2 = R_1$	?	$\frac{100}{6}$

1

2 Zwei Widerstände ($R_1 = 100\ \Omega$ und $R_2 = 200\ \Omega$) sind parallel an eine Batterie ($U = 12{,}0$ V) angeschlossen.

a Ordne jeweils der Größe nach:
- R_1, R_2, R_{ges}
- I_1, I_2 und I
- U_1, U_2 und U

b Berechne: → 2
- den Gesamtwiderstand R_{ges} der Schaltung
- die Gesamtstromstärke I_{ges}
- die Einzelstromstärken I_1 und I_2
- die thermischen Leistungen P_1 und P_2 der Widerstände

3 Drei parallel geschaltete Widerstände ($R_1 = 100\ \Omega$, $R_2 = 200\ \Omega$, $R_3 = 300\ \Omega$) sind an ein Netzgerät mit $U = 24$ V angeschlossen. Berechne: → 2

a den Gesamtwiderstand R_{ges}

b die Gesamtstromstärke I_{ges}

c die Einzelstromstärken I_1, I_2 und I_3

d die thermischen Leistungen P_1, P_2 und P_3 der Widerstände

Zwei Widerstände sind parallel an eine elektrische Energiequelle angeschlossen.

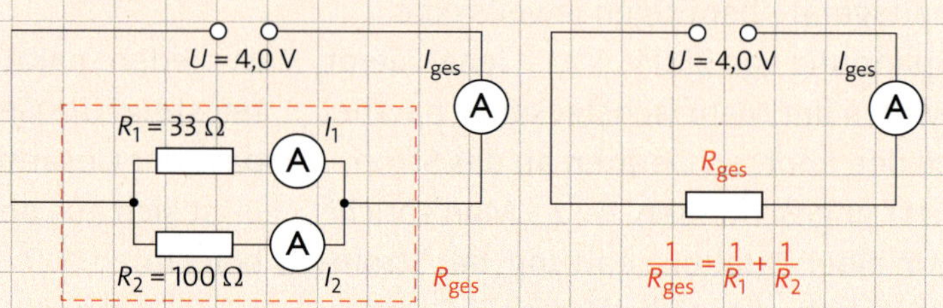

Berechne:

a den Gesamtwiderstand R_{ges} der Schaltung

b die Gesamtstromstärke I_{ges}

c die Einzelstromstärken I_1 und I_2

d die thermischen Leistungen P_1 und P_2 der Widerstände

Gegeben: $U = 4{,}0\ \text{V}$; $R_1 = 33\ \Omega$; $R_2 = 100\ \Omega$

Gesucht: R_{ges} in Ω; I_{ges}, I_1 und I_2 in A; P_1 und P_2 in W

Rechnen und runden auf 2 sinnvolle Ziffern:

a $\frac{1}{R_{ges}} = \frac{1}{R_1} + \frac{1}{R_2}$; $\frac{1}{R_{ges}} = \frac{1}{33\ \Omega} + \frac{1}{100\ \Omega} = 0{,}040\,30\ \frac{1}{\Omega}$; $R_{ges} = 25\ \Omega$

Tipp: Schrittfolge auf dem Taschenrechner:
33 x^{-1} + 100 x^{-1} = 0,040 30 x^{-1} Ergebnis: 24,812 03

b Der Gesamtwiderstand bestimmt die Stromstärke bei der angelegten Spannung:

$R_{ges} = \frac{U}{I_{ges}}$, also $I_{ges} = \frac{U}{R_{ges}}$; $I_{ges} = \frac{4{,}0\ \text{V}}{25\ \Omega} = 0{,}16\ \text{A}$

c Bei der Parallelschaltung liegt an beiden Widerständen dieselbe Spannung U an. Die Einzelströme werden durch die einzelnen Widerstände bestimmt:

$I_1 = \frac{U}{R_1}$; $I_1 = \frac{4{,}0\ \text{V}}{33\ \Omega} = 0{,}12\ \text{A}$

$I_2 = \frac{U}{R_2}$; $I_2 = \frac{4{,}0\ \text{V}}{100\ \Omega} = 0{,}040\ \text{A}$

d Aus den Einzelströmen lassen sich die thermischen Leistungen der einzelnen Widerstände berechnen:

$P_1 = U \cdot I_1$; $P_1 = 4{,}0\ \text{V} \cdot 0{,}12\ \text{A} = 0{,}48\ \text{W}$

$P_2 = U \cdot I_2$; $P_2 = 4{,}0\ \text{V} \cdot 0{,}040\ \text{A} = 0{,}16\ \text{W}$

2 Beispielaufgabe: Parallelschaltung

C Aufgaben

Fahrradbeleuchtung

Scheinwerfer und Rücklicht dieses Fahrrads sind parallel geschaltet und am Nabendynamo angeschlossen. → 3

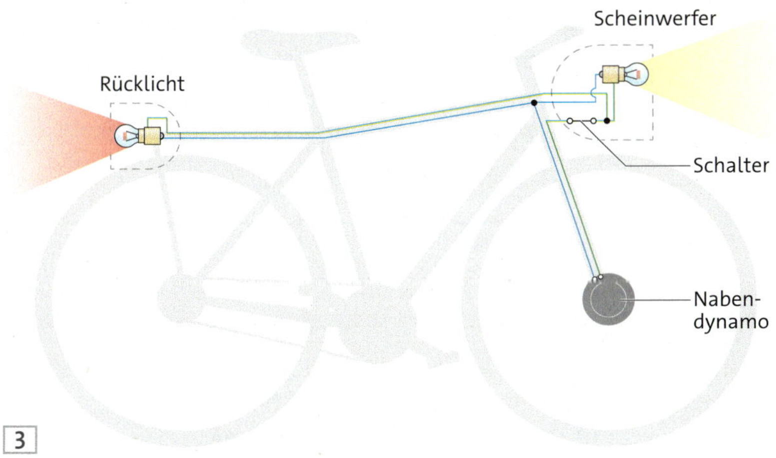

3

1 Fertige eine Schaltskizze an. Verwende für den Nabendynamo das Symbol für einen Generator.

2 Bei einer Spannung von 6,0 V fließt ein Strom von 0,40 A durch den Scheinwerfer.

a Berechne die Leistung des Scheinwerfers.

b „Die Spannung am Dynamo beträgt ebenfalls 6,0 V.“ Begründe diese Aussage.

c Das Rücklicht hat eine elektrische Leistung von 0,60 W. Berechne die Stromstärke im Rücklicht.

D Aufgaben

Haushaltsstromkreis

Unsere Haushaltsgeräte sind parallel geschaltet. → 4

1 Fertige eine Schaltskizze an (Sicherung nicht vergessen). Stelle die Elektrogeräte jeweils durch einen Widerstand dar.

2 Begründe, warum die Haushaltsgeräte nicht in Reihe geschaltet werden.

3 Die Sicherung unterbricht den Stromkreis bei 16 A. Berechne, ob man die Waschmaschine zusätzlich einschalten kann, wenn die anderen vier Elektrogeräte bereits in Betrieb sind.

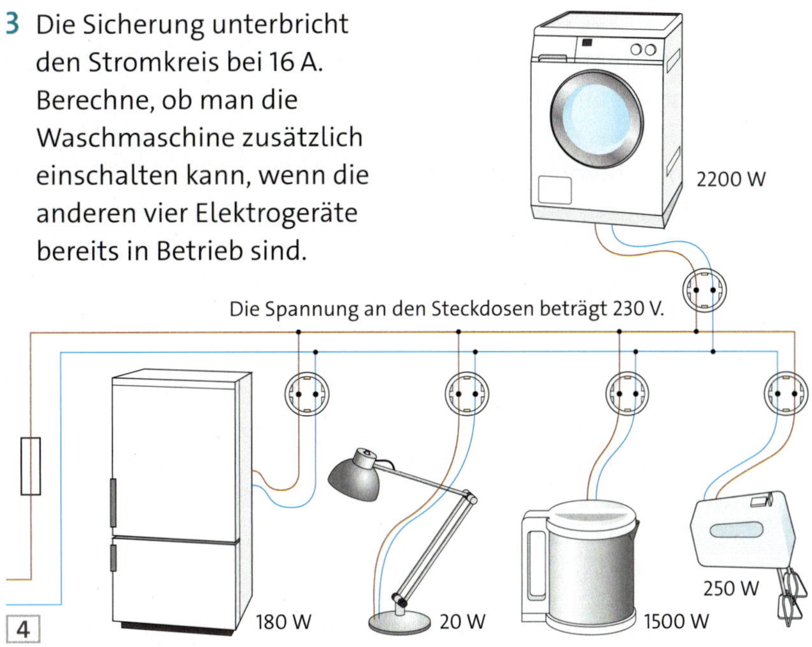

4

Gesetze der Reihen- und Parallelschaltungen

Zusammenfassung

Gesetze der Reihenschaltungen

- Die Spannung der elektrischen Energiequelle teilt sich auf die einzelnen Bauteile auf: → 1
  $U = U_1 + U_2 + \ldots$ mit $U_1 = R_1 \cdot I$; $U_2 = R_2 \cdot I \ldots$
  Am größeren Widerstand liegt die größere Teilspannung an.
- Die Stromstärke ist überall gleich groß: → 1
  $I_1 = I_2 = \ldots = I$

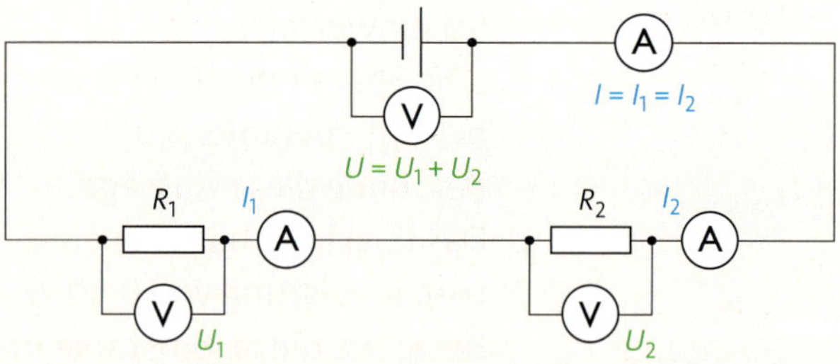

1 Reihenschaltung: Spannungen, Stromstärken

- Der Gesamtwiderstand ist gleich der Summe der einzelnen Widerstände: → 2
  $R_{ges} = R_1 + R_2 + \ldots$
  Er ist größer als der größte Einzelwiderstand.
- Die elektrische Energiequelle gibt so viel Energie ab, wie die Bauteile insgesamt umwandeln:
  $E = E_1 + E_2 + \ldots$ mit $E_1 = U_1 \cdot I \cdot t$ usw.
  Für die Leistungen gilt entsprechend:
  $P = P_1 + P_2 + \ldots$ mit $P_1 = U_1 \cdot I$ usw.

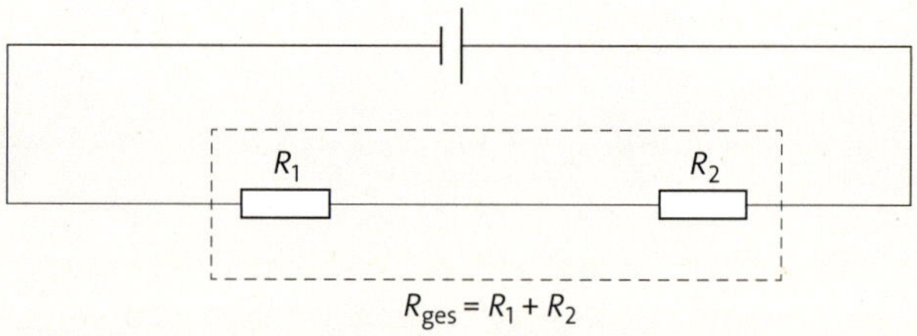

2 Reihenschaltung: Widerstände

Gesetze der Parallelschaltungen

- An jedem Bauteil liegt dieselbe Spannung an:
  $U = U_1 = U_2 = \ldots$ → 3
- Die Gesamtstromstärke ist genauso groß wie die Summe der Einzelstromstärken: → 3
  $I_{ges} = I_1 + I_2 + \ldots$
  Durch den größeren Widerstand fließt der kleinere Strom.

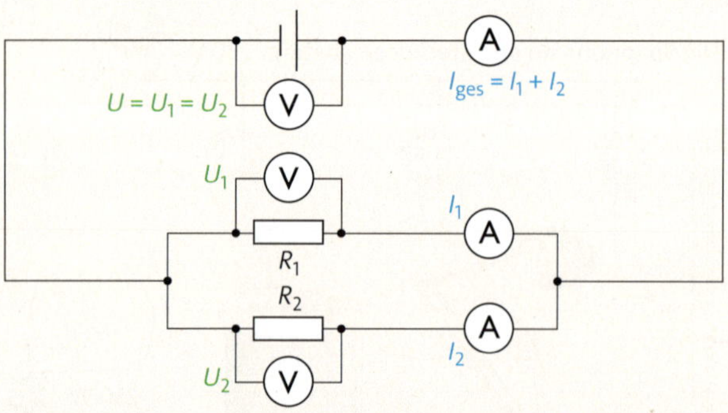

3 Parallelschaltung: Spannungen, Stromstärken

- Für den Gesamtwiderstand gilt: → 4
  $\frac{1}{R_{ges}} = \frac{1}{R_1} + \frac{1}{R_2} + \ldots$
  Er ist kleiner als der kleinste Einzelwiderstand.
- Die elektrische Energiequelle gibt so viel Energie ab, wie die Bauteile insgesamt umwandeln:
  $E = E_1 + E_2 + \ldots$ mit $E_1 = U \cdot I_1 \cdot t$ usw.
  Für die Leistungen gilt entsprechend:
  $P = P_1 + P_2 + \ldots$ mit $P_1 = U \cdot I_1$ usw.

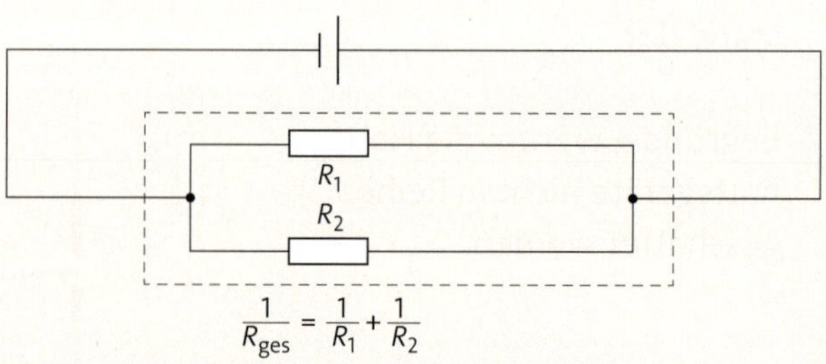

4 Parallelschaltung: Widerstände

Aufgaben

1 Im Garten leuchtet eine elektrische Lichterkette mit 16 „Kerzen“. Sie ist an eine Steckdose (230 V) angeschlossen.

a Eine der „Kerzen“ brennt durch – und die gesamte Lichterkette geht aus. Gib an, um welche Schaltungsart es sich handelt.

b Du sollst eine „Kerze“ nachkaufen und hast die Wahl zwischen „Kerzen“ mit den Aufschriften „14 V“ oder „23 V“. Für welche wirst du dich entscheiden? Begründe deine Antwort mithilfe einer Rechnung.

2 Eine Glühlampe (6,0 V, 0,40 A) soll mithilfe eines Vorwiderstands an eine 12-V-Batterie angeschlossen werden. → 5 Berechne den erforderlichen Vorwiderstand.

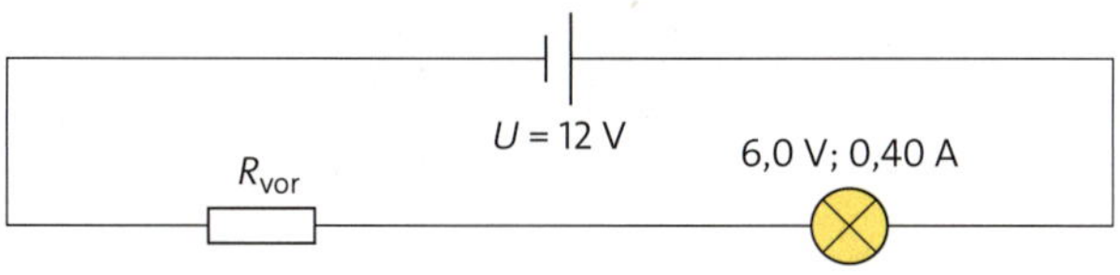

5

3 Der Scheinwerfer und das Rücklicht sind bei einer Fahrradbeleuchtung parallel an den Dynamo angeschlossen. Beim Scheinwerfer beträgt die Stromstärke 0,50 A und die Leistung 3,0 W. Beim Rücklicht misst man eine Stromstärke von 0,10 A.

a Bei welcher Lampe ist die elektrische Leistung größer? Begründe deine Antwort.

b Gib die Gesamtstromstärke im Dynamo an.

4 Zwei Widerstände ($R_1 = 40\ \Omega$ und $R_2 = 60\ \Omega$) werden an ein Netzgerät ($U = 12$ V) angeschlossen – einmal in einer Reihenschaltung und einmal in einer Parallelschaltung.

a Fertige jeweils die Schaltskizze an.

b Berechne für beide Schaltungen:
- den Gesamtwiderstand R_{ges}
- die Gesamtstromstärke I_{ges}
- die Teilspannungen U_1 und U_2
- die Einzelstromstärken I_1 und I_2

5 Drei Widerstände von jeweils 150 Ω werden einmal in Reihe und einmal parallel geschaltet. → 6

a Gib an, bei welcher Schaltung der Gesamtwiderstand 50 Ω beträgt. Begründe deine Antwort mit einer Rechnung.

b Berechne den Gesamtwiderstand auch für die andere Schaltung.

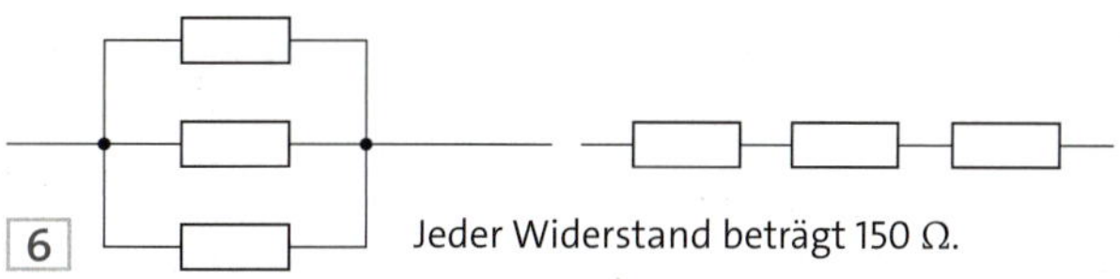

6 Jeder Widerstand beträgt 150 Ω.

6 Aus einer Abschlussprüfung:
Ein elektrischer Heizlüfter ($U = 230$ V) mit zwei Heizstufen enthält zwei Heizspiralen, die im Betrieb jeweils einen Widerstand von 130 Ω haben.

a Fertigen Sie zwei Schaltskizzen an, in denen die Heizspiralen so geschaltet sind, dass der Heizlüfter:
- mit der größten Leistung betrieben wird.
- mit der kleinsten Leistung betrieben wird.

b Berechnen Sie die Leistung des Heizlüfters für die beiden Heizstufen aus Teil a.

c Die Konstantandrähte, aus denen die Heizspiralen gewickelt sind, haben die Querschnittsfläche $A = 0{,}20\ \text{mm}^2$. Berechnen Sie die Länge des Drahts, der zur Herstellung einer Heizspirale benötigt wird.
Tipp: spezifischer Widerstand → S. 200

Induktion in Spulen

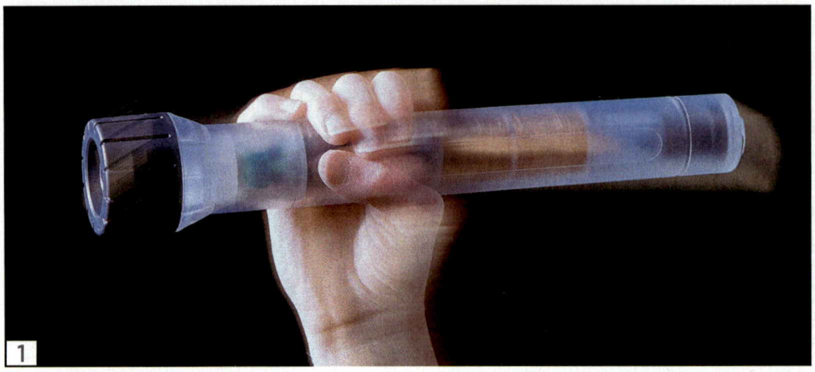
1

Diese Taschenlampe braucht keine Batterien. Beim Schütteln bewegen sich ein starker Magnet und eine Spule gegeneinander – und dabei entsteht eine elektrische Spannung!

A Demoversuch

Leiterschleifen im Magnetfeld

Material: Bügelmagnet, empfindliches Spannungsmessgerät (mV), Kabel, Stativmaterial

1 Das Kabel wird zur Leiterschleife mit drei Windungen gewickelt. → 2 Dann wird es auf einem Pol des Magneten hin- und herbewegt. Beschreibt eure Beobachtung. Der Versuch wird mit mehr Windungen wiederholt. Vergleicht.

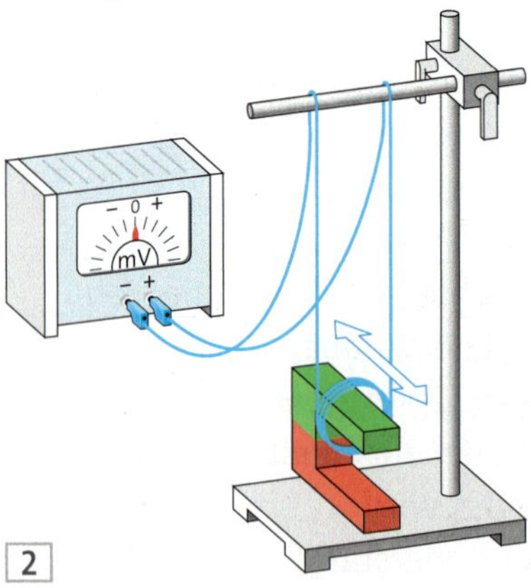

2

B Versuch

Spannung erzeugen – mit Spule und Magnet

Material: Spule, Stabmagnet, Spannungsmessgerät, Kabel, Solarmotor

1 Schließt das Spannungsmessgerät an die Spule an. → 3

a Bewegt den Magneten mit einem Pol schnell in die Spule hinein, lasst ihn kurz in der Spule liegen und zieht ihn dann schnell wieder heraus.
Beschreibt jeweils eure Beobachtungen am Spannungsmessgerät.

b Bewegt den Magneten jetzt mit dem anderen Pol zuerst in die Spule hinein.
Beschreibt, welchen Unterschied zu Teil a ihr beobachtet.

c Bewegt den Magneten vor der Spule in verschiedene Richtungen. Findet heraus, wann die angezeigte Spannung am größten ist.

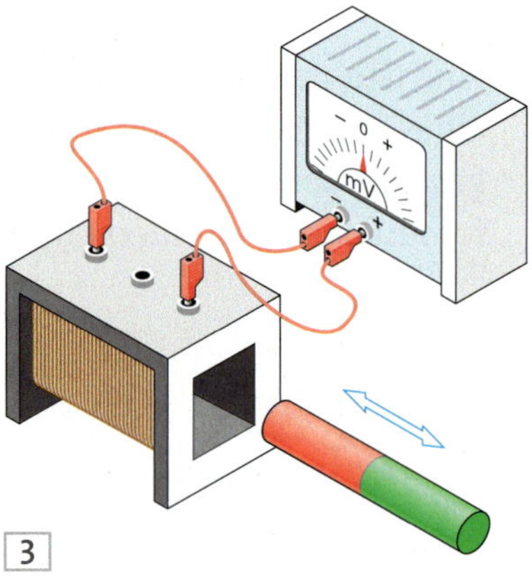

3

d Haltet den Magneten ruhig in der Hand und bewegt die Spule schnell auf ihn zu und danach wieder schnell von ihm weg. Beschreibt, was ihr am Spannungsmessgerät beobachtet.

2 Ersetzt das Messgerät durch den Solarmotor. Versucht den Motor zum Drehen zu bringen.

C Versuch

Möglichst große Spannungen erzeugen

Material: 2 Spulen mit verschiedenen Windungszahlen, 2 Stabmagnete, Spannungsmessgerät, Kabel

1 Wovon hängt die Größe der erzeugten Spannung ab?

a Bewegt einen Magneten unterschiedlich schnell in eine Spule hinein. → 3 Wann ist die Spannung am größten?

b Haltet die beiden Magnete mit gleichen Polen zusammen. → 4 Sie haben dann eine stärkere magnetische Wirkung als ein Magnet allein. Bewegt die Magnete zusammen in dieselbe Spule wie in Teil a hinein. Vergleicht die angezeigte Spannung mit der von Teil a.

4
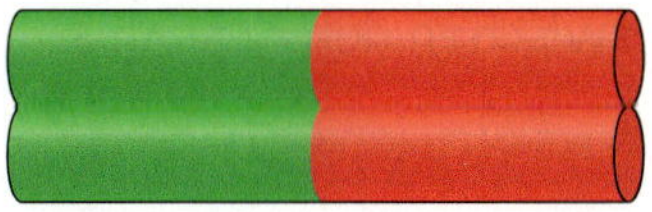

c Schaltet die Spulen in Reihe. → 5 Zieht einen Magneten gleich schnell nacheinander aus den Spulen heraus und messt die Spannung. Vergleicht die Messwerte.

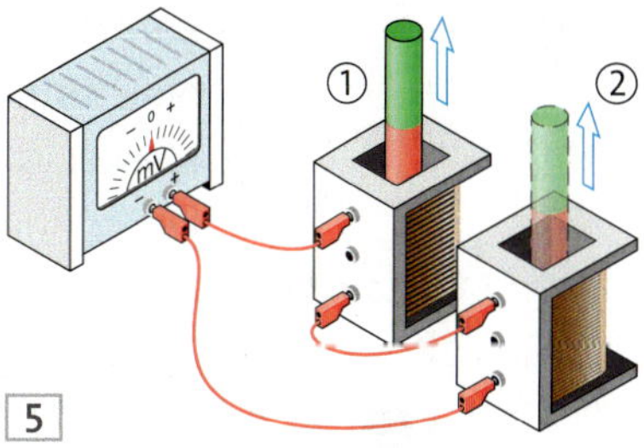

5

D Versuch

Spannung erzeugen – ohne Dauermagnet (1)

Material: 2 Spulen, Eisenkern, Batterie (4,5 V), Schalter, Spannungsmessgerät

1 Beschreibt, was ihr am Messgerät beobachtet: → 6

a Schließt den Schalter, wartet etwas und öffnet ihn wieder.

b Bewegt die Spulen bei geschlossenem Schalter.

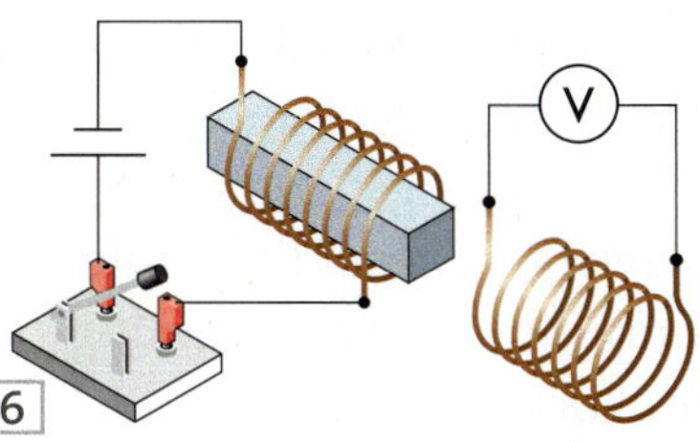

6

E Aufgabe

Spannung erzeugen – ohne Dauermagnet (2)

1 An einer großen Spule liegt eine Wechselspannung an. → 7 Dadurch ändert sich das magnetische Feld im Hohlraum der Spule ständig. In diesen Hohlraum werden nacheinander kleine Spulen mit unterschiedlicher Querschnittsfläche gelegt. Zwischen ihren Enden entsteht jeweils eine Spannung, die gemessen wird. → 8 Gebt an, welcher mathematische Zusammenhang zwischen der Querschnittsfläche und der erzeugten Spannung besteht. Begründet eure Aussage.

A in cm²	10	15	25
U in mV	100	151	254

8

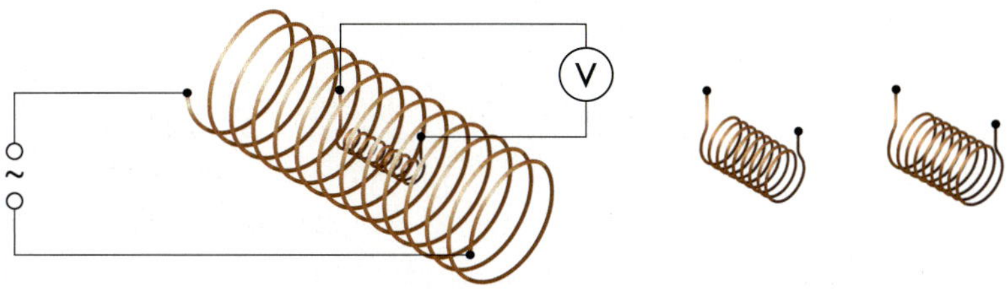

7

Induktion in Spulen

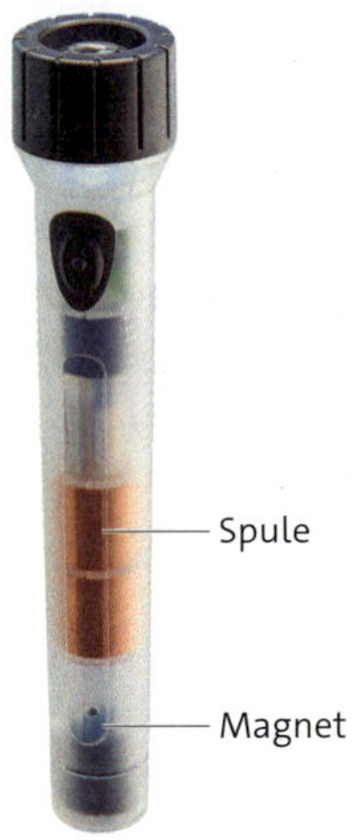

1 Schüttellampe

Grundlagen

Entstehung einer Induktionsspannung • Wenn man diese Lampe hin- und herschüttelt, bewegt sich ein Dauermagnet immer wieder durch eine Spule hindurch. → 1 Dabei wird kinetische Energie in elektrische Energie für das Aufladen der Lampe umgewandelt. Beim Annähern des Stabmagneten an eine Spule wird das Magnetfeld immer stärker, das die Spule durchsetzt. → 2 Diese Änderung des Magnetfelds hat zur Folge, dass zwischen den Anschlüssen der Spule eine Spannung entsteht. Man bezeichnet den Vorgang als Induktion (lat. *inducere:* hineinführen, veranlassen). Wir nennen die Spule daher Induktionsspule. Wenn sie Teil eines geschlossenen Stromkreises ist, bewirkt die Induktionsspannung einen elektrischen Strom.

Bewegt man den Stabmagneten wieder von der Spule weg, kehrt sich die Polung der Induktionsspannung um.

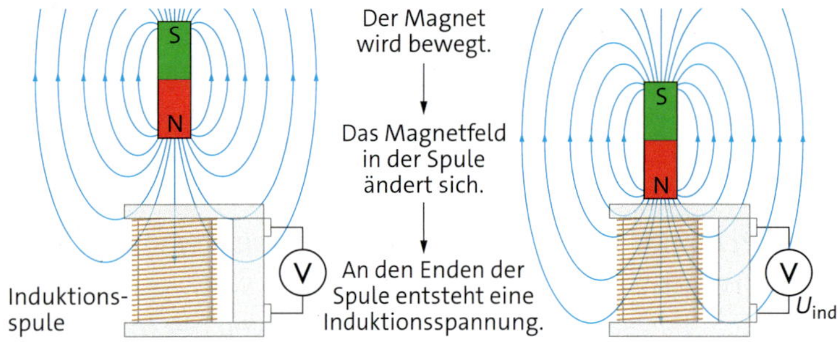

2

Induktionsgesetz: In einer Spule wird eine Spannung induziert, solange sich das Magnetfeld ändert, das die Spule durchsetzt.

Für das Entstehen der Induktionsspannung ist es unerheblich, ob der Magnet bewegt wird oder die Spule.

Induktion ohne Bewegung • Die Änderung des Magnetfelds in der Induktionsspule kann auch ohne Bewegung erfolgen. Dazu ersetzen wir den Dauermagneten durch eine stromdurchflossene Spule. → 3 Wir bezeichnen sie als Feldspule, weil sie das erforderliche Magnetfeld erzeugt. Wenn man die Stromstärke in der Feldspule ändert (z. B. durch den Schalter oder den Schiebewiderstand), dann ändert sich ihr Magnetfeld – und damit auch das Magnetfeld, das die Induktionsspule durchsetzt. Solange sich das Magnetfeld ändert, wird in der Induktionsspule eine Spannung induziert. Wenn ein Wechselstrom in der Feldspule fließt, wird eine Wechselspannung in der Induktionsspule induziert.

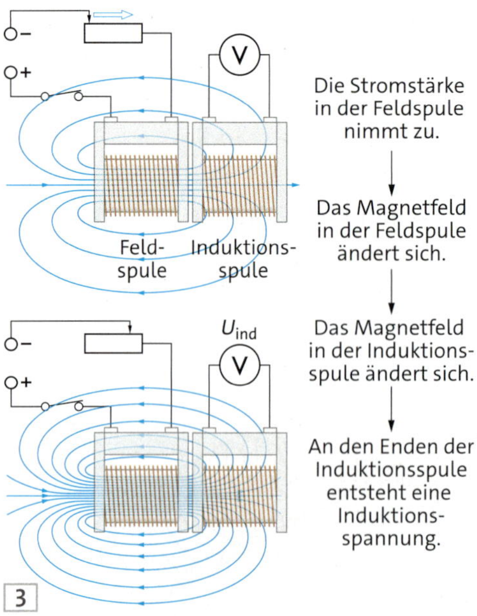

3

das Induktionsgesetz
die Feldspule
die Induktionsspule

Größe der Induktionsspannung • Je schneller ein Magnet in eine Spule hineinbewegt wird, desto größer ist die Magnetfeldänderung in der Spule in einer bestimmten Zeit: Es entsteht eine größere Induktionsspannung.
Wenn ein stärkerer Magnet verwendet wird, erreicht man jeweils eine größere Magnetfeldänderung.
Wird ein Magnet mit stets gleicher Geschwindigkeit nacheinander in Spulen mit immer größerer Windungszahl hineinbewegt, dann entsteht eine immer größere Induktionsspannung. → 4
Ein weiteres Experiment zeigt, dass bei größerer Querschnittsfläche der Spule ebenfalls eine größere Spannung induziert wird. → 5

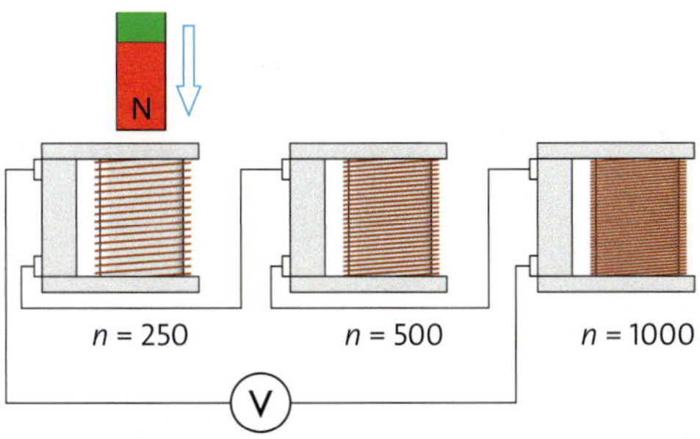

4 Je größer die Windungszahl, desto größer die Induktionsspannung.

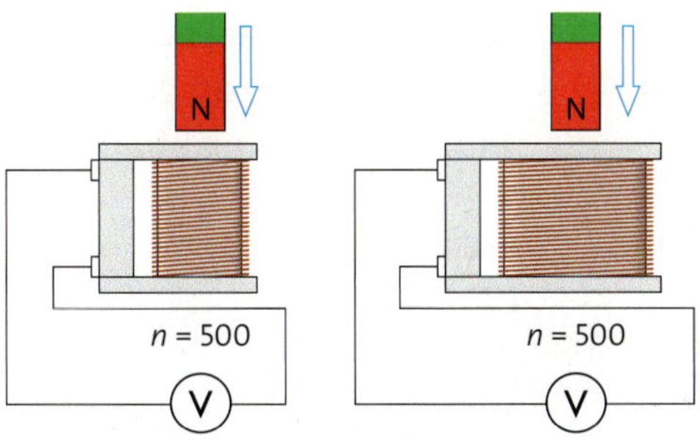

5 Je größer die Querschnittsfläche, desto größer die Induktionsspannung.

Die Induktionsspannung an einer Spule ist umso größer,
- **je stärker sich das Magnetfeld in der Spule in einer bestimmten Zeit ändert.**
- **je größer die Windungszahl der Spule ist.**
- **je größer die Querschnittsfläche der Spule ist.**

Wenn sich ein Eisenkern in der Spule befindet, wird eine größere Spannung induziert als ohne Eisenkern. Der Eisenkern verstärkt das Magnetfeld und damit auch die Änderungen des Magnetfelds in der Spule.

Aufgaben

1 In einer Spule soll eine Spannung induziert werden.
a Beschreibe mehrere Möglichkeiten.
b Beschreibe und erkläre jeweils, wie man eine möglichst große Induktionsspannung erreichen kann.

2 Um eine Spannung zu induzieren, reicht es nicht aus, dass ein Magnet in einer Spule liegt. Begründe diese Beobachtung.

3 Beschreibe die Funktionsweise der Schüttellampe. → 1

4 Die Anschlüsse einer Spule sind durch ein Kabel verbunden. → 6 Begründe, warum die Spule selbst zum Magneten wird, wenn sich der Stabmagnet auf sie zubewegt.

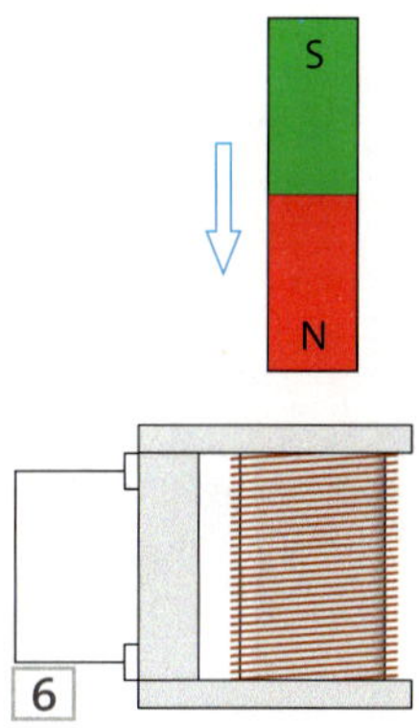

6

Induktion in Spulen

F Aufgabe

Induktionsspannung

1 An zwei Spulen mit 500 und 1000 Windungen wird jeweils die Spannung gemessen. → 1 Die Spulen haben den gleichen elektrischen Widerstand.

a Die Magnete werden gleichzeitig gleich schnell in die Spulen eingeführt. Beschreibe, was man beobachtet.

b Wie verändert sich die Spannung, wenn die Magnete schneller bewegt werden? Erkläre den Unterschied.

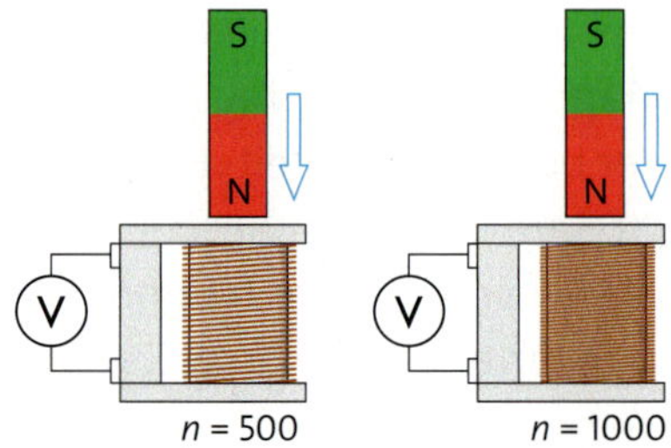

1

G Aufgaben

Induktionsgesetz

1 Eine Spule wird im Magnetfeld bewegt. → 2 – 5 Anfangs- und Endstellungen der Spule sind eingezeichnet. Begründe jeweils, ob das Messgerät eine Spannung anzeigt.

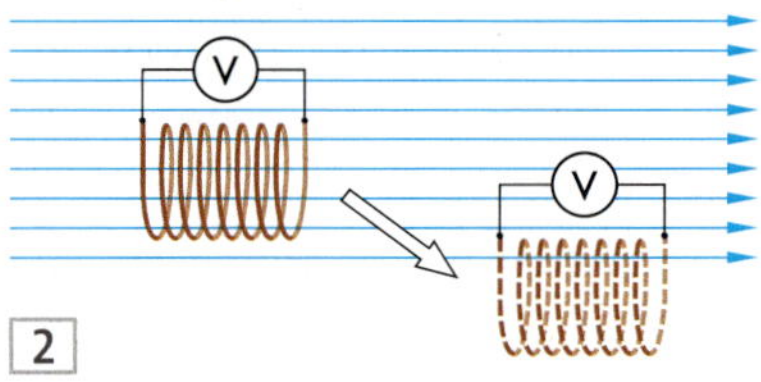

2

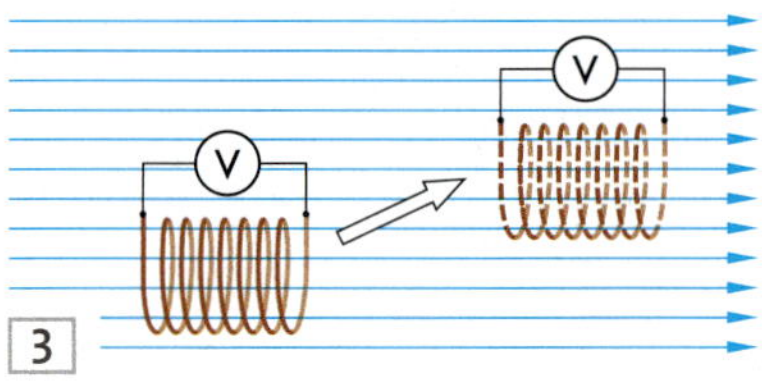

3

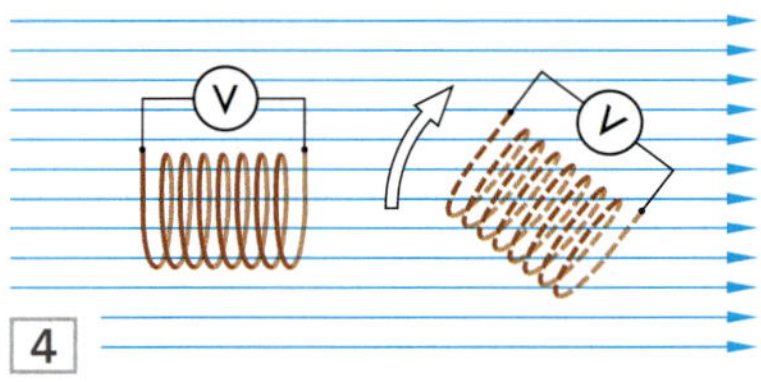

4

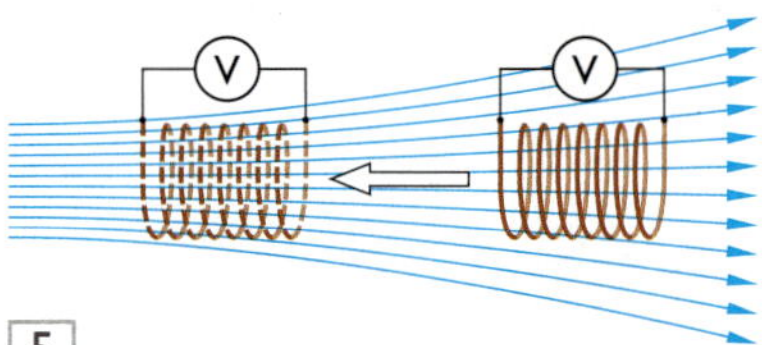

5

2 Ein Stabmagnet dreht sich neben einer Spule. → 6

a Beschreibe und begründe, was man dabei am Messgerät beobachten kann.

b Nenne Größen, von denen die Spannung abhängt.

c Gib an, welche Energieumwandlung stattfindet.

3 Induktion ohne Bewegung

a Begründe, warum das Messgerät 0 V anzeigt, obwohl ein Strom in der Feldspule fließt. → 7

b Nenne mehrere Möglichkeiten, wie man jetzt eine Induktionsspannung hervorrufen kann, ohne die Spulen zu bewegen.

c Nenne drei Größen, von denen der Betrag der Induktionsspannung an der Induktionsspule abhängt.

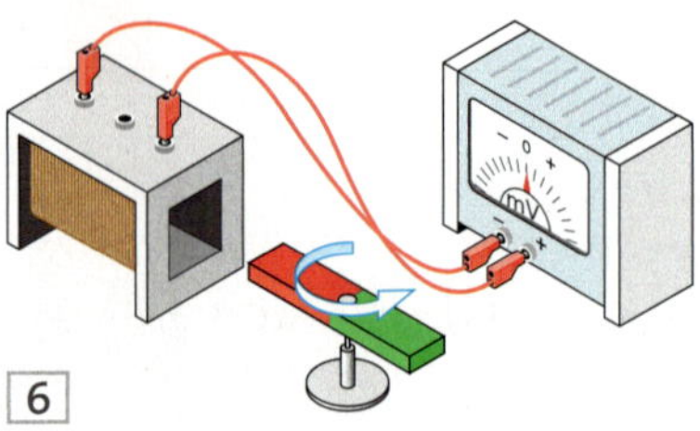

6

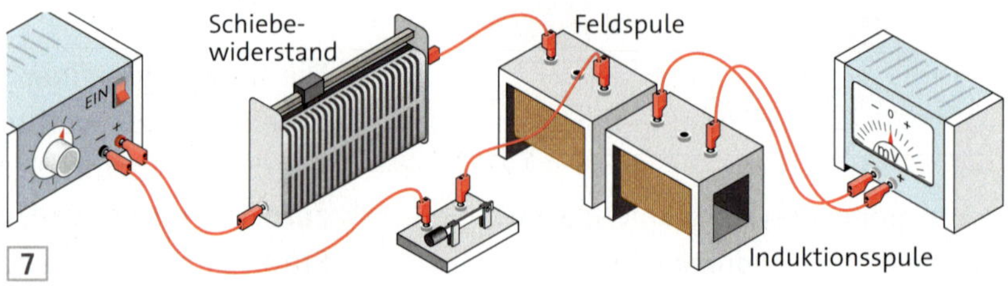

7

Im Fokus

Aus der Geschichte: Faraday entdeckt die Induktion

Mit Oersted fing es an • Vor mehr als 180 Jahren beschäftigte sich der Brite Michael Faraday (1791–1867) mit den Zusammenhängen zwischen Elektrizität und Magnetismus.
Der Däne Hans Christian Oersted (1777–1851) hatte 1820 gezeigt, dass eine Kompassnadel in der Nähe eines stromdurchflossenen Leiters abgelenkt wird: Elektrischer Strom kann also die Bewegung eines Magneten verursachen.
Faraday entwickelte Oersteds Versuche weiter und konstruierte 1821 ein Gerät, bei dem ein stromdurchflossener Draht um einen fest stehenden Magneten rotiert. → 8 Damit hatte er das Prinzip eines Elektromotors entdeckt.

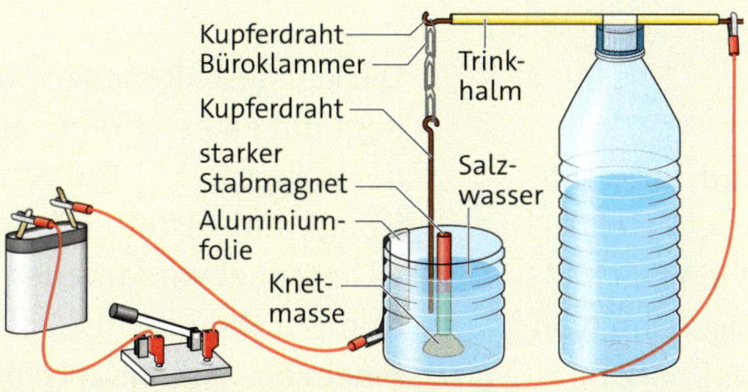

8 Faradaymotor (Prinzip)

Magnetismus in Elektrizität umwandeln • Faraday vermutete, dass die Umwandlung auch umgekehrt möglich sei: Ein bewegter Magnet sollte elektrischen Strom hervorrufen können. Um seiner Vermutung nachzugehen, musste Faraday große Schwierigkeiten überwinden: Seine Stahlmagnete waren sehr schwach und sein Strommessgerät war ein drahtumwickelter Kompass. 1831 stellte Faraday Versuche vor, die seine Vermutung bestätigten. Bei einem Versuch fügte er zwei Stahlmagnete zusammen und näherte sie einer Spule. → 9 Beim Annähern zeigte das Strommessgerät einen Stromstoß in der Spule an. Solange Faraday den zusammengesetzten Magneten bewegungslos dicht an der Spule hielt, war kein Strom nachweisbar. Wenn er den Magneten wieder entfernte, kam es zu einem neuen Stromstoß. Damit hatte Faraday Magnetismus in Elektrizität umgewandelt.

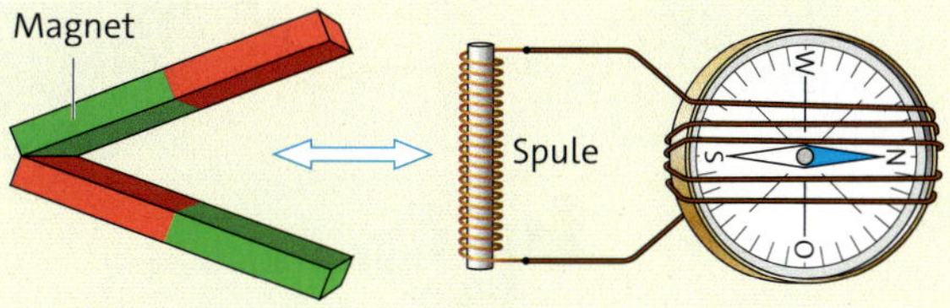

9 Faradays Induktionsversuch

Zwei berühmte Erfindungen • Die Suche nach einem Weg, Spannung dauerhaft zu induzieren, führte Faraday 1832 zur Entwicklung des ersten Generators. Bis heute ist aber eine andere seiner vielen Erfindungen mit seinem Namen verbunden: der Faradaykäfig.

Aufgaben

1 Beschreibe Oersteds Entdeckung von 1820. Nenne Faradays Vermutung nach seiner Beschäftigung mit Oersteds Versuch.

2 Beschreibe den Induktionsversuch Faradays.

3 Der Faradaymotor lässt sich nachbauen. → 8 Videos dazu findest du im Internet.

Lenzsche Regel

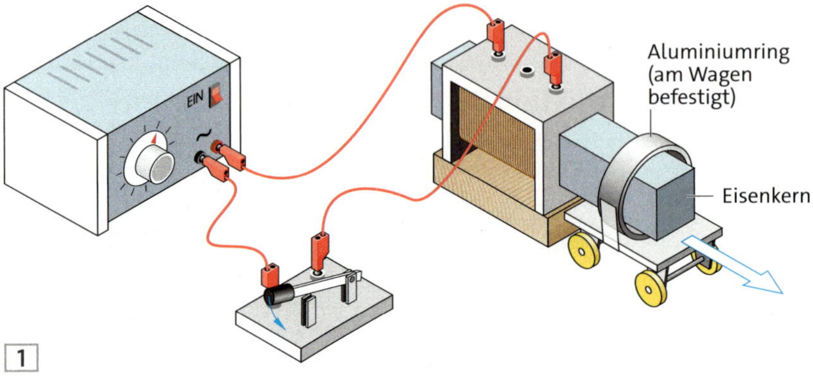

1

Der Wagen wird gleich mithilfe von Induktion angetrieben. Wie entsteht die Kraft, die den Wagen beschleunigt?

A Versuch

Ringversuch

Material: Stabmagnet, geschlossener Aluminiumring, offener Aluminiumring, Plastikring, Faden, Stativmaterial

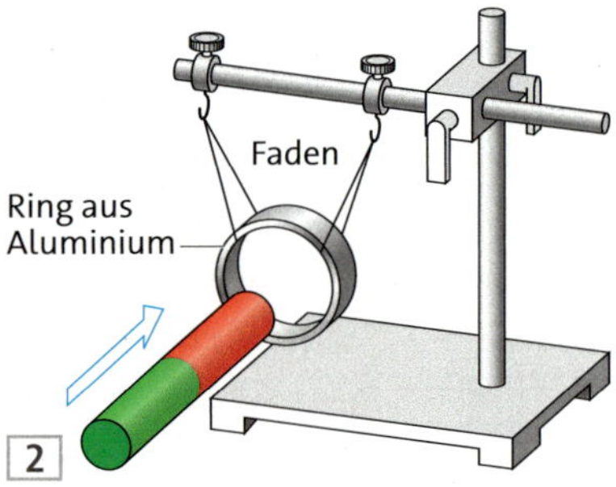

2

1 Der geschlossene Aluminiumring hängt am dünnen Faden. → 2 Beschreibt jeweils eure Beobachtungen:
a Der Stabmagnet wird in den Ring hinein bewegt.
b Der Stabmagnet wird aus dem Ring herausgezogen.

2 Der Versuch wird mit den anderen Ringen wiederholt. Vergleicht eure Beobachtungen mit denen beim geschlossenen Aluminiumring.

3 Der geschlossene Aluminiumring ist im Prinzip eine Leiterschleife mit einer Windung. Wenn der Magnet mit dem Nordpol voraus zum Ring bewegt wird, entsteht durch Induktion ein elektrischer Strom im Ring. Er fließt im Uhrzeigersinn (von vorne betrachtet). → 2
a Der Strom im Ring bewirkt ein Magnetfeld. Bestimmt, auf welchen Seiten vom Ring Nord- und Südpol dieses Magnetfelds liegen.
b Begründet damit eure Beobachtung von Versuch 1a.
c Der Magnet wird aus dem Ring herausgezogen (1b). Stellt eine Vermutung über die Stromrichtung im Ring und die Pole des entstehenden Magnetfelds auf.

B Demoversuch

Kraft durch Induktion

Material: Stabmagnet, leichte Spule (z. B. 1200 Windungen), Kabel, Digitalwaage (auf 0,1 g genau)

1 Die kurzgeschlossene Spule liegt mit einer Öffnung auf der Waage. → 3 Die Waage ist auf null gestellt („Tara").
a Der Magnet wird mit dem Nordpol voraus in die Spule hinein bewegt. Beschreibt, was ihr beobachtet.
b Stellt eine Vermutung auf, wie es zur Kraft auf die Spule kommt.

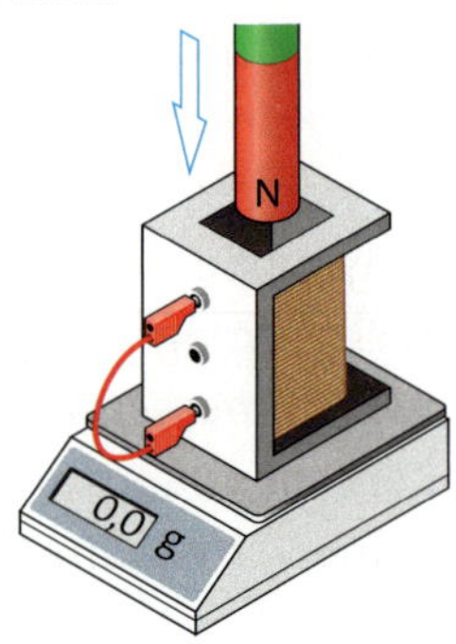

3

die lenzsche Regel

Grundlagen

Wirkung des Induktionsstroms • Der Wagen mit dem geschlossenen Aluminiumring wird beschleunigt, wenn der Strom in der Spule eingeschaltet wird. → 1 Wie entsteht die Kraft? Zur Vereinfachung betrachten wir einen Stabmagneten und einen Aluring: → 4

- Der Magnet wird z. B. mit dem Nordpol zum Ring bewegt. Die Stärke des Magnetfelds, das die Ringfläche durchsetzt, nimmt zu. (Das Gleiche geschieht, wenn man den Strom im Elektromagneten einschaltet.)
- Durch die Änderung des Magnetfelds wird ein Strom im Ring induziert.
- Der stromdurchflossene Ring erzeugt ein Magnetfeld, das der Annäherung des Magneten entgegenwirkt. Der Nordpol ist dem Nordpol des Stabmagneten zugewandt.
- Die Nordpole von Ring und Stabmagnet stoßen sich gegenseitig ab.

Wenn der Nordpol des Stabmagneten dagegen vom Ring weg bewegt wird, „folgt" ihm der Ring. → 5 Die Schwächung des Magnetfelds, das die Ringfläche durchsetzt, bewirkt diesmal einen Induktionsstrom, dessen Magnetfeld dem Entfernen des Magneten entgegenwirkt. Der Induktionsstrom fließt in umgekehrter Richtung als zuvor. Diesmal ist der Südpol des Magnetfelds dem Nordpol des Stabmagneten zugewandt, Ring und Magnet ziehen sich gegenseitig an.

Der Physiker Emil Lenz (1804–1865) erkannte, dass dem Verhalten des Rings eine allgemeine Regel zugrunde liegt:

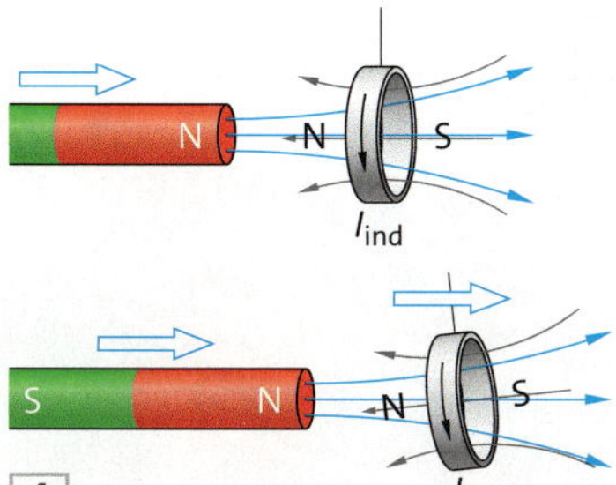

4

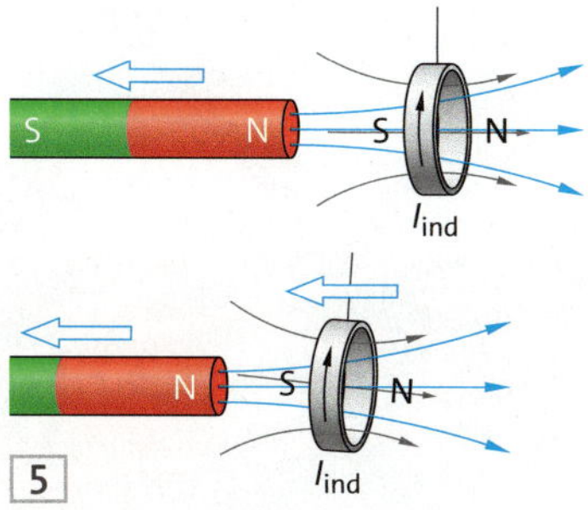

5

Lenzsche Regel: Ein Induktionsstrom ist immer so gerichtet, dass das von ihm erzeugte Magnetfeld der Induktionsursache entgegenwirkt (also der Änderung des Magnetfelds).

Energieumwandlungen • Der Stabmagnet schwingt in eine kurzgeschlossene Spule hinein. → 6 Der Induktionsstrom in der Spule bewirkt ein Magnetfeld, das den Stabmagneten abbremst. Kinetische Energie des Magneten wird in elektrische Energie des Induktionsstroms umgewandelt. Der Strom erwärmt den Spulendraht, elektrische wird in innere Energie umgewandelt. Wenn das Magnetfeld des Induktionsstroms dagegen den Stabmagneten beschleunigen würde, nähme die Gesamtenergie des Systems zu – im Widerspruch zum Energieerhaltungssatz.

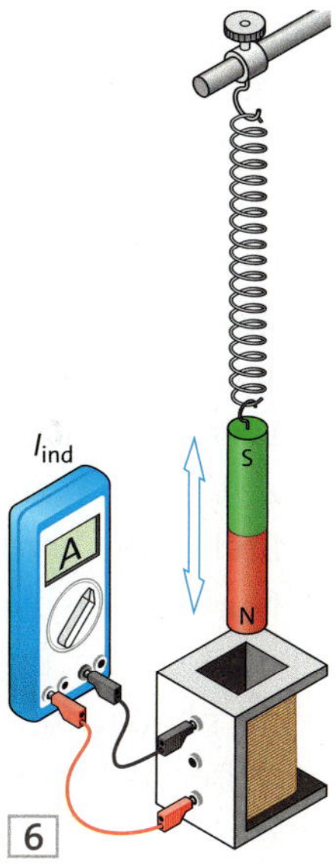

6

Aufgaben

1 Beschreibe und erkläre, was geschieht, wenn der Stabmagnet dem Ring aus Kupfer genähert wird. → 7

7

2 Erkläre: Der Magnet wird gebremst, wenn er die Spule verlässt. → 6

Wirbelströme

1

Auf vielen Achterbahnen werden die Wagen reibungslos abgebremst. Dazu dienen Platten aus Metall, Magnete – und die lenzsche Regel.

A Demoversuch

Gleitende Magnete

Material: 2 starke Magnete, schiefe Ebene mit einem Kupferblech und einer Plexiglasplatte → 2

1 Die beiden Magnete sollen gleichzeitig oben losgelassen werden.
a Werden die Magnete gleichzeitig unten ankommen? Stellt eine Vermutung auf.
b Nun gleiten die Magnete nach unten. Beschreibt, was ihr beobachtet. Versucht, eure Beobachtung zu erklären.

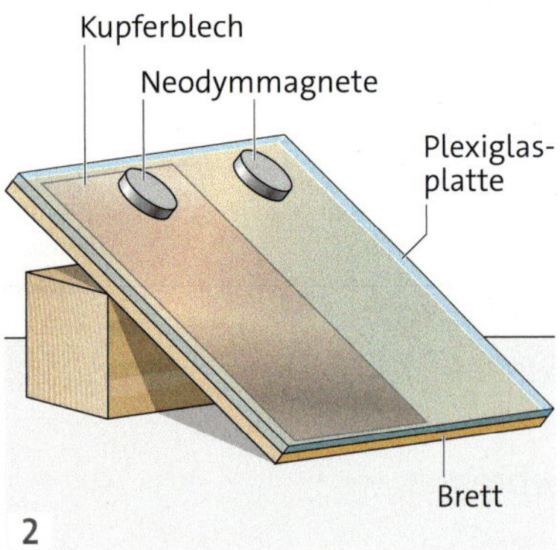

2

B Demoversuch

Waltenhofensches Pendel

Material: 2 Spulen (500 oder 600 Windungen), U-Kern, Polschuhe, waltenhofensches Pendel, Netzgerät, Schalter, Kabel, Stativmaterial

1 Eine Aluplatte pendelt zwischen den Polschuhen der ausgeschalteten Elektromagnete. → 3 Dann wird der Strom eingeschaltet. Beschreibt eure Beobachtung.

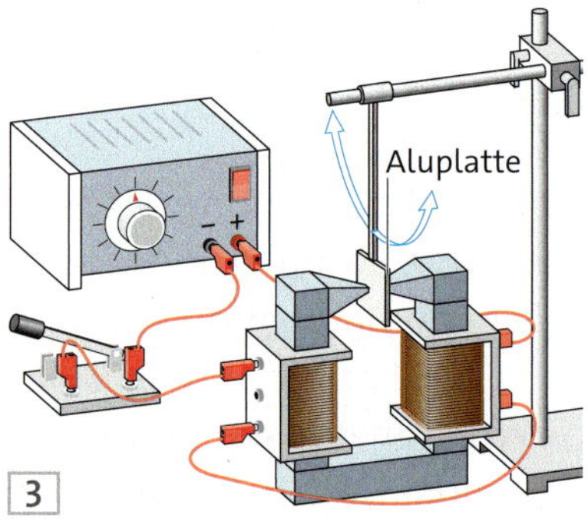

3

2 Der Versuch wird mit einer geschlitzten Aluminiumplatte wiederholt. Beobachtet und vergleicht.

C Versuch

Induktionsantrieb

Material: starker Magnet, flache Schale mit Wasser, Alufolie

1 Faltet die Alufolie so, dass acht Lagen übereinanderliegen. Lasst die Folie auf dem Wasser schwimmen. → 4 Kreist mit dem Magneten ca. 1 cm über der Alufolie. Beschreibt, was ihr dabei beobachtet.

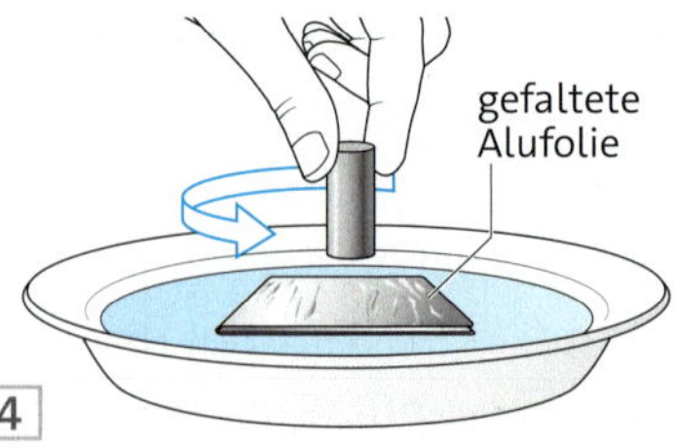

4

der Wirbelstrom

Grundlagen

Entstehung von Wirbelströmen • Um das Abbremsen der Achterbahnwagen zu erklären, bewegen wir zunächst einen Stabmagneten auf eine Metallplatte zu. → 5 Das Magnetfeld in der Platte ändert sich dadurch. Genau wie im Metallring entstehen in der Metallplatte kreisförmige Induktionsströme. → S. 71 Man nennt sie Wirbelströme. Das Gleiche würde geschehen, wenn man die Metallplatte auf den Stabmagneten zubewegt.

Wenn sich das Magnetfeld in einem massiven Metallkörper ändert, werden in ihm Wirbelströme induziert.

Bremsen mit Wirbelströmen • Nun lassen wir eine Metallplatte in den Raum zwischen zwei Magnetpolen pendeln. → 6 Man beobachtet, dass die Platte stark gebremst wird. Beim Hineinpendeln wird das Magnetfeld in der Platte stärker. In ihr werden daher Wirbelströme induziert. Sie erzeugen Magnetfelder, die nach der lenzschen Regel der Induktionsursache entgegenwirken – also der Zunahme des Magnetfelds in der Metallplatte. → 7 Aufgrund der gegenseitigen Abstoßung gleichnamiger Magnetpole wird die Platte beim Hineinpendeln abgebremst.
Beim Herauspendeln fließen die induzierten Wirbelströme in umgekehrter Richtung, sodass ihr Magnetfeld umgepolt ist. Auf die Platte wirken jetzt anziehende Kräfte, die das Herauspendeln abbremsen.

Wenn Wirbelströme durch die Relativbewegung zwischen Metallkörper und Magnet entstehen, wird die Bewegung nach der lenzschen Regel gebremst.

Eine Metallplatte mit Schlitzen wird dagegen kaum gebremst, weil Wirbelströme nur in den schmalen Bereichen zwischen Schlitzen entstehen. → 8

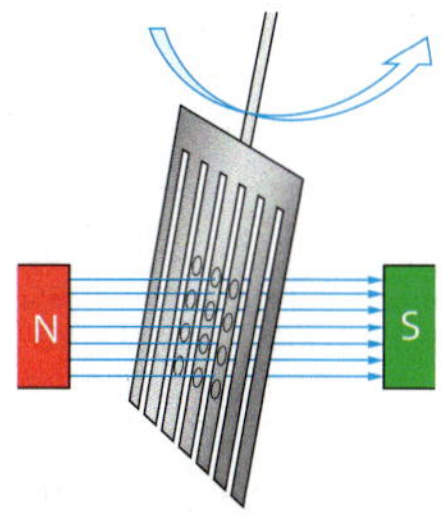

8 Platte mit Schlitzen: schwache Wirbelströme

Aufgaben

1 Beschreibe einen einfachen Versuch zur Entstehung von Wirbelströmen in einer Metallplatte.

2 Skizziere und erkläre, wie man die Achterbahnwagen mithilfe von Wirbelströmen bremsen könnte. → 1

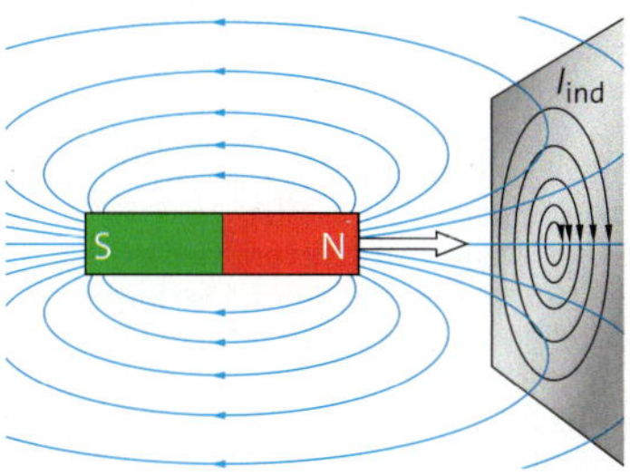

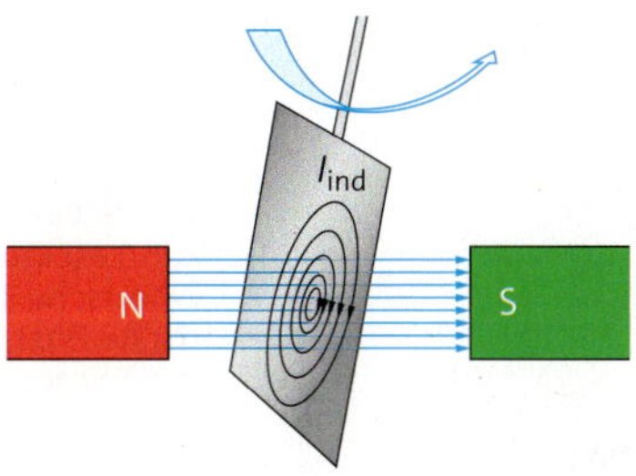

5 6 Wirbelströme durch Bewegungen von Magnet oder Platte

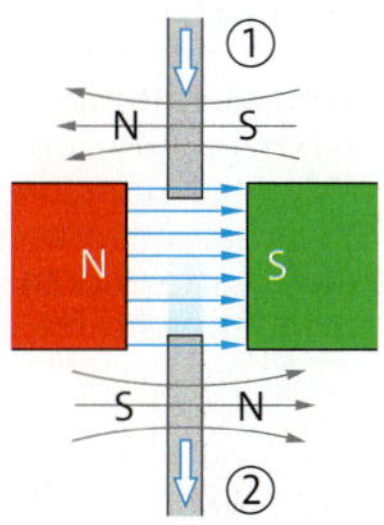

Die Metallplatte bewegt sich in das Magnetfeld hinein. Wirbelströme in der Platte erzeugen ein bremsendes Magnetfeld.

Die Metallplatte bewegt sich aus dem Magnetfeld heraus. Wirbelströme in der Platte erzeugen ein bremsendes Magnetfeld.

7 Wirbelstrombremse (Blick von oben)

Wirbelströme

Methode

Induktionsvorgänge erklären – mit System

In vielen Aufgaben sollst du Induktionsvorgänge begründen oder erklären. Das folgende Diagramm soll dir dabei helfen. → [1] Die Formulierungen im Diagramm sind allgemein gehalten. Du musst sie immer an die konkrete Aufgabe anpassen. Zur Übung steht hinter den Aufgaben auf der nächsten Seite jeweils die Nummer des zugehörigen Zweigs im Diagramm.

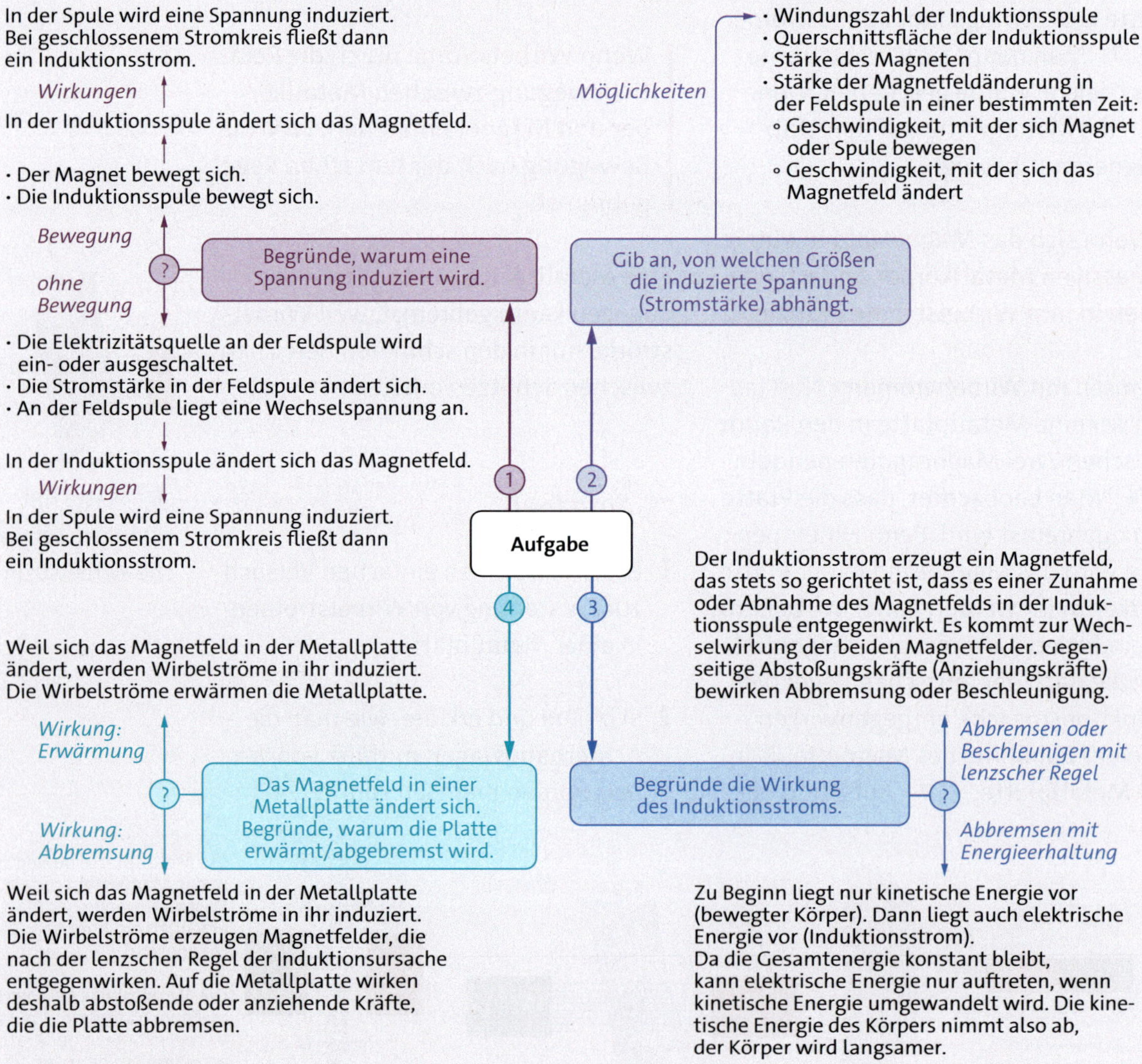

[1] Induktionsvorgänge erklären – mit System

Aufgaben

Lenzsche Regel

Die Ziffern ①–④ in den Aufgaben beziehen sich auf das Diagramm von S. 74.

1 Ein Stabmagnet hängt an einem Faden und schwingt in eine kurzgeschlossene Spule hinein und wieder heraus. → 2 Die Stromstärke in der Spule wird gemessen.

a Begründe, warum das Messgerät beim Hineinpendeln kurzzeitig einen Strom anzeigt. ①

b Nenne vier Größen, von denen der Betrag der gemessenen Stromstärke abhängig ist. ②

c Begründe mit der lenzschen Regel, dass der Magnet bei seiner Pendelbewegung abgebremst wird. ③

d Begründe das Abbremsen des Magneten diesmal mit dem Energieerhaltungssatz. ③

2 Eine Spule mit Eisenkern ist über einen Schalter an 6 V Gleichspannung angeschlossen. → 3

a Begründe, warum der Aluminiumring auf dem Eisenkern der Spule beim Schließen des Schalters zur Seite weggestoßen wird. ① ③

b Beschreibe und begründe, was geschieht, wenn der Aluminiumring einen Spalt hat. → 4 ①

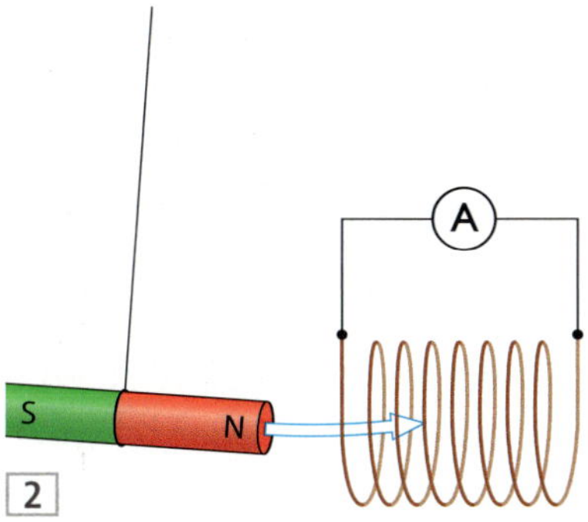

2

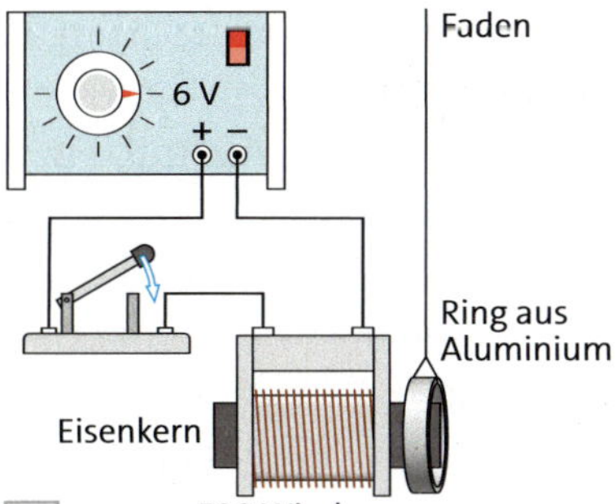

3

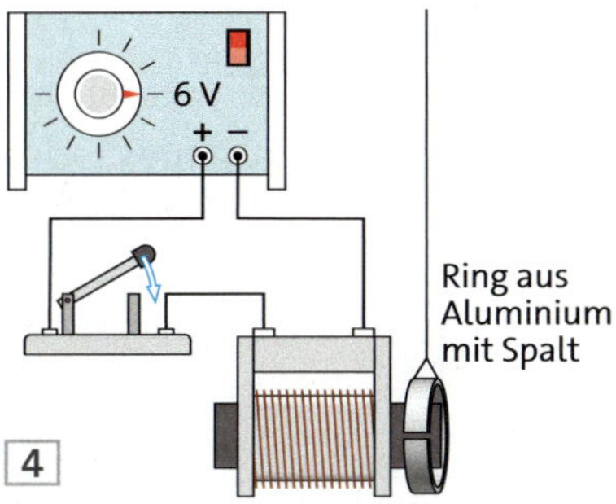

4

Wirbelströme

3 Auf einem Wagen aus Kunststoff ist eine Kupferplatte befestigt. → 5 Der Wagen fährt auf einen langen Magneten zu und geradeaus durch ihn hindurch.

a Begründe, warum bei der Einfahrt des Wagens in den Magneten Wirbelströme in der Kupferplatte induziert werden. ④

b Gib an, welche Wirkung die Wirbelströme in der Kupferplatte auf die Bewegung des Wagens bei der Einfahrt in den Magneten haben. Begründe deine Aussage mithilfe der lenzschen Regel. ④

c Begründe, warum in der Kupferplatte keine Wirbelströme entstehen, wenn sie sich vollständig im (homogenen) Magnetfeld befindet. ④

d Begründe mit dem Energieerhaltungssatz, dass die Geschwindigkeit des Wagens abnimmt, wenn er aus dem Magneten herausrollt. ③

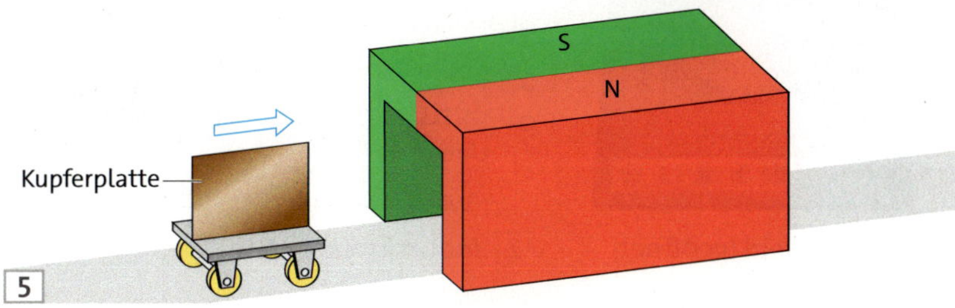

5

Wirbelströme

Im Fokus

Aus der Technik: Induktionsherd

Aufbau • Unter dem Kochfeld aus Glaskeramik befindet sich eine Spule, an der eine Wechselspannung anliegt. → 1 2 Der Umrichter erhöht die Frequenz der Wechselspannung von 50 Hz (Netzfrequenz) auf 25 kHz.

Funktionsweise • Wenn das Kochfeld eingeschaltet wird und ein Topf auf ihm steht, fließt in der Spule ein Wechselstrom mit einer Frequenz von 25 kHz. Der Wechselstrom erzeugt ein rasch veränderliches magnetisches Wechselfeld, das den Metallboden des Topfs durchsetzt und Wirbelströme induziert, die den Boden erhitzen. Die Magnetfeldänderungen sind in Stahlböden viel stärker als z. B. in Kupferböden. Daher sind auch die Wirbelströme und ihre Wärmewirkung in Stahlböden viel größer. Stahlböden werden noch zusätzlich erwärmt, da die Eisenteilchen beim ständigen Ummagnetisieren der Elementarmagnete in heftigere Hin-und-her-Bewegungen versetzt werden. Das Funktionsprinzip eines Induktionskochfelds lässt sich mit einem Modellversuch (Demoversuch) veranschaulichen. → 3

Vorteile • Induktionsherde haben einen höheren Wirkungsgrad als herkömmliche Elektroherde, weil nur der Topf erhitzt wird, nicht das Kochfeld. Dadurch verringert sich die Kochzeit und es wird Energie gespart. Wenn man das Kochfeld auf eine höhere oder niedrigere Stufe schaltet, wird der Topfboden sofort stärker oder schwächer erhitzt. Sobald man den Topf von der Kochstelle nimmt, wird die Wärmeentwicklung unterbrochen. Dies trägt zur Energieeinsparung bei und erhöht die Sicherheit.

Aufgaben

1 Beschreibe die Funktionsweise eines Induktionskochfelds.

2 Begründe, warum Induktionsherde einen höheren Wirkungsgrad haben als herkömmliche Elektroherde.

3 Erkläre, weshalb sich die Glaskeramikfläche eines Induktionsherds nur durch den heißen Topf erwärmt, aber nicht durch Induktion.

1 Kochfeld (geöffnet)

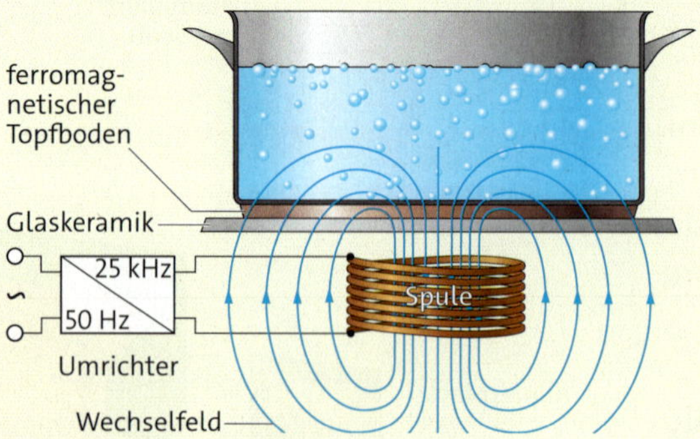

2 Induktionskochfeld (Prinzip)

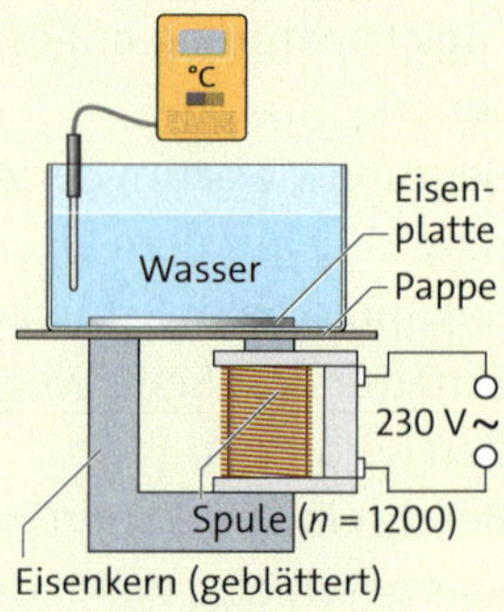

3 Modellversuch

Im Fokus

Aus der Technik: Wirbelstrombremsen

Schnellzug • An der Unterseite des Zugs sind starke Elektromagnete angebracht. → 4 Zum Bremsen werden sie eingeschaltet und ganz nahe über die Eisenschienen gesenkt. Nun werden Wirbelströme in den Schienen induziert, deren Magnetfelder nach der lenzschen Regel der Induktionsursache entgegenwirken – also der Bewegung der Elektromagnete. Dadurch wird der Zug abgebremst. Die Wirbelstrombremse ist eines von mehreren Bremssystemen und wird erst ab $50\,\frac{\text{km}}{\text{h}}$ eingesetzt. Da sie nicht durch Reibung funktioniert, verschleißt sie nicht und bremst auch bei Nässe und Frost einwandfrei.

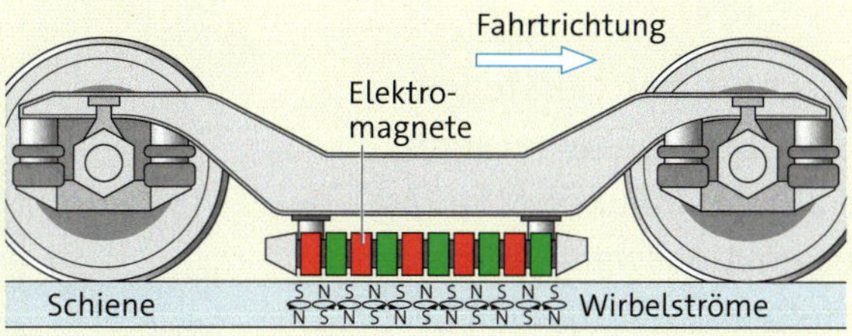

4 Wirbelstrombremse beim Schnellzug (Prinzip)

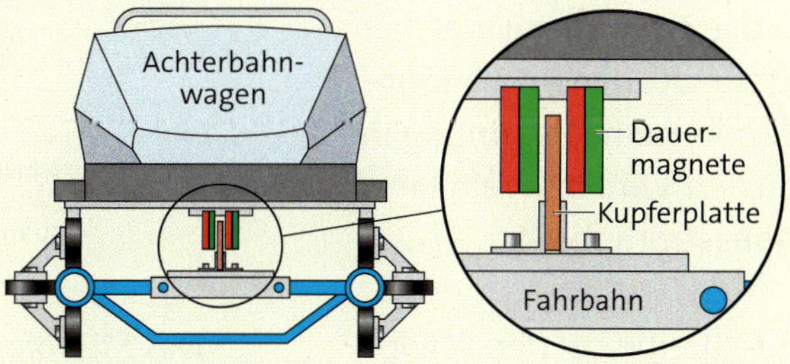

5 Achterbahn mit Wirbelstrombremse (Aufbau)

Achterbahn und Freifallturm • An der Unterseite vieler Achterbahnwagen „sitzen“ starke Dauermagnete, zwischen denen ein Spalt ist. → 5 An Bremsstrecken stehen Metallplatten längs zur Fahrtrichtung auf der Fahrbahn, die in diesen Spalt passen. Beim „Überfahren“ werden Wirbelströme in den Platten induziert. Ihre Magnetfelder bremsen die Wagen ab. Beim Freifallturm sind Dauermagnete an der Gondel befestigt und Metallplatten unten am Turm. → 6 Wenn die fallende Gondel die Platten erreicht, entstehen Wirbelströme, deren Magnetfelder die Gondel abbremsen.

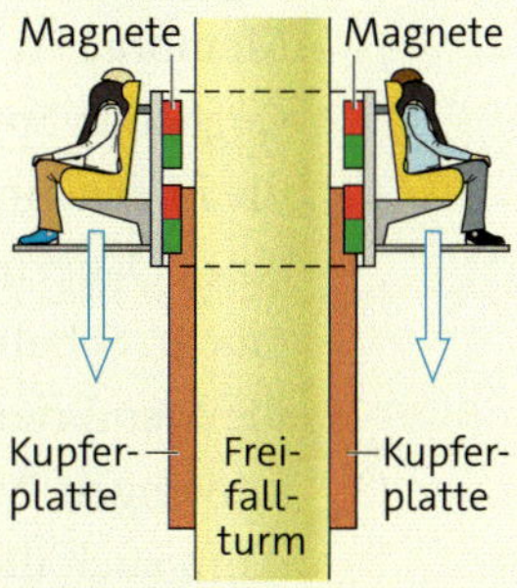

6 Free-Fall-Tower

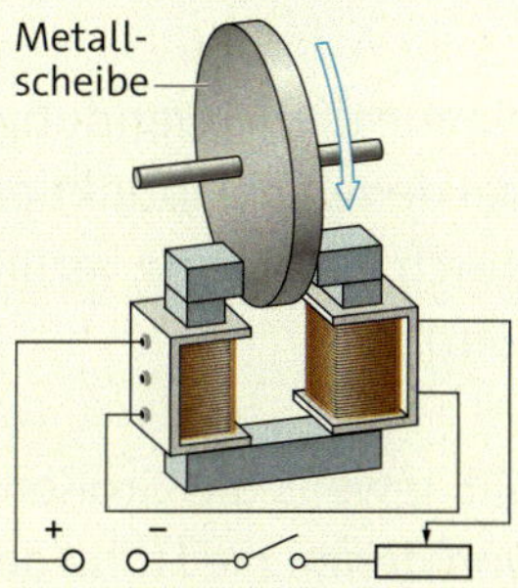

7 Im Ergometer

Ergometer • Hochwertige Ergometer nutzen Wirbelstrombremsen zum Einstellen der Leistung. Beim Fahren rotiert eine Metallscheibe zwischen den Polen eines Elektromagneten. → 7 Die Magnetfelder der induzierten Wirbelströme bremsen die Scheibe ab.

Aufgaben

1 Erkläre, wie die Wirbelstrombremse des Schnellzugs funktioniert. → 4 Nenne ihre Vorteile.

2 Erkläre, wie man beim Ergometer die Leistung einstellen kann. → 7

D Aufgaben

Weitere Anwendungen der Induktion

Die technischen Geräte auf dieser Doppelseite beruhen alle auf der Induktion. Erkläre ihre Funktionsweise anhand der folgenden Aufgaben und der Kästen A–E.

1 Gib jeweils an, an welcher Stelle bei den Anwendungen A–E eine Spannung induziert wird bzw. ein Induktionsstrom fließt.

2 Beschreibe bei den Anwendungen jeweils die Induktionsursache.

3 Nenne die Anwendungen, bei denen die Induktion durch Bewegung verursacht wird.

4 Gib jeweils die Größen an, von denen die Höhe der Induktionsspannung bzw. des Induktionsstroms abhängt.

5 Nenne die Anwendung, bei der Wirbelströme auftreten.

6 Beschreibe und erkläre die Funktionsweise der Anwendungen jeweils mit eigenen Worten.

Tauchspulmikrofon

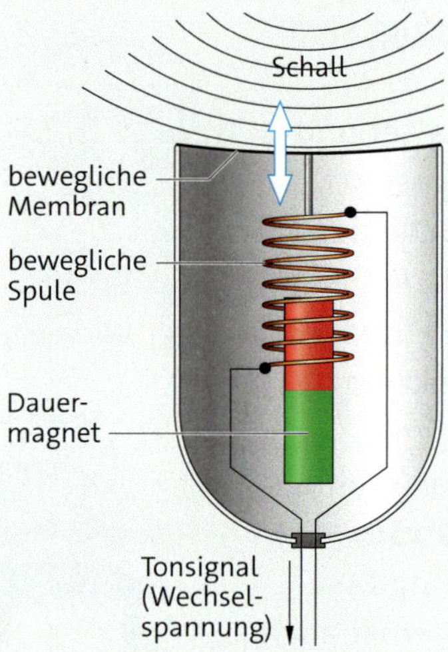

Das Mikrofon wandelt Schallwellen in Wechselspannung um. Eine bewegliche Membran ist mit einer beweglichen Spule verbunden, die in das inhomogene Feld eines Dauermagneten eintaucht. Schallwellen lassen die Membran hin- und herschwingen. Mit ihr schwingt dann auch die Spule im Magnetfeld, sodass an der Spule eine Wechselspannung induziert wird, die sich im Rhythmus des Schalls ändert.
Viele Lautsprecher sind ähnlich aufgebaut und funktionieren nach dem umgekehrten Prinzip: Sie wandeln den Wechselstrom in einer Spule in Schallwellen um.

A

Metalldetektor

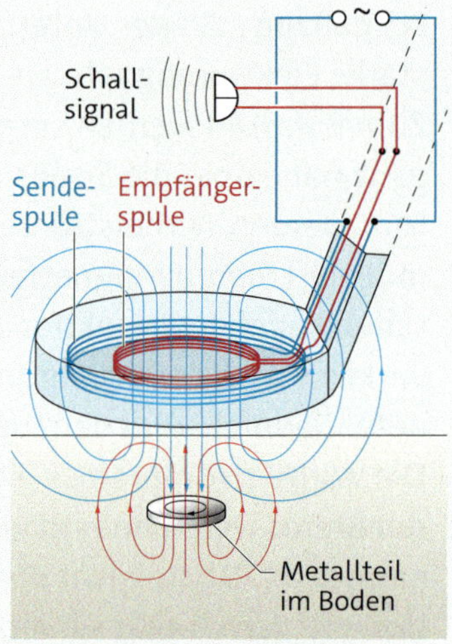

Mit diesem Gerät lassen sich Metallteile aufspüren.
Die Sendespule erzeugt ein hochfrequentes magnetisches Wechselfeld (blaue Feldlinien), das in der Empfängerspule eine Spannung induziert. Wenn das magnetische Wechselfeld ein Metallteil in der Nähe des Detektors durchdringt, werden Wirbelströme im Metallteil induziert. Sie erzeugen ihrerseits ein Magnetfeld (rote Feldlinien), das nach der lenzschen Regel dem Magnetfeld der Sendespule entgegengerichtet ist. Dadurch ändert sich die Induktionsspannung an der Empfängerspule – und der Detektor gibt ein Signal.

B

Tonabnehmer (Pick-up)

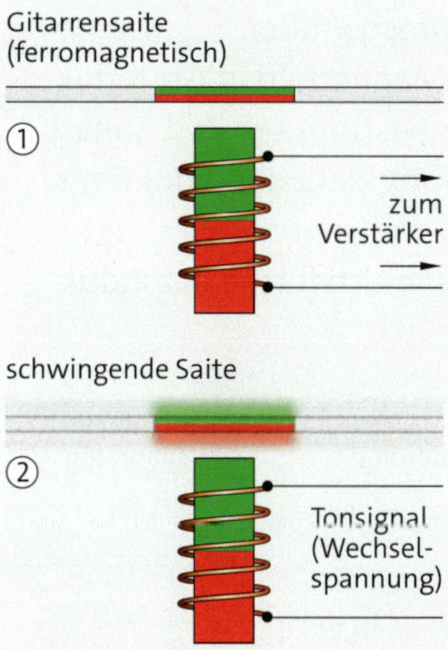

Der Tonabnehmer einer Elektrogitarre wandelt Schallwellen der schwingenden Saiten in Wechselspannungen um. Dazu befinden sich unter den ferromagnetischen Saiten Dauermagnete, um die jeweils eine Spule gewickelt ist. Der Teil einer Saite, der direkt über dem Magneten verläuft, ist magnetisiert. Wenn die Saite schwingt, ändert sich durch die Bewegung des magnetisierten Saitenabschnitts das Magnetfeld in der Spule. Dadurch wird an der Spule eine Wechselspannung mit der Frequenz der schwingenden Saite induziert. Dieses Tonsignal wird zum Verstärker übertragen.

C

Induktionshärten

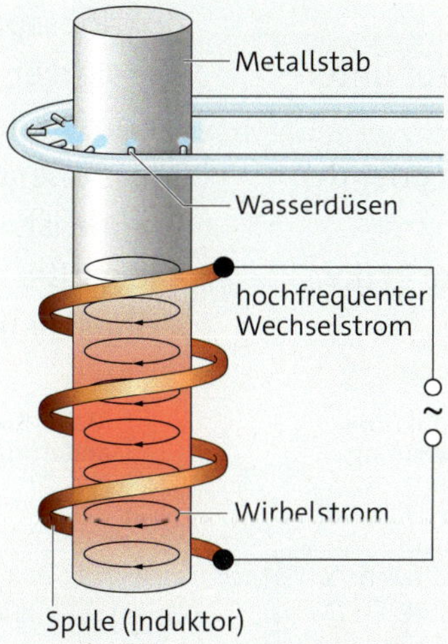

Metallstäbe lassen sich härten, indem man sie stark erhitzt und schlagartig wieder abkühlt. Beim Induktionshärten umgibt eine Spule den Metallstab. Ein hochfrequenter Wechselstrom in der Spule erzeugt ein magnetisches Wechselfeld, welches den Metallstab durchsetzt. Die induzierten starken Wirbelströme bringen das Metall zum Glühen. In kürzester Zeit wird nur der gewünschte Bereich erhitzt, sodass die zugeführte Energie effizient genutzt wird. Die Temperatur lässt sich über die Stromstärke steuern und die Tiefe der Einhärtung durch die Frequenz des Wechselstroms.

D

Induktionsschleife

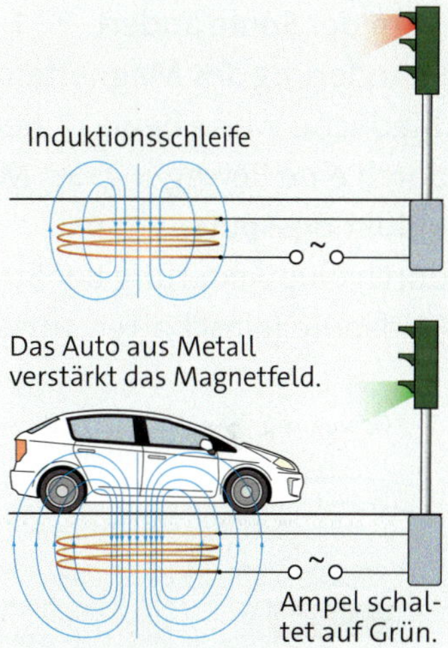

Mithilfe einer Induktionsschleife kann man z. B. eine Ampel steuern. Unter der Fahrbahn ist eine Schleife aus Kupferdraht verlegt. Ein Wechselstrom in der Drahtschleife verursacht ein magnetisches Wechselfeld. Wenn ein Auto über die Induktionsschleife fährt oder auf ihr steht, wird das magnetische Wechselfeld verstärkt – das Auto wirkt ähnlich wie ein Eisenkern. Diese Magnetfeldänderung bewirkt, dass an der Induktionsschleife selbst eine zusätzliche Spannung induziert wird. Die Ampelsteuerung registriert diese Spannungsänderung und löst einen Schaltvorgang aus.

E

Induktion

Zusammenfassung

Induktionsgesetz • An einer Spule wird eine Spannung induziert, solange sich das Magnetfeld im Innern der Spule ändert. → 1 2
Die Änderung des Magnetfelds kann auf unterschiedliche Weise bewirkt werden:
- durch eine Bewegung des Magneten oder der Induktionsspule → 1
- durch eine Änderung der Stromstärke in der Feldspule (einschalten, ausschalten ...) → 2

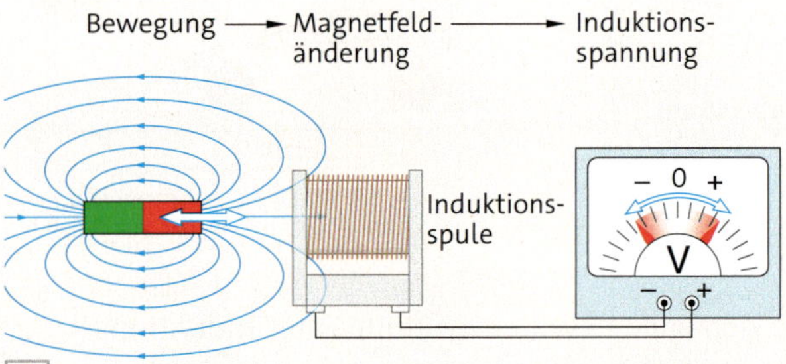

1

Betrag der Induktionsspannung • Wenn in einer Spule eine Spannung induziert wird, ist die Induktionsspannung umso größer,
- je stärker sich das Magnetfeld in der Induktionsspule in einer bestimmten Zeit ändert.
- je größer die Windungszahl der Induktionsspule ist.
- je größer die Querschnittsfläche der Induktionsspule ist.

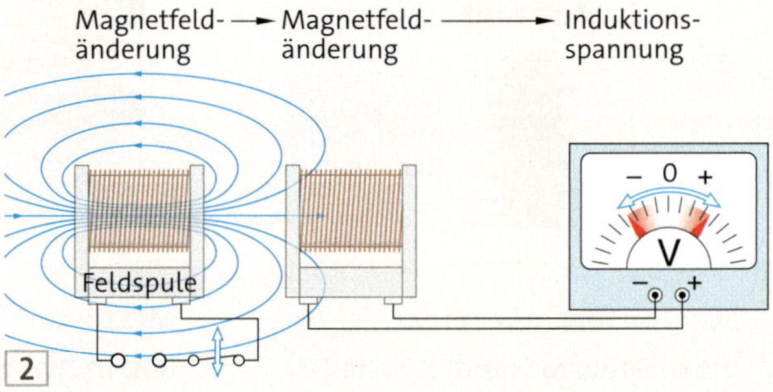

2

Lenzsche Regel • Wenn die Änderung eines Magnetfelds einen Induktionsstrom hervorruft, ist dieser immer so gerichtet, dass das von ihm erzeugte Magnetfeld der Induktionsursache entgegenwirkt (also der Änderung des Magnetfelds). → 3 4

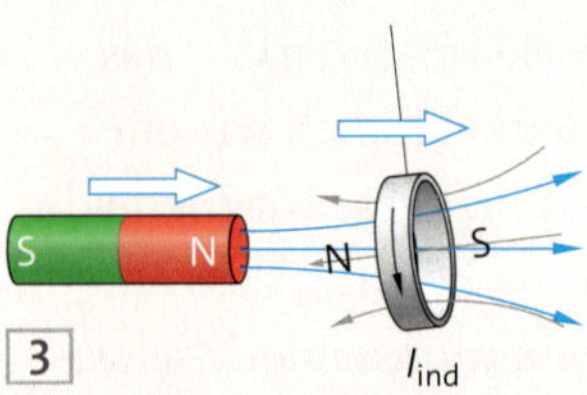

3 Das Magnetfeld des Induktionsstroms wirkt der Zunahme des Magnetfelds, das den Ring durchsetzt, entgegen.

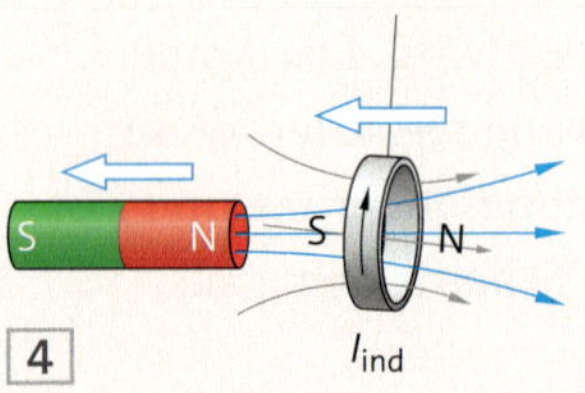

4 Das Magnetfeld des Induktionsstroms wirkt der Abnahme des Magnetfelds, das den Ring durchsetzt, entgegen.

Wirbelströme • In einem massiven Metallkörper werden Wirbelströme induziert, wenn sich das Magnetfeld in ihm ändert. → 5 6 Die Wirbelströme erwärmen den Metallkörper (Prinzip des Induktionskochfelds).
Die Wirbelströme können z. B. dadurch entstehen, dass sich ein Metallkörper auf einen fest stehenden Magneten zu oder von ihm weg bewegt. → 6 Dann wird die Bewegung des Metallkörpers nach der lenzschen Regel gebremst (Prinzip der Wirbelstrombremse).

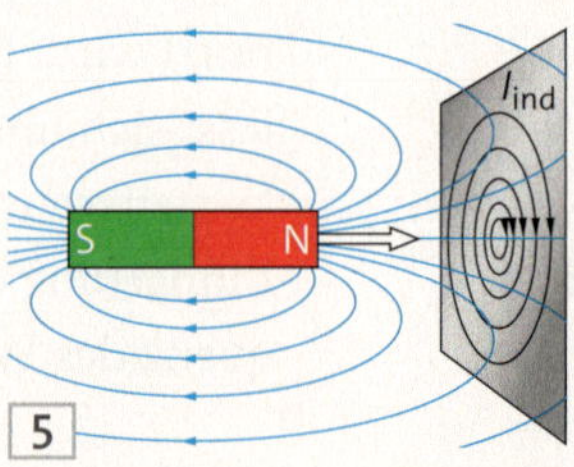

5

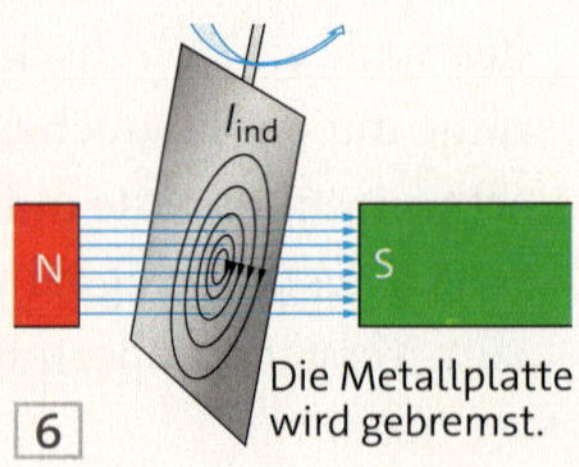

6 Die Metallplatte wird gebremst.

Aufgaben

1 Zeigt das Messgerät eine Induktionsspannung an? → 7 Begründe deine Antwort jeweils.
a Der Magnet wird vor der Spule bewegt.
b Der Magnet wird in der Spule gedreht.
c Die Spule wird neben dem Magneten bewegt.
d Der Magnet liegt in der Spule.

2 In einer Spule soll ohne Bewegung eine Spannung induziert werden.
a Skizziere einen geeigneten Versuchsaufbau.
b Beschreibe den Versuchsablauf.
c Nenne Größen, von denen in diesem Versuch der Betrag der Induktionsspannung abhängt.

3 Auf einem Wagen aus Kunststoff liegt ein Stabmagnet. → 8 Der Wagen rollt reibungsfrei auf eine kurzgeschlossene Spule zu.
a Begründe, wieso der Wagen abgebremst wird.
b Nenne mindestens zwei Möglichkeiten, wie man die Bremswirkung erhöhen kann.
c Beim Herausrollen aus der Spule wird der Wagen ebenfalls abgebremst. Begründe diese Beobachtung mit dem Energieerhaltungssatz.

4 Eine Aluminiumplatte pendelt zwischen den Polen eines Magneten. → 9
a Begründe, warum die Platte abgebremst wird.
b Wird eine geschlitzte Aluminiumplatte auch abgebremst? Begründe deine Antwort.

5 Die beiden gleichen Magnete werden gleichzeitig fallen gelassen. → 10 Beschreibe und erkläre, was man dabei beobachten kann.

6 Im Auto messen Drehzahlmesser die Geschwindigkeit der Räder. → 11 Erkläre, wie die Signalspannung entsteht und wie sie sich verändert, wenn die Geschwindigkeit zunimmt.

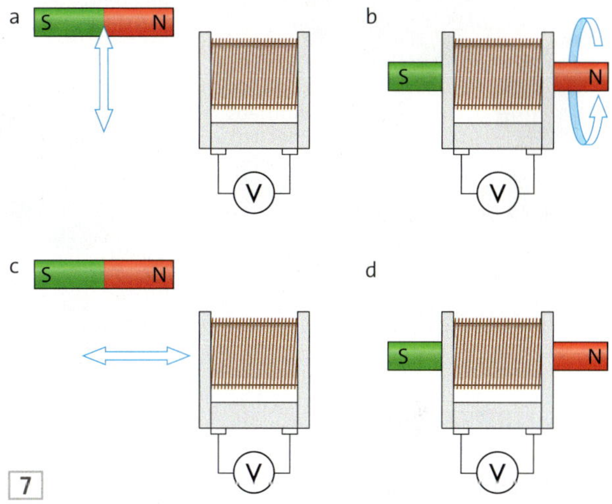

7

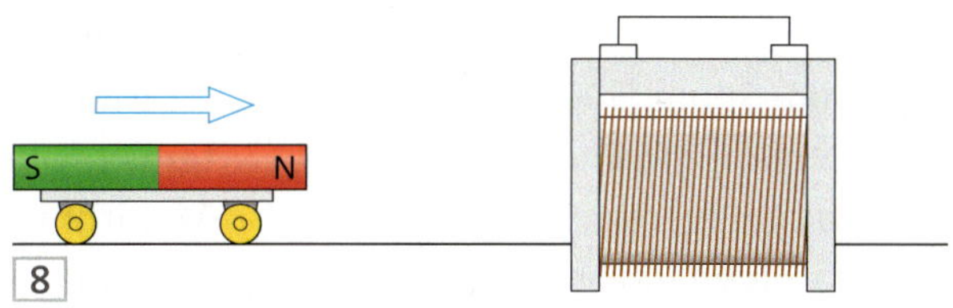

8

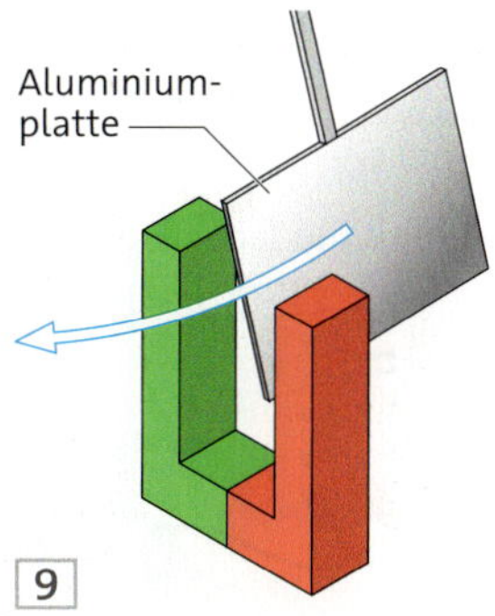

9

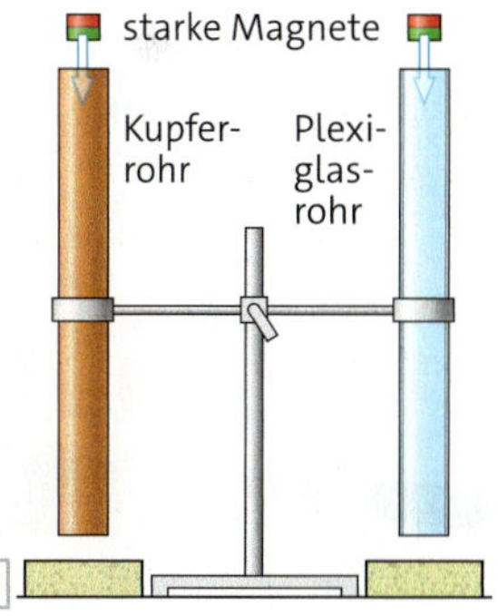

10

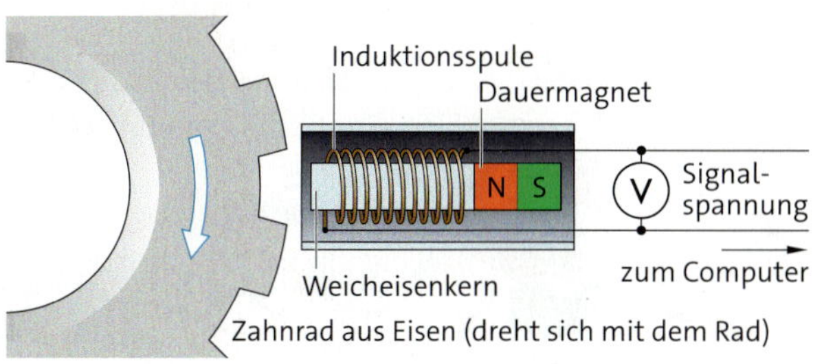

11 Drehzahlmesser (Prinzip)

Generatoren

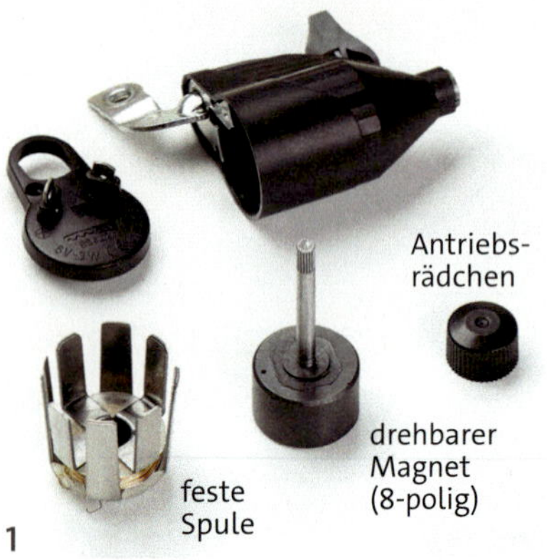

1

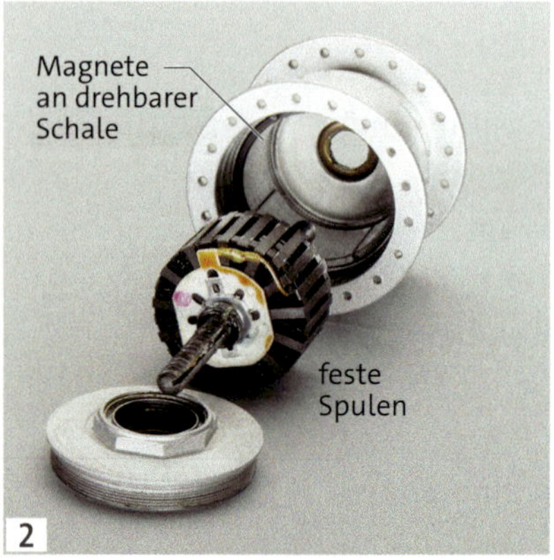

2

Bei diesen Fahrraddynamos drehen sich Dauermagnete in einer Spule oder um sie herum. Funktionieren die großen Generatoren in Kraftwerken nach dem gleichen Prinzip?

A Demoversuche

Wechselspannungen erzeugen und anzeigen

Material: Spule (500 oder 600 Windungen) mit Eisenkern, drehbar gelagerter Stabmagnet, Handgenerator (Wechselspannung), Kabel; Computer mit Messinterface und Auswertungssoftware

1 Der Stabmagnet wird neben der Spule gedreht. → 3
Die Spule ist über das Messinterface mit dem Computer verbunden. Auf dem Monitor ist eine Anzeige für die gemessene Spannung eingeblendet.

a Beschreibt und erklärt, wie sich die Spannung verändert, während sich der Magnet langsam dreht.

b Nennt mehrere Möglichkeiten, wie man die angezeigte Spannung erhöhen kann.

c Begründet, warum man von Wechselspannung spricht.

2 Jetzt ist ein Handgenerator über das Interface mit dem Computer verbunden. → 4
Während die Kurbel gedreht wird, wird das *t*-*U*-Diagramm aufgezeichnet.

a Beschreibt den Verlauf des Graphen.

b Lest im Diagramm die maximale Spannung ab.

c Bestimmt anhand des Diagramms die Anzahl der Spannungswechsel pro Sekunde.

d Jetzt wird die Kurbel unterschiedlich schnell gedreht. Beschreibt, wie sich dadurch der Graph ändert.

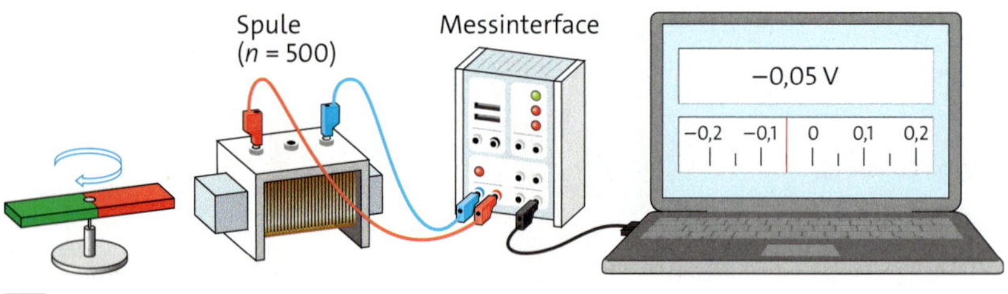

3 Versuch 1

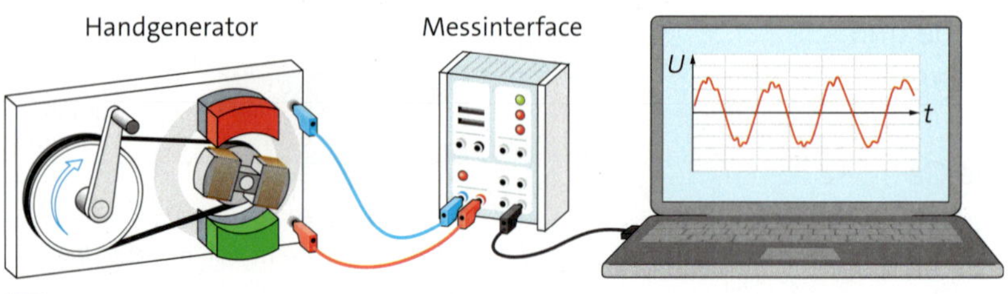

4 Versuch 2

B Versuch

Handgenerator

Material: Handgenerator, Tischklemme, 2 Glühlampen (6 V; 3 W) mit Fassung, Vielfachmessgerät, Kabel

1 Befestigt den Generator am Tisch und schließt eine der Glühlampen an. → 5

a Dreht die Kurbel am Generator, sodass die Lampe hell leuchtet.

b Schraubt die Lampe beim Kurbeln aus der Fassung. Beschreibt, wie sich dadurch das Kurbeln verändert.

c Schraubt die Lampe wieder in die Fassung und schaltet die zweite Lampe parallel. Dreht die Kurbel so schnell, dass beide Lampen hell leuchten. Vergleicht mit dem Kurbeln bei nur einer Lampe. Erklärt den Unterschied mithilfe der Energie.

d Nennt die auftretenden Energieformen. Zeichnet das Energieflussdiagramm (eine angeschlossene Lampe).

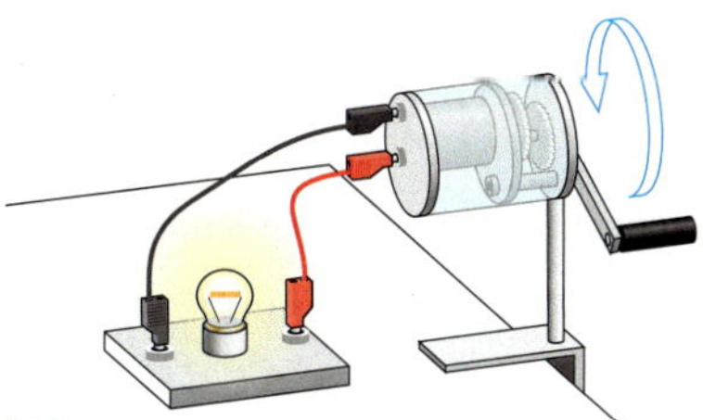

5

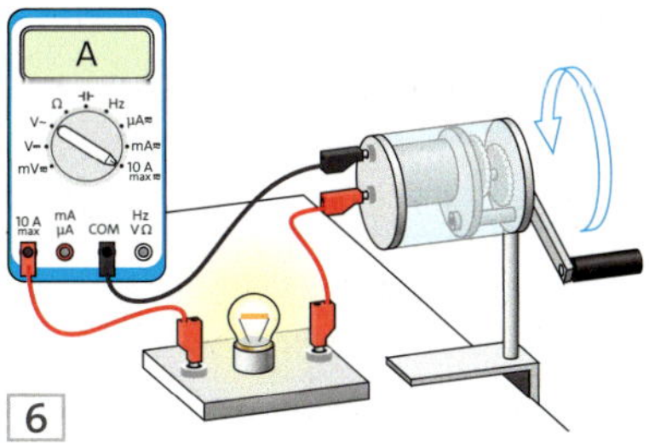

6

2 Die Stromstärke wird gemessen. → 6

a Dreht die Kurbel erst in die eine Richtung und anschließend in die andere Richtung. Vergleicht die Stromstärken.

b Erklärt den Unterschied.

C Demoversuch

Generator als Energiewandler

Material: Handgenerator, Tischklemme, Glühlampe (6 V; 3 W) mit Fassung, Messgerät für elektrische Energie, Kabel, Wägestück (1,5 kg), Schnur, Schnurrolle, Bandmaß

1 Der Wirkungsgrad des Handgenerators soll im Versuch bestimmt werden. → 7

a Zuerst wird die Sinkstrecke h des Wägestücks mit dem Bandmaß gemessen.

b Dann wird ermittelt, wie viel elektrische Energie E_{el} beim Absinken des Wägestücks erzeugt wird.

c Berechnet die Energie E_{zu}, die dem Generator zugeführt wird. Sie ist gleich der potenziellen Energie E_{pot} des angehobenen Wägestücks: $E_{zu} = m \cdot g \cdot h$.

d Berechnet den Wirkungsgrad: $\eta = \frac{E_{el}}{E_{zu}}$. *Tipp:* 1 J = 1 Ws

e Vermutet Gründe, warum der Wirkungsgrad viel geringer als 100 % ist.

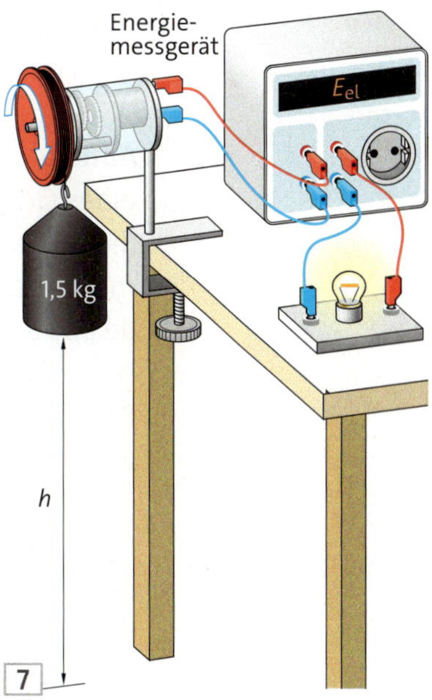

7

Generatoren

Grundlagen

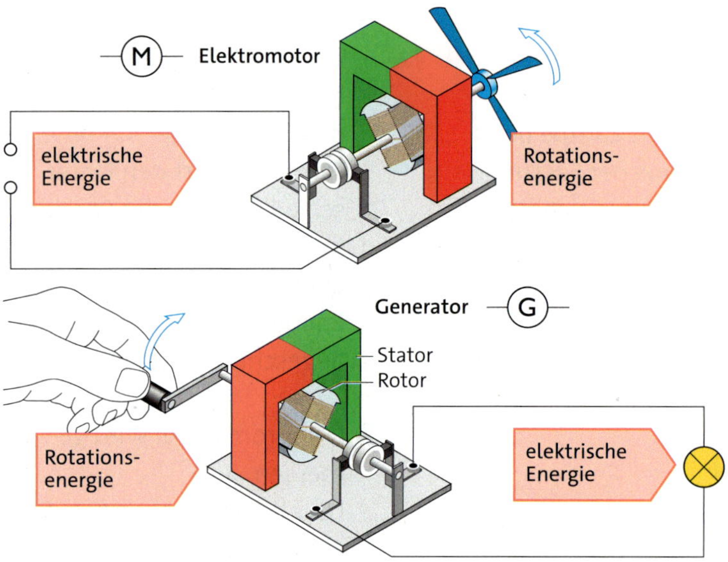

1 Vergleich zwischen Elektromotor und Generator

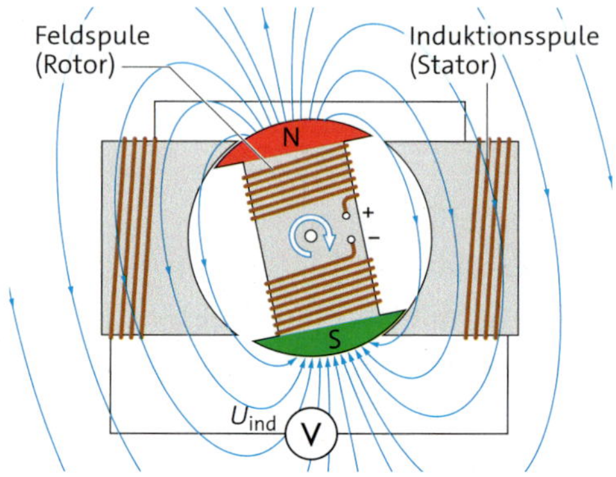

2 Generator (Elektromagnet als Rotor)

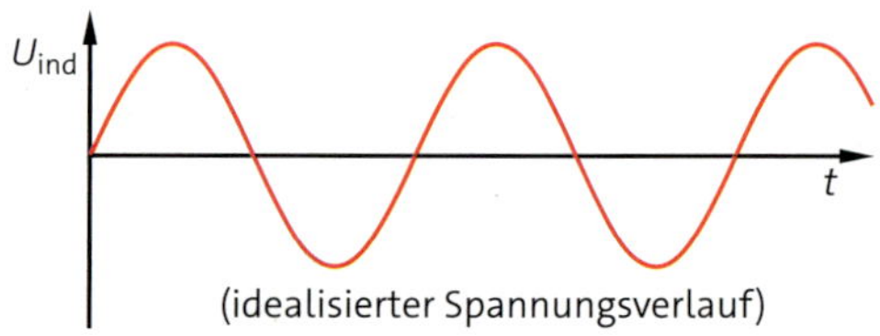

3 Induzierte Wechselspannung

Fahrraddynamos wandeln Rotationsenergie in elektrische Energie um. Allgemein werden solche Energiewandler Generatoren (lat. *generare:* erzeugen) genannt. Sie sind ähnlich wie Elektromotoren aufgebaut, aber funktionieren nach dem umgekehrten Prinzip. → 1

Aufbau • Die wichtigsten Bestandteile eines Generators sind der Magnet und die Induktionsspule. Wie beim Elektromotor bezeichnet man das feststehende Bauteil als Stator und das drehbare Bauteil als Rotor. Als Magnet kann ein Dauermagnet oder ein Elektromagnet verwendet werden. → 1 2

Funktionsweise • Generatoren funktionieren nach dem Prinzip der elektromagnetischen Induktion. Wenn sich z. B. ein Elektromagnet dreht, ändert sich die Richtung seines Magnetfelds ständig. → 2 Dadurch ändert sich die Stärke des Magnetfelds in der Induktionsspule andauernd und es wird eine Wechselspannung induziert. → 3 Ihr Maximalwert ist umso größer, je schneller sich der Rotor dreht.

Im Generator werden ein Magnet und eine Induktionsspule gegeneinander bewegt, sodass sich das Magnetfeld in der Spule ständig ändert. Dadurch wird in der Induktionsspule eine Wechselspannung induziert.

Unsere Steckdosen sind mit den Generatoren in Kraftwerken verbunden. Ihre Wechselspannung hat eine Frequenz von 50 Hertz (50 Hz) – ihre Polung wechselt 50-mal pro Sekunde von Plus zu Minus und wieder zurück.

der Generator
der Innenpolgenerator
der Außenpolgenerator

Arten von Generatoren • Bei Innenpolgeneratoren rotieren die Magnetpole innerhalb der fest stehenden Induktionsspulen. → 4 Die Induktionsspannung wird an den Enden der Spulen über feste Anschlüsse abgenommen. In der Technik werden meist Innenpolgeneratoren mit einem Elektromagneten als Rotor verwendet. → 2
Bei Außenpolgeneratoren dreht sich die Induktionsspule zwischen fest stehenden äußeren Magnetpolen. → 5 Die Induktionsspannung wird an der rotierenden Spule über Schleifkontakte abgenommen. Für hohe Spannungen werden Spulen mit großer Windungszahl benötigt, wodurch die Masse des Rotors und damit die Belastung der Lager zunimmt. Die Abgabe großer Ströme über Schleifkontakte erhöht unerwünschte Energieumwandlungen und den Materialverschleiß.

Bei Innenpolgeneratoren rotieren die Magnetpole innerhalb von Induktionsspulen.
Bei Außenpolgeneratoren befinden sich die Magnetpole außerhalb der rotierenden Induktionsspulen.

Energiebilanz • Die Kurbel eines Handgenerators lässt sich leicht drehen, wenn kein elektrisches Gerät angeschlossen ist (unbelasteter Generator). Sobald man z. B. eine Glühlampe anschließt (belasteter Generator), muss eine größere Kraft ausgeübt werden, um die nötige Energie zu übertragen. Je mehr elektrische Energie die angeschlossenen elektrischen Geräte benötigen, desto mehr Energie muss dem Generator mechanisch zugeführt werden. Er wandelt einen Teil der zugeführten Energie durch Reibung in den Lagern und an Schleifkontakten sowie durch Erwärmung der stromführenden Leitungen in innere Energie um und gibt sie thermisch ab. → 6 Wenn Wirbelströme entstehen, führen sie ebenfalls zu einer Erwärmung.

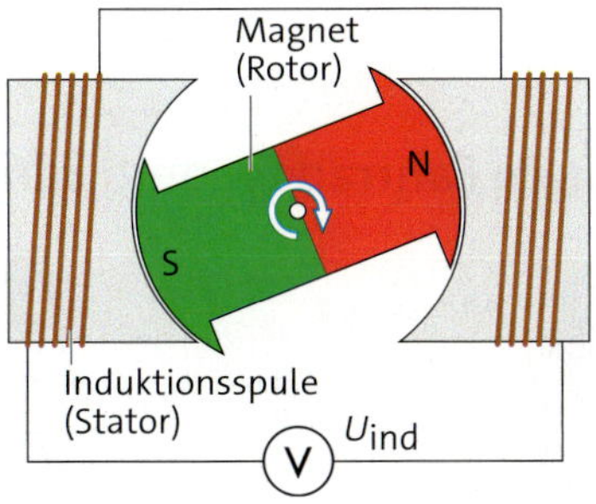

4 Innenpolgenerator

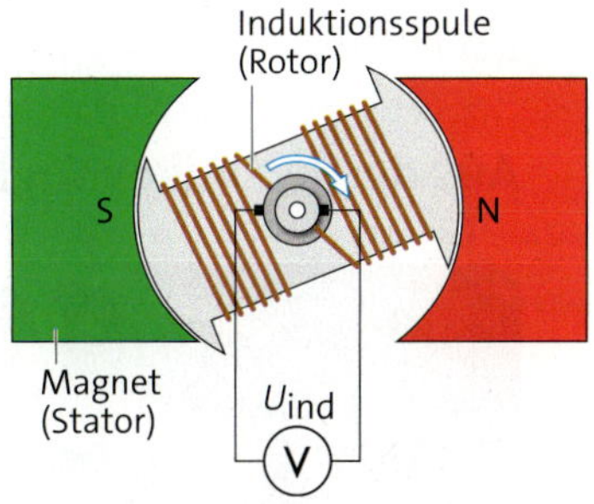

5 Außenpolgenerator

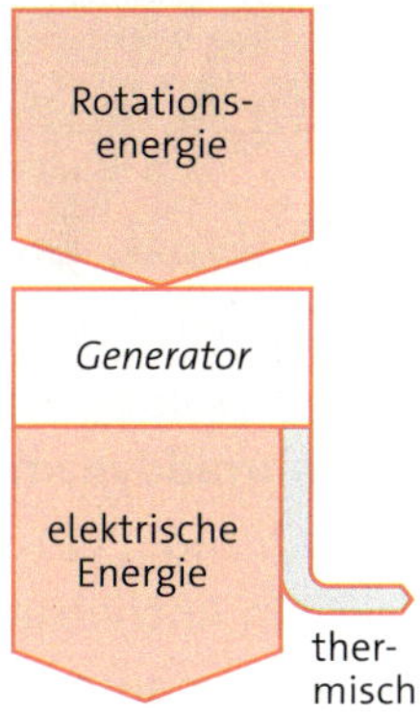

6

Ein Generator gibt stets weniger Energie elektrisch ab, als ihm mechanisch zugeführt wird:
$$\eta = \frac{E_{el}}{E_{zu}} < 1.$$

Kraftwerksgeneratoren haben einen Wirkungsgrad von bis zu 98 %, Handgeneratoren können rund 60 % erreichen.

Aufgaben

1 Beschreibe mit eigenen Worten, wie ein Generator funktioniert.

2 Nenne Nachteile eines Außenpolgenerators im Vergleich zu einem Innenpolgenerator.

Generatoren

Im Fokus

Aus der Technik: Vom kleinen Fahrraddynamo zum großen Kraftwerksgenerator

1 Seitenläuferdynamo (Prinzipzeichnung)

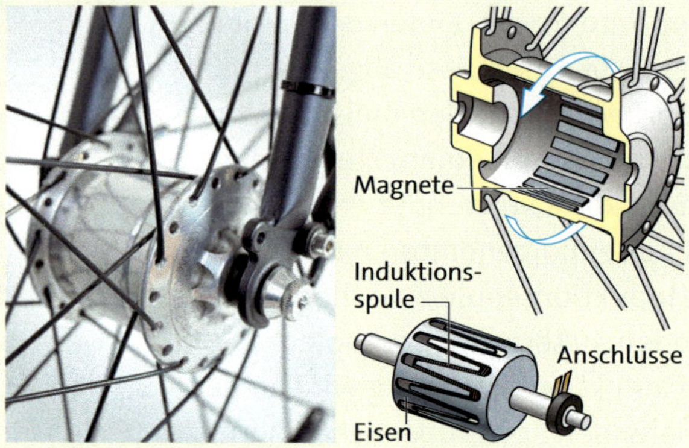

2 Nabendynamo (Prinzipzeichnung)

Fahrraddynamos • Früher hatten die meisten Fahrräder einen Seitenläuferdynamo. → 1 Sein Antriebsrad wird vom Reifen angetrieben. Im Dynamo rotiert ein mehrpoliger Dauermagnet über der Induktionsspule.
Heute haben Fahrräder in der Regel einen Nabendynamo. → 2 Die Induktionsspule ist fest mit der Achse des Vorderrads verbunden. Die Dauermagnete im Gehäuse drehen sich mit dem Rad um die Spule herum. Die Induktionsspannung beträgt ca. 6 V, die Leistung 3 W.

Kraftwerksgeneratoren • In modernen Kraftwerken werden Innenpolgeneratoren verwendet. → 3 In ihrem Inneren dreht sich kein Dauermagnet, sondern ein mehrpoliger Elektromagnet. Den Strom für den Elektromagneten liefert ein kleiner Generator (die Erregermaschine). Der Stator besteht aus mehreren Induktionsspulen, die in Reihe geschaltet sind. Die Induktionsspannung eines Kraftwerksgenerators kann bis zu 30 kV betragen, die elektrische Leistung bis zu 1,5 GW.

Aufgaben

1 Vergleiche Nabendynamo und Kraftwerksgenerator. Nenne Gemeinsamkeiten und Unterschiede.

2 In unseren Haushalten wird im Mittel eine elektrische Leistung von 0,17 kW pro Person genutzt. Berechne, wie viele Personen ein Kraftwerksgenerator mit 1,0 GW Leistung mit elektrischer Energie versorgen könnte.

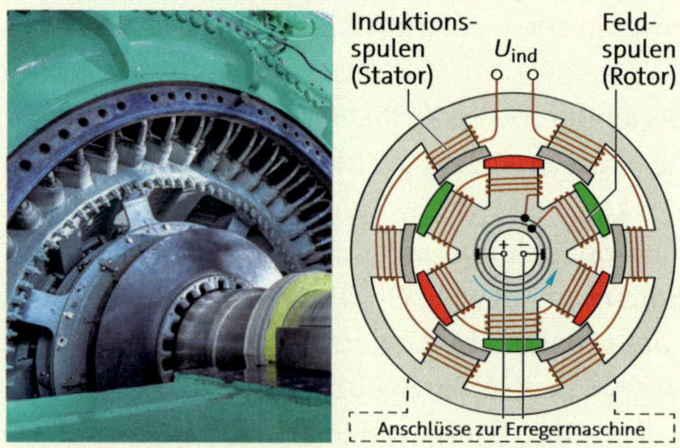

3 Kraftwerksgenerator (Prinzipzeichnung)

Im Fokus

Aus der Technik: Generatoren – vielfältig eingesetzt

4 Lichtmaschine im Auto

5 Notstromaggregat bei der Feuerwehr

Lichtmaschine • Autos mit Verbrennungsmotor benötigen auch elektrische Energie. Dafür haben sie außer der Batterie einen Innenpolgenerator „an Bord“, die Lichtmaschine. → 4 Sie ist über einen Riemen mit dem Motor verbunden. Der Generator wandelt einen Teil der Rotationsenergie, die der Motor bereitstellt, in elektrische Energie um und versorgt damit die elektrischen Anlagen und die Batterie. Moderne Lichtmaschinen haben eine Leistung von mehr als 3 kW. Ihr Wirkungsgrad liegt zwischen 70 und 80 %.

Rekuperation • In Elektroautos arbeitet der Elektromotor beim Bremsen und Bergabfahren als Generator. Auf diese Weise lässt sich die kinetische Energie des Autos wieder in elektrische Energie zurückwandeln. Man bezeichnet den Vorgang als Rekuperation (lat. *recuperare:* wiederbekommen). Die zurückgewonnene Energie wird dann im Akku des Fahrzeugs gespeichert. Die Rekuperationsleistung kann mehr als 200 kW betragen.

Notstromaggregate • Sie werden zur elektrischen Energieversorgung in Notfällen (z. B. Ausfall des Stromnetzes) eingesetzt und bestehen meist aus einem Verbrennungsmotor, der einen Generator antreibt. → 5 Stationäre Geräte kommen z. B. in Krankenhäusern und Industriebetrieben zum Einsatz, mobile Geräte bei Feuerwehren und im Katastrophenschutz. Die Leistung kann bis zu 650 kW betragen.

Schiffsgenerator • Große Schiffe erhalten ihre elektrische Energie meist von mehreren Generatoren, die durch Dieselmotoren angetrieben werden. Die Leistung beträgt bis zu 15 MW.

Aufgaben

1 Erkläre, warum der Verbrauch eines Autos mit Verbrennungsmotor durch den Einsatz der Lichtmaschine steigt.

2 Erkläre, wie die Reichweite von Elektroautos durch Rekuperation erhöht wird.

Transformatoren

1

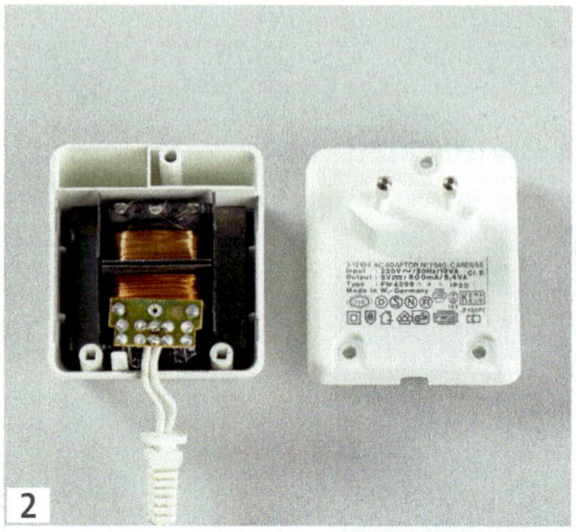

2

Computer, Smartphones, LED-Lampen und viele andere Elektrogeräte benötigen eine kleinere Spannung als die Netzspannung von 230 V. Sie wird deshalb im Netzteil gesenkt, das einen Transformator enthält. Wie ist ein Trafo aufgebaut und wie funktioniert er?

A Demoversuch

6-V-Lampe mit „Netzteil"

Material: Netzspule (500 Windungen), geschlossener Eisenkern, Glühlampe (6 V), langes Kabel

1 Die Netzspule auf der einen Seite des geschlossenen Eisenkerns wird an 230 V Wechselspannung angeschlossen. → 3 Um die andere Seite des Eisenkerns werden 10 Windungen des langen Kabels gelegt und die 6-V-Lampe angeschlossen. Gebt an, wie sich die Größe der Spannung bei diesem Versuch ändert.

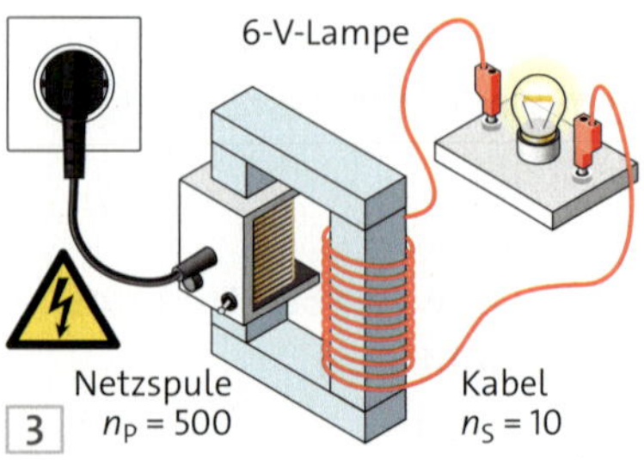

3

B Demoversuch

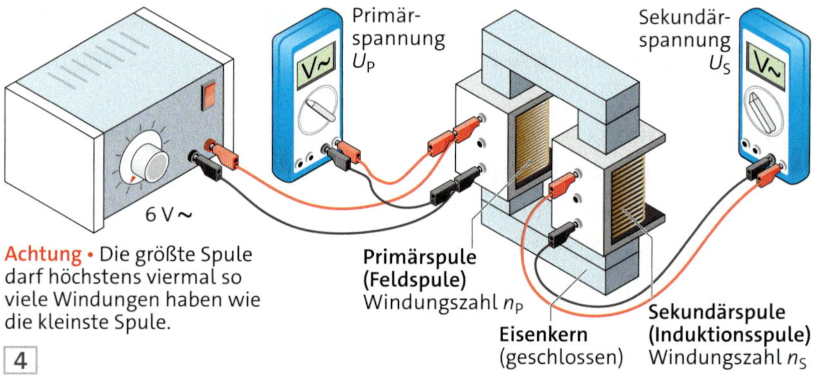

Achtung • Die größte Spule darf höchstens viermal so viele Windungen haben wie die kleinste Spule.

4

Spannungen ändern

Material: Netzgerät, Spulen (300, 600, 1200 Windungen), 2 Vielfachmessgeräte, geschlossener Eisenkern, Kabel

1 Die Primärspannung U_P wird auf 6,0 V~ eingestellt. → 4

a Die Sekundärspannung U_S wird für verschiedene Kombinationen von Windungszahlen n_P und n_S gemessen. → 5

b Formuliert einen Zusammenhang zwischen Spannungen und Windungszahlen.

2 Wie ließe sich die Spannung von 230 V auf 6,0 V senken? Nennt eine mögliche Kombination von Windungszahlen. Achtung • Nicht ausprobieren, Lebensgefahr! Ihr dürft keine Spule direkt an 230 V anschließen!

n_P	n_S	U_P in V	U_S in V
1200	300	6,0	?
1200	600	6,0	?
300	600	6,0	?
300	1200	6,0	?

5 Beispieltabelle: Spannung

C Demoversuch

Spannung erhöhen

Material: Netzgerät, Spule (500 Windungen), geschlossener Eisenkern, Glühlampe (230 V; 25 W), langes Kabel

1 Das lange Kabel wird mit 5 Windungen um eine Seite des geschlossenen Eisenkerns gelegt und an das Netzgerät mit $U = 2{,}0\,V$ angeschlossen. → 6
Auf der anderen Seite des Eisenkerns befindet sich die Spule mit 500 Windungen. Die 230-V-Lampe ist an diese Spule angeschlossen.
Um das Wievielfache wird die Spannung von 2,0 V für die Lampe erhöht? Begründet eure Antwort.

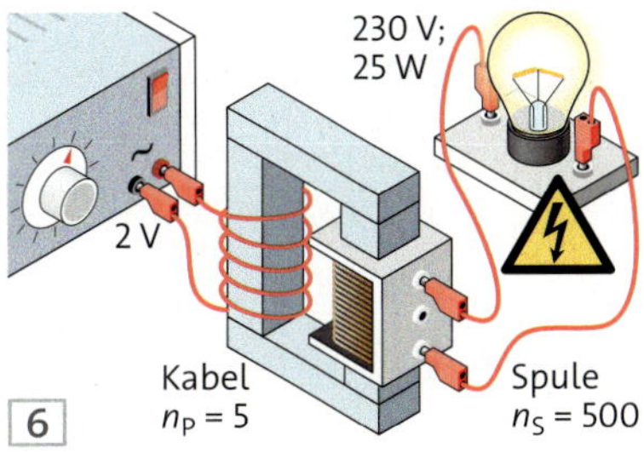

6

D Demoversuch

Primär- und Sekundärstrom

Material: Netzgerät, Spulen (300, 600, 1200 Windungen), geschlossener Eisenkern, Schiebewiderstand (100 Ω), 2 Vielfachmessgeräte, Kabel

1 An der Primärspule liegt eine Spannung von 10 V~ an. → 7

a Mithilfe des Schiebewiderstands wird die Sekundärstromstärke I_S (die „Belastung") schrittweise erhöht. Dabei wird die Primärstromstärke I_P in Abhängigkeit von der Sekundärstromstärke I_S gemessen.

b Beschreibt, wie sich die Primärstromstärke I_P mit zunehmender Sekundärstromstärke I_S verändert. → 8

2 Bei starker „Belastung" (R klein) wurden für verschiedene Kombinationen von Windungszahlen jeweils I_P und I_S gemessen. → 9

a Formuliert einen Zusammenhang zwischen den Stromstärken und den Windungszahlen.

b Vergleicht ihn mit dem Zusammenhang zwischen Spannungen und Windungszahlen. → B Versuch, 1b

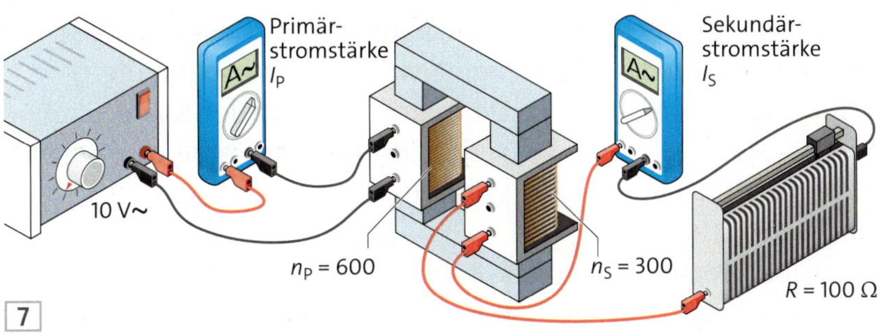

7

I_S in A	0,050	0,10	0,15	0,20	0,25	0,30	0,35	0,40
I_P in A	0,047	0,068	0,092	0,12	0,14	0,17	0,19	0,22

8 Beispieltabelle: Primärstrom in Abhängigkeit vom Sekundärstrom

n_P	n_S	I_P in A	I_S in A
300	300	0,16	0,15
600	300	0,11	0,20
1200	300	0,046	0,16
300	600	0,62	0,30

9 Beispieltabelle: Stromstärke

Transformatoren

Grundlagen

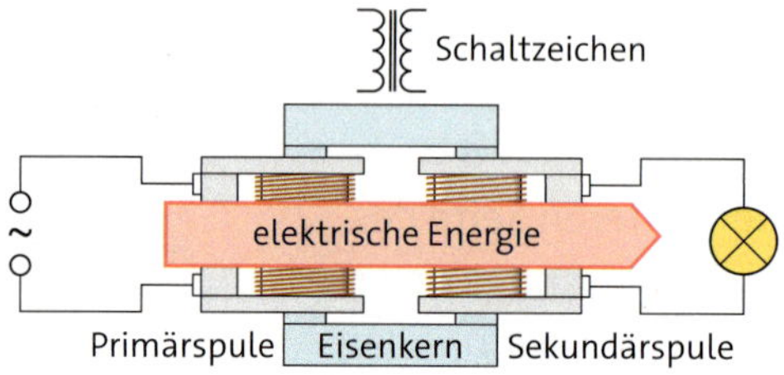

(lat. *prima:* die Erste, *secunda:* die Zweite)

1 Transformator mit Eisenkern

Aufbau und Aufgaben • Mithilfe eines Transformators (Trafos) kann man z. B. eine Glühlampe für 6 V an das Stromnetz mit 230 V anschließen. → 1 Der Trafo besteht aus einer Primärspule, einer Sekundärspule und einem gemeinsamen Eisenkern. Die Spulen sind nicht leitend miteinander verbunden. Dennoch überträgt der Trafo elektrische Energie vom Stromnetz in den Lampenstromkreis und verändert dabei die Spannung (engl. *transform:* verändern). Ein idealer Transformator gibt dabei keine Energie ungenutzt ab.

Transformatoren übertragen elektrische Energie von einem Wechselstromkreis zum anderen und können dabei die Spannung verändern.

Funktionsweise • An die Primärspule des Trafos wird immer eine Wechselspannung angelegt. Der Wechselstrom in der Primärspule bewirkt ein Magnetfeld, das sich ständig ändert und durch den geschlossenen Eisenkern verstärkt wird. Dieses Magnetfeld durchdringt auch die Sekundärspule und induziert eine Wechselspannung an ihr.

Der Wechselstrom in der Primärspule des Transformators bewirkt ein magnetisches Wechselfeld im Eisenkern. An der Sekundärspule wird dadurch eine Wechselspannung induziert.

Die Primärspule wird auch als Feldspule bezeichnet, die Sekundärspule als Induktionsspule.

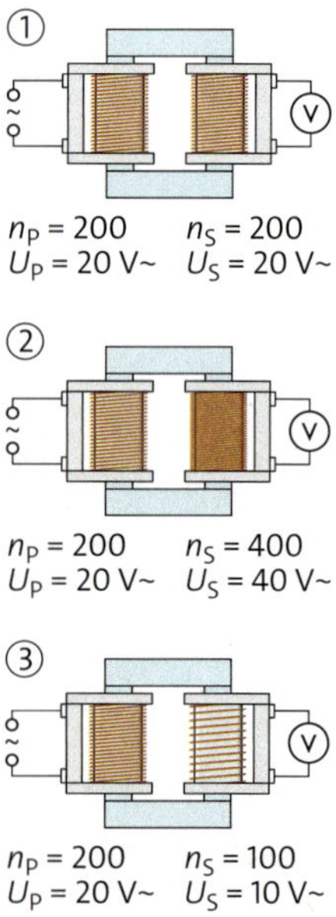

2 Spannungen am idealen, unbelasteten Trafo

Spannungen • Wir betrachten einen idealen, unbelasteten Trafo – an seine Sekundärspule ist kein Elektrogerät angeschlossen, es fließt kein Strom: → 2

- Wenn beide Spulen gleich viele Windungen haben, dann ist die Sekundärspannung genauso groß wie die Primärspannung. ①
- Wenn die Sekundärspule doppelt (dreimal) so viele Windungen hat wie die Primärspule, dann ist die Sekundärspannung doppelt (dreimal) so groß wie die Primärspannung. ②
- Wenn die Sekundärspule halb (ein Drittel) so viele Windungen hat wie die Primärspule, dann ist die Sekundärspannung halb (ein Drittel) so groß wie die Primärspannung. ③

Die Spannungen an den Spulen stehen jeweils im gleichen Verhältnis wie die Windungszahlen.

Beim unbelasteten Trafo gilt: An der Spule mit der kleineren Windungszahl liegt die kleinere Spannung an. Wenn die Sekundärspule weniger (mehr) Windungen hat als die Primärspule, wird die Spannung verringert (vergrößert).

der Transformator
die Primärspule
die Sekundärspule

Stromstärken • Nun betrachten wir einen belasteten Trafo – an seine Sekundärspule ist ein Elektrogerät (z. B. eine Glühlampe) angeschlossen, im Sekundärstromkreis fließt ein Strom. → 3 Je mehr Glühlampen parallel an die Sekundärspule angeschlossen werden, desto größer wird die Sekundärstromstärke und desto mehr elektrische Energie wird im Sekundärstromkreis umgewandelt. Also muss der Primärstromkreis mehr elektrische Energie zur Verfügung stellen. Bei unveränderter Primärspannung U_P wird die größere Energie durch eine größere Primärstromstärke I_P erreicht:

$E_{el} = U_P \cdot I_P \cdot t$.

Die Veränderungen im Sekundärstromkreis wirken also auf den Primärstromkreis zurück.

Beim belasteten Trafo wächst mit zunehmender Sekundärstromstärke auch die Primärstromstärke.

Die Stromstärken hängen außerdem von den Windungszahlen ab.

Beim belasteten Trafo gilt:
In der Spule mit der kleineren Windungszahl fließt der größere Strom. Wenn die Sekundärspule weniger (mehr) Windungen hat als die Primärspule, wird die Stromstärke vergrößert (verringert).

Bei großer Sekundärstromstärke (starker Belastung) gilt näherungsweise, dass sich die Stromstärken umgekehrt wie die Windungszahlen verhalten.

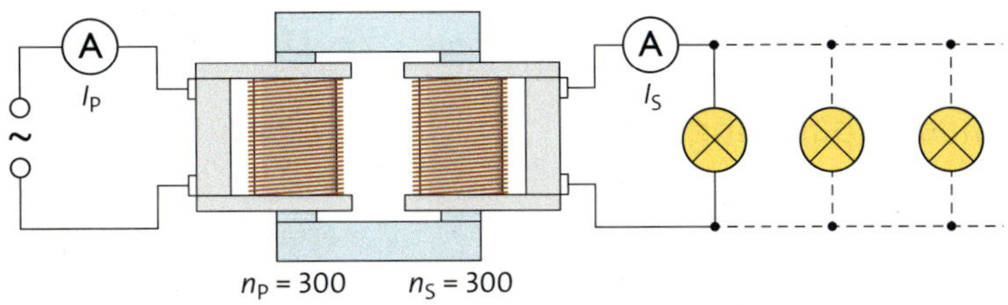

Anzahl Lampen	1	2	3
I_S in A	0,40	0,59	0,67
I_P in A	0,43	0,62	0,70

I_S nimmt zu.
↓
I_P nimmt zu.

3 Trafo mit zunehmender Belastung

Aufgaben

1 Beschreibe, wie ein Transformator aufgebaut ist, und erkläre, wie er funktioniert.

2 Ein idealer, unbelasteter Transformator besitzt eine Primärspule mit 1200 Windungen. Er soll die Netzspannung (230 V) auf 6,0 V senken. Gib die Windungszahl der Sekundärspule (ungefähr) an.

3 Gib die Sekundärspannung des unbelasteten Trafos an. → 4

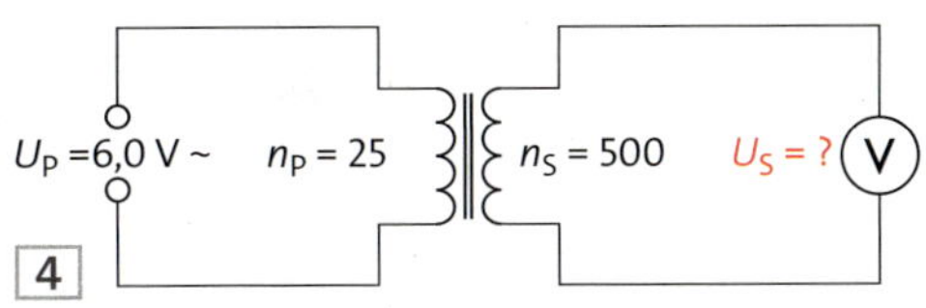

4

4 Ein spezieller Transformator soll die Stromstärke verringern.

a Beschreibe den Aufbau des Transformators.

b Vergleiche die Spannungen an den Spulen des Trafos.

Transformatoren

E Aufgaben

Niederspannungstrafo

Viele Elektrogeräte enthalten einen Transformator, der die Netzspannung (230 V) auf die benötigte niedrige Spannung heruntertransformieren soll.

1 Beschreibe, wie ein solcher Trafo aufgebaut sein muss. Nenne Elektrogeräte, die einen Niederspannungstrafo enthalten.

2 Ein Trafo soll die Spannung von 230 V auf 12 V senken. Seine Primärspule hat 500 Windungen. Gib an, wie viele Windungen seine Sekundärspule (ungefähr) haben muss. Begründe deine Angabe.

3 Bei einem regelbaren Niederspannungstrafo kann man die benötigte Spannung über einen Drehknopf einstellen. → 1 Beschreibe seine Funktionsweise.

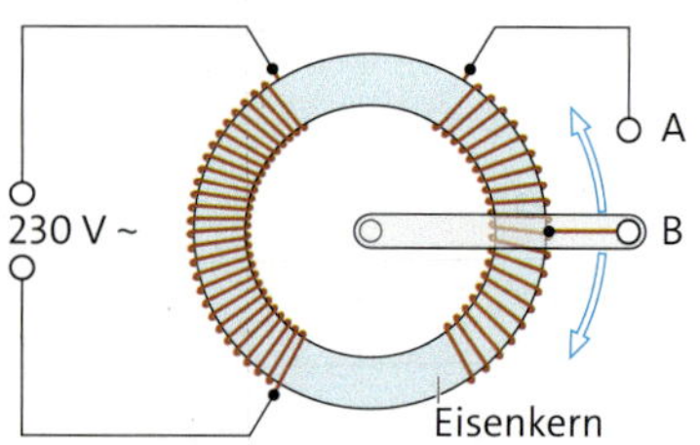

1 Regelbarer Niederspannungstrafo (Aufbau)

F Demoversuch

Hochspannungstrafo

Material: Netzspule (500 Windungen), Spule (23 000 Windungen), geschlossener Eisenkern, Hörnerelektroden mit Isolatorfüßen, Kabel

1 An die Sekundärspule des Trafos sind zwei Elektroden aus gebogenen Drähten angeschlossen. → 2
a Beschreibe, was du nach dem Einschalten der Netzspule beobachten kannst.
b Erkläre deine Beobachtung.

2 Bestimme anhand der Windungszahlen, wie groß die Spannung zwischen den Elektroden ungefähr ist. Begründe dein Ergebnis.

3 Vergleiche den Aufbau von Hochspannungstrafos und Niederspannungstrafos.

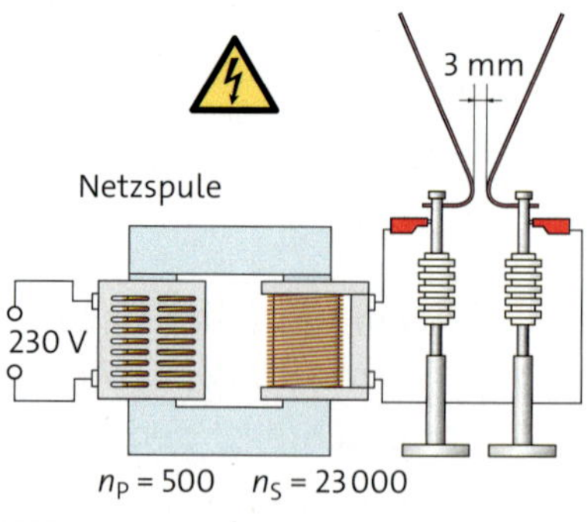

2 Hochspannungstrafo (Aufbau)

G Demoversuch

Hochstromtrafo

Material: Netzspule (500 Windungen), Punktschweißzange (Spule mit 5 Windungen), geschlossener Eisenkern, Kabel, langer Eisennagel

1 Die Spule der Punktschweißzange besteht aus einem sehr dicken Draht. Ihre Enden werden mit dem Eisennagel kurzgeschlossen. → 3
a Beschreibe, was du nach dem Einschalten der Netzspule beobachten kannst. Erkläre deine Beobachtung.
b Jetzt werden die durchgeschmolzenen Nagelenden bei eingeschalteter Netzspule kurz zusammengedrückt. Dann wird die Spule ausgeschaltet. Beschreibe deine Beobachtung.

2 Vergleiche den Aufbau von Hochstromtrafos und Niederspannungstrafos.

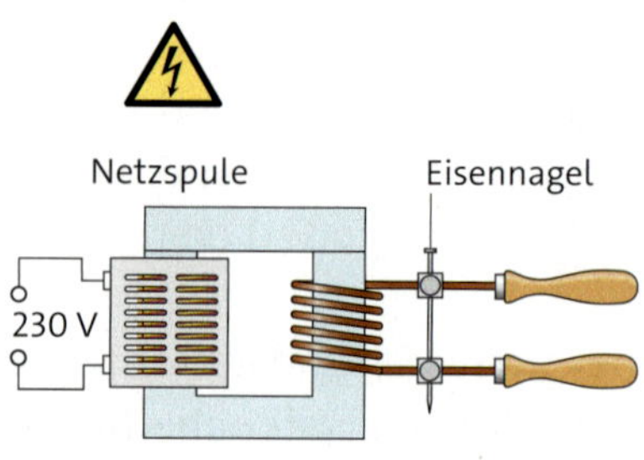

3 Hochstromtransformator (mit Punktschweißzange)

Im Fokus

Aus der Technik: Elektroautos induktiv aufladen

Elektroautos während der Fahrt aufladen – diese Vision verfolgen Wissenschaftler und Techniker derzeit. → 4 Auf kilometerlangen Strecken wollen sie induktive Ladesysteme in die Fahrbahn integrieren.

Induktiv aufladen • Beim induktiven Aufladen eines Akkus wird elektrische Energie berührungslos und ohne Kabel übertragen, ähnlich wie bei einem Transformator. → 5 Die beiden Spulen sind aber anders als beim Trafo nicht durch einen Eisenkern verbunden, was den Wirkungsgrad der Energieübertragung verringert. Der Wechselstrom in der Primärspule bewirkt ein sich ständig änderndes Magnetfeld, das auch die Sekundärspule durchsetzt, sodass in dieser eine Wechselspannung induziert wird. Zum Laden des Akkus wird der Wechselstrom im Sekundärstromkreis gleichgerichtet.

Anwendung beim Elektroauto • Nach diesem Prinzip lassen sich auch die Akkus von Elektroautos induktiv aufladen. → 6 Die Primärspule befindet sich im Boden und die Sekundärspule unten am Auto. Der Gleichrichter wandelt die induzierte Wechselspannung in die erforderliche Gleichspannung um. Bei einer Wechselspannungsfrequenz von fast 100 kHz können in einer Stunde mehrere Kilowattstunden an elektrischer Energie übertragen werden.

Weitere Anwendungen • Am weitesten verbreitet ist das induktive Laden bisher bei Smartphones und elektrischen Zahnbürsten.

4 Aufladen beim Fahren (Zukunftsvision)

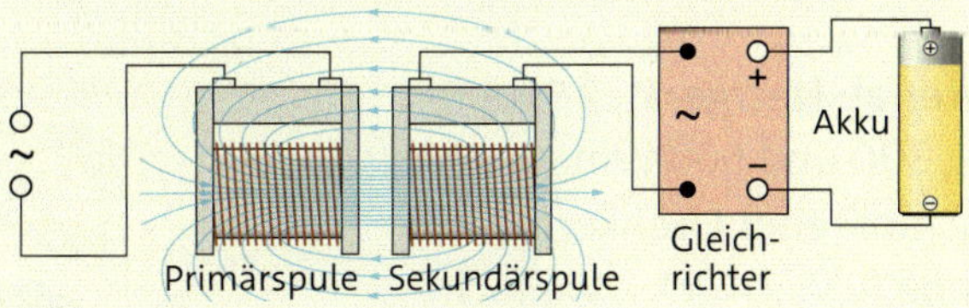

5 Induktives Aufladen (Prinzip)

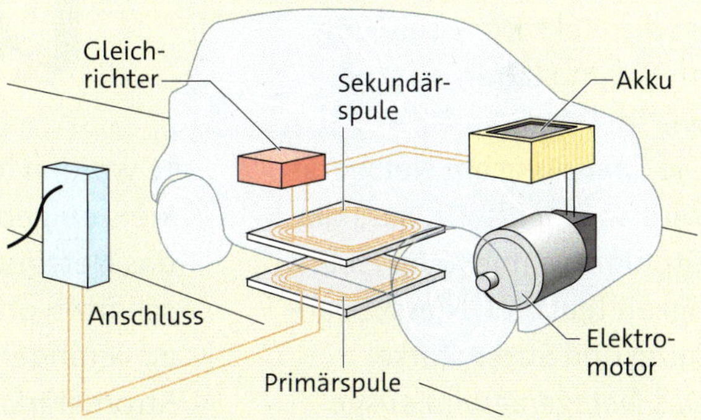

6 Induktives Ladesystem für ein Elektroauto

Aufgaben

1 Beschreibe, wie ein Elektroauto ohne Kabel aufgeladen werden kann.

2 Nenne Teile im Elektroauto, die für das induktive Aufladen notwendig sind.

Energiebilanz beim Transformator

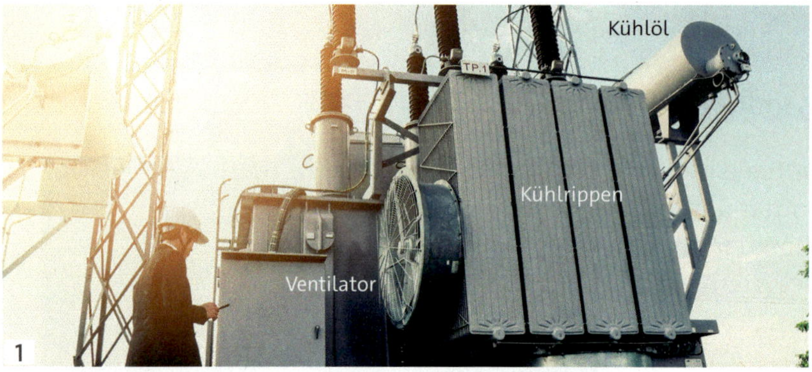

1

Große Transformatoren haben oft aufwendige Kühlsysteme. Warum ist das notwendig?

A Demoversuch

Wirkungsgrad eines Trafos

Material: Netzgerät, 2 Spulen (z. B. 300 und 600 Windungen), geschlossener Eisenkern, Glühlampe (6 V; 2,4 W), 2 Vielfachmessgeräte, Kabel

1 Ist die elektrische Leistung im Sekundärkreis so groß wie im Primärkreis? → 2

a Die Spannung am Netzgerät wird so eingestellt, dass die Glühlampe mit voller Helligkeit leuchtet. Messt Spannung und Stromstärke.

b Das Netzgerät wird ausgeschaltet, ohne die Spannung zu verändern. Die Messgeräte werden in den Sekundärkreis eingebaut. Dann wird das Netzgerät wieder eingeschaltet, ohne die Spannung zu verändern. Messt erneut Stromstärke und Spannung.

c Berechnet die elektrischen Leistungen im Primär- und im Sekundärkreis. Ermittelt daraus den Wirkungsgrad des Trafos. Warum ist er kleiner als 1? Nennt Ursachen.

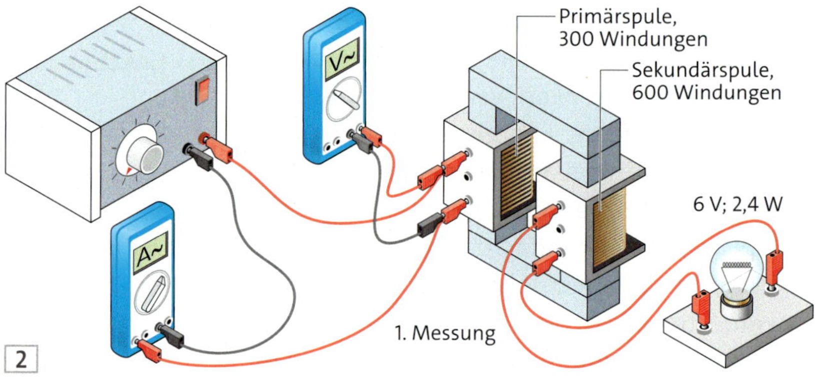

2

2 Der Versuch wird mit einem offenen Eisenkern wiederholt. Erklärt den Unterschied.

B Aufgabe

Energieentwertung

1 Netzteile von Elektrogeräten werden im Betrieb oft warm.

a Beschreibt, welche Energieumwandlungen stattfinden, wenn die Temperatur des Netzteils im Betrieb steigt.

b Zeichnet das Energieflussdiagramm. Kennzeichnet darin die genutzte und die entwertete Energie.

der ideale Transformator
der reale Transformator

Grundlagen

Idealer Transformator • Wir belasten einen Trafo, indem wir an seine Sekundärspule z. B. eine Glühlampe anschließen. Nun wird elektrische Energie vom Primärkreis zum Sekundärkreis übertragen. Sie wird dabei vom magnetischen Wechselfeld transportiert (die Stromkreise haben ja keine leitende Verbindung). Ein idealer Trafo gibt keine Energie ungenutzt ab, er hat einen Wirkungsgrad von 100 %.

Beim idealen Transformator ist die elektrische Leistung im Sekundärkreis genauso groß wie die elektrische Leistung im Primärkreis:
$P_S = P_P$
$U_S \cdot I_S = U_P \cdot I_P$

Energieentwertungen • In der Realität werden belastete Trafos oft warm und brummen leise. Sie wandeln also die zugeführte elektrische Energie zum Teil in ungenutzte innere Energie und in Schallenergie um. → 3 Die Gründe für diese Energieentwertungen sind:
- Die Spulendrähte erwärmen sich durch den elektrischen Strom.
- Das magnetische Wechselfeld verursacht Wirbelströme im Eisenkern und richtet die Elementarmagnete ständig neu aus. Beides trägt zur Erwärmung bei.
- Der Eisenkern vibriert infolge der schnellen Ummagnetisierungen.

Außerdem verlässt ein Teil des Magnetfelds den Eisenkern, ohne zur Induktion in der Sekundärspule beizutragen.

Energieentwertungen verringern • Für die Spulen verwendet man Drähte mit geringem Widerstand (z. B. Kupferdrähte mit großem Querschnitt). Wirbelströme werden durch „geblätterte" Eisenkerne vermindert: Sie bestehen aus vielen Blechen, die durch Lackschichten gegeneinander isoliert sind. → 4 Die Eisenlegierungen der Bleche sind leicht ummagnetisierbar. Manteltrafos und Ringkerntrafos senken die Magnetfeldverluste. → 5 6
Trafos mit großen Leistungen müssen trotzdem gekühlt werden. → 1

Wirkungsgrad • Reale Transformatoren geben weniger elektrische Energie ab, als ihnen zugeführt wird.

Der Wirkungsgrad η eines realen Trafos ist immer kleiner als 1:
$$\eta = \frac{P_{nutz}}{P_{zu}} = \frac{P_S}{P_P} = \frac{U_S \cdot I_S}{U_P \cdot I_P} < 1.$$

Die Transformatoren in Elektrizitätswerken und Umspannstationen erreichen Wirkungsgrade von fast 100 %.

Aufgaben

1 Nenne Ursachen für die Energieentwertungen beim Trafo und Maßnahmen, um sie zu vermindern.

2 Eine Glühlampe wird mithilfe eines Transformators ans Stromnetz angeschlossen. Berechne den Wirkungsgrad der Energieübertragung:
- $U_P = 230\,V$; $I_P = 0{,}29\,A$
- $U_S = 6{,}7\,V$; $I_S = 0{,}42\,A$

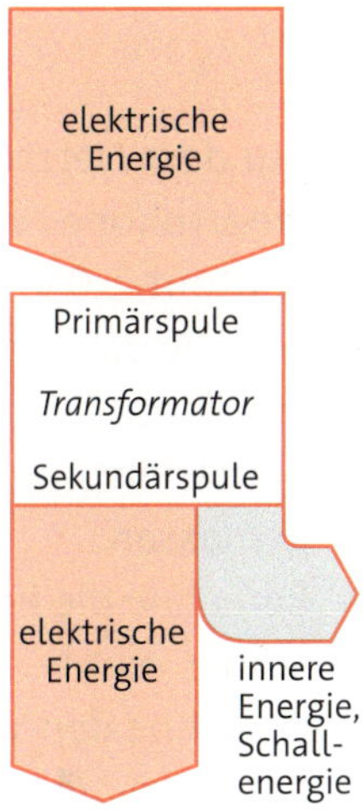

3 Realer Transformator

4 Trafo mit „geblättertem" Kern

5 Manteltrafo

6 Ringkerntrafo

Energiebilanz beim Transformator

Aufgaben (Fortsetzung)

3 Auf dem Netzteil eines Smartphones steht „Output: 5,0 V; 2,0 A". Beim Anschluss an eine Steckdose (230 V) wird eine Primärleistung von 13,3 W gemessen.

a Berechne die Primärstromstärke. → 1

b Berechne den Wirkungsgrad des Ladevorgangs.

c Begründe, warum sich das Netzteil während des Ladevorgangs leicht erwärmt.

d Das Aufladen dauert 90 min. Berechne die Energiekosten. Rechne mit 0,30 $\frac{€}{kWh}$.

4 Das Ladegerät eines Akkubohrschraubers hat einen Wirkungsgrad von 86 %. Das Ladegerät wird an die Steckdose (230 V) angeschlossen. Beim Aufladen des Akkus wird eine Primärstromstärke von 0,14 A gemessen. Die Sekundärspannung beträgt 12 V („Ausgangsspannung").

a Berechne die Sekundärstromstärke („Ladestrom").

b Ermittle die Zeit zum vollständigen Aufladen des Akkus. Seine maximale Ladung beträgt Q = 2,0 Ah.

c Berechne die Energie, die im aufgeladenen Akku gespeichert ist.

Der Akku eines Elektrogeräts wird über ein Netzteil geladen. Das Netzteil enthält einen Transformator und ist an die Steckdose (230 V) angeschlossen. Bei einer Sekundärspannung von 19 V („Ausgangsspannung") fließt ein Sekundärstrom von 1,7 A (der „Ladestrom"). Dabei wird eine Primärleistung von 38 W gemessen.

a Berechne die Primärstromstärke.

b Berechne den Wirkungsgrad des Netzteils.

c Der Ladevorgang dauert 135 min. Berechne die Energiekosten für eine vollständige Akkuladung. Rechne mit 0,30 $\frac{€}{kWh}$.

a Gegeben: $P_p = 38\,W = 38\,VA$; $U_p = 230\,V$ Gesucht: I_p

Gleichung und umformen: $P_p = U_p \cdot I_p$; $I_p = \frac{P_p}{U_p}$

Rechnung und runden auf 2 sinnvolle Ziffern: $I_p = \frac{38\,VA}{230\,V} = 0{,}17\,A$

Ergebnis: $I_p = 0{,}17\,A$

b Gegeben: $U_s = 19\,V$; $I_s = 1{,}7\,A$; $P_p = 38\,W = 38\,VA$ Gesucht: η

Gleichung: $\eta = \frac{P_s}{P_p} = \frac{U_s \cdot I_s}{P_p}$

Rechnung und runden auf 2 sinnvolle Ziffern: $\eta = \frac{19\,V \cdot 1{,}7\,A}{38\,VA} = 0{,}85$

Ergebnis: $\eta = 0{,}85 = 85\,\%$

c Gegeben: $P_p = 38\,W$; $t = 135\,min = 2{,}25\,h$; Preis: 0,30 $\frac{€}{kWh}$

Gesucht: Energiekosten

Gleichung: $E_{el} = P_{el} \cdot t$

Rechnung und runden auf 2 sinnvolle Ziffern:

$E_{el} = 38\,W \cdot 2{,}25\,h = 86\,Wh = 0{,}086\,kWh$; $0{,}086\,kWh \cdot 0{,}30\,\frac{€}{kWh} = 0{,}026\,€$

Ergebnis: Die Energiekosten betragen 0,026 € = 2,6 ct.

1

5 Die Generatoren eines Wasserkraftwerks erzeugen eine elektrische Leistung von 18 MW und eine Spannung von 10 kV. Die Spannung wird durch einen Transformator auf 110 kV erhöht, dessen Wirkungsgrad 97 % beträgt.

Berechne:

a die Stromstärke im Primärkreis des belasteten Transformators

b die Leistung, die der Transformator dem Sekundärkreis zur Verfügung stellt

c die Stromstärke im Sekundärkreis

C Aufgabe

2

Lampen mit Trafos

1 Drei Strahler (jeweils 12 V; 3,0 W) sind über einen gemeinsamen 12-V-Trafo an die Netzspannung von 230 V angeschlossen. → 2

a Nenne die Schaltungsart und zeichne den Schaltplan.

b Gib die Art des Transformators an. → S. 92

c Der Wirkungsgrad des Trafos beträgt 92 %:
- Nenne mögliche Ursachen dafür, dass der Wirkungsgrad kleiner als 100 % ist.
- Berechne die Primärleistung und -stromstärke.

d Der Trafo wird durch einen Vorwiderstand ersetzt:
- Zeichne den Schaltplan.
- Berechne den Vorwiderstand (in Ω oder kΩ).
- Berechne die elektrische Leistung für den Betrieb der Schaltung (Vorwiderstand und 3 Strahler).
- Begründe, dass die Betriebskosten mit dem Vorwiderstand höher sind als mit dem Trafo.

D Aufgaben

Elektroschweißen

Beim Elektroschweißen benötigt man große Stromstärken. Sie werden vom Schweißtrafo zur Verfügung gestellt. → 3

3

1 Beschreibe, wie der Schweißtrafo aufgebaut sein muss.

2 Ein Schweißtrafo mit einem Wirkungsgrad von 85 % wird an die Netzspannung von 230 V angeschlossen. Bei einer Sekundärstromstärke von 75 A beträgt die Primärstromstärke 8,6 A. Berechne:

a die Primärleistung und die Sekundärleistung

b die Sekundärspannung

E Aufgabe

Induktionsschmelzen

Bei diesem Versuch dient eine Metallrinne als Sekundärspule (1 Windung) eines Transformators. → 4 In der Metallrinne befindet sich ein Streifen aus Zinn. Die Primärspule wird an die Netzspannung von 230 V angeschlossen.

1 Nach dem Einschalten beträgt die Stromstärke im Primärkreis 1,2 A.

a Schätze ab, wie groß die Stromstärke in der Metallrinne ist.

b Begründe, warum das Zinn schmilzt.

c Zeichne das Energieflussdiagramm.

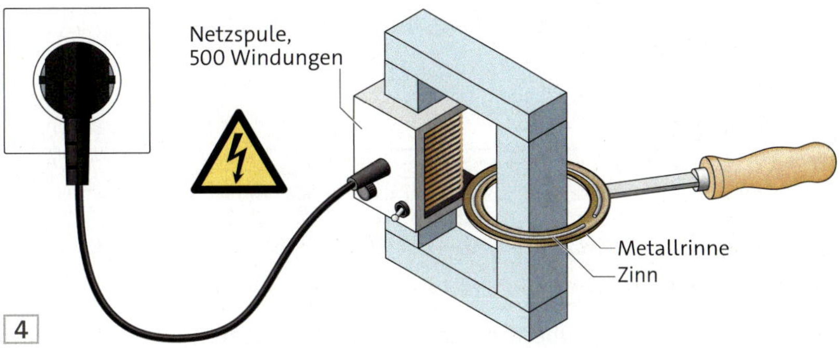

4

Energieübertragung mit Hochspannung

1

Fernleitungen und Umspannwerke stören das Landschaftsbild. Die Hochleistungstrafos sind sehr teuer. Und man darf den Leitungen nicht zu nahe kommen (auch nicht mit dem Drachen) – Lebensgefahr! Warum wird die elektrische Energie trotzdem mit Hochspannung vom Kraftwerk zum Nutzer übertragen?

A Demoversuch

Energieübertragung mit Hochspannung

Material: Glühlampe (6,0 V; 3,0 W), je 2 Spulen mit 125 Windungen und mit 1000 Windungen, 2 geschlossene Eisenkerne, 2 Konstantandrähte (2,00 m lang; 0,20 mm Durchmesser), Netzgerät, Vielfachmessgeräte, Isolatorfüße, Kabel

In diesen Modellversuchen werden die Fernleitungen durch zwei Konstantandrähte dargestellt. → 2 3

1 An der Lampe werden die Spannung und die Stromstärke gemessen. → 2 Begründet anhand der Messwerte, warum die Lampe nicht leuchtet.

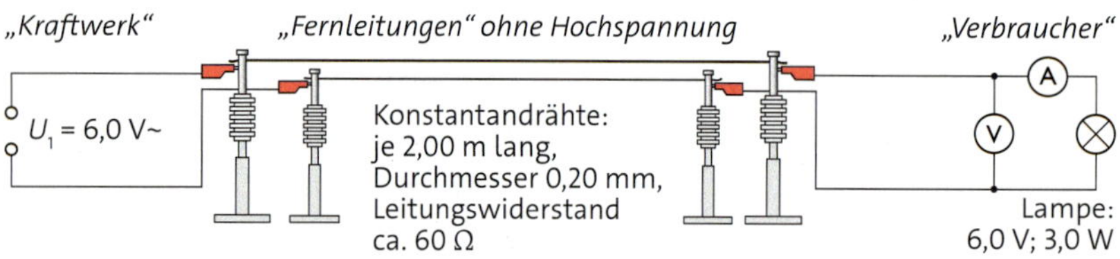

2 Elektrische Energieübertragung ohne Transformatoren

3 Elektrische Energieübertragung mit Transformatoren

2 Jetzt wird die Spannung am Anfang der „Fernleitungen“ hochtransformiert und an ihrem Ende wieder gesenkt. → 3 Spannungen und Stromstärken werden an verschiedenen Stellen gemessen.

a Vergleicht die Spannung U_2 mit der Spannung U_1 am Netzgerät. Begründet den Unterschied.

b Erklärt, warum die Spannung U_3 etwas geringer ist als die Spannung U_2.

c Begründet, warum die Stromstärke in den „Fernleitungen“ mit Hochspannung viel geringer ist als ohne Hochspannung. → 2

3 Erklärt, welchen Vorteil die viel geringere Stromstärke in den „Fernleitungen“ mit Hochspannung für die Energieübertragung hat.

die Verlustleistung
die Hochspannungsleitungen

Grundlagen

Thermische Leistung der Fernleitungen • Elektrische Energie wird oft über große Entfernungen vom Kraftwerk zu den Verbrauchern übertragen. In den Fernleitungen wird aufgrund ihres elektrischen Widerstands ein Teil der elektrischen Energie in innere Energie umgewandelt. Sie erwärmen sich und geben Energie thermisch ab. Um die ungenutzte thermische Leistung (Verlustleistung) der Fernleitungen zu berechnen, betrachten wir als Modell einen einfachen Stromkreis. → 4 Der Widerstand der Fernleitungen wird in diesem Stromkreis durch einen Festwiderstand R_L dargestellt. Für seine thermische Leistung P_{th} gilt:

$P_{th} = U_L \cdot I_L$.

Für die Teilspannung U_L am Festwiderstand gilt:

$U_L = R_L \cdot I_L$. (U_L ist kleiner als U!)

Einsetzen in die Gleichung für die thermische Leistung ergibt:

$P_{th} = U_L \cdot I_L = R_L \cdot I_L \cdot I_L$

$P_{th} = R_L \cdot I_L^2$.

Die thermische Verlustleistung P_{th} der Fernleitungen nimmt mit dem Quadrat der Stromstärke zu: $P_{th} = R_L \cdot I_L^2$.

Bei einer Stromstärke von 100 A geben die Fernleitungen 10 000-mal so viel Energie thermisch ab wie bei 1 A!

Energieübertragungssystem • Für eine kleine thermische Verlustleistung der Fernleitung muss die Stromstärke gering sein. Um trotzdem sehr viel elektrische Energie $E_{el} = U \cdot I \cdot t$ transportieren zu können, muss die Spannung groß sein. Deshalb wird die Spannung am Kraftwerk hochtransformiert. → 5 Für das Ortsnetz wird die Spannung dann wieder heruntertransformiert. Zwar kommt es auch in den Trafos zu Energieentwertungen, ihr Wirkungsgrad beträgt aber bis zu 99 %. → 6 Zur Verringerung des Widerstands könnte man auch dickere Leitungen verwenden. Dadurch würden die Kabel aber schwerer und teurer werden.

Fernleitungen übertragen elektrische Energie mit Hochspannung, um die Stromstärke und damit die Verlustleistung zu verringern.

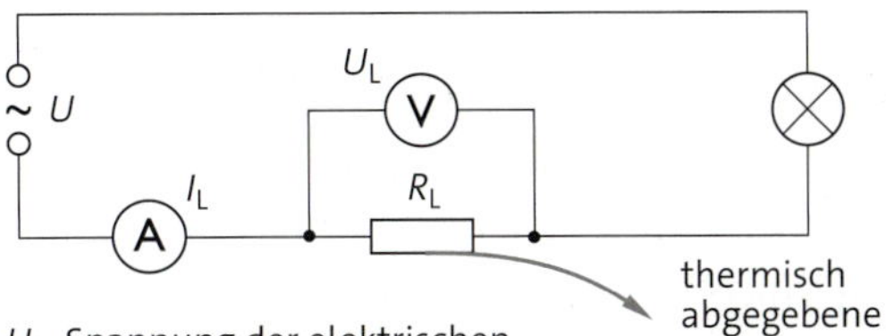

U: Spannung der elektrischen Energiequelle
I_L: Stromstärke in der Fernleitung
R_L: Widerstand der Fernleitung
U_L: Teilspannung an der Fernleitung ($U_L < U$)

thermische Leistung (Verlustleistung) der Fernleitung:
$P_{th} = U_L \cdot I_L$
$P_{th} = R_L \cdot I_L \cdot I_L$
$P_{th} = R_L \cdot I_L^2$

4 Thermische Leistung (Verlustleistung) der Fernleitung

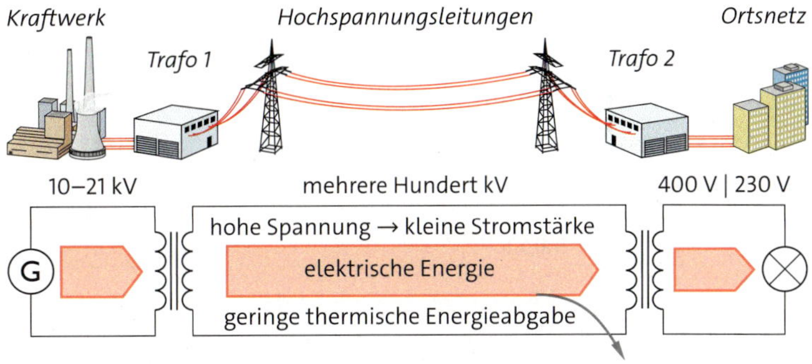

5 Energieübertragung mit Hochspannung

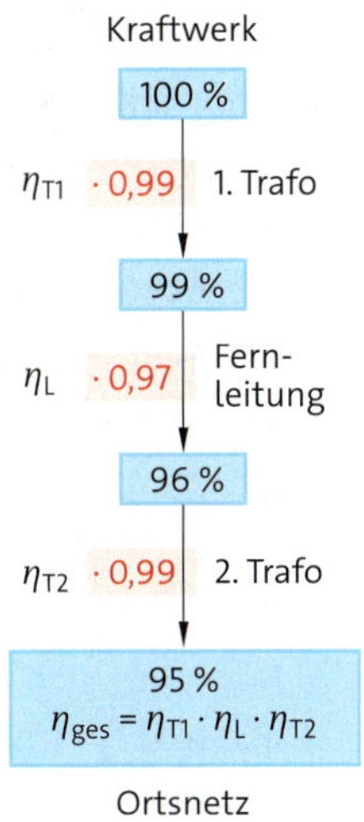

6 Berechnung des Gesamtwirkungsgrads

Energieübertragung mit Hochspannung

Der Generator eines Kraftwerks hat eine elektrische Leistung von 78 MW bei einer Spannung von 21 kV. Die Spannung wird mit Trafo 1 (η_1 = 98 %) auf 220 kV erhöht und für das Ortsnetz mit einem Trafo 2 (η_2 = 98 %) wieder gesenkt. Der Widerstand der Fernleitungen beträgt 13 Ω.

a Zeichne eine Schaltskizze für die Energieübertragung vom Kraftwerk bis zum Ortsnetz.

b Berechne die Sekundärleistung des Trafos 1.

c Berechne die Stromstärke in den Fernleitungen und die thermische Leistung (Verlustleistung).

d Berechne die Sekundärleistung, die der Trafo 2 dem Ortsnetz zur Verfügung stellt, sowie den Gesamtwirkungsgrad der Energieübertragung vom Generator bis zum Ortsnetz.

a

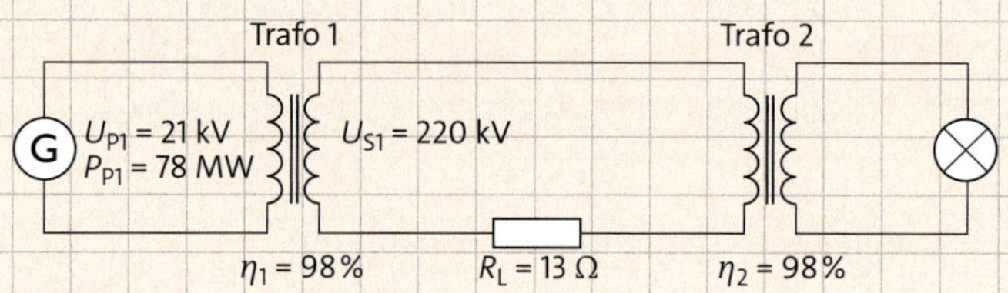

b Gegeben: $P_{P1} = 78\ MW$; $\eta_1 = 0{,}98$ Gesucht: P_{S1}

Gleichung: $P_{S1} = \eta_1 \cdot P_{P1}$

Rechnung (gerundet auf 2 sinnvolle Ziffern):

$P_{S1} = 0{,}98 \cdot 78\ MW = 76\ MW$

c Gegeben: $P_{S1} = 76\ MW$; $U_{S1} = 220\ kV$; $R_L = 13\ \Omega = 13\ \frac{V}{A}$

Gesucht: I_L, P_{th}

Gleichungen: $I_L = \frac{P_{S1}}{U_{S1}}$; $P_{th} = R_L \cdot I_L^2$

Rechnungen (gerundet auf 2 sinnvolle Ziffern):

$I_L = \frac{76 \cdot 10^6\ VA}{220 \cdot 10^3\ V} = 35 \cdot 10\ A$

$P_{th} = 13\ \frac{V}{A} \cdot (35 \cdot 10\ A)^2 = 1{,}6 \cdot 10^6\ VA = 1{,}6\ MW$

d Gegeben: $P_{S1} = 76\ MW$; $P_{th} = 1{,}6\ MW$; $\eta_2 = 0{,}98$

Gesucht: P_{S2}; η_{ges}

Gleichungen: $P_{P2} = P_{S1} - P_{th}$; $P_{S2} = \eta_2 \cdot P_{P2}$; $\eta_{ges} = \frac{P_{S2}}{P_{P1}}$

Rechnungen (gerundet auf 2 sinnvolle Ziffern):

$P_{P2} = 76\ MW - 1{,}6\ MW = 74\ MW$; $P_{S2} = 0{,}98 \cdot 74\ MW = 73\ MW$

$\eta_{ges} = \frac{73\ MW}{78\ MW} = 0{,}94 = 94\ \%$

1

Aufgaben

1 Erläutere, warum elektrische Energie über große Entfernungen mit Hochspannung übertragen wird.

2 Die Spannung von 220 kV an Fernleitungen ist fast 1000-mal so hoch wie die Spannung von 230 V an der Steckdose. Gib an, wie sich dadurch die Stromstärke und die thermische Leistung der Fernleitung verändern.

3 Ein Windpark hat eine elektrische Leistung von 83 MW. Die Spannung wird auf 380 kV hochtransformiert und im Versorgungsgebiet wieder heruntertransformiert. Die Fernleitungen haben einen Widerstand von 18 Ω, der Wirkungsgrad der Transformatoren beträgt jeweils 99 %.
Berechne den Gesamtwirkungsgrad der Energieübertragung. → 1

4 An einem Kraftwerk wird die Generatorspannung auf 380 kV hochtransformiert. Der Transformator hat einen Wirkungsgrad von 99 %, seine Sekundärleistung beträgt 317 MW.

a Berechne die Primärleistung, die vom Generator erzeugt wird.

b Die thermische Leistung (Verlustleistung) der Fernleitungen soll höchstens 2,5 % der vom Transformator bereitgestellten Sekundärleistung betragen. Berechne, wie groß der elektrische Widerstand der Fernleitungen höchstens sein darf.

B Aufgaben

Weitere Berechnungen zur Energieübertragung

1 Das Wasserkraftwerk Roßhaupten am Forggensee hat eine maximale Primärleistung von 45,5 MW. Die elektrische Energie wird über eine 24 km lange 110-kV-Leitung von Roßhaupten nach Schongau übertragen. Die Leitung hat einen Widerstand von 1,8 Ω.

a Berechne die Stromstärke in der Leitung und die thermische Leistung (Verlustleistung). Gehe von einem idealen Transformator aus.

b Die Spannung des Kraftwerksgenerators beträgt 21 kV. Berechne die thermische Leistung der Fernleitung, wenn die elektrische Energie bei dieser Spannung übertragen werden würde.

c Berechne für beide Übertragungsspannungen (21 kV und 110 kV), wie viel Prozent der Leistung, die der Generator zur Verfügung stellt, als thermische Leistung „verloren gehen".

d Durch die Turbinen des Kraftwerks strömen bis zu 150 m³ Wasser pro Sekunde. Die Fallhöhe beträgt 35,4 m. Berechne den Wirkungsgrad des Kraftwerks.

2 Ein Kraftwerk hat eine elektrische Leistung von 54 MW. Es ist über eine insgesamt 70 km lange Fernleitung mit einem Industriegebiet verbunden.

a Berechne den Widerstand der Fernleitung. Nutze dafür die folgenden Werte:
- Querschnittsfläche des Leiterseils: $A = 261\,\text{mm}^2$
- Spezifischer Widerstand des Leitermaterials: $\varrho = 0{,}033\,\frac{\Omega \cdot \text{mm}^2}{\text{m}}$

b Die Spannung wird vor der Übertragung mit einem Trafo ($\eta_1 = 0{,}98$) auf 110 kV erhöht. Berechne die thermische Leistung (Verlustleistung) der Fernleitung.

c Im Industriegebiet wird die Spannung mit einem zweiten Trafo ($\eta_2 = 0{,}98$) wieder gesenkt. Berechne die Nutzleistung, die danach zur Verfügung steht.

d Berechne den Gesamtwirkungsgrad der Energieübertragung vom Kraftwerk bis ins Industriegebiet.

3 In dieser Aufgabe benötigt ein privater Haushalt zeitweise eine elektrische Leistung von 15 kW. Die elektrische Energie wird von einem Kraftwerk zum Haushalt übertragen.

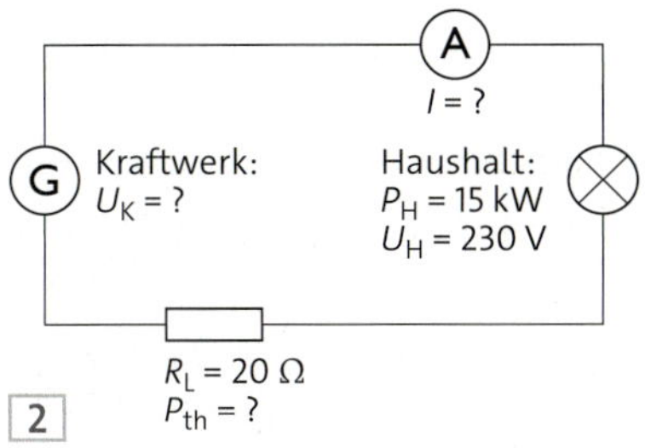

2

a Der Haushalt sei über eine Leitung ($R_L = 20\,\Omega$) zunächst direkt mit dem Kraftwerk verbunden. → 2 Die Glühlampe stellt die Elektrogeräte des Haushalts dar.
- Berechne die Stromstärke I in der Leitung. Rechne mit $P_H = 15\,\text{kW}$ und $U_H = 230\,\text{V}$.
- Berechne, wie groß die Spannung U_K am Kraftwerk sein müsste, damit die Spannung U_H am Haushalt 230 V beträgt.
- Ermittle die thermische Leistung P_{th} der Leitung.

b Nun werde die Spannung am Kraftwerk mit einem idealen Transformator auf 220 kV erhöht und vor dem Haushalt mit einem zweiten idealen Transformator auf 230 V verringert.
- Berechne wieder die thermische Leistung der Leitung ($R_L = 20\,\Omega$).
- Vergleiche diese Verlustleistung mit der Verlustleistung, die du im Teil a berechnet hast.

Energieübertragung mit Hochspannung

Im Fokus

Aus der Technik: Vom Kraftwerk zum Nutzer

Verbundnetz • Erzeuger und Abnehmer der elektrischen Energie sind in Deutschland über ein weitverzweigtes Leitungsnetz miteinander verbunden. → 1 Kraftwerksgeneratoren stellen die elektrische Energie meist mit einer Spannung von 10 kV bis 21 kV zur Verfügung. Ein Umspannwerk transformiert die Spannung z. B. auf 220 kV oder 380 kV herauf (Höchstspannung). Fernleitungen transportieren dann die elektrische Energie über weite Strecken. Freileitungen sind meist Verbundseile aus Aluminium und Stahl. → 2 3 Aluminium hat zwar einen größeren spezifischen Widerstand als Kupfer. Aufgrund seiner geringeren Dichte sind aber bei gleicher Masse größere Leiterquerschnitte möglich. Das Innenseil aus Stahl erhöht die Zugfestigkeit, sodass große Spannweiten zwischen den Masten möglich sind. Die Verbundseile haben einen Durchmesser bis zu 40 mm und sind für Stromstärken bis zu 1500 A ausgelegt!

In weiteren Umspannwerken wird die Spannung wieder z. B. auf 20 kV heruntertransformiert und über das Mittelspannungsnetz auf Städte, Gemeinden und Großbetriebe verteilt. → 4 Dort wird die Spannung schließlich auf 230 V bzw. 400 V verringert und über das Niederspannungsnetz an die Haushalte und Kleinbetriebe weitergeleitet.

Europäisches Verbundsystem • Viele europäische Länder sind durch ein Höchstspannungsnetz (220 kV, 380 kV) elektrisch miteinander verbunden. Wenn in einer Region gerade mehr elektrische Energie gebraucht wird, als die Kraftwerke dort bereitstellen können, wird elektrische Energie über das Verbundsystem aus anderen Regionen zugekauft. Umkehrt verkaufen Kraftwerke überschüssige elektrische Energie über das Verbundsystem. Diese Energie kann dann z. B. von Pumpspeicherkraftwerken aufgekauft und gespeichert werden. Und beim

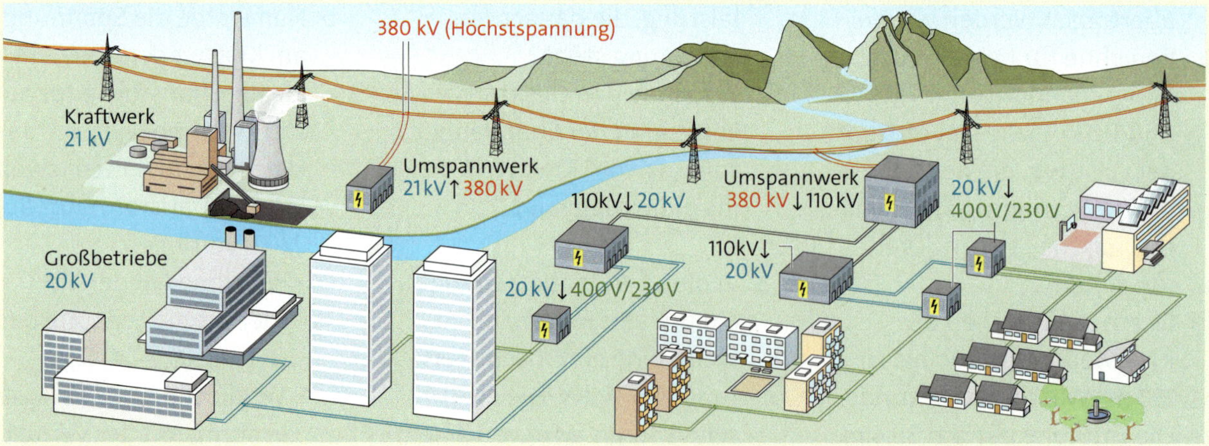

1 Teile unseres Verbundnetzes (vereinfacht) und verwendete Spannungen (Beispiele)

2 Freileitung (380 kV)

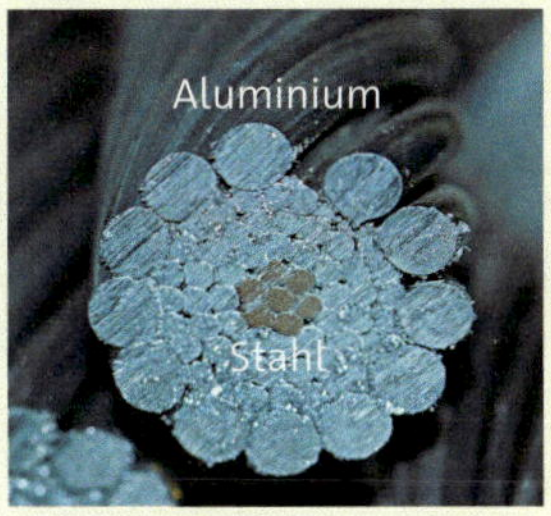

3 Verbundseil

4 Freileitung (33 kV)

5 Smart Meter

Ausfall eines Kraftwerks wird die elektrische Energieversorgung über das Verbundsystem aufrechterhalten.

Das Verbundsystem wird von Schaltzentralen überwacht, die Kraftwerke zu- oder abschalten und Energieströme steuern können.

Netzwerke der Zukunft • In Deutschland sind alle Kernkraftwerke abgeschaltet und auch die Kohlekraftwerke sollen nach und nach abgeschaltet werden. Als Ersatz entstehen sehr viele Wind- und Solarkraftwerke, die in das Verbundnetz integriert werden müssen. Sie liefern aber nur elektrische Energie, wenn der Wind weht oder die Sonne scheint. Deshalb werden zusätzliche Kraftwerke benötigt, die schnell auf steigenden Bedarf reagieren können – z. B. Gas- oder Pumpspeicherkraftwerke.

Das komplizierte Netzwerk wird nur störungsfrei funktionieren können, wenn der elektrische Energiebedarf ständig ermittelt wird und die Kraftwerksleistungen entsprechend angepasst werden. Dazu ist eine aufwendige digitale Steuerung durch neue Computernetzwerke nötig. Zur Beobachtung des Energiebedarfs werden unsere Haushalte allmählich mit digitalen Energiemessgeräten ausgestattet. → 5 „Smart Meter“ (engl. *smart:* schlau, intelligent; *meter:* Messgerät) messen neben der elektrischen Energie auch die Nutzungszeit minutengenau und senden die Daten an die Netzbetreiber.

Hochspannungs-Gleichstrom-Übertragung • Die elektrische Energie wird von den Windparks im Meer nicht mit Wechselstrom zum Festland transportiert, weil die Übertragungsverluste zu groß wären. Stattdessen kommt die Hochspannungs-Gleichstrom-Übertragung (HGÜ) zum Einsatz. Sie soll auch für die sehr langen Überlandleitungen von den Küsten nach Süddeutschland genutzt werden. → S. 172/173

Aufgaben

1 Erkläre, warum die Hochspannungsleitungen Aluminiumseile enthalten, obwohl Kupfer den elektrischen Strom viel besser leitet.

2 Nenne Vorteile des Verbundnetzes.

3 Begründe, warum unser Verbundnetz in naher Zukunft erneuert werden muss.

Zusammenfassung

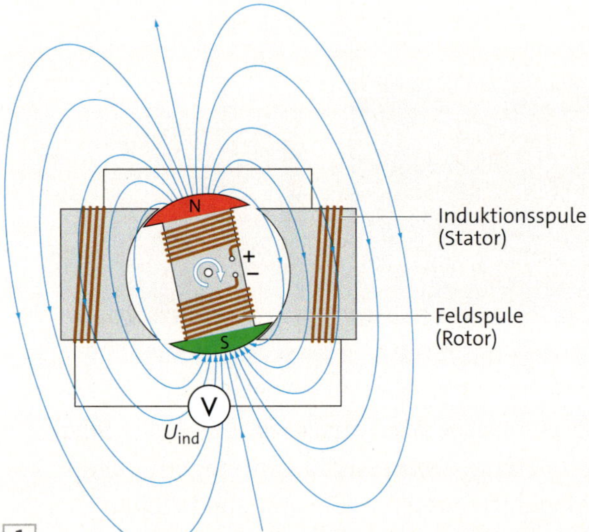

1

Generatoren • Die wichtigsten Bestandteile eines Generators sind ein Magnet und eine Induktionsspule. → 1 Der Magnet kann ein Dauermagnet oder ein Elektromagnet sein. Der Magnet und die Induktionsspule werden gegeneinander bewegt, sodass sich das Magnetfeld in der Induktionsspule ständig ändert. Dadurch wird in der Spule eine Wechselspannung induziert. → 2

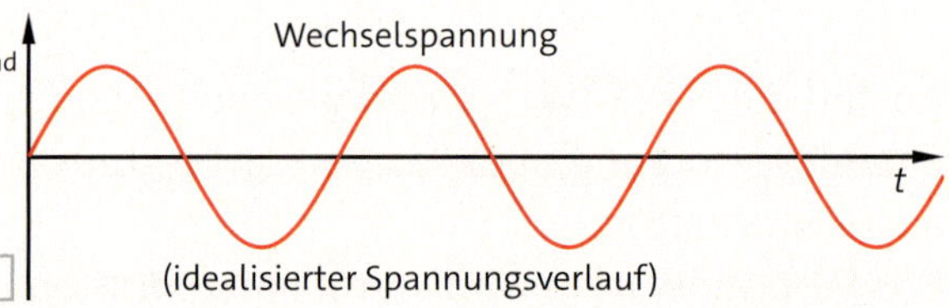

2

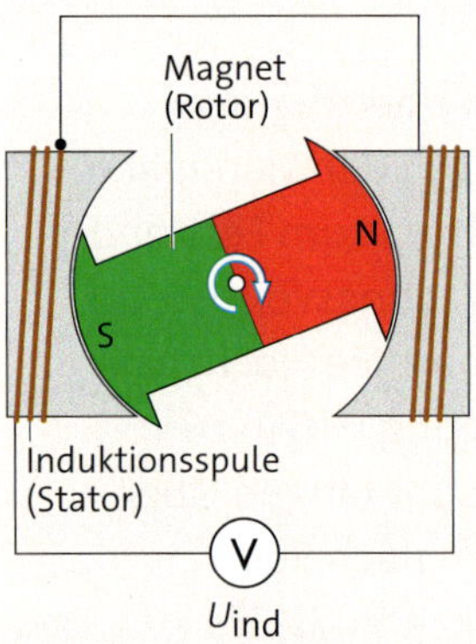

3 Innenpolgenerator

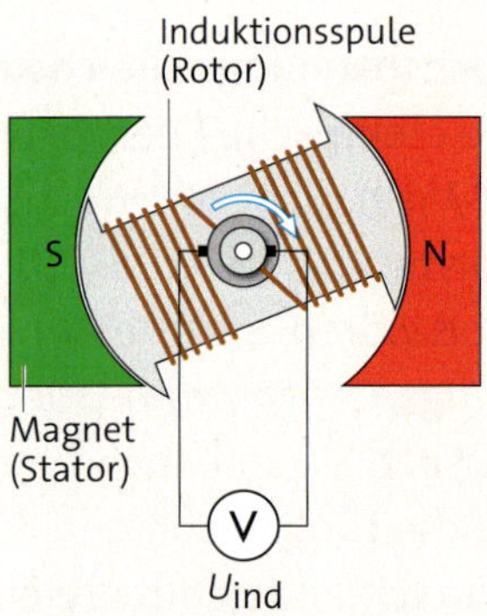

4 Außenpolgenerator

Wir unterscheiden zwei Bauformen: → 3 4

- Bei Innenpolgeneratoren rotieren die Magnetpole innerhalb der Induktionsspulen. → 3 Die Induktionsspannung wird an den Enden der Induktionsspulen über feste Anschlüsse abgenommen.
- Bei Außenpolgeneratoren befinden sich die fest stehenden Magnetpole außerhalb der rotierenden Induktionsspule. → 4 Die Induktionsspannung wird an der rotierenden Spule über Schleifkontakte abgenommen.

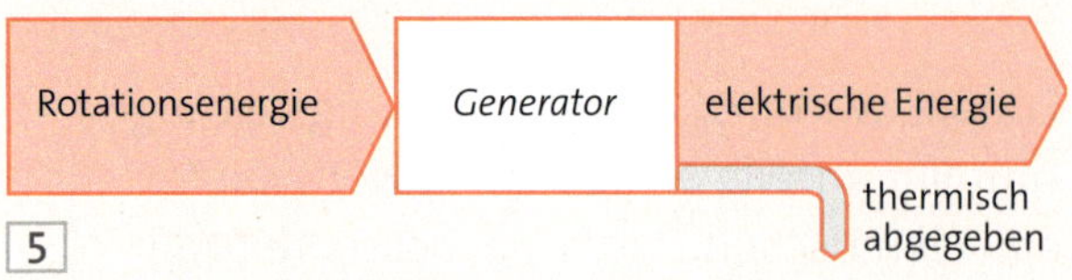

5

Belasteter Generator • Wenn ein elektrisches Gerät mit dem Generator betrieben wird, wandelt der Generator Rotationsenergie in elektrische Energie um (belasteter Generator). → 5 Je mehr elektrische Energie das elektrische Gerät benötigt, desto mehr Rotationsenergie muss dem Generator zugeführt werden. Der Generator wandelt immer einen Teil der zugeführten Energie in innere Energie um, die thermisch abgegeben wird (Energieentwertung).

Transformatoren • Ein Transformator besteht aus einer Primärspule und einer Sekundärspule mit einem gemeinsamen Eisenkern. → 6

Ein Wechselstrom in der Primärspule bewirkt, dass sich das Magnetfeld im Eisenkern ständig ändert. Diese Magnetfeldänderungen induzieren in der Sekundärspule eine Wechselspannung. Mit zunehmender Sekundärstromstärke (Belastung) erhöht sich auch die Primärstromstärke. Für die Spannungen und Stromstärken gilt:

- Wenn die Sekundärspule mehr (weniger) Windungen hat als die Primärspule, dann ist die Sekundärspannung größer (kleiner) als die Primärspannung.
- Wenn die Sekundärspule mehr (weniger) Windungen hat als die Primärspule, dann ist die Sekundärstromstärke kleiner (größer) als die Primärstromstärke.

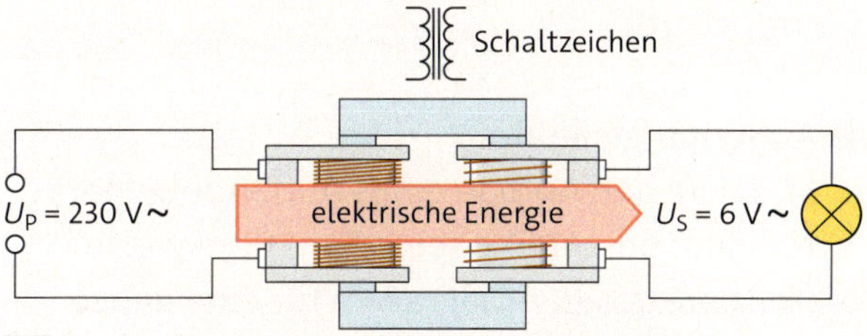

6

Transformatoren übertragen elektrische Energie von einem Wechselstromkreis zum anderen:

- Ein idealer Transformator hat einen Wirkungsgrad von 100 % und für die Leistungen gilt: $P_P = P_S$ bzw. $U_P \cdot I_P = U_S \cdot I_S$.
- Ein realer Transformator wandelt einen Teil der zugeführten Energie in innere Energie um, die thermisch abgegeben wird (Energieentwertung). → 7 Es gilt: $U_P \cdot I_P > U_S \cdot I_S$ und $\eta = \frac{P_{nutz}}{P_{zu}} = \frac{P_S}{P_P} = \frac{U_S \cdot I_S}{U_P \cdot I_P} < 1$.

Energieentwertungen beim realen Transformator	Gegenmaßnahmen
Erwärmung der Spulendrähte durch elektrischen Strom	Verringerung der Spulenwiderstände (z. B. durch Kühlen)
Erwärmung des Eisenkerns durch Wirbelströme und ständiges Ummagnetisieren	geblätterte Eisenkerne und Legierungen, die leicht ummagnetisierbar sind
Magnetfeldverluste	Mantel- und Ringkerntrafos

7

Energieübertragung mit Hochspannung • Die thermische Leistung P_{th} (Verlustleistung) von elektrischen Leitungen nimmt mit dem Quadrat der Stromstärke stark zu:

$P_{th} = R_L \cdot I_L^2$.

Wenn Fernleitungen die elektrische Energie mit Hochspannung transportieren, genügt für die gleiche Menge an Energie eine geringere Stromstärke in den Leitungen. Dadurch wird die thermische Leistung (Verlustleistung) stark verringert und viel weniger Energie ungenutzt thermisch an die Umgebung abgegeben. → 8

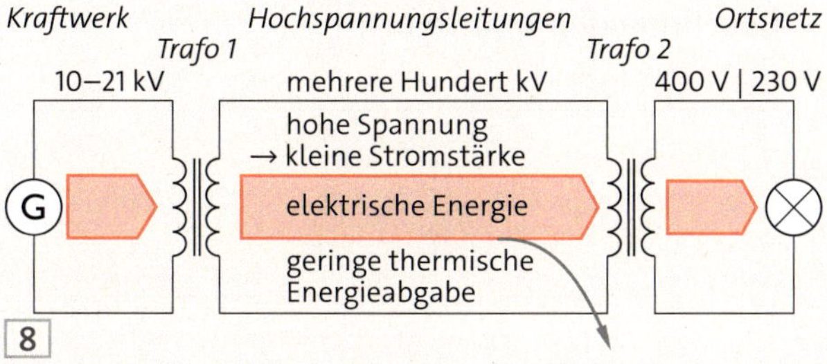

8

Elektrische Energie bereitstellen und übertragen

Aufgaben

Generatoren

1 Außenpolgenerator
a Skizziere den Aufbau eines Außenpolgenerators und beschreibe seine Funktionsweise.
b Skizziere das *t*-*U*-Diagramm für eine ganze Umdrehung des Rotors.
c Beschreibe die Energieumwandlungen in einem Generator.
d Nenne Ursachen für Energieentwertungen beim Betrieb des Generators.

2 Ein Handgenerator ist über einen Schalter mit einer Glühlampe verbunden. → 1 Begründe, warum man kräftiger an der Kurbel drehen muss, sobald der Schalter geschlossen wird.

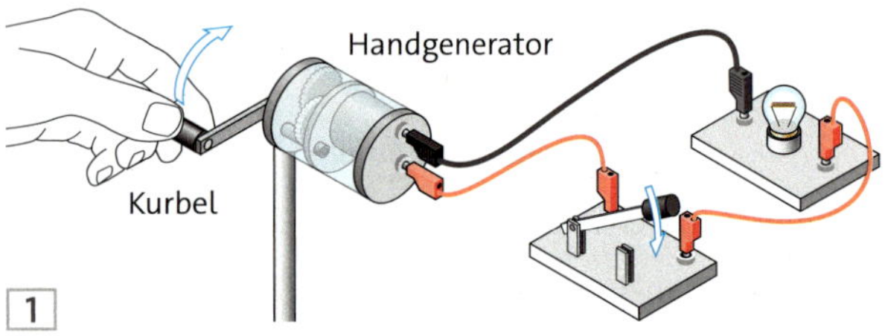

1

3 Nenne Beispiele aus Industrie und Technik, bei denen Generatoren eingesetzt werden. Gib jeweils die zugeführte Energieform an.

4 Der Generator eines Notstromaggregats hat eine maximale elektrische Leistung von 400 kW. Er verbraucht 104 l Diesel pro Stunde.
a Gib die Energieumwandlungen beim Betrieb des Generators an.
b Berechne die chemische Energie, die dem Aggregat pro Stunde zugeführt wird. Heizwert von Diesel: $H = 37\ \frac{\text{MJ}}{\text{l}}$
c Berechne den Wirkungsgrad des Notstromaggregats.

5 Am Drei-Schluchten-Staudamm des Flusses Jangtsekiang (China) befindet sich ein sehr großes Wasserkraftwerk. → S. 165 Die Generatoren haben zusammen eine maximale Leistung von 22,5 GW.
a Das Kraftwerk stellt pro Jahr eine elektrische Energie von $99 \cdot 10^9$ kWh zur Verfügung. Berechne seine durchschnittliche Leistung.
b Berechne, wie viele Kubikmeter Wasser pro Sekunde durch die Turbinen fließen müssen, um die maximale Leistung zu erreichen. Gehe von folgenden Werten aus:
- Das Wasserkraftwerk hat einen Wirkungsgrad von 90 %.
- Die Höhendifferenz beträgt 110 m.

Transformatoren

6 Bei diesem Transformator haben beide Spulen gleich viele Windungen. → 2 Erkläre, warum die Sekundärspannung nur 2,0 V beträgt.

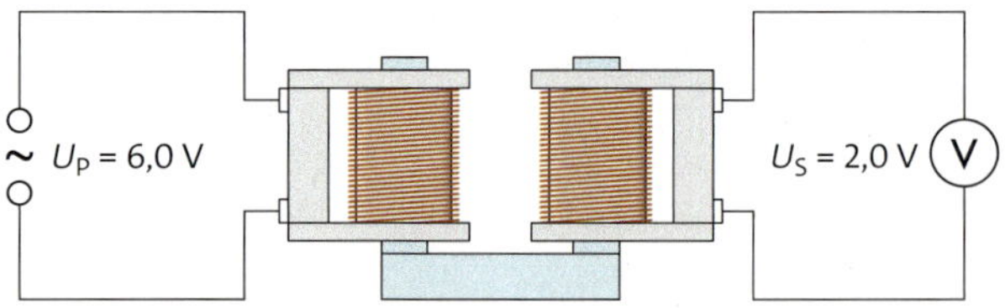

2

7 Darf man die 12-V-Glühlampe an die Sekundärspule des Trafos anschließen? → 3 Begründe deine Antwort.

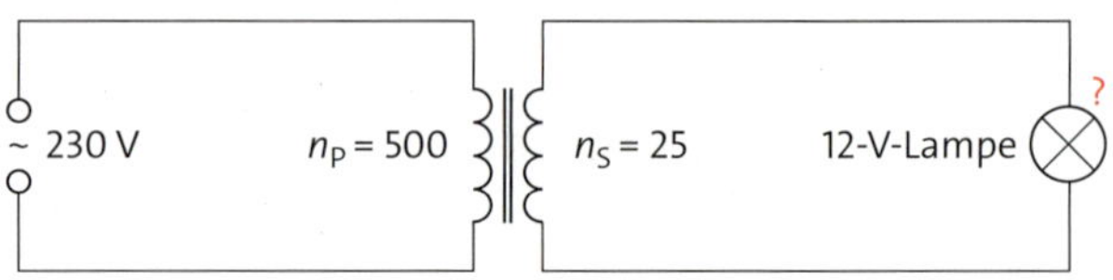

3

8 Der Transformator hat auf der Sekundärseite mehrere Anschlussmöglichkeiten. → 4
a Beschreibe, woran du erkennst, dass es sich um einen Niederspannungstrafo handelt.
b Erkläre, welchen Vorteil dieser Trafo hat.

9 Das Netzteil eines Druckers ist an eine Steckdose (230 V) angeschlossen, die Sekundärspannung beträgt 32 V. Der Wirkungsgrad des Netzteils beträgt 75 %.
Berechne die Primärstromstärke bei einer Sekundärstromstärke von 375 mA.

10 Aus einer Abschlussprüfung
a Beschreiben Sie die Funktionsweise eines Transformators.
b Bei Schweißtransformatoren werden sehr hohe Sekundärstromstärken benötigt. → 5
Geben Sie hierfür zwei bauliche Unterschiede zwischen der Primärspule und der Sekundärspule an.
c Der Transformator wird primärseitig an das Netz (U = 230 V) angeschlossen. Beim Schweißen beträgt die Primärstromstärke 2,4 A, die Sekundärstromstärke 140 A. Der Schweißtransformator hat einen Wirkungsgrad von 76 %. Berechnen Sie die Sekundärspannung.
d Geben Sie drei Möglichkeiten zur Verbesserung des Wirkungsgrads eines Trafos an.

5 Transformator als Elektroschweißgerät

4

11 Im Modellversuch wurde elektrische Energie mit „Fernleitungen“ übertragen. → S. 98
a Die Lampe leuchtet nicht. → 6 Berechne für die Energieübertragung ohne Transformator:
- die elektrische Leistung des Netzgeräts
- die Verlustleistung der Fernleitung
- die Betriebsleistung der Glühlampe

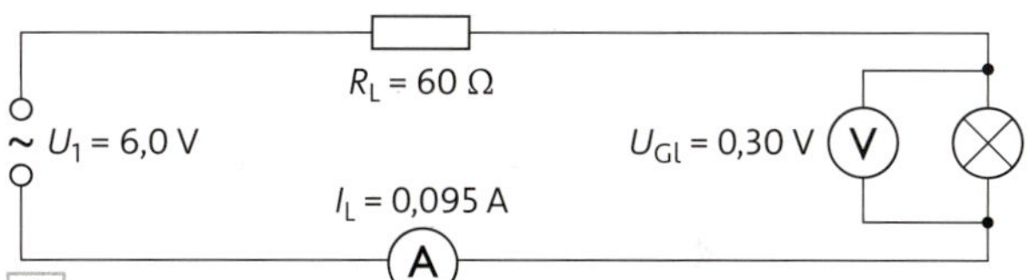

6

b Die Lampe leuchtet nun. → 7 Berechne für die Energieübertragung mit Transformator:
- die Leistung des Netzgeräts
- die Sekundärleistung des ersten Trafos
- die Verlustleistung der Fernleitung
- die Spannung (den „Spannungsabfall“) am Leitungswiderstand
- die Primärleistung des zweiten Trafos
- die Betriebsleistung der Glühlampe
- die Wirkungsgrade der Transformatoren

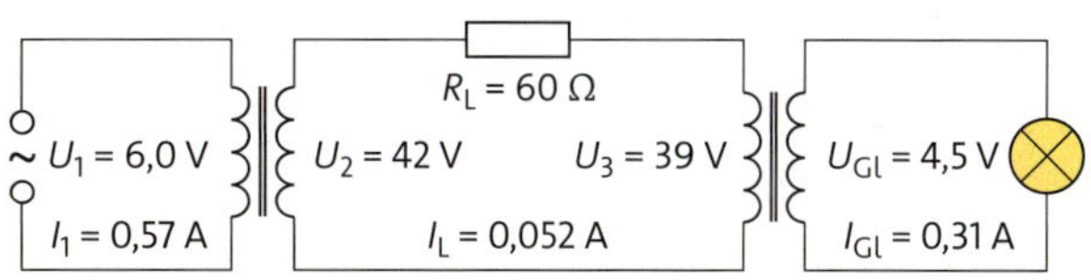

7

Teste dich! (Lösungen im Anhang)

Reihen- und Parallelschaltungen

1 Im Zimmer leuchten vier Lampen. → 1
a Nenne die Schaltungsart der Lampen.
b Gib die Stromstärken an den Stellen A–G an.
c Berechne die Leistung, die die Elektrizitätsquelle (U = 230 V) zur Verfügung stellt.

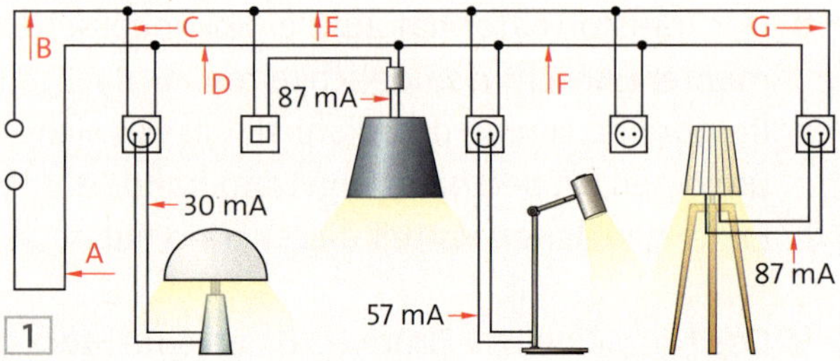

1

2 An einem Netzgerät sollen ein oder zwei gleiche Glühlampen (6,0 V; 3,0 W) betrieben werden. → 2 Zeichne die Schaltungen und vervollständige die Tabelle in deinem Heft.

Lampen	P_{el} in W	U in V	I_{ges} in A	R_{ges} in Ω	Schaltung
1	3,0	6,0	?	?	einfacher Stromkreis
2	?	?	?	?	Reihenschaltung
2	?	?	?	?	Parallelschaltung

2

Induktion und Generator

3 Beschreibe, wie du mit einem Stabmagneten und einer Spule eine Spannung erzeugen kannst. Erläutere, von welchen Größen der Betrag der Induktionsspannung abhängig ist.

4 An der Feldspule liegt zuerst Gleichspannung an, dann Wechselspannung. → 3
Beschreibe und begründe jeweils, was man am Strommessgerät beobachtet.

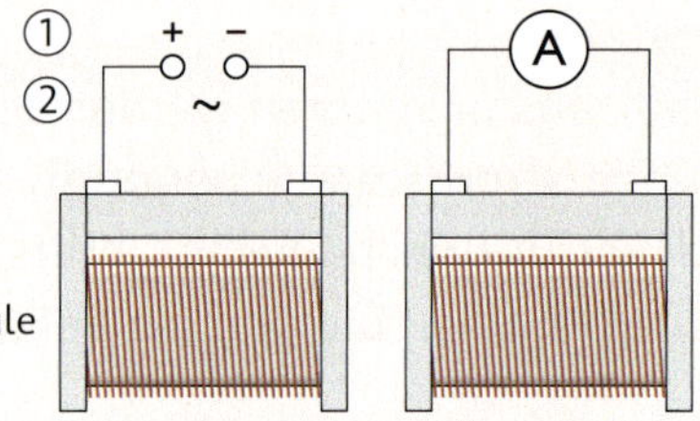

3

5 Lenzsche Regel
a Beschreibe den Ringversuch mit Versuchsskizze, Durchführung und Beobachtung. → S. 70
b Erkläre die Beobachtung mit der lenzschen Regel.
c Begründe an dem Versuch, dass die lenzsche Regel den Energieerhaltungssatz bestätigt.

6 Wirbelströme
a Ergänze: In einer Metallplatte werden Wirbelströme induziert, wenn ...
b Nenne zwei mögliche Wirkungen, die Wirbelströme haben können.
c Nenne zwei Anwendungsbeispiele, bei denen Wirbelströme erwünscht sind.
d Beim Transformator sind Wirbelströme unerwünscht. Erläutere, wie man hier die Entstehung von Wirbelströmen minimieren kann.

7 Das Kochfeld des Induktionsherds bleibt kalt, während die Pfanne erhitzt wird. → 4
a Erkläre, wie die Pfanne erhitzt wird. → S. 76
Wieso bleibt das eine Ei kalt?
b Auf das eingeschaltete Kochfeld wird ein wassergefülltes Gefäß aus hitzebeständigem Glas gestellt. Beschreibe und erkläre, was man am Wasser beobachten kann.
c Nenne drei Vorteile einer Induktionskochplatte gegenüber einem Elektroherd mit Heizplatte.

8 Verschiedene Generatoren
a Skizziere, wie ein Innenpolgenerator aufgebaut ist. Beschreibe seine Funktionsweise.
b Nenne Nachteile von Außenpolgeneratoren gegenüber Innenpolgeneratoren.
c Zeichne das Energieflussdiagramm eines Generators. Nenne Gründe für unerwünschte Energieentwertungen.

Transformatoren

9 Bei einem Transformator sind die Primärspule und die Sekundärspule nicht mit Kabeln verbunden. Erkläre, wie an der Sekundärspule dennoch eine Spannung entstehen kann.

10 Aus einer Abschlussprüfung: Die Zeichnung zeigt den Aufbau der Energieversorgung einer Akku-Zahnbürste. → 5 Zum Laden des Akkus wird das Handgerät auf die Ladestation gesetzt. Beschreiben Sie, wie der Ladestrom im Handgerät zustande kommt.

11 Vergleiche jeweils Primär- und Sekundärspule und nenne ein Anwendungsbeispiel:
a Niederspannungstransformator
b Hochspannungstransformator
c Hochstromtransformator

4

12 Ein Elektrogerät wird über einen Trafo an 230 V angeschlossen. Bei einer Sekundärspannung von 24 V und einer Sekundärstromstärke von 2,5 A wird eine Primärstromstärke von 293 mA gemessen. Berechne den Wirkungsgrad der Energieübertragung.

13 Stelle in einer beschrifteten Schaltzeichnung dar, wie elektrische Energie vom Kraftwerk zum Nutzer übertragen wird. Begründe den Einsatz der Transformatoren.

14 Im Umspannwerk eines Kraftwerks wird die Generatorspannung auf 220 kV hochtransformiert. Der Fernleitung des Stromnetzes wird eine elektrische Leistung von 154 MW zur Verfügung gestellt.
a Berechne die Stromstärke in der Fernleitung.
b Die Verlustleistung der Fernleitung beträgt 2,4 % der elektrischen Leistung, die vom Umspannwerk bereitgestellt wird. Berechne den Widerstand der Fernleitung.
c Gib zwei Maßnahmen zur Verbesserung des Wirkungsgrads an.

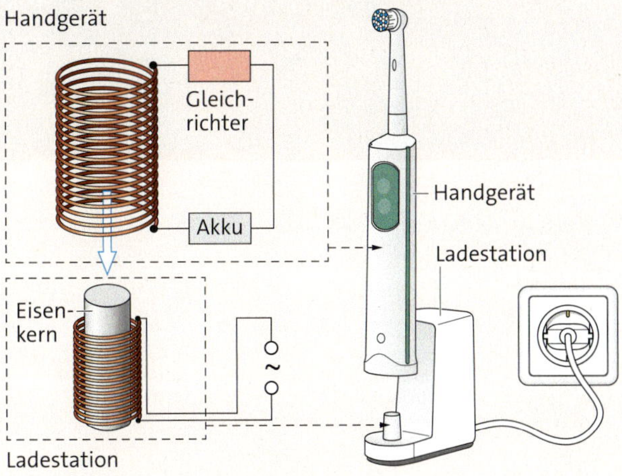

5 Energieversorgung einer elektrischen Zahnbürste

Atom- und Kernphysik

Die Kirschen werden nicht mit einem Mikrofon belauscht. Was misst der Geigerzähler wirklich?

Wann wurde diese Höhlenmalerei angefertigt – vor Jahrhunderten oder Jahrtausenden? Radioaktive Bestandteile der Farbstoffe ermöglichen eine Datierung.

Warum wird vor Radioaktivität gewarnt? Wie kann man sich vor ihr schützen?

Von Radioaktivität und Atomkernen

1

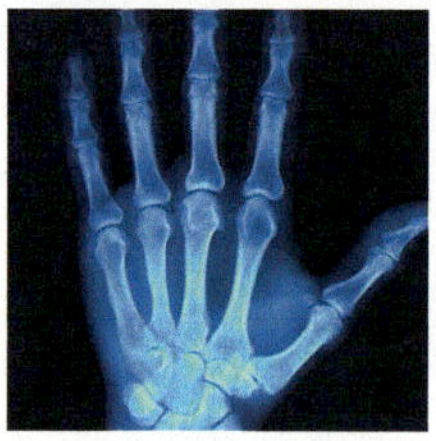
2 Röntgenbild

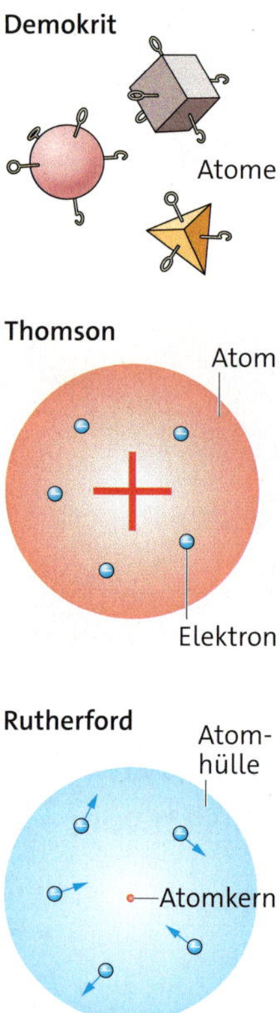

3 Atommodelle

Was ist Radioaktivität? Woher kommt sie und wie entsteht sie? Warum ist radioaktive Strahlung gefährlich? Lässt sie sich auch nutzen? Findet Antworten im folgenden Kapitel!

Was ist Radioaktivität und wie wurde sie entdeckt? → S. 112–123

Ende 1895 experimentierte Wilhelm Conrad Röntgen mit Elektronenstrahlen, die er auf ein Hindernis prallen ließ. Dabei entstand eine Strahlung, mit der man Bilder vom Inneren eines Menschen aufnehmen kann. → 2

Als Antoine Henri Becquerel 1896 die „Röntgenstrahlung" untersuchte, entdeckte er per Zufall, dass Uransalze von ganz alleine eine andere Strahlung aussenden. Marie und Pierre Curie untersuchten diese Strahlung gleich genauer. Auf Marie Curie geht der Begriff radioaktiv zurück: Sie beschrieb damit Elemente, die wie Uran und Thorium von alleine eine Strahlung abgeben (lat. *radius:* der Strahl). Oft wird diese Strahlung selbst als radioaktive Strahlung bezeichnet.

Etwas später untersuchte auch der Neuseeländer Ernest Rutherford die Strahlung aus Uransalzen. Er erkannte, dass sie sich in drei Strahlungsarten aufteilt: α-, β- und γ-Strahlung. Rutherford stellte fest, dass α- und β-Strahlung unterschiedlich geladene Teilchen enthalten. Er vermutete, dass sich Atome umwandeln können und dabei die geladenen Teilchen abstrahlen.

Wie sind die Atome aufgebaut?
→ S. 112–116

Schon um 400 v. Chr. gab es unter griechischen Philosophen wie Demokrit die Vorstellung, dass alle Stoffe aus kleinsten Teilchen bestehen, den Atomen (griech. *atomos:* unteilbar). → 3

Erst im 19. Jahrhundert n. Chr. ließen elektrische Phänomene Zweifel an der Unteilbarkeit des Atoms aufkommen. 1897 entdeckte der britische Physiker Joseph John Thomson das negativ geladene Elektron. 1903 stellte er das erste Modell vor, bei dem Atome aus noch kleineren Teilchen aufgebaut waren: Die besonders leichten und kleinen Elektronen waren im Atom eingebettet wie Rosinen im Kuchen.

Um Goldatome näher zu untersuchen, „beschoss" Rutherford Goldfolien mit α-Teilchen (1909). Er erwartete, dass die α-Teilchen die Atome durchdringen wie Pistolenkugeln einen Rosinenkuchen. Überraschenderweise prallten aber einige α-Teilchen ab! Rutherford schloss daraus, dass fast die ganze Masse des Atoms in einem positiv geladenen winzigen Kern konzentriert ist, den eine große, leichte Hülle aus umherschwirrenden Elektronen umgibt.

Heute hat man sogar eine Modellvorstellung vom Atomkern: Er besteht aus

die **Radioaktivität**
das **Atom**
der **Atomkern**

positiv geladenen Protonen und ungeladenen Neutronen. → 4

Welche Gefahren sind mit der radioaktiven Strahlung verbunden? → S. 124–129
Radioaktive Strahlung ist sehr energiereich und kann Zellen im Körper verändern. Man vermutet, dass Marie Curie und Henri Becquerel Opfer ihrer Forschungen wurden. Becquerel soll Verbrennungen auf der Haut durch den Umgang mit radioaktiven Präparaten gehabt haben. Curie starb an einer Blutarmut, die vielleicht durch radioaktive Strahlung verursacht wurde.
In manchen Gegenden Deutschlands dringt radioaktives Radongas aus dem Untergrund in die Häuser ein. Wenn es eingeatmet wird, kann es Krebserkrankungen auslösen.
Abfälle aus der Nuklearmedizin und aus Kernkraftwerken sind oft stark radioaktiv. → 5 Ihre Strahlung wird zwar mit der Zeit schwächer, es kann aber Jahrtausende dauern, bis sie nicht mehr gefährlich sind. Solange müssen sie sicher verwahrt werden (Endlager).
Auch Röntgenstrahlung ist nicht ungefährlich. Deshalb werden Körperteile, die bei einer Röntgenaufnahme nicht untersucht werden, durch dicke Bleischürzen vor der Strahlung geschützt.

Wie lässt sich die radioaktive Strahlung nutzen? → S. 129–133
Die zellverändernde Wirkung der radioaktiven Strahlung wird z. B. genutzt, um Krebstumore in Menschen oder schädliche Keime in und auf Lebensmitteln abzutöten.
Zur Untersuchung der Schilddrüse wird dem Patienten ein radioaktives Präparat verabreicht, das sich in der Schilddrüse sammelt. Die radioaktive Strahlung erzeugt ein Szintigramm des Organs. → 6 Für diese Untersuchung nutzt man ein radioaktives Präparat, dessen Strahlung rasch abklingt.
Aus dem Abklingen der Radioaktivität bestimmter Kohlenstoffatomkerne lässt sich berechnen, wann z. B. die Höhlenmalereien von Mammuts entstanden sind. → 7

Bewertung → S. 130–135
Durch radioaktive Strahlung können z. B. Krebstumore zerstört werden – oder entstehen. Überwiegt beim Einsatz der radioaktiven Strahlung der Nutzen oder das Risiko? Solche Bewertungen spielen beim Einsatz von Radioaktivität oft eine Rolle.

Aufgaben

1 Informiere dich zu allen genannten Forscherinnen und Forschern: Wann haben sie gelebt? Wann haben sie einen Nobelpreis erhalten?

2 Gib an, was man unter radioaktiven Elementen und radioaktiver Strahlung versteht.

3 Notiere Fragen zu Atomen und zur Radioaktivität, die dich interessieren. Suche auf den Seiten 112–137 nach Informationen dazu. Tausche dich dann mit deinem Nachbarn aus.

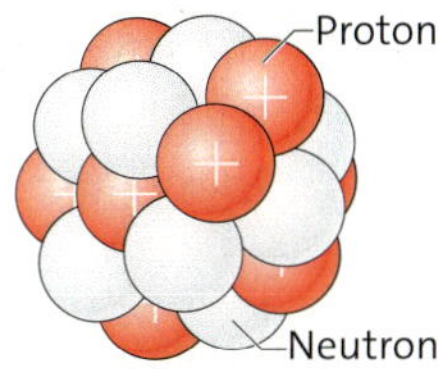

4 Modell eines Atomkerns

5 Radioaktiver Abfall

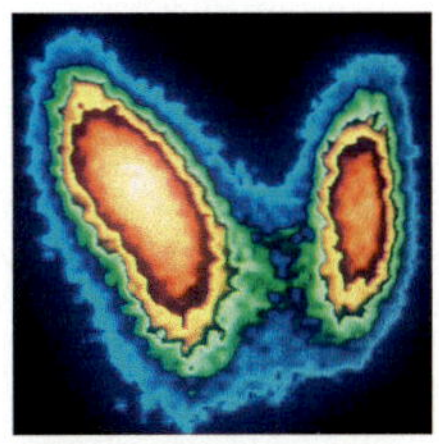
6 Szintigramm einer Schilddrüse

7 Wann lebte das Mammut?

Atome – genauer betrachtet

1

2

Um Iodmangel vorzubeugen, gibt es Speisesalz mit zugefügten Iodsalzen. Auch in dem Medizinfläschchen ist Iod enthalten. Die Warnzeichen verraten, dass es stark radioaktiv ist.
Wie kann es sein, dass Iod einmal radioaktiv ist und einmal nicht?

Grundlagen

Kern-Hülle-Modell • Die meisten Stoffe setzen sich aus mehreren chemischen Elementen zusammen. Kochsalz besteht z. B. hauptsächlich aus den miteinander gebundenen Elementen Natrium und Chlor, in kleinen Mengen kann es auch gebundenes Iod enthalten. Die Atome eines Elements sind nicht immer genau gleich aufgebaut, einige sind radioaktiv, andere nicht. Um den Aufbau von Atomen darzustellen, nutzen wir das Kern-Hülle-Modell: → 3

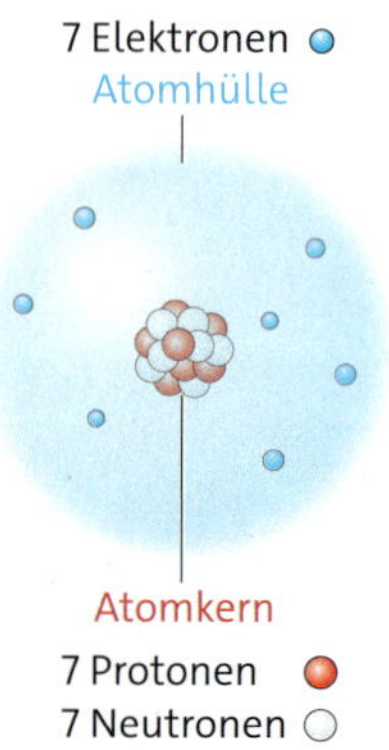

3 Kern-Hülle-Modell eines Atoms

- Der Atomkern in der Mitte des Atoms hat einen Durchmesser von rund $1 \cdot 10^{-12}$ mm. Er setzt sich aus Protonen und Neutronen zusammen. Jedes Proton trägt eine positive elektrische Elementarladung *e*, Neutronen sind elektrisch neutral. Man nennt diese Kernbausteine auch Nukleonen (lat. *nucleus:* der Kern). Die positiv geladenen Protonen stoßen sich gegenseitig ab. Der Atomkern hält trotzdem fest zusammen, weil es eine sehr starke Anziehungskraft zwischen Nukleonen gibt, wenn sie einander besonders nahe kommen. Wir nennen sie Kernkraft, ihre Reichweite ist sehr gering.
- Der Durchmesser der Atomhülle ist mit rund $1 \cdot 10^{-7}$ mm 100 000-mal so groß wie der Durchmesser des Atomkerns. Die Atomhülle wird von Elektronen gebildet, die jeweils eine negative elektrische Elementarladung $-e$ tragen. Sie bewegen sich ständig um den Kern herum.

Wir zeichnen den Größenunterschied zwischen Kern und Hülle viel kleiner, als er in Wirklichkeit ist. Stelle dir vor, du wärst der Atomkern: Dann würde deine Atomhülle fast 100 km in jede Richtung reichen – nach oben also bis zum Weltraum!

Wir stellen uns vor, dass Atome im Zentrum einen sehr kleinen Kern aus Protonen und Neutronen besitzen, der von einer viel größeren Hülle aus Elektronen umgeben ist. Atome sind elektrisch neutral, weil sie gleich viele positive Protonen wie negative Elektronen enthalten.

Elemente • Die Anzahl der Protonen bestimmt, zu welchem chemischen Element ein Atom gehört. Ein Atom mit 7 Protonen (und damit auch 7 Elektronen) ist ein Stickstoffatom. → 3 Stickstoff hat das Elementsymbol N.

das **Element**
die **Ordnungszahl**
die **Nukleonenzahl**
die **Massenzahl**
das **Isotop**

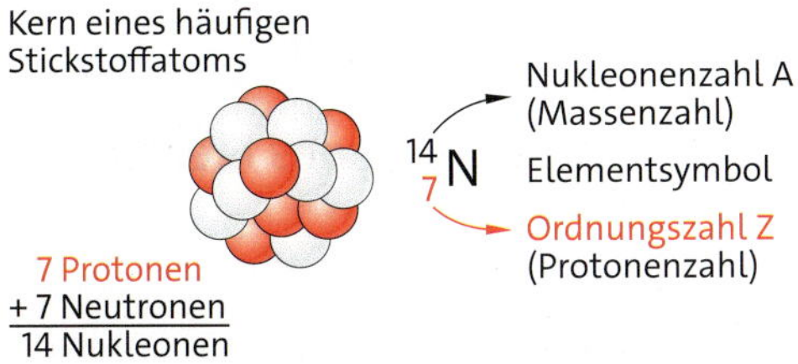

4 Stickstoff N-14 mit Kurzschreibweise

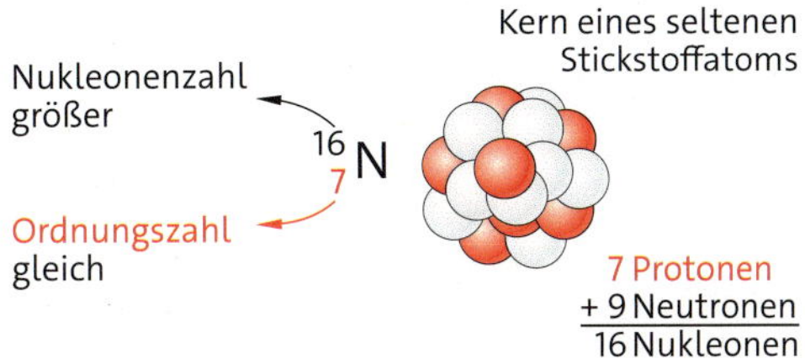

5 Stickstoff-Isotop N-16

Im Periodensystem der Elemente (PSE) sind die Elemente nach ihrer Protonenzahl geordnet. → Anhang Man spricht daher von der Ordnungszahl Z. Sie wird zusammen mit der Anzahl A aller Nukleonen für eine Kurzschreibweise der Atome genutzt. → 4 Statt $^{14}_{7}N$ schreibt man oft auch Stickstoff N-14, Stickstoff-14 oder N-14.
Zur Masse des Atoms tragen praktisch nur die Nukleonen bei, ein Elektron wiegt nur etwa 0,054 % eines Nukleons. Man ordnet Nukleonen die Massenzahl 1 zu. Damit ist die Massenzahl eines Atoms gleich der Nukleonenzahl.

Isotope • Die Atome eines Elements haben stets dieselbe Protonenzahl, können aber verschieden viele Neutronen besitzen. → 5 Die Nukleonenzahlen unterscheiden sich dann. Solche Atome eines Elements heißen Isotope (griech. *isos:* gleich, *topos:* Ort, Stelle). Das Stickstoff-Isotop N-16 unterscheidet sich nicht nur in der Neutronenzahl von N-14. Der Kern von N-16 ist instabil, er kann sich in den Kern eines anderen Elements umwandeln und dabei energiereiche Strahlung abgegeben. Man spricht von einem radioaktiven Zerfall. Der Kern von N-14 ist dagegen stabil. Auch Iod hat radioaktive Isotope.

Die Isotope eines Elements haben alle dieselbe Ordnungszahl Z (Protonenzahl). Sie unterscheiden sich aber in der Nukleonenzahl A und damit in der Massenzahl.

Aufgaben

1 Beschreibe den grundsätzlichen Aufbau von Atomkern und Atomhülle. Gehe dabei auf folgende Punkte ein: Bestandteile, elektrische Ladung, Masse.

2 Gib an, was man unter dem Begriff Nukleon versteht.

3 Erkläre den Unterschied zwischen einem Element und einem Isotop.

4 Iod – genauer betrachtet
a Erläutere den Begriff Isotop. Vergleiche dazu Iod I-127 und I-131.
b Gib die elektrische Ladung der Atomkerne für beide Isotope an. Begründe deine Angabe.
c I-131 ist radioaktiv, I-127 ist stabil. Erkläre, was man darunter versteht.
d Vermute, welches Iod-Isotop im Speisesalz und welches im Medizinfläschchen enthalten ist. → 1 2

Atome – genauer betrachtet

A Aufgaben

1 Die Atomkerne von verschiedenen Isotopen ein und desselben Elements unterscheiden sich in ihrem Aufbau. → 1

a Nenne das Element, zu dem die Isotope gehören. → PSE im Anhang

b Schreibe für jedes Isotop die Nukleonenzahl und die Ordnungszahl auf.

c Gib die drei Isotope in Kurzschreibweise an: $^{?}_{?}?$.

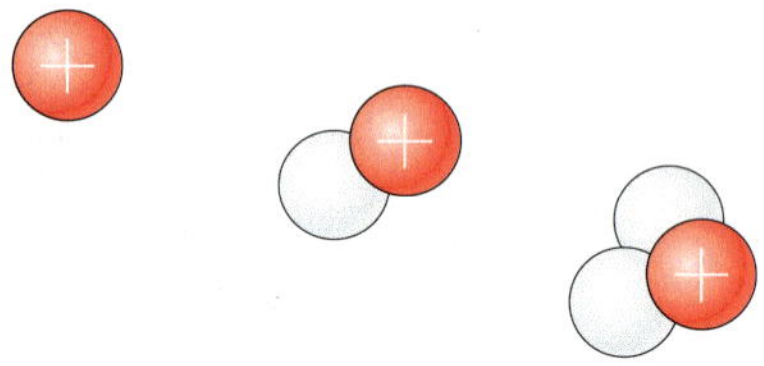

1 Drei Isotope eines Elements

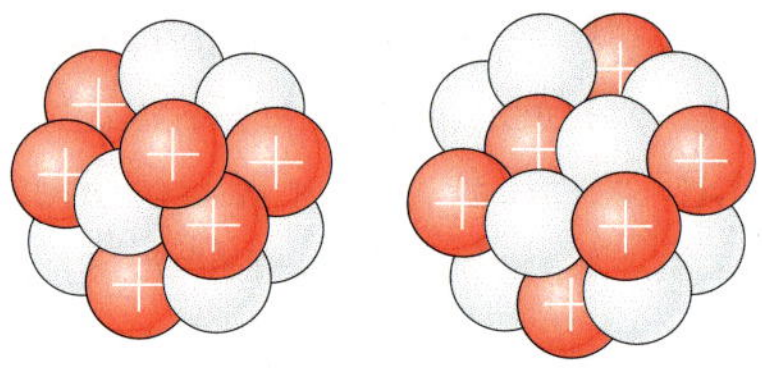

3 Zwei Kohlenstoff-Isotope

2 Bild 2 zeigt links den Aufbau eines Heliumatoms. Entscheide und begründe, um welches Element es sich rechts handelt.

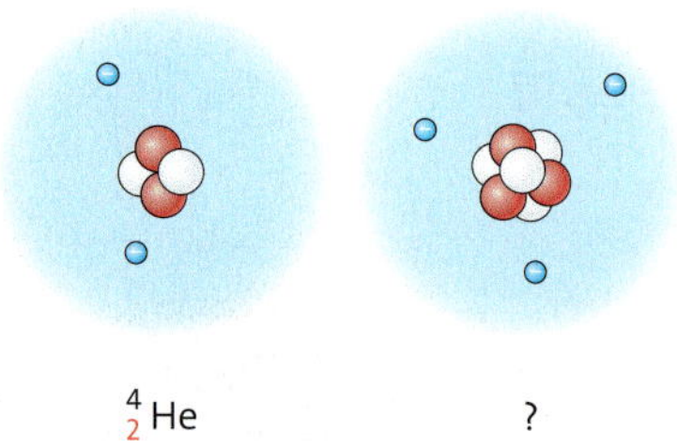

2 Helium und ?

3 Bild 3 zeigt zwei Isotope des Elements Kohlenstoff C.

a Schreibe jeweils die Nukleonenzahl und die Ordnungszahl der Atomkerne auf.

b Gib die beiden Isotope in Kurzschreibweise an: $^{?}_{?}C$.

c Recherchiere, welches Isotop in der Natur häufiger vorkommt.

4 Übertrage die Tabelle mit den fünf Isotopen in dein Heft und ergänze. → 4

	$^{4}_{2}He$	$^{12}_{6}C$	$^{20}_{9}F$	$^{238}_{92}U$	?
Element	Helium	?	?	?	?
Elektronen	2	?	?	?	?
Protonen	2	?	?	?	82
Neutronen	2	?	?	?	?
Ordnungszahl	2	?	?	?	?
Nukleonenzahl	4	?	?	?	206

4 Fünf Isotope – näher betrachtet

B Aufgaben

Entdeckung des Elektrons

Joseph John Thomson untersuchte 1897 die Strahlung einer stromdurchflossenen Glühwendel aus Metall, die in einer Vakuumröhre glühte. Ein Teil der Strahlung ließ sich in elektrischen und magnetischen Feldern ablenken. Dieser Teil konnte also kein Licht sein – Thomson hatte die negativ geladenen Elektronen entdeckt.
Thomson konnte Elektronenstrahlen mit gleichen Eigenschaften auch mit anderen glühenden Metallen erzeugen. Zur Erklärung nahm er an, dass sich Elektronen in den Grundbausteinen aller Metalle befinden – den Atomen. Diese konnten also nicht die kleinsten Bausteine der Materie sein.

5 Thomsons Entdeckung

1 Beschreibe Thomsons Versuch, der zur Entdeckung der Elektronen führte. → 5

2 Erkläre, weshalb Thomson annahm, dass Atome nicht die kleinsten Bauteile der Materie sind. Beschreibe sein Atommodell. → S. 112

C Aufgaben

Ein heißer Kandidat für den Physik-Nobelpreis!

Henri Becquerel (* 1852) untersuchte im Jahr 1896 das Nachleuchten von Urangesteinen, die er mit Licht bestrahlt hatte. „Dies ist mit dem Leuchten von Leuchtziffern auf Uhren vergleichbar", betont Becquerel. Er wollte feststellen, ob die Steine beim Nachleuchten außer sichtbarem Licht auch die neuartige Röntgenstrahlung aussenden. Henri Becquerel erklärt: „Diese unsichtbare Strahlung war gerade von meinem geschätzten Kollegen Wilhelm Röntgen entdeckt worden, der dafür den ersten Nobelpreis in Physik bekommen hat. Sie durchdringt Stoffe wie Haut, Muskeln und Papier und kann Filme belichten."
Becquerel packte am 26.02.1896 in einer Dunkelkammer eine unbelichtete Fotoplatte in dickes schwarzes Papier ein. Anschließend wollte er einen uranhaltigen Stein von der Sonne bestrahlen lassen und sehen, ob er nachleuchtete und die Fotoplatte belichtete. Wegen schlechten Wetters musste Becquerel den Versuch abbrechen. Er verstaute Platte und Stein im Schrank. Erst am 1. März war wieder geeignetes Wetter. Becquerel führte den Versuch mit einer neuen Fotoplatte durch und zog die alte zur Kontrolle heran. „Ich war völlig überrascht, dass auf der alten Filmplatte der Umriss des Steins, den ich auf der Platte abgelegt hatte, zu erkennen war. Mir war klar – der Stein musste von ganz alleine gestrahlt haben!", so Becquerel.
Becquerels Strahlung durchdringt Stoffe und belichtet Fotoplatten ähnlich wie Röntgenstrahlung. Sie kommt aber aus Gestein und nicht aus künstlichen Apparaten. Mit dieser Entdeckung ist Henri Becquerel ein heißer Kandidat für den nächsten Nobelpreis.

6 „Extrablatt" von 1902

Die Entdeckung der Radioaktivität

1 Beantworte die Fragen mithilfe des „Extrablatts". → 6

a Wer erhielt den ersten Nobelpreis für Physik? Wofür?

b Wann entdeckte Becquerel „seine" neuartige Strahlung?

c Wie führte Becquerel seinen Versuch durch?

2 Recherchiere die Antworten zu weiteren wichtigen Ereignissen der Atomphysik.

a Wann erhielt Henri Becquerel den Nobelpreis?

b Für welche Leistung und in welchem Jahr erhielten Marie Curie und ihr Mann Pierre den Physik-Nobelpreis?

c Welchen besonderen Erfolg erzielten Marie Curie und nur vier weitere Personen?

d Mit wem erfand Hans Geiger den „Geigerzähler"? Bei welchem Nobelpreisträger war er vorher Assistent?

7 Antoine Henri Becquerel

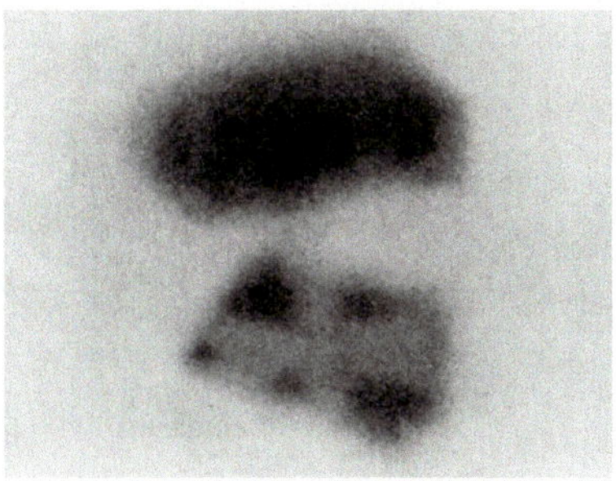

8 Becquerels berühmtes Bild

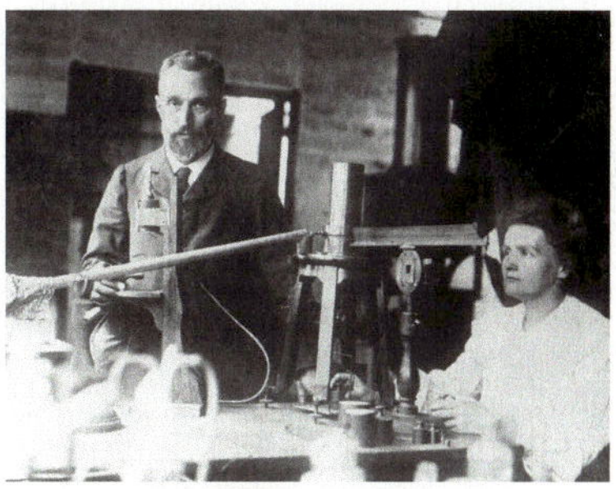

9 Pierre und Marie Curie

Radioaktivität nachweisen

1 Messung der Radioaktivität bei einer Schutzübung

In der Nähe stark radioaktiver Stoffe ist darauf zu achten, wo Strahlung auftritt und wie stark sie ist. Wie lässt sich die Strahlung nachweisen und messen?

Grundlagen

Ionisierende Wirkung • Radioaktive Strahlung ist so energiereich, dass sie Elektronen aus Atomhüllen herausschlagen kann. → 2 Die Atome sind dann nicht länger elektrisch neutral, sondern positiv geladene Ionen. Wenn sich die herausgelösten Elektronen an andere Atome anlagern, werden diese zu negativ geladenen Ionen.

Alle Nachweismethoden für Radioaktivität nutzen die ionisierende Wirkung:

- Im Geiger-Müller-Zähler wird ein Gas durch radioaktive Strahlung leitend, sodass ein Stromkreis geschlossen wird. → 1 3
- Bei der Fotomethode werden Filme durch die Strahlung belichtet. → 4
- In der Nebelkammer erzeugt die Strahlung Nebelspuren. → 5

Wenn radioaktive Strahlung auf Materie trifft, werden Ionen erzeugt. Die Strahlung lässt sich durch ihre ionisierende Wirkung nachweisen.

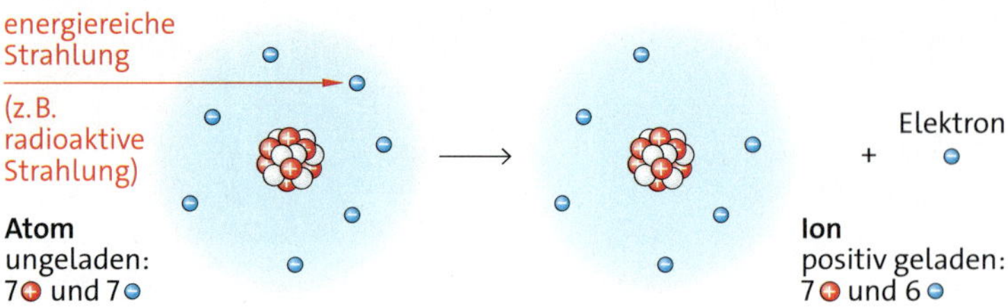

2 Ionisierung durch radioaktive Strahlung

Aufgaben

1 Beschreibe und erkläre stichpunktartig die Funktion der Nebelkammer. → 5

2 Vergleiche die Nachweismethoden für Radioaktivität unter folgenden Fragestellungen: → 3 – 5

a Wie erkennt der Nutzer der Nachweismethode, dass radioaktive Strahlung vorhanden ist?

b Woran erkennt der Nutzer, wie stark die radioaktive Strahlung ist?

3 Geiger-Müller-Zähler → 3

a Erläutere die Begriffe „ionisierend“ und „Nulleffekt“ am Beispiel des Geiger-Müller-Zählers.

b Der Zähler misst ohne ein radioaktives Präparat in der Nähe 20 Impulse in 30 s. Mit radioaktivem Präparat werden in einer Minute 450 Impulse gemessen. Vergleiche die beiden Impulsraten (*Tipp:* gleiche Zeit).

Geiger-Müller-Zähler (Geigerzähler)
Das Zählrohr besteht aus einem Metalldraht, einem Metallrohr und einer Folie, die die Öffnung verschließt. Das Gas im Rohr ist unter normalen Umständen nicht leitend, der Stromkreis ist zwischen Draht und Rohr unterbrochen. Wenn radioaktive Strahlung von außen durch die Folie dringt, wird das Gas im Rohr ionisiert und damit kurzzeitig leitend. Für einen Moment fließt ein elektrischer Strom. Dieser Stromimpuls wird am Widerstand von einem elektronischen Zähler erfasst und oft über einen Lautsprecher hörbar gemacht.

Impulsrate
Bei vielen Geigerzählern lässt sich die Messdauer einstellen, z. B. auf 10 s. Wenn dann bei einem radioaktiven Präparat 48 Impulse in 10 s gezählt werden, sagt man: Das Präparat hat die Impulsrate 48 pro 10 s. Ein Präparat mit der Impulsrate 240 pro 10 s ist noch stärker radioaktiv.

Nulleffekt
Der Geiger-Müller-Zähler zeigt auch Impulse an, wenn kein radioaktives Präparat in der Nähe ist (Nulleffekt) – in unserer Umgebung gibt es ständig eine natürliche radioaktive Strahlung.

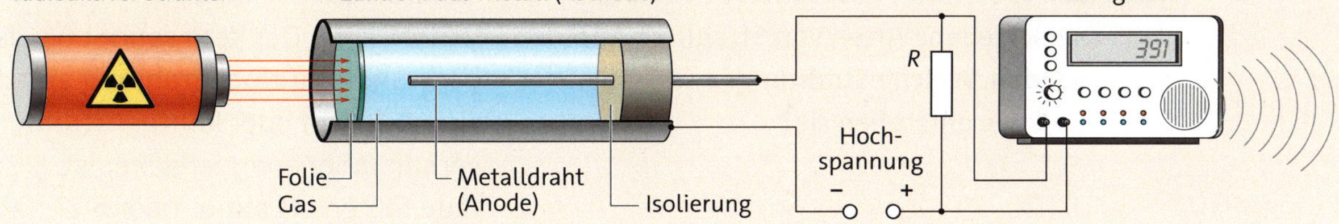

3

Fotomethode
In fotografischen Filmen löst die Ionisation durch radioaktive Strahlung dieselben chemischen Prozesse aus wie eine Belichtung. → S. 117
Im Filmdosimeter wird ein Film durch die Strahlung zunehmend geschwärzt. Damit lässt sich die Belastung von Personen in strahlentechnischen Anlagen überwachen.

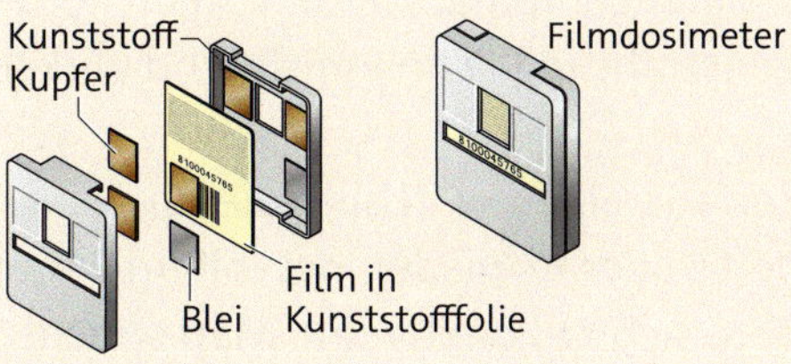

4

Nebelkammer
In einer durchsichtigen Kammer verdampft Alkohol. Die Luft in der Kammer wird dann unter die Kondensationstemperatur des Dampfs gekühlt, er kondensiert aber nicht von alleine.
Wenn nun radioaktive Strahlung in die Kammer eintritt, erzeugt sie auf ihrem Weg Ionen, an denen sich viele Alkoholmoleküle anlagern, sodass feine Tröpfchen entstehen. Sie bilden die sichtbaren „Nebelspuren“.

5

Strahlungsarten

1 Ernest Rutherford (rechts) und sein Assistent Hans Geiger

Ernest Rutherford und Hans Geiger wiesen 1909 nach, dass radioaktive Körper verschiedene Arten von Strahlung aussenden. Welche Strahlungsarten gibt es und wie entstehen sie?

Grundlagen

Entstehung von radioaktiver Strahlung • Die meisten Atomkerne werden durch die starken anziehenden Kernkräfte zwischen den Nukleonen fest zusammengehalten. Diese Kerne sind stabil. Daneben gibt es Atomkerne, deren Nukleonen in einem ungünstigen Verhältnis zueinander stehen. Dies ist z. B. bei Elementen mit hoher Ordnungszahl wie Uran oder Thorium oft der Fall. Die relativ hohe Anzahl positiv geladener Protonen macht diese Kerne instabil. Sie können sich spontan in Atomkerne eines anderen Elements umwandeln und dabei Strahlung aussenden. Man nennt diese Atomkerne daher auch Radionuklide. Die Energie der ausgesendeten Strahlung war vorher im Atomkern gespeichert. Wir bezeichnen den Vorgang als radioaktive Kernumwandlung oder als Kernzerfall. Der Zeitpunkt der Kernumwandlung lässt sich weder vorhersagen noch beeinflussen.

Strahlungsarten • Bei den Kernzerfällen werden verschiedene Strahlungsarten ausgesandt: → 2
- α-Strahlung: Der Kern strahlt bei der Umwandlung einen positiv geladenen Heliumkern ab (α-Teilchen).
- β-Strahlung: Der Kern strahlt bei der Umwandlung ein negativ geladenes Elektron ab (β-Teilchen).
- γ-Strahlung: Der Kern sendet bei der Umwandlung eine Strahlung aus, die sich wie Licht oder Röntgenstrahlung verhält, aber energiereicher ist. γ-Zerfälle folgen oft auf α- oder β-Zerfälle.

γ-Strahlung wird erst durch dicke Blei- oder Betonblöcke abgeschirmt, bei α-Strahlung genügt ein Blatt Papier. → 3

Einige Atomkerne können sich spontan in Atomkerne anderer Elemente umwandeln und dabei α-, β- und/oder γ-Strahlung aussenden.

Röntgenstrahlung entsteht nicht im Atomkern, sondern beispielsweise, wenn sehr schnelle Elektronen schlagartig abgebremst werden. Auch Röntgenstrahlung kann ionisierend wirken.

Zerfallsreihen • Oft sind die umgewandelten Kerne wieder instabil und wandeln sich radioaktiv um. Man spricht dann von Zerfallsreihen. → 4

der Kernzerfall
die α-Strahlung
die β-Strahlung
die γ-Strahlung
die Röntgenstrahlung

	Beispiel für eine Kernumwandlung	
α-Strahlung	Bei der Umwandlung von Uran U-238 in Thorium Th-234 strahlt der Urankern einen Heliumkern He-4 ab, der aus zwei Protonen und zwei Neutronen besteht. Die Ordnungszahl verringert sich also um 2, die Nukleonenzahl um 4.	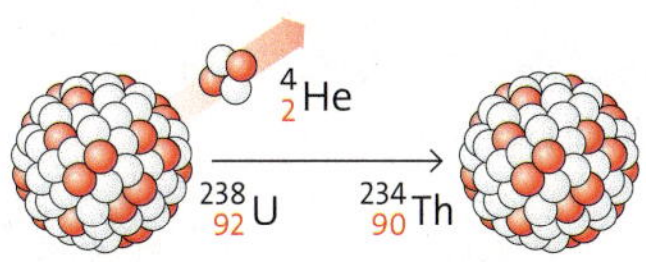 $^{238}_{92}U \longrightarrow ^{234}_{90}Th + ^{4}_{2}He$
β-Strahlung	Bei der Umwandlung von Thorium Th-234 in Protactinium Pa-234 strahlt der Thoriumkern ein Elektron ab. Eines der Neutronen im Kern hat sich nämlich in ein Proton und ein Elektron umgewandelt: $^{1}_{0}n \rightarrow ^{1}_{1}p + ^{0}_{-1}e$. Während das Proton im Kern bleibt, wird das Elektron abgestrahlt. Die Nukleonenzahl bleibt daher gleich, aber die Ordnungszahl nimmt um 1 zu.	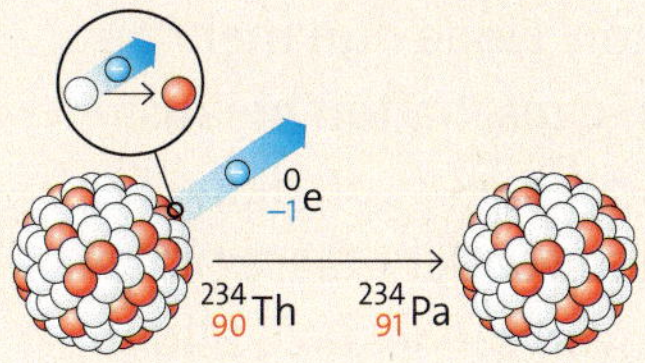 $^{234}_{90}Th \longrightarrow ^{234}_{91}Pa + ^{0}_{-1}e$
γ-Strahlung	Nach dem β-Zerfall von Caesium Cs-137 besitzt der neue Kern Barium Ba-137 überschüssige Energie. Er ist in einem Übergangszustand, der als metastabil bezeichnet wird: $^{137}_{56}Ba^{m}$. Ba-137^{m} gibt diese Energie über γ-Strahlung ab. Diese Strahlung ist ähnlich wie Licht oder Röntgenstrahlung. Ordnungs- und Nukleonenzahl bleiben gleich.	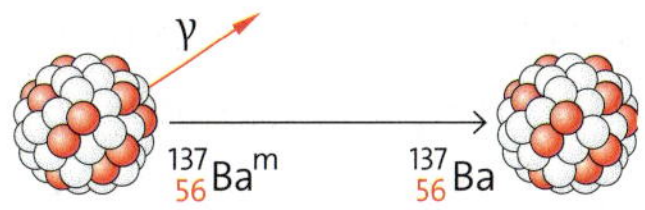 $^{137}_{56}Ba^{m} \longrightarrow ^{137}_{56}Ba + \gamma$

2 Strahlungsarten und Kernumwandlungen

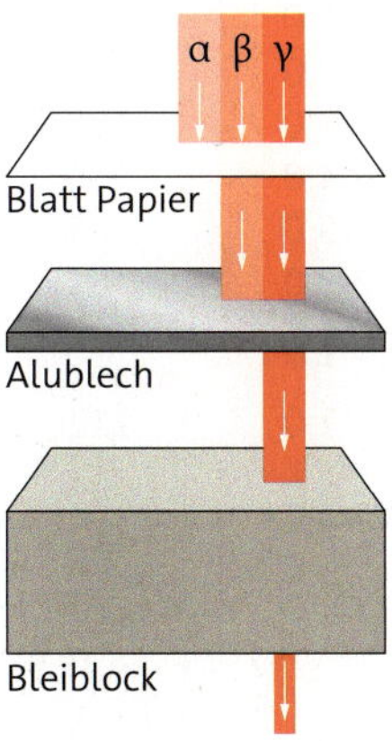

3 Abschirmung

Aufgaben

1 Beschreibe, was man unter einem Kernzerfall versteht. Was bleibt nach dem Zerfall übrig?

2 γ-Strahlung
a Gib an, wie sich die γ-Strahlung von den anderen beiden Arten radioaktiver Strahlung unterscheidet.
b Vergleiche die γ-Strahlung mit der Röntgenstrahlung.

3 Thorium Th-230 wandelt sich in einem Schritt in Radium Ra-226 um. Welche Strahlungsart wird ausgesandt? Begründe deine Antwort.

4 Blei Pb-214 wandelt sich in einem Schritt in Bismut Bi-214 um.
a Gib zwei Gründe an, weshalb es sich bei dieser Kernumwandlung um einen β-Zerfall handeln muss.
b Beschreibe, wie das β-Teilchen (Elektron) entsteht.

$^{238}_{92}U$ →	$^{234}_{90}Th$ →	$^{234}_{91}Pa$ →	$^{234}_{92}U$ →	$^{230}_{90}Th$ →	$^{226}_{88}Ra$ →	$^{222}_{86}Rn$ →	$^{218}_{84}Po$ →	$^{214}_{82}Pb$ →	$^{214}_{83}Bi$ →	$^{210}_{81}Tl$ →	$^{210}_{82}Pb$ →	$^{210}_{83}Bi$ →	$^{210}_{84}Po$ →	$^{206}_{82}Pb$
	+	+	+	+	+	+	+	+	+	+	+	+	+	+
	$^{4}_{2}He$	$^{0}_{-1}e$	$^{0}_{-1}e$	$^{4}_{2}He$	$^{4}_{2}He$	$^{4}_{2}He$	$^{4}_{2}He$	$^{4}_{2}He$	$^{0}_{-1}e$	$^{4}_{2}He$	$^{0}_{-1}e$	$^{0}_{-1}e$	$^{0}_{-1}e$	$^{4}_{2}He$

4 Uran-Radium-Zerfallsreihe (Ausschnitt)

Strahlungsarten

Aufgaben

Eigenschaften der drei Strahlungsarten

Du kennst bereits drei Strahlungsarten bei radioaktiven Zerfällen. Finde nun mehr zu ihren Eigenschaften heraus. Vielleicht kannst du deine Ergebnisse vor der Klasse präsentieren. Verwende dazu Bilder (Mindmap, Atommodell, Versuchsskizze ...). Nimm dabei jeweils Bezug auf die Masse, die elektrische Ladung, die Abschirmbarkeit und die Reichweite der Strahlung.

1 Die drei Strahlungsarten durchlaufen ein elektrisches Feld. → 1

a Gib jeweils an, um welche Strahlungsart es sich handelt. Begründe deine Zuordnung.

b Die α-Strahlung wird im elektrischen Feld weniger stark abgelenkt als die β-Strahlung. → 1 Vermute Gründe dafür.

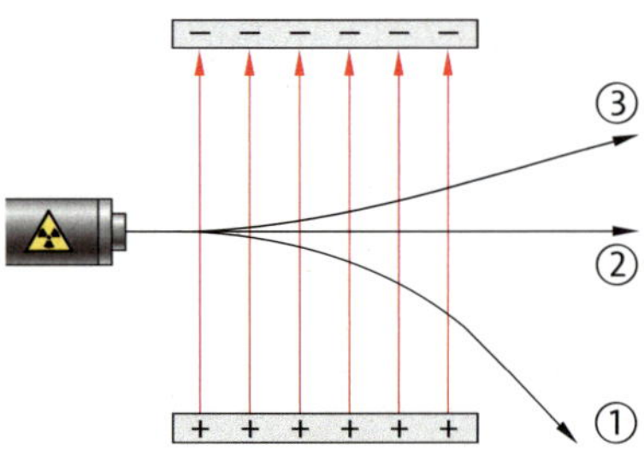

1

2 Durchdringungsfähigkeit

a Die drei Strahlungsarten treffen auf Schichten aus verschiedenen Materialien. → 2 Formuliere Aussagen: „Die α-Strahlung durchdringt ...“

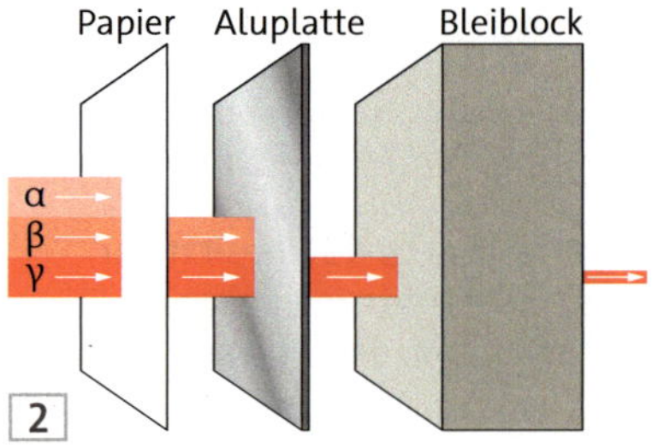

2

b Mit einem Geiger-Müller-Zähler wurde die Impulsrate eines Radiumpräparats hinter verschiedenen Materialien gemessen: → 3

- Sendet das Präparat α-Strahlung aus? Begründe deine Antwort.
- Stelle für Aluminium die Impulsrate in Abhängigkeit von der Schichtdicke grafisch dar.
- Vergleiche die Abschirmung durch die verschiedenen Metallbleche.

3 Die Impulsrate eines Präparats wurde in drei Abständen gemessen. → 4 Gilt ein proportionaler Zusammenhang? Stelle eine Vermutung auf und überprüfe sie.

4 Das Nebelkammerbild zeigt Spuren radioaktiver Strahlung. → 5

a Ordne den Spuren Strahlungsarten zu. Begründe deine Zuordnung mithilfe der Informationen im grauen Kasten. → 6

b Vergleiche für die drei Strahlungsarten:
- das Ionisationsvermögen
- die Ausbreitungsgeschwindigkeit
- die Reichweite

Fertige eine Tabelle an.

Material	Dicke in mm	Impulse pro min
Luft	0,1	6102
Papier	0,1	4948
Aluminium	0,5	1108
	1,0	533
	2,0	223
	3,0	135
	4,0	96
	5,0	88
	7,0	81
Blei	1,0	80
Eisen	1,0	112
Kupfer	1,0	93
Zink	1,0	123

3

Abstand in cm	Impulse pro min
3,0	67 350
6,0	16 858
9,0	7 474

4

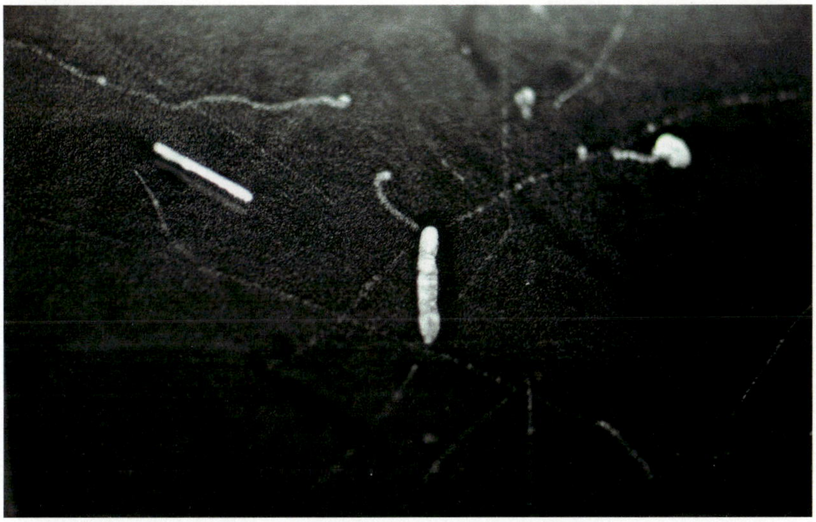

5 Spuren radioaktiver Strahlung in einer Nebelkammer

In der Nebelkammer ist die α-Strahlung an kurzen, dicken und recht geraden Nebelspuren zu erkennen. Die schweren α-Teilchen fliegen mit 10 000–20 000 $\frac{km}{s}$ aus dem Kern heraus, ihre kinetische Energie ist sehr groß. Die α-Strahlung eines Radiumpräparats ionisiert auf 1,0 cm Strecke zwischen 20 000 und 40 000 Gasmoleküle. Dabei geben die α-Teilchen ihre gesamte kinetische Energie ab. Danach „fangen" sie zwei Elektronen ein und werden zu Heliumatomen.
Nebelspuren der β-Strahlung sind dünner und länger als die Spuren der α-Strahlung, sie können stark gekrümmt sein. Die leichteren und kleineren β-Teilchen verlassen den Kern mit einer Geschwindigkeit zwischen null und nahezu Lichtgeschwindigkeit. Beim Auftreffen auf Gasmoleküle bewirken sie nur 10–100 Ionisationen pro 1,0 cm Strecke. Weniger Ionisationen pro cm bedeuten, dass die β-Teilchen eine längere Strecke zurücklegen, bis sie ihre kinetische Energie abgegeben haben. Zusätzlich werden die β-Teilchen bei Wechselwirkungen mit anderen Elektronen abgebremst und umgelenkt. Ein Teil der Energie kann dabei in γ- oder Röntgenstrahlung umgewandelt werden.
Die γ-Strahlung lässt sich in der Nebelkammer nicht nachweisen, weil sie praktisch keine Gasmoleküle ionisiert. Sie breitet sich mit Lichtgeschwindigkeit aus, ihre Reichweite ist sehr groß.

6

A Aufgabe

Anwendungen radioaktiver Strahlung

1 Die unterschiedliche Durchdringungsfähigkeit der radioaktiven Strahlungsarten lässt sich technisch nutzen. Beschreibe jeweils, wie das Verfahren funktionieren könnte und welche Strahlungsart sich dafür eignet.

a Um zu prüfen, ob ein Abwasserrohr beschädigt ist, wird ein radioaktives Gas in das Rohr eingeleitet. Von außen lässt sich dann über einen Geiger-Müller-Zähler feststellen, ob und wie viel Strahlung austritt.

b Bei der Produktion von Alufolie wird die Folie auf Risse überprüft. Dabei wird ein radioaktiver Strahler von oben auf die Folie gerichtet. Unter der Folie ist ein Detektor.

c Zur Prüfung, ob genügend Saft in den Karton gefüllt wurde, wird ein radioaktiver Strahler eingesetzt. → 7

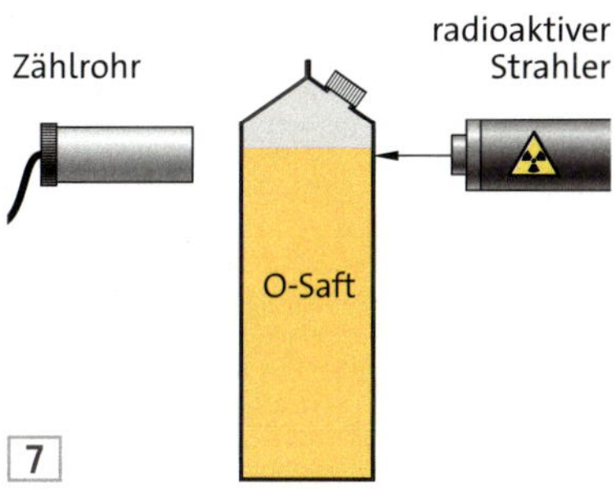

7

Strahlungsquellen und Strahlenschutz

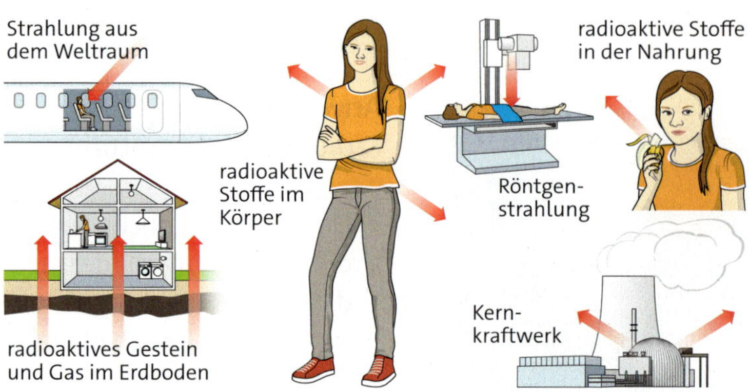

1 Ionisierende Strahlung in unserer Umwelt

Ionisierende Strahlungen werden in Technik und Medizin genutzt. Sie treten aber nicht nur dort auf. Somit stellt sich auch die Frage nach ihren Gefahren. Welche sind das und wie kann man sich vor ihnen schützen?

Grundlagen

Natürliche Strahlungsquellen • Ein eingeschalteter Geigerzähler zeigt immer eine schwache Strahlung an (Nulleffekt). Wir sind ständig von natürlicher Strahlung umgeben, die in uns eindringen kann. Dazu gehört die kosmische Strahlung: Sie kommt von der Sonne, der Milchstraße und fernen Galaxien und besteht überwiegend aus schnellen Protonen. Wenn sie auf die Lufthülle der Erde trifft, werden z. B. auch β- und γ-Strahlung hervorgerufen. Die Gesamtheit dieser Strahlungen wird oft Höhenstrahlung genannt. Ein Teil davon gelangt zur Erdoberfläche, den Rest absorbiert die Luft. Flugpersonal und Menschen in Höhenlagen sind dieser Strahlung besonders ausgesetzt.

Terrestrische Strahlung (lat. *terra:* die Erde) geht vor allem von Gesteinen und Baustoffen der Häuser aus. Natürliche Strahlungsquellen liegen z. B. im Erzgebirge oder im Bayerischen Wald, wo besonders viel Uran, Radium oder Thorium im Gestein vorhanden sind. Als Zerfallsprodukt der radioaktiven Atomkerne entsteht auch radioaktives Radon, ein α-Strahler. Wenn Radongas eingeatmet wird, kann die α-Strahlung in der Lunge und den angrenzenden Organen infolge ihres großen Ionisationvermögens starke Schäden auslösen.

Künstliche Strahlungsquellen • Bei Röntgenuntersuchungen und CTs, der Diagnose und Therapie von Tumoren oder in der zerstörungsfreien Materialprüfung werden Strahlungsquellen eingesetzt, die vom Menschen „künstlich" hergestellt wurden.
Bei Atombombenexplosionen und Unfällen in Atomkraftwerken wurden radioaktive Stoffe in die Umwelt abgegeben. So belastete Regen, der infolge des Reaktorunfalls von Tschernobyl (26.04.1986) große Mengen an radioaktivem Caesium Cs-137 enthielt, weite Teile Europas. Dies lässt sich noch heute bei Wildschweinen und Pilzen in unseren Wäldern nachweisen.

Wir sind ständig ionisierenden Strahlungen von natürlichen und künstlichen Strahlungsquellen ausgesetzt.
Bei der natürlichen Strahlung unterscheidet man zwischen Höhenstrahlung und terrestrischer Strahlung.

die kosmische Strahlung
die Höhenstrahlung
die terrestrische Strahlung
die somatischen Schäden
die genetischen Schäden
die 5 A-Regeln

Strahlenschäden • Wenn radioaktive Strahlung oder Röntgenstrahlung in einen Menschen eindringen, können sie dort Atome und Moleküle ionisieren und dadurch Zellen verändern. Die biologische Wirkung hängt bei gleichen Bedingungen von der Strahlungsart ab: Die α-Strahlung hat eine 20-mal höhere biologische Gefährlichkeit als β-, γ- oder Röntgenstrahlung! → 2
Die Zellveränderungen können verschiedenartige Schäden verursachen:
- Somatische Schäden (griech. *soma:* der Körper) reichen von direkt einsetzenden Hautrötungen, Kopfschmerzen und Übelkeit bis zu Veränderungen des Blutbilds. Eine Schädigung der Knochenmarkszellen ist möglich, was langfristig zu Krebs führen kann. Bei Schwangeren kann auch der Embryo durch Strahlung erkranken und Langzeitschäden davontragen.
- DNA-Molekülstränge der Keimzellen in Hoden und Eierstöcken können durch Ionisationen irreparabel beschädigt werden. Man spricht von genetischen Schäden. Die Kinder der Geschädigten und sogar deren Nachkommen können dadurch mit körperlichen Schäden geboren werden und leichter an Krebs erkranken.

Vor allem kurzzeitige hohe Strahlenbelastungen können zu großen Schäden führen. Aber auch eine geringe Strahlenbelastung über lange Zeit ist gesundheitsgefährdend.

Ionisierende Strahlung kann somatische und genetische Schäden durch Zellveränderungen verursachen.

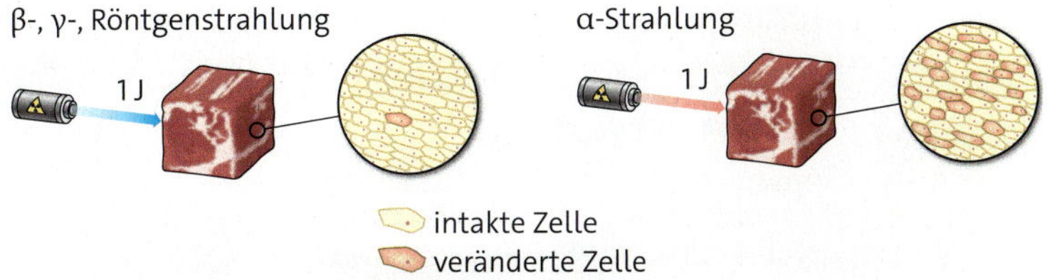

Der Körper nimmt infolge der Bestrahlung jeweils 1 J Energie auf.
Bei der α-Strahlung treten durch Ionisation 20-mal so viele Zellveränderungen auf wie bei β-, γ- oder Röntgenstrahlung.

2 Biologische Gefährlichkeit verschiedener Strahlungsarten

Strahlenschutz • Zum Schutz sollte man die fünf A-Regeln einhalten: → 3
- **Abstand vergrößern**
- **Abschirmung optimieren**
  Beispiele: Schutzanzüge, Trennwände
- **Aufenthaltsdauer kurz halten**
  Beispiele: kurze Bestrahlungsdauer; Ärztin verlässt beim Röntgen den Raum; in Kernreaktoren computergesteuert von außen arbeiten
- **Aktivität verringern**
  Beispiel: Die Radioaktivität gespritzter Kontrastmittel bei einer Computertomografie lässt rasch nach.
- **Aufnahme in den Körper vermeiden**
  Beispiel: Einatmen von radioaktivem Radongas vermeiden, mit Radongas belastete Kellerräume oft lüften.

3 Die 5 A-Regeln im Strahlenschutz

Aufgaben

1 Unterscheide natürliche und künstliche Strahlungsquellen z. B. mithilfe einer Mindmap.

2 Nenne zwei Arten von Strahlenschäden und gib jeweils ein Beispiel an.

3 Nenne die 5 A im Strahlenschutz.

Halbwertszeit

1

In den Fässern befinden sich radioaktive Abfälle. Ihre Aktivität nimmt mit der Zeit ab – aber wie schnell? Wie lange müssen die Abfälle in einem Endlager sicher eingeschlossen werden?

A Versuch

„Zerfall" von Münzen

Bei diesem Versuch stellen viele gleiche Münzen die Atomkerne dar: Wenn die Zahl oben liegt, ist der „Kern" im Anfangszustand, sonst im umgewandelten Zustand. Führt den Versuch in Gruppen durch.

Material: Schuhkartons mit je 100 gleichen Münzen (z. B. 1 ct)

1 100 Münzen liegen mit der Zahl nach oben im Karton.
- a Schließt den Karton, schüttelt ihn und öffnet ihn wieder. Entfernt alle Münzen, die nicht mehr die Zahl zeigen. Notiert die Anzahl n der verbliebenen Münzen. → 2
- b Wiederholt den Versuch, bis keine Münze mehr im Karton ist. Notiert jeweils die Anzahl n der verbleibenden Münzen.
- c Wertet eure Messreihe grafisch aus. → 3
- d Vergleicht für die ersten vier Durchgänge die Anzahl n_{nach} der Münzen, die nach einem Schütteln Zahl zeigen, mit der Anzahl n_{vor} der Münzen, die vor dem Durchgang Zahl zeigten. Berechnet jeweils den Prozentsatz $\frac{n_{nach}}{n_{vor}} \cdot 100\,\%$. Was fällt euch auf?

Durchgang	1	2	3
Anzahl n Münzen	100	52	?

2 Beispieltabelle

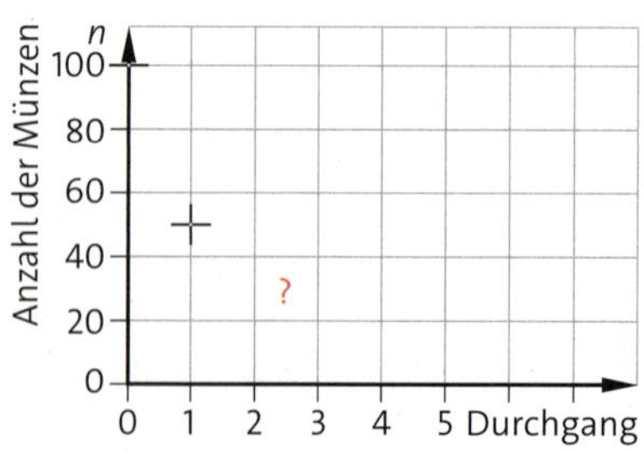

3 Grafische Auswertung

B Aufgabe

Ohne Nulleffekt

1 Die Impulsrate eines radioaktiven Strahlers wurde in Abhängigkeit von der Zeit gemessen. → 4
- a Rechnet den Nulleffekt von 30 Impulsen pro 60 s aus den Messwerten heraus und erstellt eine neue Tabelle. Wertet sie grafisch aus.
- b Lest ab, wann die Impulsrate noch 50 % bzw. 25 % des Startwerts beträgt. Vergleicht die Zeitspannen.

t in s	Impulse pro 30 s
0	615
60	467
120	355
180	266
240	203
300	149
360	114

4 Radioaktiver Strahler

die Halbwertszeit
das Zerfallsgesetz
die Aktivität

Grundlagen

Halbwertszeit • Ein radioaktiver Körper strahlt mit der Zeit immer schwächer, weil in ihm immer weniger Kerne vorhanden sind, die noch zerfallen können. Wir betrachten als Beispiel den β-Zerfall von Fluor $^{20}_{9}F$: → 5
Nach 11,16 s ist die Hälfte (50 %) der Anfangskerne noch vorhanden, nach weiteren 11,16 s davon noch die Hälfte (25 %) usw. Man sagt: Die Halbwertszeit von Fluor F-20 beträgt 11,16 s.
Jedes radioaktive Isotop hat eine charakteristische Halbwertszeit *T*. → 6
Sie beschreibt nicht, wann ein einzelner Kern zerfällt, sondern wie lange es dauert, bis die Hälfte einer sehr großen Anzahl dieser Kerne zerfallen ist.

Die Halbwertszeit *T* ist der Zeitraum, nach dem sich jeweils die Hälfte der Atomkerne eines radioaktiven Isotops umgewandelt hat.

Zerfallsgesetz • Wie lässt sich der radioaktive Zerfall von $^{20}_{9}F$ mathematisch beschreiben? Um die Antwort zu finden, starten wir mit $N_0 = 1000$ Kernen. → 7 Mit jedem Ablauf der Halbwertszeit *T* halbiert sich die Anzahl nicht umgewandelter Kerne $^{20}_{9}F$. Nach *n* Halbwertszeiten gilt:

$N_n = N_0 \cdot (\frac{1}{2})^n$ (N_0: Kerne zu Beginn).

Für beliebige Zeiten *t* ergibt sich die Anzahl *N*(*t*) der nicht umgewandelten Kerne $^{20}_{9}F$ aus der folgenden Exponentialfunktion mit der Basis $\frac{1}{2}$:

$N(t) = N_0 \cdot (\frac{1}{2})^{\frac{t}{T}}$ (*T*: Halbwertszeit).

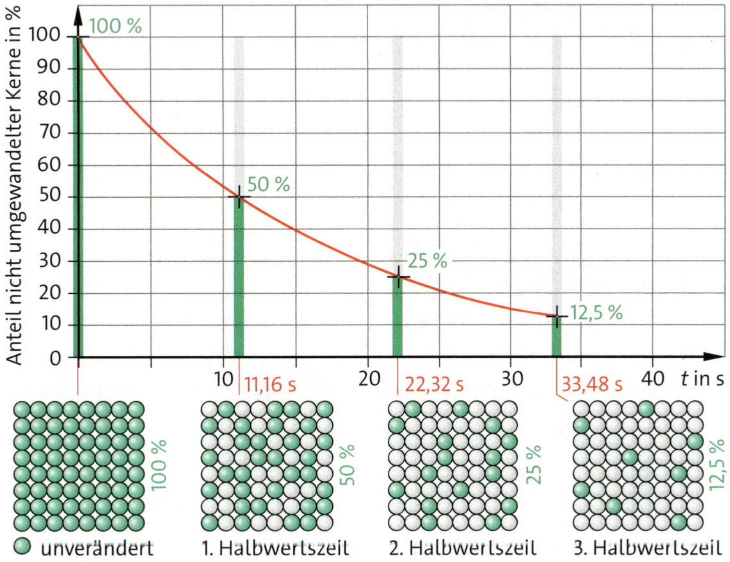

5 Fluor F-20: Abnahme des Anteils nicht umgewandelter Kerne

Isotop	*T*
$^{216}_{84}Po$	0,15 s
$^{137}_{56}Ba^m$	2,6 min
$^{131}_{53}I$	8,0 d
$^{238}_{92}U$	$4{,}5 \cdot 10^9$ a

6 Halbwertszeit

Zeit	Anzahl der Kerne von Fluor F-20
0 *T*	$N_0 = 1000$ (N_0: Kerne zu Beginn)
1 *T*	$N_1 = 500 = N_0 \cdot \frac{1}{2} = N_0 \cdot (\frac{1}{2})^1$
2 *T*	$N_2 = 250 = N_0 \cdot \frac{1}{2} \cdot \frac{1}{2} = N_0 \cdot (\frac{1}{2})^2$
3 *T*	$N_3 = 125 = N_0 \cdot \frac{1}{2} \cdot \frac{1}{2} \cdot \frac{1}{2} = N_0 \cdot (\frac{1}{2})^3$

7 F-20: Der Weg zum Zerfallsgesetz

Die Anzahl *N* der Kerne radioaktiver Isotope nimmt exponentiell mit der Zeit *t* ab. Es gilt das Zerfallsgesetz:

$N(t) = N_0 \cdot (\frac{1}{2})^{\frac{t}{T}}$. N_0: Anzahl Kerne zu Beginn; *T*: Halbwertszeit des Isotops

Für die Masse *m* und die Aktivität *A* des Isotops in einer Probe gilt: → 8

$m(t) = m_0 \cdot (\frac{1}{2})^{\frac{t}{T}}$ und $A(t) = A_0 \cdot (\frac{1}{2})^{\frac{t}{T}}$.

Aktivität *A*
Je mehr Atomkerne in einem Körper pro Sekunde zerfallen, desto größer ist seine Aktivität *A*:

$\text{Aktivität} = \frac{\text{Zerfälle}}{\text{Zeit}}$.

Sie wird in der Einheit Becquerel (Bq) gemessen.

Beispiel:
Bei 100 Zerfällen in 5,0 s beträgt die Aktivität des Körpers:

$A = \frac{100}{5{,}0\,\text{s}} = 20\,\frac{1}{\text{s}}$

$A = 20$ Bq

8 Aktivität

Aufgabe

1 Es liegen $N_0 = 3000$ Kerne Iod I-131 vor. Berechne *N* nach 12 Tagen. → 6

Halbwertszeit

Aufgaben aus Abschlussprüfungen

Zerfallsdiagramme

1 Durch einen Unfall verunreinigt radioaktives Tellur Te-133 (T = 12,5 min) den Boden. Die Messung einer Bodenprobe ergibt eine Aktivität von 800 MBq.

a Stellen Sie die Aktivität in einem $A(t)$-Diagramm (s. Bild 1) für vier Halbwertszeiten dar.

b Entnehmen Sie dem Diagramm, wann die Aktivität um 25 % nachgelassen hat.

c Bestimmen Sie grafisch, wann die Aktivität um 300 MBq abgenommen hat.

d Entnehmen Sie dem Diagramm, nach welcher Zeit die Aktivität auf 20 % gesunken ist.

e Geben Sie mithilfe des Diagramms an, welche Aktivität die Bodenprobe nach 18 min noch hat. → 1

Zur Bestimmung der Halbwertszeit wurde die Aktivität von Bismut Bi-210 in Abhängigkeit von der Zeit gemessen:

***t* in d**	0	2	4	6	8	10
***A* in kBq**	66,0	51,1	39,5	30,6	23,6	18,3

a Werten Sie die Messreihe grafisch aus.
b Ermitteln Sie grafisch die Aktivität der Probe nach 7,0 d.
c Bestimmen Sie die Halbwertszeit von Bi-210 im Diagramm.

a

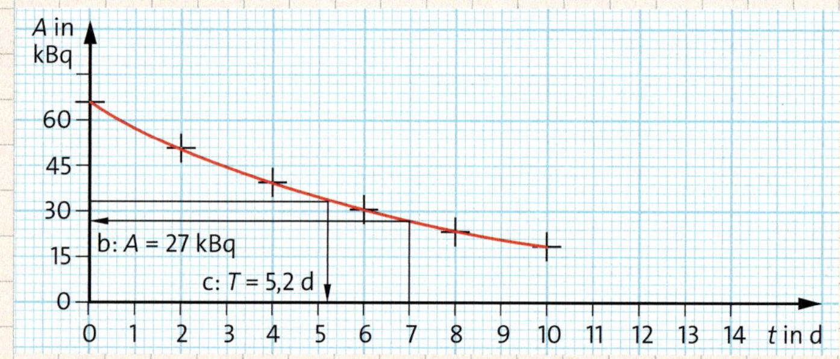

b Nach 7,0 d hat die Probe noch eine Aktivität von 27 kBq.

c Eine Aktivität von 33 kBq ist nach 5,2 d erreicht: T = 5,2 d.

1

***t* in s**	0	60	120	180	240	300
Impulsrate in $\frac{1}{s}$	600	429	307	219	157	112

2 Zerfall von O-15 (Messreihe für Aufgabe 2)

2 Für radioaktiven Sauerstoff O-15 wird die Impulsrate in Abhängigkeit von der Zeit registriert. → 2

a Werten Sie die Messreihe grafisch aus.

b Ermitteln Sie grafisch, wie viel Prozent der Atomkerne nach 250 s noch übrig sind.

c Bestimmen Sie anhand des Diagramms die Halbwertszeit von O-15.

***t* in h**	0	24	48	72	96	120	144
Impulsrate in $\frac{1}{30\,s}$	1032	864	721	608	509	425	357

3 Zerfall von Rn-222 (Messreihe für Aufgabe 3)

3 Für Radon Rn-222 wurde die Impulsrate abhängig von der Zeit gemessen. → 3

a Erstellen Sie eine neue Tabelle ohne den Nulleffekt von 30 Impulsen pro Minute. Werten Sie die neue Tabelle grafisch aus.

b Ermitteln Sie grafisch die Halbwertszeit von Rn-222.

Zerfallsgesetz

4 Pilze aus dem Bayerischen Wald beinhalten das radioaktive Caesium Cs-137. 1992 ergab eine lebensmitteltechnische Untersuchung eine Aktivität von 2250 Bq. Eine Messung von 2020 zeigte an, dass die Aktivität noch 1183 Bq beträgt. Ermitteln Sie die Halbwertszeit für Cs-137. → 4

5 Eine Probe Thallium Tl-208 (T = 3,0 min) hat anfangs eine Impulsrate von 400 pro Sekunde. Berechnen Sie, wann die Impulsrate nur noch 15 % beträgt. → 5

6 Im Laborversuch wurden 50 g radioaktives Bismut Bi-212 untersucht. Nach 34 min sind 16 g in das stabile Blei Pb-208 zerfallen.

a Berechnen Sie die Halbwertszeit von Bi-212.

b Berechnen Sie, wann noch 20 % Bi-212 vorhanden sind.

7 In einem Kernkraftwerk entsteht Neptunium Np-237 ($T = 2{,}144 \cdot 10^6$ a) als radioaktiver Abfall. Ermitteln Sie rechnerisch, nach welcher Zeit 10 % davon zerfallen sind.

Die Aktivität einer Probe Bismut Bi-210 beträgt 66,0 kBq. Eine zweite Messung nach 9,0 d ergibt eine Aktivität von 19,0 kBq. Bestimmen Sie rechnerisch die Halbwertszeit.

Gegeben: $A_0 = 66{,}0\ \text{kBq}$

$A(t) = 19{,}0\ \text{kBq};\ t = 9{,}0\ \text{d}$

Gesucht: T

Gleichung und umformen:

$$A(t) = A_0 \cdot \left(\tfrac{1}{2}\right)^{\frac{t}{T}} \quad |:A_0$$

$$\frac{A(t)}{A_0} = \left(\tfrac{1}{2}\right)^{\frac{t}{T}} \quad |\log_{0,5}$$

$$\log_{0,5}\left(\frac{A(t)}{A_0}\right) = \frac{t}{T} \quad |\cdot T$$

$$T \cdot \log_{0,5}\left(\frac{A(t)}{A_0}\right) = t$$

$$T = \frac{t}{\log_{0,5}\left(\frac{A(t)}{A_0}\right)}$$

Einsetzen und runden auf 2 sinnvolle Ziffern:

$$T = \frac{9{,}0\ \text{d}}{\log_{0,5}\left(\frac{19{,}0}{66{,}0}\right)} = 5{,}0\ \text{d}$$

4

In einer Probe sind 30 g Radon Rn-219 (T = 4,0 s) enthalten. Ermitteln Sie rechnerisch, nach welcher Zeit nur noch 10 % des ursprünglichen Radons vorhanden sind.

Gegeben: $T = 4{,}0\ \text{s}$

$\frac{m(t)}{m_0} = 10\ \% = 0{,}10$

Gesucht: t

Gleichung und umformen:

$$m(t) = m_0 \cdot \left(\tfrac{1}{2}\right)^{\frac{t}{T}} \quad |:m_0$$

$$\frac{m(t)}{m_0} = \left(\tfrac{1}{2}\right)^{\frac{t}{T}} \quad |\log_{0,5}$$

$$\log_{0,5}\left(\frac{m(t)}{m_0}\right) = \frac{t}{T} \quad |\cdot T$$

$$t = T \cdot \log_{0,5}\left(\frac{m(t)}{m_0}\right)$$

Einsetzen und runden auf 2 sinnvolle Ziffern:

$$t = 4{,}0\ \text{s} \cdot \log_{0,5}(0{,}10) = 13\ \text{s}$$

5

8 Um medizinische Produkte keimfrei zu machen, kann man sie radioaktiv bestrahlen. Dafür verwendet man z. B. Cobalt Co-60.

a Bestimmen Sie mithilfe der Messwerttabelle rechnerisch die Halbwertszeit von Cobalt Co-60. → 6

b Zeigen Sie rechnerisch, dass nach 14 Jahren nur noch 16 % Co-60 verbleiben.

c Berechnen Sie die Aktivität nach 20 Jahren.

***t* in a**	0	2,00	4,00	6,00	8,00	10,0
***A* in kBq**	3,50	2,69	2,07	1,60	1,23	0,95

6 Zerfall von Co-60 (Messreihe für Aufgabe 8)

Nutzung ionisierender Strahlungen

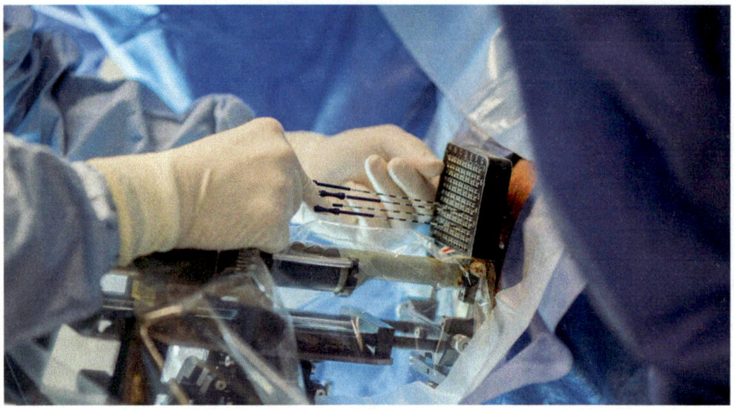

1 Brachytherapie bei der Behandlung eines Krebspatienten

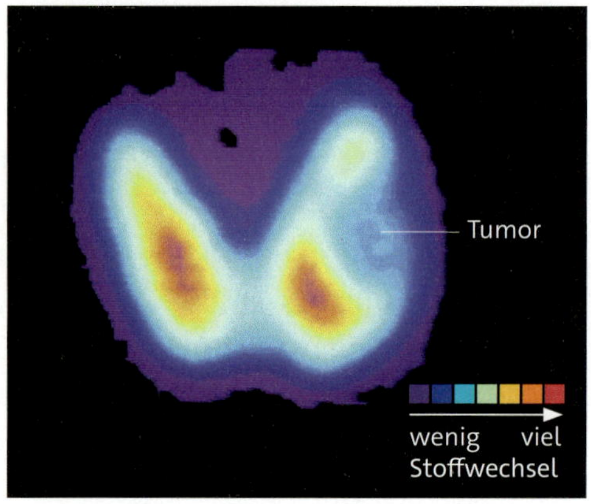

2 Szintigramm einer Schilddrüse

Radioaktive Strahlung hilft, Krankheiten zu behandeln und zu erkennen – und sie kann noch mehr.

Grundlagen

Medizin • Krebs bedeutet, dass sich Zellen im Körper unnatürlich und ungebremst vermehren. Sie überwuchern dabei gesundes Gewebe. Bei der Brachytherapie bringt man radioaktive Stoffe direkt in die Krebstumore ein (altgriech. *brachys:* kurz, nah). → 1 Die energiereiche radioaktive Strahlung zerstört dann dort Krebszellen.

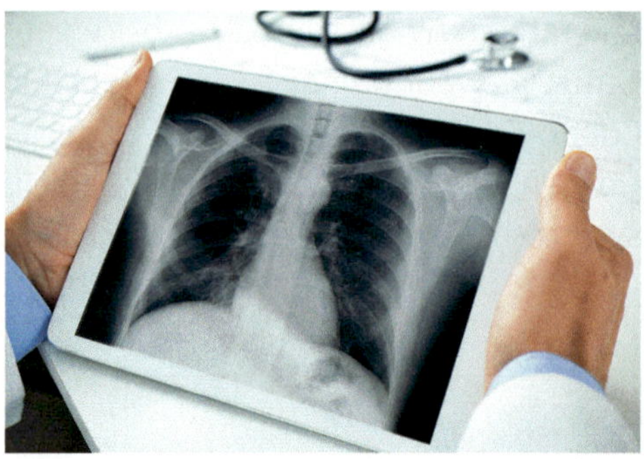

3 Röntgenbild

Mithilfe eines Szintigramms wird die Schilddrüse untersucht. → 2 Die Patienten nehmen ein radioaktives Präparat ein, das von der Schilddrüse aufgenommen wird. Dann wird der zeitliche Verlauf der Strahlung gemessen. Dadurch lässt sich feststellen, wie viel des Präparats aufgenommen wurde und ob der Stoffwechsel der Schilddrüse richtig funktioniert. Da die radioaktive Strahlung selbst Krebs hervorrufen kann, werden Präparate verwendet, deren Strahlung rasch abklingt. So verwendet man heute oft den γ-Strahler Technetium Tc-99^m (T = 6,01 h) statt des früher üblichen Iods I-131 (T = 8,02 d). Für Röntgenbilder nutzt man eine ionisierende Strahlung, die anders als radioaktive Strahlung entsteht. → 3 Im Röntgengerät werden freie Elektronen stark beschleunigt, treffen auf einen Metallkörper und werden in ihm abgebremst. Beim Abbremsen entsteht Röntgenstrahlung, die ähnlich wie γ-Strahlung ist. Sie durchdringt z. B. Muskeln und Fett fast ungehindert, weil deren Dichte gering ist. Knochen durchdringt sie kaum, weil sie eine höhere Dichte haben. Ein Detektor registriert die durchgelassene Strahlung. Ein Computer erzeugt daraus ein Bild, auf dem die Knochen sichtbar sind.

Lebensmittel • Zum Haltbarmachen kann man Lebensmittel z. B. der γ-Strahlung von Cobalt Co-60 aussetzen. Sie durchdringt die Verpackungen und tötet Keime und Bakterien ab. Die Nahrung wird dabei nicht radioaktiv. Das Verfahren ist in Deutschland nur für Gewürze erlaubt, ein Symbol auf der Verpackung zeigt es an. → 4
Zur Züchtung neuer Getreidesorten kann man Saatgetreide radioaktiver Strahlung aussetzen, um in kurzer Zeit viele Mutationen der Erbinformationen hervorzurufen. Vielleicht ist bei diesen Mutationen z. B. eine dabei, die das Getreide schädlingsresistent macht.

Materialprüfung • Fehler in Schweißnähten zum Beispiel von Pipelines lassen sich von außen nur schwer aufspüren. Dann kann man die Schweißnähte mit γ- oder Röntgenstrahlung bestrahlen. → 5 Die durchgelassene Strahlung belichtet einen Film. Risse oder Lufteinschlüsse verraten sich durch abweichende Helligkeit.

Altersbestimmung • Die zeitliche Abnahme radioaktiver Atomkerne in einem Körper kann mithilfe des Zerfallsgesetzes genutzt werden, um das Alter des Körpers zu bestimmen. So konnten z. B. steinzeitliche Höhlenmalereien und der „Ötzi“ datiert werden. → S. 132

Mit ionisierender Strahlung lassen sich Bilder vom Inneren eines Körpers erstellen oder Zellen verändern bzw. abtöten. Beim Datieren archäologischer Proben nutzt man die zeitliche Abnahme der Radioakivität nach dem Zerfallsgesetz.

4 Radura-Symbol

Aufgaben

1 Gib je zwei Beispiele für den Einsatz radioaktiver Strahlung in den Bereichen Medizin und Lebensmittel an.

2 Untersuchungen des Körperinneren
a Beschreibe und vergleiche die Schilddrüsenuntersuchung und die Röntgenuntersuchung. → 2 3
b Gib an, weshalb bei Schilddrüsenuntersuchungen Iod I-131 von Technetium Tc-99^{m} abgelöst wurde.
c Bei der Schilddrüsenuntersuchung werden radioaktive Stoffe genutzt. „Das ist doch schädlich!“, denkt Katrin. Bewerte, ob ihre Befürchtung begründet ist.

3 Beschreibe, wie die Schweißnähte überprüft werden. → 5 Ist α-Strahlung dafür geeignet? Begründe deine Antwort.

5 Die Schweißnaht einer Pipeline wird durchstrahlt.

Nutzung ionisierender Strahlungen

Im Fokus

Aus der Geschichte: Wie alt ist „Ötzi“?

Wann starb der Steinzeitmensch, dessen mumifizierte Leiche 1991 in den Ötztaler Alpen gefunden wurde? → [1] Die Antwort liefert die Radiokarbonmethode (C-14-Methode).

Zwei Kohlenstoff-Isotope • Kohlenstoff (lat. *carbo:* die Kohle) enthält neben dem stabilen Isotop $^{12}_{6}C$ in sehr geringen Mengen das radioaktive Isotop $^{14}_{6}C$. Es zerfällt mit der Halbwertszeit $T = 5730\,a$ unter Aussendung von β-Strahlung. C-14 entsteht in der Atmosphäre aber auch ständig neu: Kosmische Strahlung setzt beim Aufprall auf Atomkerne Neutronen frei. Einige davon werden von Stickstoffatomkernen $^{14}_{7}N$ in der Luft aufgenommen, die sich daraufhin unter Aussendung eines Protons zu Kohlenstoff $^{14}_{6}C$ umwandeln. Zerfall und Neuentstehung von C-14 haben ein seit Jahrtausenden stabiles Verhältnis bewirkt: Ein C-14-Atom kommt auf eine Billion C-12-Atome!

Radiokarbonmethode • Kohlenstoff und damit auch in sehr geringen Mengen C-14 wird von Pflanzen und Tieren aus der Luft (und von Tieren auch aus der Nahrung) aufgenommen und über den Stoffwechsel zum Teil wieder abgegeben. Der Anteil an C-14 im Organismus ist zu Lebzeiten praktisch immer gleich groß. Nach dem Tod sind Aufnahme und Abgabe von Kohlenstoff beendet. Der Anteil an C-14 im Körper verringert sich durch Kernzerfälle. Der Anteil an C-12 bleibt dagegen konstant. Der Quotient aus C-14- zu C-12-Atomen wird daher mit der Zeit immer geringer, nach 5730 a ist er z. B. nur noch halb so groß wie zum Todeszeitpunkt.

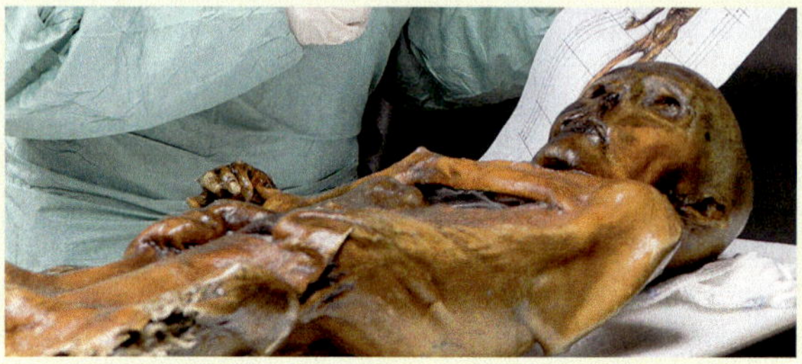

[1] Mumifizierte Leiche aus der Steinzeit

Die Aktivität *A* des Körpers nimmt im gleichen Maß ab. Durch den Quotienten „C-14 zu C-12“ oder die Aktivität lässt sich ermitteln, wann ein Organismus gestorben ist. So bestimmte man das Alter von „Ötzi“ auf 5100–5400 Jahre. Mit der C-14-Methode lassen sich organische Proben von einigen Tausend Jahren datieren. Viel ältere Proben enthalten dagegen nicht mehr genügend C-14. Für kurze Zeiträume wie z. B. 10 Jahre ist die Methode ungeeignet, weil der C-14-Anteil im Körper wegen der großen Halbwertszeit zu langsam abnimmt.

Aufgaben

1 Fasse die Radiokarbonmethode in Stichpunkten zusammen. Erkläre, weshalb sie nur für ein bestimmtes Zeitintervall geeignet ist.

2 2,0 g Kohlenstoff aus dem Gewebe eines lebenden Tiers haben eine Aktivität von 28 Bq. Bei einem Mammut aus dem ewigen Eis sind es nur noch 6,0 Bq.
Bestimme, vor wie vielen Jahren das Mammut gestorben ist.

Im Fokus

Aus der Raumfahrt: Atombatterie

2 Marsrover Perseverance

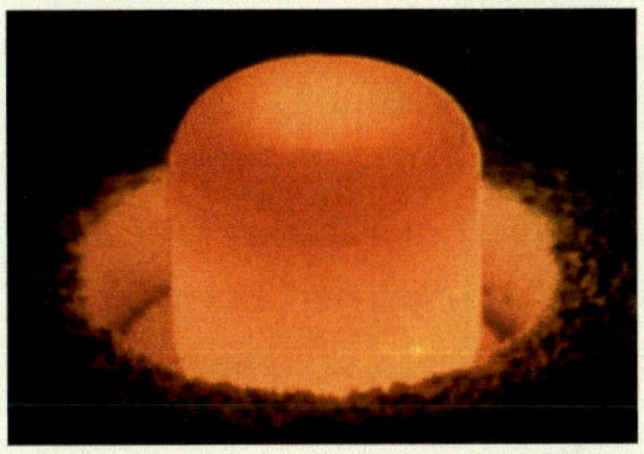

3 Glühende Plutoniumkapsel

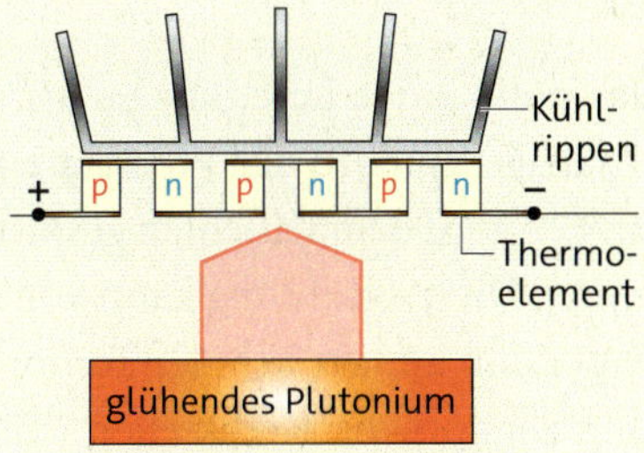

4 Atombatterie (Prinzip)

Radioisotopengenerator • Der Marsrover Perseverance erhält seine elektrische Energie nicht von Solarmodulen, sondern von einem Radioisotopengenerator. → 2 Dieser Generator nutzt die Energie radioaktiver Strahlung, um elektrische Energie bereitzustellen, und wird auch als Atombatterie bezeichnet.

Funktionsweise • Im Inneren der Atombatterie befinden sich Kapseln aus Plutoniumdioxid PuO_2. → 3 Pu-238 ist ein α-Strahler mit einer Halbwertszeit von 87,74 a, es lässt sich in einigen Kernkraftwerken erzeugen. In den Plutoniumkapseln finden ständig so viele Kernzerfälle statt, dass die Energie der α-Strahlung die Kapseln zum Glühen bringt. Die abgegebene Wärme strömt durch ein Thermoelement hindurch in die Umgebung und wird dabei mit einem Wirkungsgrad von rund 5,5 % in elektrische Energie umgewandelt. → 4

Leistung und Lebensdauer • Die Atombatterie des Marsrovers hat derzeit eine elektrische Leistung von 110 W. Die Leistung nimmt zusammen mit der Aktivität der Plutoniumkapseln zeitlich ab, weil infolge der Zerfälle immer weniger Pu-238 vorhanden ist. Erst nach einigen Jahrzehnten werden Spannung und Leistung so gering sein, dass der Rover nicht mehr ausreichend elektrische Energie erhält.

Aufgaben

1 Das Wort Radio|isotopen|generator setzt sich aus drei Bestandteilen zusammen. Erkläre jeweils, was mit ihnen in diesem Zusammenhang gemeint ist.

2 Mit einem Thermoelement kann man einen Solarmotor antreiben. → 5 Dazu braucht man zwei Gläser (mit Blechdeckel) voll Wasser.

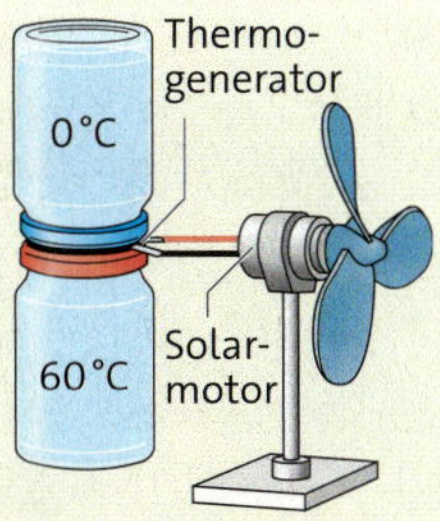

5

a Vergleiche den Aufbau mit der Atombatterie. → 4 Welche Teile entsprechen sich?

b Wenn euch der Versuch zur Verfügung steht: Bestimmt die elektrische Leistung des Thermoelements. Vergleicht mit der Leistung der Atombatterie des Marsrovers.

Nutzung ionisierender Strahlungen

A Aufgaben

Ein Radionuklid zur Krebsdiagnose und -therapie

Das radioaktive Lutetium Lu-177 (β- und γ-Strahlung) kann gegen bösartige Tumore der Prostata eingesetzt werden. Ein Präparat mit Lu-177 wird dem Patienten gespritzt und lagert sich an den Krebszellen an. Die γ-Strahlung kann von Detektoren registriert werden und zeigt dann an, wo sich der Tumor befindet (Diagnose). Die β-Strahlung zerstört die Krebszellen (Therapie). Die stark ionisierende β-Strahlung schädigt aber auch gesunde Zellen. Mit einer Halbwertszeit von 6,64 d belastet Lu-177 den Körper allerdings nicht sehr lange.

1

1 Beschreibe, wie Lutetium Lu-177 eingesetzt wird: → 1
- zur Diagnose von Tumoren
- zur Therapie von Tumoren

Gib jeweils an, welche Eigenschaft der Strahlungsarten genutzt wird.

2 „Der Einsatz von Lutetium Lu-177 hat keinerlei Nebenwirkungen." Bewerte diese Aussage.

B Aufgaben

Computertomografie

1 Vergleiche die Computertomografie mit einer Röntgenuntersuchung. → 2

2 Bewerte die Aussage: „Ich lasse lieber eine Computertomografie machen. Röntgen ist mir viel zu gefährlich."

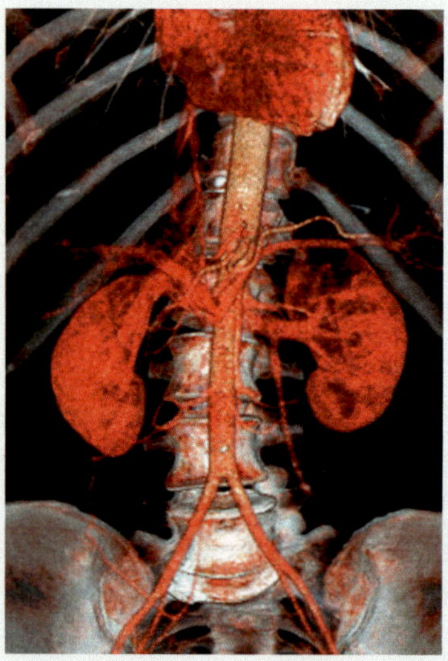

2

Bei der Computertomografie (CT) werden viele Röntgenaufnahmen von einzelnen Querschnitten des Körpers aus verschiedenen Richtungen gemacht (altgriech. *tomé:* der Schnitt). Sie werden am Computer zu dreidimensionalen Bildern zusammengefügt. Jede Röntgenaufnahme belastet den Körper. Beim CT ist die Strahlenbelastung besonders hoch, weil viele Einzelbilder gemacht werden.

C Aufgabe

Gamma-Sterilisation

1 Informiere dich über die Gamma-Sterilisation von Medizinprodukten. → 3

a Beschreibe das Funktionsprinzip.

b Nenne Vorteile des Verfahrens.

c Finde weitere Anwendungsbeispiele der Gamma-Sterilisation.

3 Strahlungsquelle für die Gamma-Sterilisation

D Aufgaben

Pflanzen züchten

1 Beschreibe, wie man ionisierende Strahlung zur Pflanzenzucht einsetzt. → 4

Kartoffeln und Äpfel waren vor 100 Jahren kleiner und krankheitsanfälliger als heute. Nur nach jahrzehntelangen Züchtungen wurden sie größer und robuster. Dazu wählte man immer wieder Pflanzen aus, die zufällig besser geeignet waren, und vermehrte sie.
Heute kann man das Erbgut von Pflanzen mit einer einzigen Bestrahlung vielfältig verändern und auf diese Weise viel schneller neue Sorten züchten.

4

2 Diese Zuchtmethode birgt auch Risiken. Unter den vielen veränderten Pflanzen können z. B. solche sein, die Bienen schädigen.

a Nenne zwei negative Folgen, wenn bienenschädliche Pflanzen auf vielen Feldern angebaut würden.

b Bewerte anhand verschiedener Argumente den Einsatz radioaktiver Strahlung zur Züchtung von Pflanzen.

E Aufgabe

Düngemittel

1 Radioaktive Präparate werden genutzt, um den Einsatz von Düngemitteln zu untersuchen. → 5

a Beschreibe, wie die Radioaktivität genutzt wird.

b Erkläre, warum die Nutzung von radioaktivem Phosphor P-32 geduldet wird, Uran im Phosphatdünger jedoch ein Problem darstellt.
Tipp: Recherchiere und vergleiche die Halbwertszeiten und Strahlungsarten.

Durch die Markierung von Düngemitteln mit radioaktivem Phosphor P-32 kann die Aufnahme von Dünger aus dem Boden in die Pflanzen genau verfolgt werden. Damit lässt sich der beste Düngezeitpunkt ermitteln und die Umwelt vor Überdüngung schützen.
Gleichzeitig ist der Einsatz von Phosphatdünger nicht unproblematisch, weil er zu rund 0,2 Tausendsteln giftiges, radioaktives Uran U-238 enthält. Wenn dieses Uran ins Grundwasser eindringt und die Nutzpflanzen schädigt, kann es auch uns Menschen gefährden.

5

F Aufgaben

Ionisationsrauchmelder

1 Beschreibe, wie der Rauchmelder funktioniert. → 6
Informiere dich dazu auch über das verwendete Americium Am-241: Halbwertszeit, Strahlungsart, Erzeugung.

2 Vermute, warum diese Rauchmelder nur selten gebaut werden.

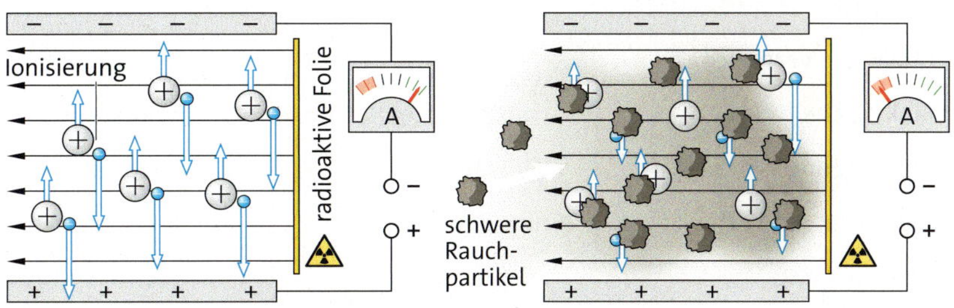

6 Ionisationsrauchmelder (Prinzip)

Atom- und Kernphysik

Zusammenfassung

Aufbau von Atomen • Atome besitzen einen sehr kleinen Kern aus Protonen und Neutronen, den eine viel größere Hülle aus Elektronen umgibt (Kern-Hülle-Modell). → 1 Die Nukleonen haben eine viel größere Masse als die Elektronen. Atome sind ungeladen, weil sie gleich viele positive Protonen wie negative Elektronen enthalten. Isotope desselben chemischen Elements haben alle gleich viele Protonen, ihre Ordnungszahl Z ist gleich. → 2 Sie haben aber verschieden viele Neutronen, ihre Nukleonenzahl A ist nicht gleich.

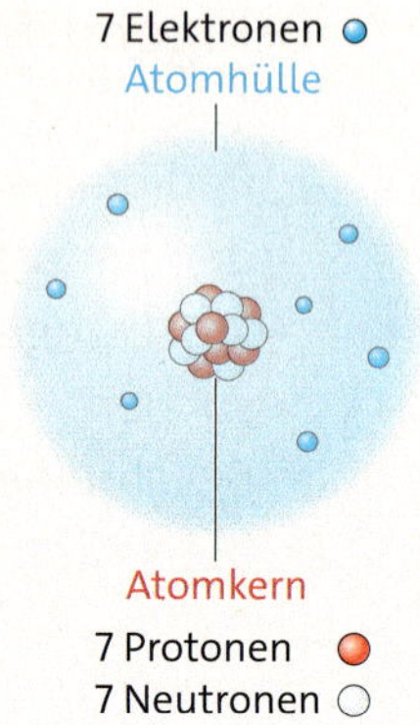

1 Stickstoffatom

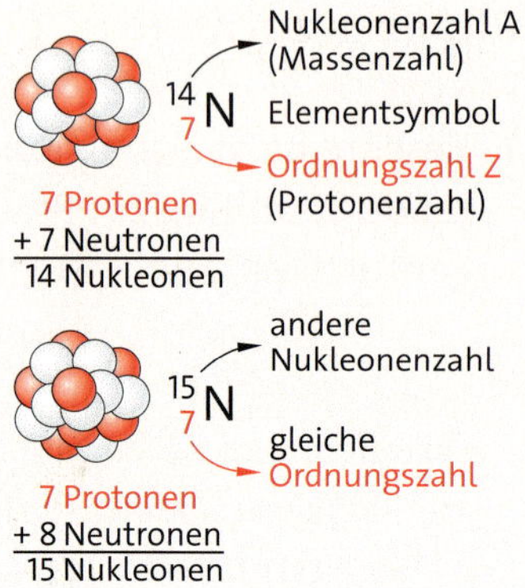

2 Zwei Stickstoff-Isotope

Radioaktivität nachweisen • Radioaktive Strahlung kann Atome ionisieren. → 3 Beim Geiger-Müller-Zähler ionisiert sie Gasatome im Zählrohr, sodass es zu kurzen Stromimpulsen kommt, die vom Zählgerät angezeigt werden. → 4

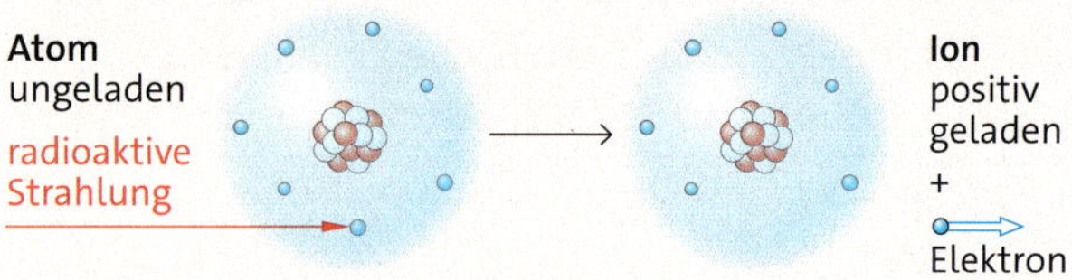

3 Ionisierung durch Strahlung

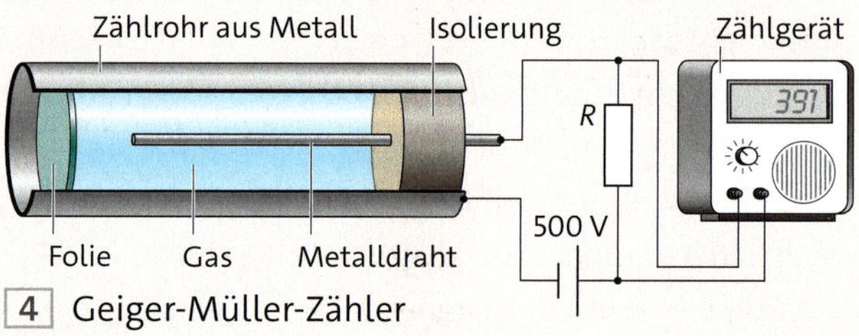

4 Geiger-Müller-Zähler

Radioaktive Zerfälle • Kerne einiger Isotope zerfallen unter Aussenden von α-, β- und/oder γ-Strahlung spontan in Kerne anderer Elemente. → 5 6

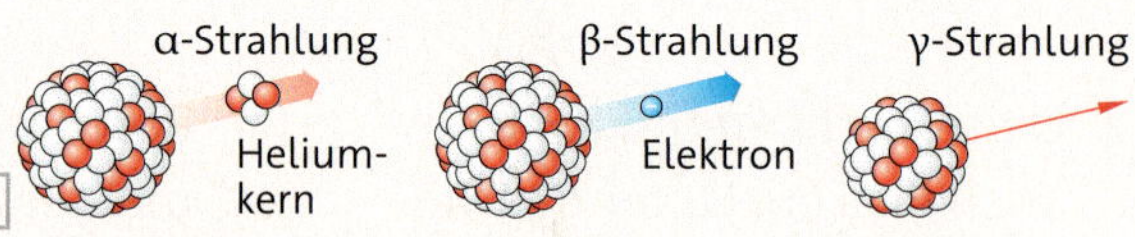

5

	α-Strahlung	β-Strahlung	γ-Strahlung
Struktur	Heliumkern	Elektron	wie Licht
Masse im Vergleich	groß	sehr klein	keine
Elektrische Ladung	positiv ($2 \cdot e$)	negativ ($-e$)	keine
Ionisierende Wirkung	stark	weniger stark	schwach
Reichweite in Luft	einige Zentimeter	einige Meter	viele Hundert Meter
Abschirmung	Papier, Haut	4–5 mm Alublech	dicker Bleiblock

6 Radioaktive Kernzerfälle und Strahlungsarten

Strahlungsquellen • Wir sind ständig ionisierenden Strahlungen von natürlichen und künstlichen Strahlungsquellen ausgesetzt. Bei der natürlichen Strahlung unterscheidet man zwischen Höhenstrahlung und terrestrischer Strahlung.

Strahlenschäden • Ionisierende Strahlung kann bei Menschen somatische und genetische Schäden durch Zellveränderungen verursachen. → 7

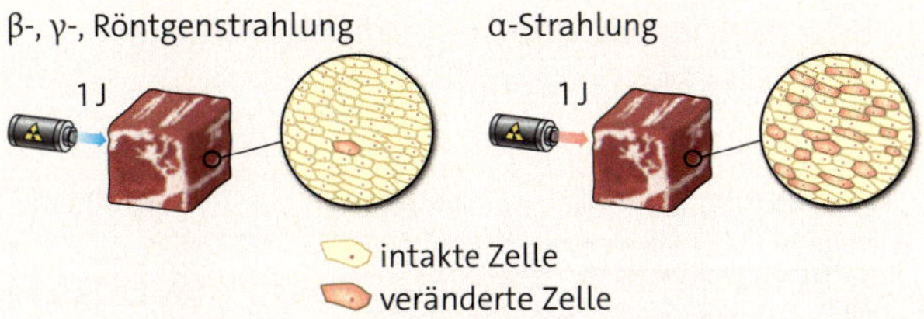

Der Körper nimmt bei der Bestrahlung jeweils 1 J Energie auf. Bei der α-Strahlung treten durch Ionisation 20-mal so viele Zellveränderungen auf wie bei β-, γ- oder Röntgenstrahlung.

7 Biologische Gefährlichkeit der Strahlungsarten

Strahlenschutz • Zum Schutz vor ionisierender Strahlung und radioaktiven Stoffen gibt es die fünf A-Regeln:

Abstand vergrößern, Abschirmung optimieren, Aufenthaltsdauer kurz halten, Aktivität verringern und Aufnahme in den Körper vermeiden!

Halbwertszeit • Die Halbwertszeit T ist der Zeitraum, nach dem sich jeweils die Hälfte der Atomkerne eines radioaktiven Isotops umgewandelt hat. → 8 Sie ist typisch für jedes radioaktive Isotop. Es gilt das Zerfallsgesetz:

$N(t) = N_0 \cdot (\frac{1}{2})^{\frac{t}{T}}$.

N_0 ist die Anzahl der radioaktiven Atomkerne zu Beginn. $N(t)$ gibt an, wie viele dieser Atomkerne nach der Zeit t noch vorhanden sind.

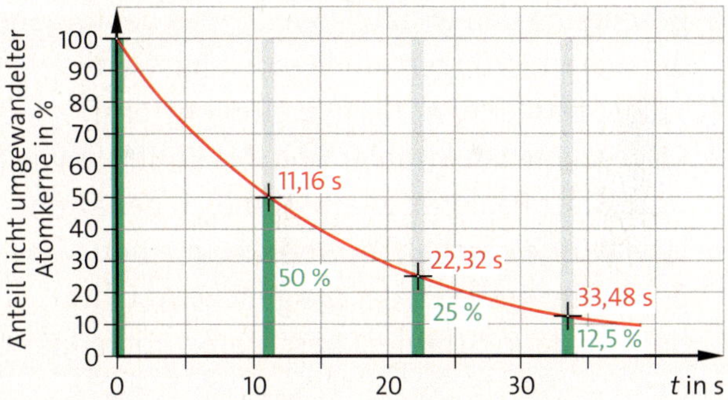

8 Zeitliche Umwandlung von Fluor F-20

Aktivität • Die Aktivität A gibt an, wie viele radioaktive Kernzerfälle in einem Körper pro Sekunde stattfinden.

$$\text{Aktivität} = \frac{\text{Zerfälle}}{\text{Zeit}}$$

Einheit der Aktivität: 1 Becquerel, $1\,\text{Bq} = \frac{1}{\text{s}}$

Nutzung ionisierender Strahlungen • Radioaktive Strahlung und Röntgenstrahlung können angewendet werden, um Bilder vom Inneren eines Körpers zu erstellen. Beim Verändern oder Abtöten von Zellen wird die ionisierende Wirkung der Strahlungen genutzt. Mithilfe der Halbwertszeit radioaktiver Isotope kann z. B. das Alter archäologischer Funde bestimmt werden. Weitere Einsatzmöglichkeiten finden sich z. B. in der Lebensmittelindustrie und in der Technik. Oft wird dabei die unterschiedliche Reichweite und Abschirmbarkeit der Strahlungsarten genutzt. Vor dem Einsatz radioaktiver Strahlung müssen Nutzen und Risiken abgewogen werden.

Teste dich! (Lösungen im Anhang)

1 Beschreibe, wie ein Geiger-Müller-Zähler (Geigerzähler) funktioniert. → 1

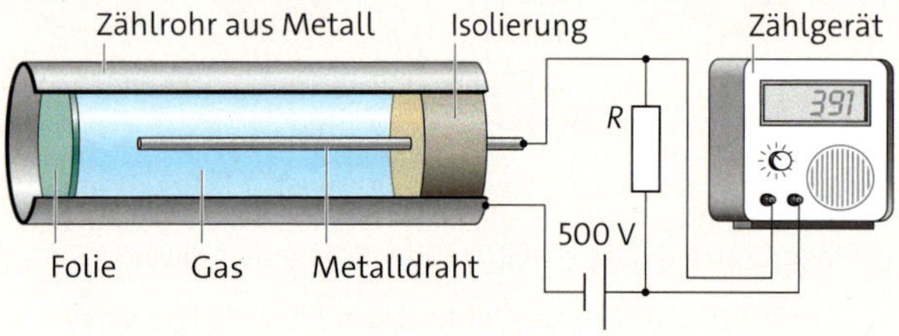

1 Geiger-Müller-Zähler (prinzipieller Aufbau)

2 Das Zählrohr eines Geigerzählers wird für einige Zeit direkt an einen α-Strahler gehalten.

a Beschreibe und erkläre, was man am Zählgerät beobachtet.

b Beschreibe und erkläre jeweils, was bei folgenden Veränderungen am Versuch passiert:
- Der Strahler wird 10 cm weiter entfernt.
- Zwischen den Strahler und das Zählrohr wird ein Blatt Papier bzw. ein Alublech gehalten.

c Was würde geschehen, wenn man einen β-Strahler einsetzt, der die gleiche Aktivität hat wie der α-Strahler? Beschreibe und erkläre.

3 Marie und Pierre Curie untersuchten die Ionisierungsfähigkeit radioaktiver Materialproben.

a Beschreibe ihr Versuchsprinzip. → 2

b Erkläre, wie sich erkennen ließ, dass die Strahlung der einen Probe stärker ionisierend wirkte als die Strahlung einer anderen Probe.

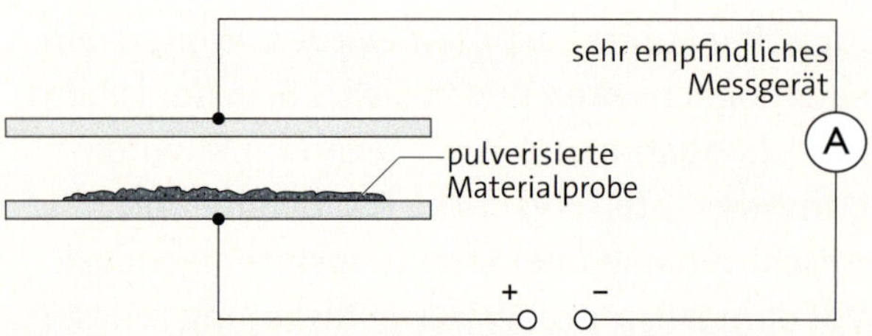

2 Curiescher Versuch (prinzipieller Aufbau)

4 Das Element Eisen kommt in der Natur als Mischung folgender Isotope vor:
$^{54}_{26}Fe$, $^{56}_{26}Fe$, $^{57}_{26}Fe$ und $^{58}_{26}Fe$.
Nenne jeweils die Anzahl der Protonen, Neutronen und Elektronen.

5 Eine Gesteinsprobe enthält ein radioaktives Isotop, bei dessen β-Zerfall $^{87}_{38}Sr$ entsteht.

a Ermittle das radioaktive Isotop.

b Beschreibe und erkläre, woher das abgestrahlte β-Teilchen (Elektron) kommt.

c Nenne drei Eigenschaften der β-Strahlung.
Tipp: Ablenkung im elektrischen Feld, Durchdringungsfähigkeit, Ionisierungsvermögen

6 In Kernkraftwerken entsteht unter anderem das radioaktive Caesium $^{137}_{55}Cs$. Bei Kraftwerksunfällen wie in Fukushima oder Tschernobyl gelangte es in die Umwelt – mit gefährlichen Folgen (nicht nur) für die Menschen.

a Erkläre, was die Zahlen 137 und 55 am Elementsymbol Cs für Caesium bedeuten.

b Lies aus dem Diagramm die Halbwertszeit von Caesium $^{137}_{55}Cs$ ab. → 3

c „In rund 30 Jahren zerfällt die erste Hälfte des radioaktiven Caesiums-137, in weiteren 30 Jahren die zweite Hälfte – dann ist alles weg.“ Nimm Stellung zu dieser Aussage.

d Kurz nach dem Unfall von Tschernobyl wurde aufgrund der freigesetzten radioaktiven Stoffe

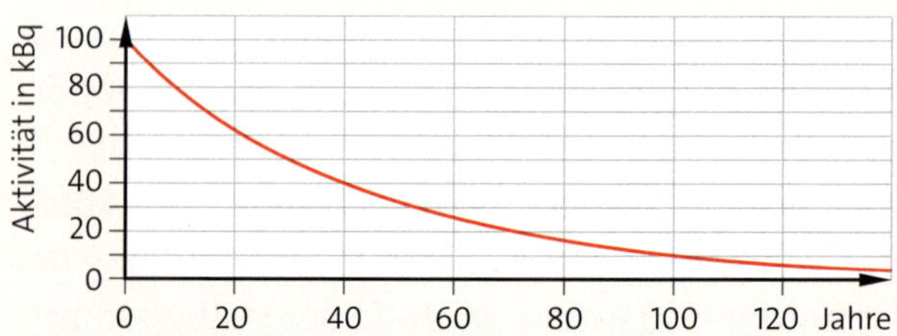

3 Aktivität einer Probe von $^{137}_{55}Cs$

in 1 l Milch eine relativ hohe Aktivität durch Iod-131 und eine etwas geringere Aktivität durch Caesium-137 gemessen. Vier Wochen später waren die Iodwerte viel geringer als die Caesiumwerte. Gib den Grund dafür an. *Tipp:* Halbwertszeit von I-131 siehe Anhang.

7 Radioaktiver Kohlenstoff C-14 mit einer Halbwertszeit von 5730 Jahren entsteht in der Erdatmosphäre infolge der kosmischen Strahlung.

a Beschreibe die C-14-Methode zur Datierung archäologischer Funde.

b In einer Höhle wurde Holzkohle gefunden. Bei einer Untersuchung von 15,0 g dieser Holzkohle wurde eine Aktivität von 3,13 Bq ermittelt. Im Holz lebender Pflanzen beträgt die Aktivität von C-14 im Mittel 15,3 Zerfälle pro Minute und Gramm Kohlenstoff. Ermittle das Alter der gefundenen Holzkohle.

c Stelle den zeitlichen Verlauf der Aktivität eines frischen Stücks Holzkohle mit A_0 = 48 Bq für die ersten vier Halbwertszeiten in einem Diagramm dar.

8 Nutzen und Gefahren

a Nenne jeweils mindestens drei Möglichkeiten, radioaktive Strahlung in Technik und Medizin zu nutzen.

b Beschreibe fünf Maßnahmen, um die Strahlenbelastung von Personen gering zu halten.

9 „Ich fliege gerne in ferne Länder.“ – „Beim Fliegen bekommt man doch so viel radioaktive Strahlung ab. Ich fahre lieber in den Bayerischen Wald.“ – „Da ist die Radioaktivität ja noch größer!“
Bewerte die Bedenken. Gehe auf die Strahlenquellen bei den Reisen ein.

Aufgaben aus Abschlussprüfungen

10 Zur Bestimmung der Halbwertszeit wird die Aktivität einer Probe von Calcium Ca-45 in Abhängigkeit von der Zeit gemessen. → 4

a Werten Sie die Messreihe grafisch aus.

b Ermitteln Sie grafisch die Aktivität der Probe nach 80 Tagen.

c Berechnen Sie mithilfe der Tabelle die Halbwertszeit von Ca-45.

t in d	0	60	120	180	240	300
A in kBq	66,0	51,1	39,5	30,6	23,6	18,3

4 Zerfall von Calcium Ca-45

11 In einem Experiment wird für eine Probe mit Protactinium Pa-234^m die Impulsrate in Abhängigkeit von der Zeit ermittelt. → 5

a Der Nulleffekt beträgt 24 Impulse pro Minute. Beschreiben Sie, wodurch er entsteht.

b Korrigieren Sie die Messreihe in einer neuen Tabelle um den Nulleffekt. Stellen Sie die korrigierte Messreihe im Diagramm dar.

c Bestimmen Sie anhand des Diagramms aus Teil b die Halbwertszeit von Pa-234^m.

t in s	0	15	30	45	60
Impulse pro 5,0 s	402	349	301	260	225

t in s	75	90	105	120	135
Impulse pro 5,0 s	195	168	145	125	109

5 Impulsrate einer Probe von Pa-234^m

Energieversorgung

Woher kommt unsere elektrische Energie? Wie sieht unser Strommix heute aus – und wie in 30 Jahren? Lässt sich die Energie klimaneutral bereitstellen und transportieren?

Wenn Solar- und Windkraftwerke zu viel elektrische Energie bereitstellen – wie kann man dann die überschüssige Energie speichern?

Seit dem ersten Motorwagen von 1886 haben sich die Autos sehr verändert. Wie funktionieren moderne Verbrennungsmotoren? Warum sollen sie ersetzt werden?

Wärmekraftmaschinen

1

Ein ganz schön „heißes Teil", so ein Verbrennungsmotor! Hinter der komplexen Fassade steckt ein einfaches Prinzip.

A Versuche

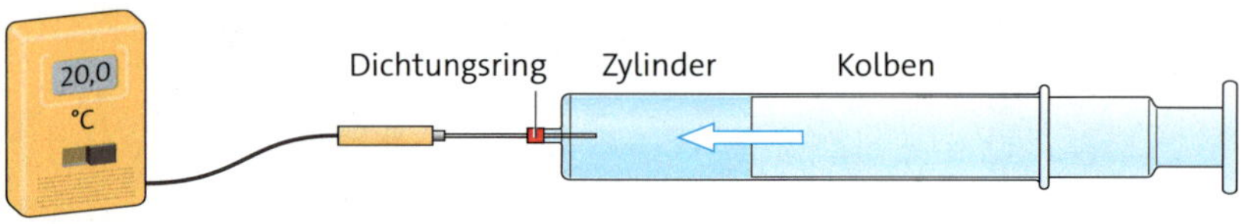

2

Luft im Zylinder

Material: Kolbenprober, elektrisches Thermometer mit Messfühler, Dichtungsring, Gefäß mit warmem Wasser

1 Steckt den Messfühler in die Öffnung des Kolbenprobers. Der Dichtungsring muss eng anliegen. → 2

a Presst den Kolben so kräftig wie möglich in den Zylinder. Messt die Temperatur der zusammengepressten Luft.

b Wer erreicht die höchste Temperatur? Beschreibt das Vorgehen.

2 Schiebt den Kolben zur Hälfte in den Zylinder, verschließt die Öffnung und taucht ihn in warmes Wasser. → 3 Beschreibt eure Beobachtung. Nennt die Energieumwandlung.

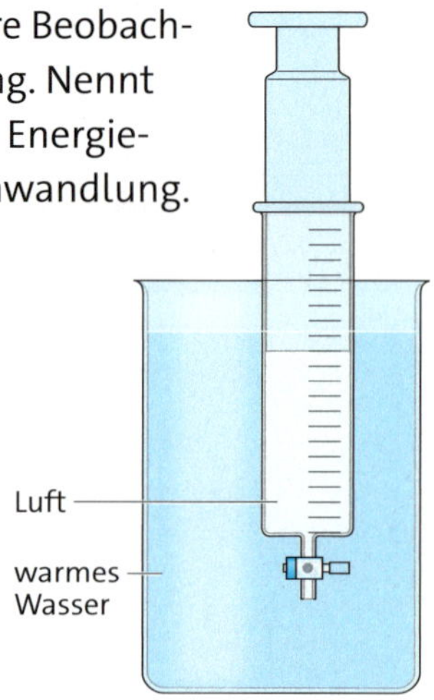

3

B Demoversuch

Zündung durch Funken

Material: Pappröhre mit festem Boden, losem Deckel und Zündloch; Pappschnipsel, Ethanol (im Nasensprayfläschchen), Stabfeuerzeug

1 In die Pappröhre werden die Schnipsel und zwei Sprühstöße Ethanol gegeben. Dann wird sie geschüttelt und das Gemisch aus Ethanol und Luft gezündet. → 4 Erklärt eure Beobachtung.

4

C Aufgaben

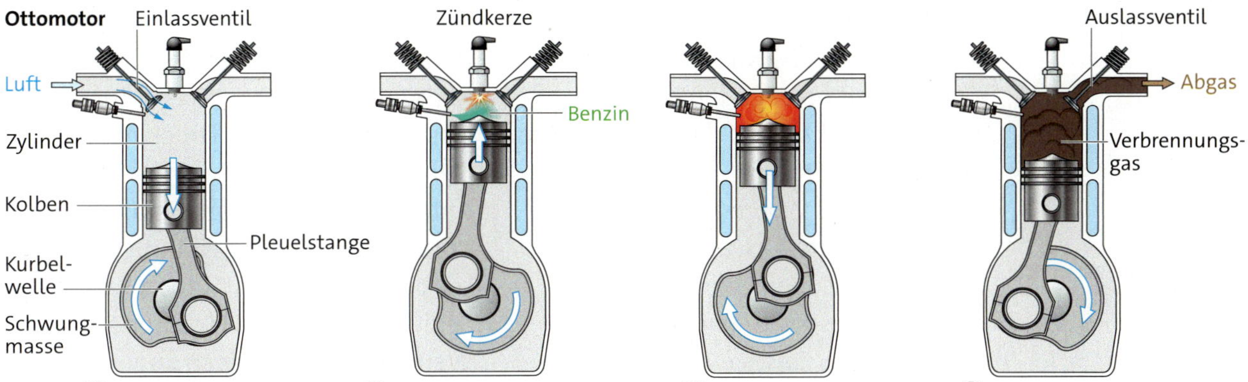

5

Viertaktmotor

Im Ottomotor wird ein Gemisch aus Benzin und Luft gezündet. → 5 Das heiße Verbrennungsgas dehnt sich explosionsartig aus und bewegt dabei den Kolben im Zylinder. Der Vorgang läuft in vier „Takten" ab.

1 Nennt die vier Takte. → 5

2 Ordnet den Takten die richtigen Beschreibungen A–D zu.

Der Kolben bewegt sich aufwärts und presst das Abgas durch das geöffnete Auslassventil aus dem Zylinder heraus.

A

Benzin wird eingespritzt. Der Kolben bewegt sich aufwärts und presst bei geschlossenen Ventilen das Benzin-Luft-Gemisch zusammen. Es erhitzt sich auf über 400 °C, der Druck steigt auf 18 bar. Das verdichtete Gemisch wird durch einen Funken der Zündkerze gezündet.

B

Der Kolben bewegt sich nach unten. Im Zylinder sinkt der Druck in der Luft so weit, dass Luft von außen durch das geöffnete Einlassventil einströmt.

C

Das Verbrennungsgas hat eine Temperatur von ca. 2000 °C und einen Druck von bis zu 60 bar. Es dehnt sich explosionsartig aus und schiebt den Kolben nach unten.

D

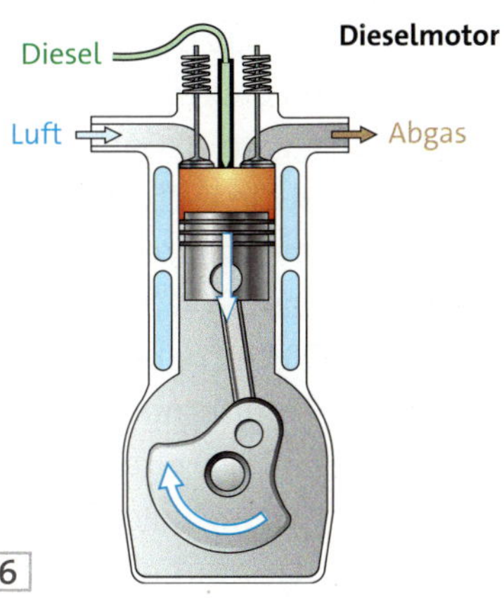

6

3 Vergleicht den Aufbau von Ottomotor und Dieselmotor. → 5 6 Nennt Gemeinsamkeiten und beschreibt die Unterschiede.

4 Viele Ottomotoren haben vier Zylinder. Stellt Vermutungen auf, welche Vorteile das haben könnte.

Wärmekraftmaschinen

1

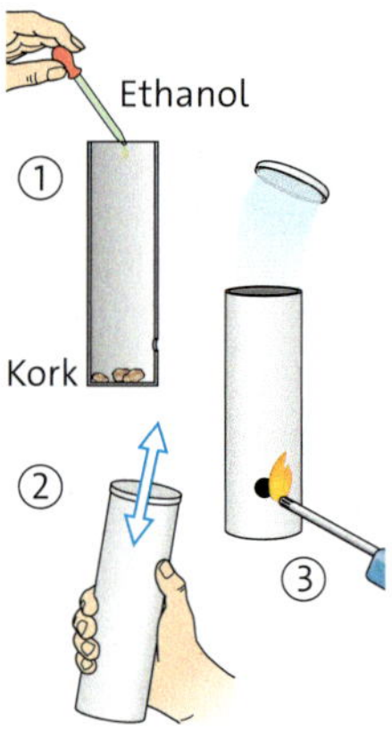

2

Grundlagen

Prinzip von Wärmekraftmaschinen • Die Luft im Glasgefäß wird erhitzt, dehnt sich aus und bewegt den Kolben. → 1 In der Pappröhre wird das fein verteilte Gemisch aus Ethanol und Luft entzündet. → 2 Das Verbrennungsgas ist sehr heiß, dehnt sich explosionsartig aus und schleudert den Deckel hoch. In beiden Versuchen wird durch das Erhitzen eines Gases eine Bewegung erzeugt. Auf diesem einfachen Prinzip beruhen alle Wärmekraftmaschinen wie z. B. die Verbrennungsmotoren in Autos, Lkws und Schiffen. In den Motoren läuft der Vorgang aber nicht nur einmal ab, sondern immer wieder.

Verbrennungsmotor • Um den Kolben im Zylinder eines Motors anzutreiben, wird ein fein verteiltes Gemisch aus Brennstoff und Luft entzündet. → 3 Das Gas, das bei der Verbrennung entsteht, ist sehr heiß (2000 °C) und hat einen sehr hohen Druck (60 bar beim Ottomotor, 90 bar beim Dieselmotor). Das Gas dehnt sich explosionsartig aus und schiebt dabei den Kolben mit großer Kraft nach unten. Das Volumen des Gases nimmt zu, der Druck nimmt ab. Der Kolben dreht auf seinem Weg nach unten mithilfe der Pleuelstange die Kurbelwelle. Diese treibt über ein Getriebe die Räder des Autos oder die Schiffsschraube des Motorboots an. Wenn der Kolben unten angekommen ist, dreht sich die Schwungmasse wegen ihrer großen Trägheit weiter und bewegt den Kolben wieder nach oben. Auf seinem Weg schiebt er nun das auf ungefähr 1000 °C abgekühlte Abgas aus dem Zylinder zum Auspuff.

In den Zylindern von Verbrennungsmotoren wird immer wieder ein Brennstoff-Luft-Gemisch gezündet. Das entstehende Verbrennungsgas ist sehr heiß und steht unter hohem Druck. Es dehnt sich explosionsartig aus und bewegt dabei den Kolben. Durch die Kolbenbewegung wird die Kurbelwelle gedreht.

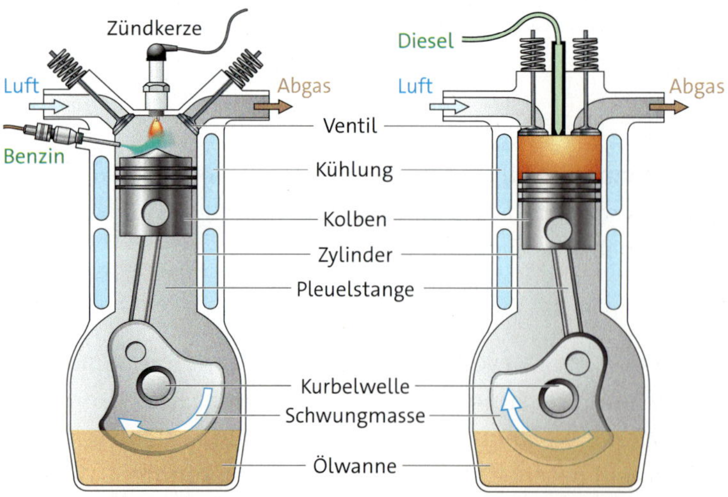

3 **Ottomotor** **Dieselmotor**

Im Ottomotor zündet das Benzin-Luft-Gemisch durch einen elektrischen Funken der Zündkerze („Fremdzündung"). Im Dieselmotor wird die Luft vom Kolben so stark zusammengepresst, dass ihre Temperatur bis auf 900 °C steigt. Jetzt erst wird der Dieseltreibstoff eingespritzt. Seine Zündtemperatur beträgt 350 °C – bei 900 °C entzündet sich das Diesel-Luft-Gemisch ohne Zündfunken („Selbstzündung").

die Wärmekraftmaschine
der Verbrennungsmotor
der Ottomotor
der Dieselmotor

Dieselmotoren sind wegen des höheren Drucks in den Zylindern stabiler gebaut als Ottomotoren und dadurch teurer. Sie verbrauchen aber bei gleichen Bedingungen weniger Treibstoff als Ottomotoren.

Energieumwandlung im Motor • Beim Verbrennen des Gemischs aus Brennstoff und Luft wird chemische Energie in innere Energie des extrem heißen und komprimierten Verbrennungsgases umgewandelt. Diese innere Energie wird bei der Ausdehnung des Verbrennungsgases zum kleineren Teil in kinetische Energie des Kolbens umgewandelt und dann für den Antrieb eines Geräts oder Fahrzeugs genutzt. → 4 Ein größerer Teil der inneren Energie wird z. B. mit dem Abgas ungenutzt an die Umgebung thermisch abgegeben.

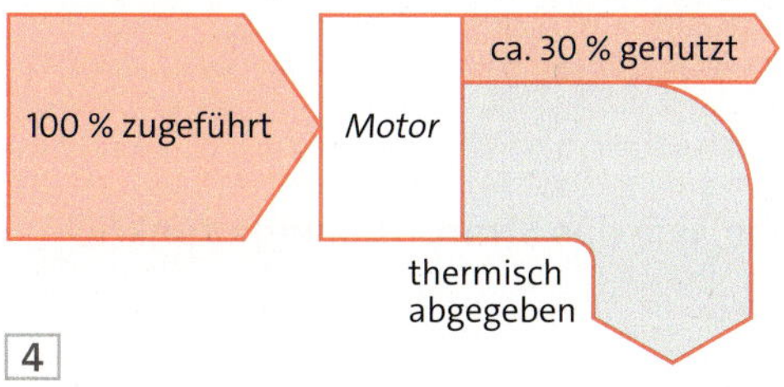

4

Verbrennungsmotoren wandeln chemische Energie in kinetische und Rotationsenergie um. Bei Autos beträgt der maximale Wirkungsgrad von 4-Takt-Ottomotoren rund 35 %, von 4-Takt-Dieselmotoren ca. 40 %.

Der Wirkungsgrad steigt mit dem Temperaturunterschied vom heißen zum abgekühlten Verbrennungsgas.

Weitere Wärmekraftmaschinen • Neben den Verbrennungsmotoren in Fahrzeugen gehören auch die Strahltriebwerke moderner Verkehrsflugzeuge sowie die Dampfturbinen in Wärmekraftwerken zu den Wärmekraftmaschinen.

Aufgaben

1 Gib das gemeinsame Prinzip aller Wärmekraftmaschinen an. Nenne vier Wärmekraftmaschinen.

2 Ottomotor – Dieselmotor

a Erläutere die Begriffe Selbstzündung und Fremdzündung.

b Gehört das Energieflussdiagramm zum Dieselmotor oder zum Ottomotor? → 5
Begründe deine Antwort.

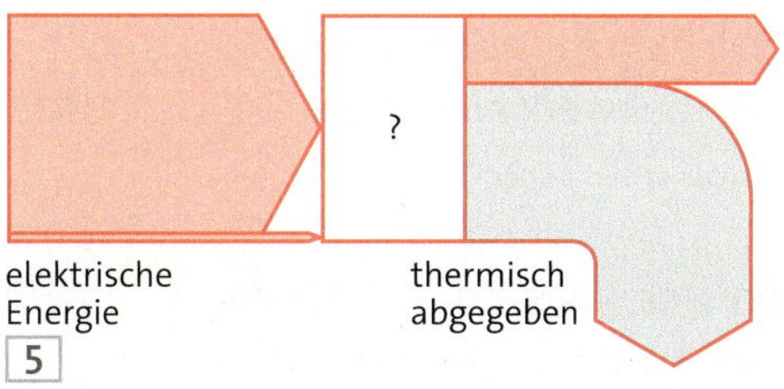

5

c Nenne mindestens einen Vorteil und einen Nachteil von Dieselmotoren gegenüber Ottomotoren.

3 „Verbrennungsmotoren nützen uns.“ „Verbrennungsmotoren schaden der Umwelt.“
Erläutere Beispiele zu den beiden Aussagen.

Im Fokus

Aus der Technik: Strahltriebwerke

1 Triebwerk eines Flugzeugs

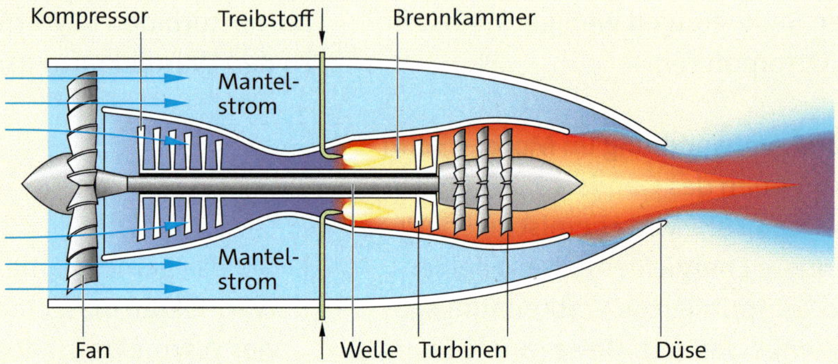

2 Aufbau des Triebwerks

Brennkammer und Düse • Die riesigen Triebwerke moderner Verkehrsflugzeuge enthalten eine Brennkammer und eine Düse. → 1 2 In der Brennkammer wird ein heißes Verbrennungsgas erzeugt, das unter hohem Druck steht. Es wird vom Triebwerk mit großer Kraft nach hinten aus der Düse ausgestoßen. Nach dem Wechselwirkungsprinzip übt das ausgestoßene Gas eine gleich große, nach vorn gerichtete Kraft auf das Triebwerk aus. Diese Kraft trägt zum Antrieb des Flugzeugs bei.

Turbinen und Kompressor • Das ausströmende Verbrennungsgas treibt auch die Turbinen an. Die Turbinen drehen den Kompressor, der vorne auf der gemeinsamen Welle sitzt. Der Kompressor „saugt" viel Luft an und presst sie in der Brennkammer zusammen. Hier wird der Brennstoff (Kerosin) eingespritzt und gezündet. Das sehr heiße Verbrennungsgas steht unter gewaltigem Druck. Es dehnt sich stark aus und strömt durch die Turbinen und die Düse hindurch mit großer Geschwindigkeit hinten aus dem Triebwerk heraus.

Fan • Vor dem Kompressor dreht sich ein großer Propeller mit vielen Flügeln. Er beschleunigt große Luftmassen nach hinten: etwa 10 % zum Kompressor und 90 % außen vorbei – das ist der Mantelstrom. Diese Luft wird zusammen mit dem Verbrennungsgas hinten ausgestoßen und trägt wesentlich zum Antrieb des Flugzeugs bei (Wechselwirkungsprinzip).

Aufgaben

1 Beschreibe, wie das Strahltriebwerk funktioniert. → 2

2 Im Strahltriebwerk laufen vier Takte ab (wie beim Viertaktmotor): Ansaugen, Verdichten, Zünden, Ausstoßen der Verbrennungsgase. Diese vier Takte finden gleichzeitig statt. Ordne sie den Bauteilen zu: Fan, Düse, Brennkammer und Kompressor.

3 Recherchiere im Internet, wie groß die „Schubkräfte" sind, die von Strahltriebwerken bewirkt werden können.

Aus der Technik: Dampfturbinen

3 Dampfturbine

4 Einfaches Prinzip

5 Turbinenanlage

Heißer Dampf treibt an • In Wärmekraftwerken gibt es riesige Dampfturbinen. → 3 Sie treiben die Generatoren an, die dann elektrische Energie bereitstellen. Das Prinzip von Dampfturbinen ist ganz einfach: → 4 Im Dampferzeuger wird Wasserdampf mit großem Druck erzeugt. Er dehnt sich aus und strömt mit hoher Geschwindigkeit aus der Düse auf die Turbine. Diese wird dadurch in schnelle Drehung versetzt, innere Energie des Dampfs wird in Rotationsenergie der Turbine umgewandelt.

Temperaturen und Drücke • In Dampferzeugern von Wärmekraftwerken wird der Wasserdampf auf über 500 °C erhitzt und erreicht einen Druck von mehr als 250 bar! Da die innere Energie des Dampfs beim Durchströmen der Turbine abnimmt, kühlt er ab, sein Druck sinkt und er nimmt immer mehr Raum ein. Zum Schluss hat er noch eine Temperatur von rund 40 °C und einen Druck von etwa 0,1 bar. Um die Energie des Dampfs möglichst gut zu nutzen, werden die Laufräder der Turbinen nach außen hin immer größer. → 3 Oft schaltet man sogar mehrere Turbinen hintereinander, die immer größer werden: erst eine Hochdruckturbine, dann eine Mitteldruck- und schließlich eine Niederdruckturbine. Damit ergeben sich lange Turbinenanlagen mit einem hohen Wirkungsgrad von ca. 50 %. → 5

Aufgaben

1 Der Dampf tritt in der Mitte der Turbine aus und strömt dann durch die Turbinenräder. → 3 Erkläre, warum diese nach außen hin immer größer werden.

2 Die „Turbine“ würde sich kaum drehen, wenn im „Dampferzeuger“ nur Luft wäre. → 4 Erkläre, welchen Vorteil das Wasser bringt. *Tipp:* Aus 1 l Wasser werden beim Verdampfen ...

3 Turbinen spielen bei Dampfturbinen und bei Strahltriebwerken eine wichtige Rolle. Nenne die grundsätzlichen Unterschiede in ihrer Nutzung.

Wärmekraftwerke

1

In den oft riesigen Wärmekraftwerken geht es heiß her. Woher kommt die Energie und wie wird daraus elektrische Energie? Wie viel CO_2 wird dabei ausgestoßen?

A Aufgaben

2 Solarthermisches Kraftwerk

3 Kohlekraftwerk

4 Biomassekraftwerk

Energieträger

1 Wärmekraftwerke können verschiedene Energieträger einsetzen.

a Gebt an, welche Energieträger von den Wärmekraftwerken links genutzt werden. → 2 – 4

b Ordnet den Energieträgern die Begriffe fossil („ausgegraben") oder regenerativ („wieder entstehend") zu.

c Ergänzt weitere Energieträger für Wärmekraftwerke.

2 Wie viel tragen die Energieträger zur Bereitstellung elektrischer Energie in Deutschland bei? → 5

a Gebt für jeden Energieträger an, ob sein Anteil zu- oder abgenommen hat oder ob er etwa gleich geblieben ist.

b Vermutet Gründe für die Veränderungen.

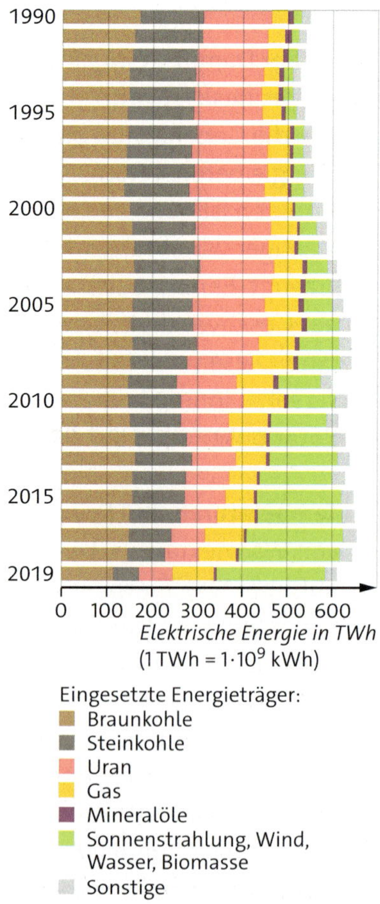

5 Ab 1990 jährlich bereitgestellte elektrische Energie (brutto)

B Aufgabe

Drei Bauteile eines Kohlekraftwerks

1 In Kohlekraftwerken spielen drei Bauteile wichtige Rollen, um elektrische Energie bereitzustellen. → 6 – 8

a Nennt die drei Bauteile.

b Zeichnet ein Energieflussdiagramm zu jedem Bauteil.

c Das Kohlekraftwerk wandelt chemische Energie der Kohle in elektrische Energie um. Zeichnet ein mehrschrittiges Energieflussdiagramm mit den drei Bauteilen in der richtigen Reihenfolge.

d Nennt das Bauteil, von dem besonders viel Energie ungenutzt abgegeben wird.

e Berechnet den Gesamtwirkungsgrad der drei miteinander „gekoppelten" Bauteile. Multipliziert dazu ihre einzelnen Wirkungsgrade miteinander.

In die Turbine strömt viele Hundert Grad Celsius heißer Dampf, der unter hohem Druck steht. Seine innere Energie wird in Rotationsenergie der Turbine umgewandelt.
Wirkungsgrad: 50 %

6

Der Generator wird von der Turbine angetrieben. Er wandelt Rotationsenergie zum großen Teil in elektrische Energie um.
Wirkungsgrad: 95 %

7

Im Dampferzeuger wird Wasser verdampft und der Dampf auf viele Hundert Grad Celsius erhitzt. Chemische Energie der Kohle wird in innere Energie des Dampfs umgewandelt.
Wirkungsgrad: 95 %

8

C Aufgabe

Kühltürme

1 Viele Wärmekraftwerke erkennt man von Weitem an ihren Kühltürmen. → 9

a Informiert euch, wie Kühltürme aufgebaut sind und wie sie funktionieren.

b Beschreibt Aufbau und Funktionsweise eines Kühlturms anhand einer Skizze.

c „Der Kühlturm gibt mehr Energie an die Umgebung ab als das Kraftwerk an das Stromnetz." Begründet diese Aussage.

9

Wärmekraftwerke

Grundlagen

Wärmekraftwerke • In den meisten Wärmekraftwerken wird heißer Wasserdampf mit sehr hohem Druck erzeugt. → 1 Er strömt durch eine Turbine, sodass sich die Turbinenräder schnell drehen. Die Turbine treibt einen Generator an, der die gewünschte elektrische Energie bereitstellt. Der Dampf wird im Kondensator abgekühlt, bis er kondensiert. Das Wasser wird dann wieder zum Dampferzeuger gepumpt. In Kohle- und Gaskraftwerken werden fossile Energieträger verbrannt, um das Wasser zu verdampfen, in Biomassekraftwerken Pflanzenreste, also ein regenerativer Energieträger. → 2 Erneuerbare Energieträger werden auch in Wärmekraftwerken ohne Verbrennung eingesetzt: Solarthermische Kraftwerke nutzen die Wärmestrahlung der Sonne zum Verdampfen von Wasser, Geothermiekraftwerke die innere Energie des heißen Erdinneren. Auch Kernkraftwerke sind Wärmekraftwerke, ihr Energieträger ist Uran.

Energieumwandlungen • Als Beispiel betrachten wir ein Kohlekraftwerk. → 1 Im Dampferzeuger wird Kohle verbrannt, um Wasser zu verdampfen. Der Dampf erreicht eine Temperatur von über 500 °C und einen Druck von mehr als 250 bar. Chemische Energie der Kohle wird in innere Energie des Dampfs umgewandelt. → 3 Der Dampf dreht die Turbinenräder, seine innere Energie wird dabei zum Teil in Rotationsenergie der Turbine umgewandelt. Der Druck im Dampf sinkt dadurch auf 0,1 bar, die Temperatur auf etwa 40 °C. Die rotierende Turbine treibt über eine gemeinsame Welle den Generator an. Er wandelt die Rotationsenergie in elektrische Energie um, die ans Stromnetz abgegeben wird.

Wärmekraftwerke wandeln die zugeführte Energie in innere Energie von heißem Wasserdampf mit hohem Druck um. Diese geht über in Rotationsenergie einer Turbine. Der Generator wandelt die Rotationsenergie in elektrische Energie um.

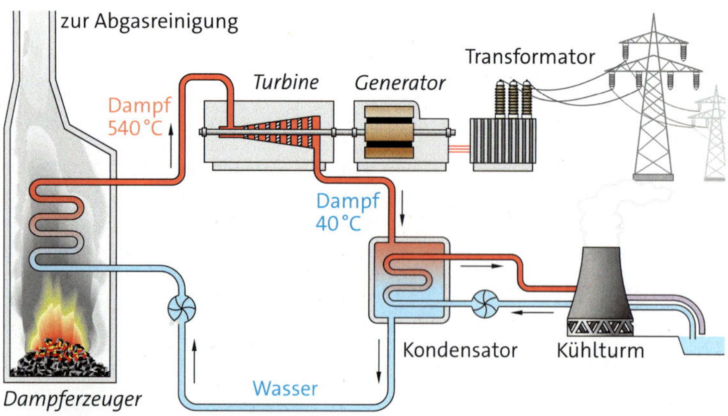

1 Kohlekraftwerk – Beispiel für ein Wärmekraftwerk

Fossile Energieträger wie Kohle, Erdgas und Erdöl liegen in der Erde und sind vor vielen Hundert Millionen Jahren entstanden (lat. *fossilis:* ausgegraben). Sie sind nicht erneuerbar, ihre Vorräte begrenzt.

Regenerative Energieträger wie Sonnenstrahlung, Wind, Wasser und Biomasse stehen uns immer wieder neu zur Verfügung (lat. *regeneratio:* Wiedergeburt). Sie heißen auch erneuerbare Energieträger.

Uran ist dagegen ein nicht erneuerbarer Energieträger.

2 Energieträger: fossil – regenerativ

das Wärmekraftwerk
fossil
regenerativ

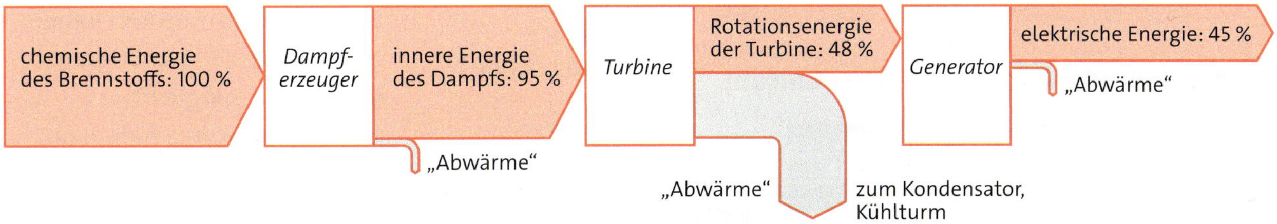

3 Energieumwandlungen in einem Wärmekraftwerk (Beispiel: Kohlekraftwerk)

Wirkungsgrad und Energieentwertung • Je mehr sich die Dampftemperatur vor und nach der Turbine unterscheidet, desto mehr zugeführte Energie wird in nutzbare elektrische Energie umgewandelt. Deshalb wird der Dampf nach der Turbine abgekühlt. Er gibt im Kondensator Wärme ans Kühlwasser ab, kondensiert zu Wasser und wird wieder in den Dampferzeuger gepumpt.
Das im Kondensator erwärmte Wasser wird im Kühlturm versprüht und erwärmt die einströmende kalte Luft. Ein Großteil der inneren Energie des Wasserdampfs gelangt damit als „Abwärme“ in die Umgebung. Die erhöhte innere Energie der Umgebung kann von uns kaum genutzt werden, sie hat ihren Wert verloren (Energieentwertung).
Für den elektrischen Wirkungsgrad η_{el} moderner Kohlekraftwerke gilt z. B.:

$$\eta_{el} = \frac{E_{el}}{E_{zu}};\ \eta_{el} \approx 45\,\%.$$

Wärmekraftwerke wandeln mehr als die Hälfte der zugeführten Energie nicht in elektrische Energie um, sondern geben sie als „Abwärme“ an die Umgebung ab. Diese Energie kann praktisch nicht mehr zur Bereitstellung elektrischer Energie verwendet werden, sie ist entwertet.

Brennstoffe und Abgase • Die fossilen Brennstoffe für die Kraftwerke geben beim Verbrennen unterschiedlich viel Wärme pro kg ab. → 4
Beim Verbrennen entsteht immer Kohlenstoffdioxid (CO_2), das den Treibhauseffekt der Atmosphäre verstärkt. Die Kraftwerke stoßen je nach Brennstoff unterschiedlich viel CO_2 pro kWh elektrischer Energie aus. → 4
Außerdem entstehen beim Verbrennen Schadstoffe wie Staub, Feinstaub, Stickoxide und Schwefeldioxid. Sie können in Kraftwerken aus den Abgasen weitgehend entfernt werden.

Aufgaben

1 Wärmekraftwerke
a Nenne die Bauteile und beschreibe jeweils ihre Funktion. → 1
b Gib an, an welcher Stelle am meisten Energie entwertet wird. → 1 3
c Begründe, warum der Dampf aus der Turbine abgekühlt wird.

2 Stelle die Energieträger der Wärmekraftwerke als Mindmap zusammen.

3 Beschreibe, was du unter entwerteter Energie verstehst.

Brennstoff
Braunkohle Wärme: 10 $\frac{MJ}{kg}$ CO_2: 0,98 $\frac{kg}{kWh}$
Steinkohle Wärme: 27 $\frac{MJ}{kg}$ CO_2: 0,79 $\frac{kg}{kWh}$
Erdgas Wärme: bis 45 $\frac{MJ}{kg}$ CO_2: 0,64 $\frac{kg}{kWh}$

4 Vergleich fossiler Brennstoffe

Umweltbelastungen

1

Verbrennungsmotoren haben uns eine beinahe unbegrenzte Mobilität ermöglicht. Wärmekraftwerke haben uns zuverlässig mit elektrischer Energie versorgt. Sie haben aber auch Schattenseiten. Wie sieht ihre Zukunft aus?

A Aufgaben

Wissenschaftler haben herausgefunden, dass der Straßenverkehr einen hohen Anteil an der Belastung mit Stickstoffoxid hat. Besonders Innenstädte sind davon betroffen. Auch beim Feinstaub ist der Straßenverkehr die Hauptursache, jedenfalls in Innenstädten. Neben den Abgasen darf man z. B. auch den Reifenabrieb nicht vergessen.
Bei hohen Belastungen kann langfristig von Gesundheitsschäden wie Atemwegserkrankungen und Herz-Kreislauf-Schäden ausgegangen werden. Stickstoffoxide werden auch für das Verkümmern von Pflanzen und die Überdüngung von Böden verantwortlich gemacht.

2

Stickstoffoxide und Feinstaub

1 Nennt Gründe, wieso die Grenzwerte von Stickstoffoxiden so ernst genommen werden. → 2

2 Gebt Ursachen für die Belastung mit Feinstaub in Innenstädten an. → 2

B Aufgaben

Steinkohlekraftwerke stoßen bei einem elektrischen Wirkungsgrad von 45 % rund 0,79 kg CO_2 pro kWh elektrischer Energie aus.
Gas-und-Dampf-Kraftwerke haben dagegen einen elektrischen Wirkungsgrad von fast 60 % und stoßen nur halb so viel CO_2 aus! Sie verbrennen meist Erdgas. Das 1600 °C heiße Verbrennungsgas treibt eine Gasturbine mit Generator an. Danach ist das Gas noch immer 600 °C heiß. Seine innere Energie wird in einem Dampferzeuger genutzt, um über 500 °C heißen Dampf zu erzeugen. Dieser Dampf treibt eine weitere Turbine mit Generator an.

3

Wirkungsgrad und CO_2

1 Vergleicht den Wirkungsgrad und den CO_2-Ausstoß der Wärmekraftwerke. → 3 Begründet die Unterschiede.

2 Berechnet die Masse an CO_2, die ein Kohlekraftwerk mit 500 MW elektrischer Leistung in 1,0 h ausstößt. → 3

C Aufgaben

Die Europäische Union hat sich zum Ziel gesetzt, spätestens ab dem Jahr 2050 klimaneutral zu sein. Eine Umfrage hat gezeigt, dass 90 % der EU-Bürger den Klimawandel als schwerwiegendes Problem sehen. Zu erwarten sind nicht nur Auswirkungen auf die Natur, auch wirtschaftliche Schäden drohen.
Was hat das mit unseren Energieträgern zur Stromerzeugung zu tun? Beim Verbrennen fossiler Energieträger wie Kohle, Öl, Benzin, Erdgas entsteht immer auch Kohlenstoffdioxid (CO_2). Die Menschheit verbrennt riesige Mengen fossiler Energieträger, sodass der Anteil an CO_2 in der Atmosphäre ständig steigt. Dieses Gas verstärkt den Treibhauseffekt der Atmosphäre, weshalb die mittlere Temperatur auf der Erde steigt – ein Klimawandel mit häufigeren und heftigeren Dürren, Stürmen und Überschwemmungen als Folgen zeichnet sich ab.
Auch beim Verbrennen regenerativer Energieträger wie Holz oder Pflanzenreste entsteht CO_2. Die Pflanzen haben aber beim Wachstum vorher genauso viel CO_2 aus der Luft aufgenommen. Der Gesamtvorgang aus Wachstum und Verbrennen ist also CO_2-neutral. Biosprit wird aus regenerativen Energieträgern hergestellt und kann zum Antrieb von Fahrzeugen genutzt werden. Auch Biomassekraftwerke verwenden Pflanzenreste und belasten daher die Atmosphäre nicht mit zusätzlichem CO_2, ebenso wie solar- und geothermische Kraftwerke.
Wie ist die Ausgangslage, was ist das Ziel? Im Jahr 2020 wurde die elektrische Energie in Deutschland zu ungefähr 43 % mithilfe fossiler Energieträger bereitgestellt. → 5 Im Jahr 2050 soll dagegen EU-weit kein zusätzliches CO_2 mehr durch fossile Brennstoffe entstehen. Dieses Klimaziel soll hauptsächlich durch den Einsatz regenerativer Energieträger und durch Energiesparen erreicht werden.
Regenerative Energieträger sind manchmal problematisch, wie das Beispiel Biosprit zeigt. Seine Ökobilanz sieht oft nicht sehr günstig aus: Zum Anbauen der „Energiepflanzen" ist viel Energie nötig (Dünger, Maschineneinsatz, Herstellung der Kraftstoffe für Maschinen und Fahrzeuge). Um genügend von diesen Pflanzen anbauen zu können, werden riesige Flächen benötigt – für den Anbau von Nahrungspflanzen steht damit weniger Ackerland zur Verfügung. Brandrodungen, mit denen neue Anbauflächen gewonnen werden sollen, vernichten tropischen Regenwald und treiben den Klimawandel weiter an.

4

Energieträger zum Bereitstellen elektrischer Energie

1 Begründet, weshalb der Einsatz fossiler Energieträger verringert und schließlich beendet werden soll. → 4

2 Findet Vor- und Nachteile von Biomasse als Energieträger. → 4 Informiert euch, was man unter „Energiepflanzen" versteht.

3 Wie groß sind bei uns die Anteile fossiler und regenerativer Energieträger an der Bereitstellung elektrischer Energie? Lest es ab. → 5

4 Informiert euch, wie der „Strommix" 2050 aussehen könnte.

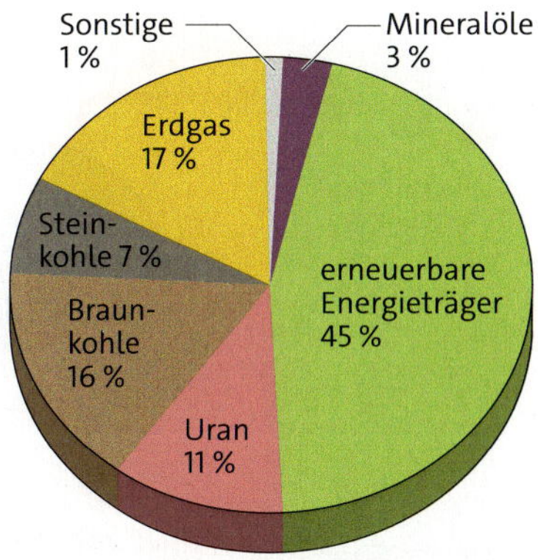

5 „Strommix": bereitgestellte elektrische Energie (2020; netto)

Umweltbelastungen

Grundlagen

Klima • Wärmekraftwerke und Wärmekraftmaschinen werden oft mit fossilen Energieträgern wie Kohle, Erdöl, Erdgas, Benzin und Diesel betrieben. Wenn das CO_2 aus deren Verbrennung in die Atmosphäre gelangt, verstärkt es den Treibhauseffekt und damit die Erderwärmung. Als Folge zeichnet sich ein Klimawandel ab. Neben Auswirkungen für die Umwelt entstehen dadurch enorme wirtschaftliche Schäden.

Gesundheit • Abgase wie Stickstoffoxide, Kohlenstoffmonooxid oder Feinstaub aus Verbrennungen und dem Straßenverkehr können (nicht nur) zu gesundheitlichen Problemen führen. → 1 Dazu gehören Erkrankungen der Atemwege und des Herz-Kreislauf-Systems sowie ein erhöhtes Krebsrisiko. Zusätzlich belastet der Motorenlärm viele Menschen, besonders an stark befahrenen Straßen.

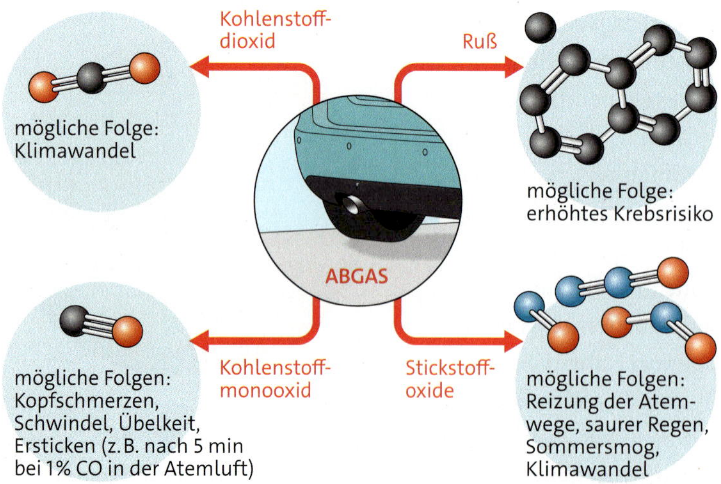

1 Schadstoffe im Abgas und einige mögliche Folgen

Umwelt • Viele Abgase schädigen Pflanzen. Stickstoffoxide verändern sich z. B. durch chemische Reaktionen in Pflanzen, giftige Folgeprodukte entstehen. Durch Stickstoffoxide können Böden überdüngt werden und Pflanzenarten unnatürlich stark wachsen. Auch das „Versauern" von Böden ist eine Folge von Abgasen. Das Ökosystem wird nachhaltig gestört.

Die Abgase von Wärmekraftwerken und Wärmekraftmaschinen können Umwelt und Gesundheit schädigen sowie das Klima verändern.

Schadensbegrenzung • Die Weiterentwicklung der Motorentechnik führt zu leicht höheren Wirkungsgraden. Ein höherer Wirkungsgrad bedeutet, dass weniger Treibstoff verbrannt werden muss und weniger CO_2 entsteht. CO_2 könnte z. B. in ausgebeuteten Erdgaslagerstätten gespeichert werden. Wenn diese nicht völlig dicht sind, drohen aber gesundheitliche Schäden: Zu viel CO_2 in der Atemluft kann zum Ersticken führen. Bei großflächigen Aufforstungen nehmen die wachsenden Bäume viel CO_2 aus der Luft auf. Rauchgasreinigungsanlagen in Kraftwerken bzw. Rußfilter und Katalysatoren in Fahrzeugen entfernen viele schädliche Stoffe aus den Abgasen. Dennoch lassen sich CO_2, Abgase und ihre Schadstoffe nie ganz vermeiden. Aus diesem Grund und weil die Vorkommen fossiler Energieträger begrenzt sind, ist eine Umstellung auf regenerative Energieträger erforderlich.

Es stehen uns hauptsächlich Sonnenstrahlung, Wind, Wasser, Erdwärme und Biomasse zur Verfügung:

- Strahlungsenergie wird in Fotovoltaikanlagen direkt in elektrische Energie umgewandelt. → 2
- In solarthermischen Kraftwerken wird mit der Sonnenenergie heißer Dampf erzeugt, der eine Dampfturbine und den angeschlossenen Generator antreibt. → 3
- In geothermischen Kraftwerken wird zur Dampferzeugung innere Energie heißer Erdschichten genutzt. → 4
- Wind- und Wasserkraftwerke laufen ohne Abgase. Die kinetische Energie in Wind und Wasser stammt letztlich von der Sonne. → 5
- Biogas entsteht unter Luftabschluss aus Biomasse (Pflanzen- und Tierreste). Es kann als Brennstoff für Wärmekraftwerke verwendet werden. Aus Biomasse lassen sich auch Treibstoffe herstellen. Bei der Verbrennung von Biogas und Biosprit entsteht nur so viel CO_2, wie die Pflanzen vorher aus der Luft aufgenommen haben.

Die Nutzung regenerativer Energieträger verringert die schädlichen Wirkungen von Wärmekraftwerken und Wärmekraftmaschinen.

Regenerative Energieträger – nicht nur positiv • Um regenerative Energieträger nutzen zu können, ist oft erst einmal viel Energie erforderlich: Anlagen müssen gebaut werden, Maschinen brauchen Energie, Düngemittel und Biosprit werden in Chemiefabriken hergestellt. Außerdem werden riesige Flächen für „Energiepflanzen" (bei uns z. B. Raps und Mais) oder Solarparks benötigt. Auf diesen Flächen können keine Nahrungsmittel angebaut werden, zum Teil geht unberührte Natur verloren. So wird in den Tropen Regenwald für Palmölplantagen gerodet, die Rohstoffe für Biosprit z. B. nach Europa liefern. Die Verbesserung unserer CO_2-Bilanz kann also zu Umweltbelastungen in anderen Weltregionen führen.

Es ist oft sehr aufwendig, regenerative Energieträger zu gewinnen oder nutzbar zu machen.

Regenerative Energieträger können wir also nicht zum „Nulltarif" nutzen. Deshalb müssen wir unser Verhalten überprüfen und möglichst nachhaltig und effizient mit Energie umgehen.

Aufgaben

1 Nenne jeweils fünf fossile und regenerative Energieträger.

2 Auf das Verbrennen fossiler Energieträger soll nach Möglichkeit verzichtet werden. Gib Gründe dafür an.

3 Nenne Vor- und Nachteile regenerativer Energieträger.

4 Fossile Energieträger werden derzeit nur langsam von regenerativen Energieträgern ersetzt. Vermute Gründe dafür.

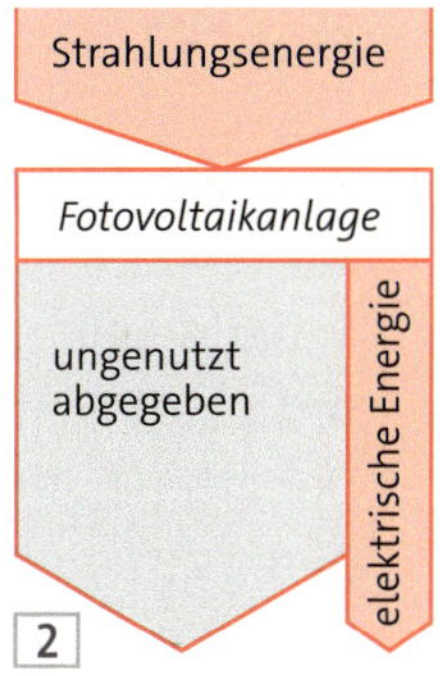

2

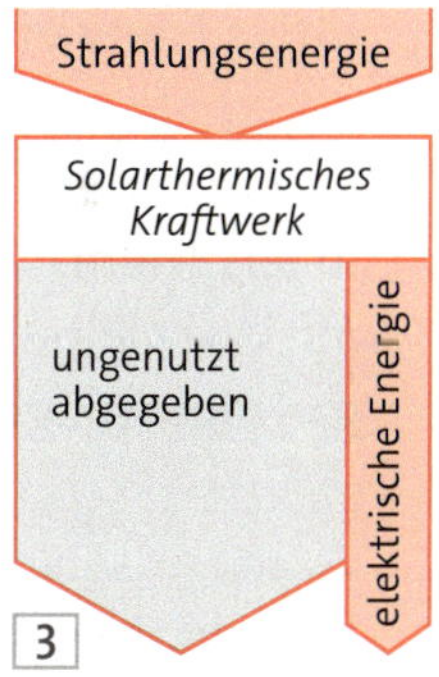

3

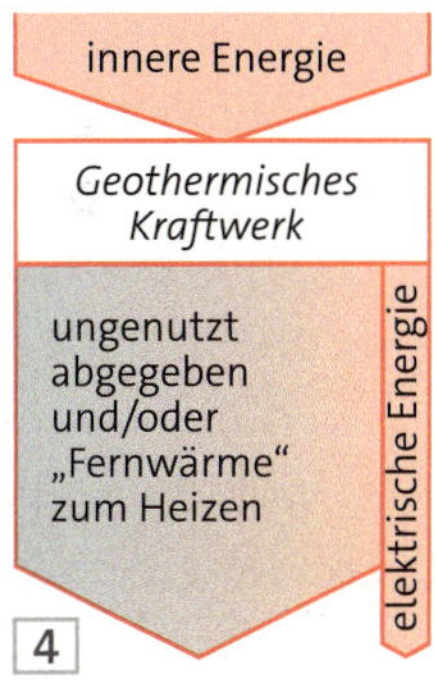

4

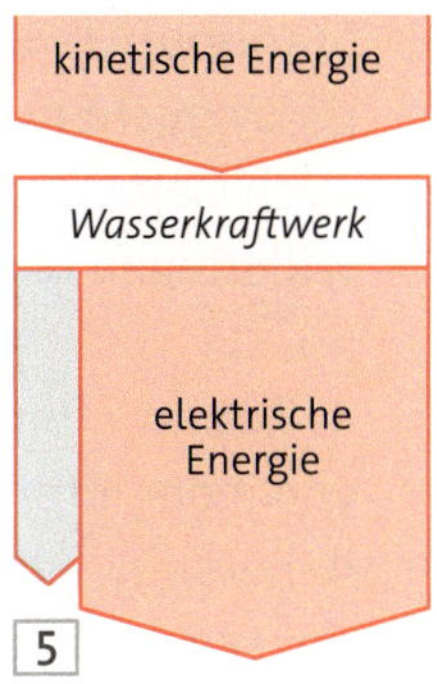

5

Methode

Eine Pro-und-Kontra-Debatte

Energie- und Umweltfragen werden in der Gesellschaft kontrovers diskutiert. Pro-und-Kontra-Debatten helfen, zu einem fundierten Standpunkt zu kommen. Ihr lernt diese Debattenform hier an einem Beispiel kennen: „Sollen fossile Energieträger möglichst schnell durch regenerative Energieträger ersetzt werden?"

1. Vorbereitung Verschafft euch einen Einblick in das Thema. → A B Stimmt ein erstes Mal ab: Wie viele sind dafür/dagegen, fossile Energieträger möglichst schnell zu ersetzen?

2. Interessengruppen bilden Für die Debatte braucht ihr Vertreter und Vertreterinnen gegensätzlicher Interessengruppen. Beispiele:
- Umweltschutzverband
- Energieversorger, der stark profitorientiert ist
- Eltern mit Sorge um die Zukunft ihrer Kinder
- „Verbraucher", der möglichst wenig für Benzin und Energie bezahlen möchte
- Politiker, der Kompromisse erreichen und wiedergewählt werden will

Bildet gleich große Interessengruppen.

3. Standpunkt erarbeiten Formuliert eure Standpunkte und findet sachliche Argumente dafür (nicht nur in diesem Buch). → 1 Sammelt auch Gegenargumente und überlegt, wie ihr sie widerlegen könnt.

4. Debatte führen Bildet Debattiergruppen – von jeder Interessengruppe muss eine Person dabei sein. Jeder bekommt zwei Minuten Zeit, um seinen Standpunkt vorzustellen. Danach tauschen die Teilnehmer jeder Debattiergruppe ihre Argumente und Gegenargumente aus. Seid dabei respektvoll: Lasst jeden ausreden, bedenkt die Ansichten der anderen und bleibt sachlich.

5. Debatte reflektieren Besprecht im Klassenverband, was in euren Debatten gut gelungen ist und was nicht so gut lief. Welche Argumente waren überzeugend und welche weniger? Stimmt erneut über die Ausgangsfrage ab und vergleicht mit dem ersten Meinungsbild.

Aufgaben

1 Ordnet zur Vorbereitung die Argumente, die für bzw. gegen den Einsatz fossiler Energieträger sprechen. → A Geht bei den regenerativen Energieträgern genauso vor. → B

2 Bildet Interessengruppen und erarbeitet eure Standpunkte. Ordnet die Argumente für und gegen euren Standpunkt. → 1

Umweltverband *Ich bin dafür, dass fossile Energieträger sofort durch regenerative Energieträger ersetzt werden. Dafür sprechen folgende Gründe:*
Der weltweite Anstieg der Temperatur durch das Treibhausgas CO_2 muss gestoppt werden. Es entsteht beim Verbrennen fossiler Energieträger.
...

Erwartete Gegenargumente	Widerlegung
?	?

1 Beispiel für einen Standpunkt und Argumente

Fossile Energieträger

Die Vorräte fossiler Energieträger sind begrenzt. Erdöl, Erdgas und Kohle wachsen nicht nach. Ihr Vorkommen ist auf wenige Gegenden in der Welt beschränkt, Förderung und Transport sind oft sehr aufwendig. Man muss auf immer unzugänglichere Fundstellen zurückgreifen. Unfälle bei Förderung oder Transport sind oft Ursache schwerer Umweltschäden. Zudem sind die Vorkommen fossiler Energieträger immer wieder Auslöser für geopolitische Konflikte.

Erdöl wird nicht nur für Kraftwerke, Fahrzeuge und zum Heizen benötigt: Es ist ein wertvoller Rohstoff z. B. für die Herstellung von Kunststoffen oder Medikamenten.

Beim Verbrennen fossiler Energieträger entstehen Schadstoffe wie Kohlenstoffdioxid, das den Treibhauseffekt der Atmosphäre verstärkt. Technische Möglichkeiten, dieses CO_2 aus den Abgasen herauszufiltern und zu speichern, sind umstritten und wurden praktisch noch nicht umgesetzt. Mit dem gespeicherten CO_2 könnten synthetische Treibstoffe hergestellt werden.

Obwohl ihre Vorkommen begrenzt sind, werden fossile Energieträger derzeit noch vergleichsweise billig angeboten. Für Fahrzeuge, die mit fossilen Treibstoffen angetrieben werden, gibt es ein dichtes Netz an Tankstellen, sodass das Tanken ganz unkompliziert ist. Da die meisten Autos, die in großen Stückzahlen produziert werden, heute noch mit fossilen Treibstoffen betrieben werden, ist ihre Anschaffung derzeit relativ günstig.

Fossile Energieträger können rund um die Uhr verbrannt werden und sind unabhängig vom Wetter nutzbar.

A

Regenerative Energieträger

„Energiepflanzen" wie Mais, Raps oder Zuckerrohr wachsen ständig nach. Sie stehen uns und unseren Nachkommen wie Sonne, Wind und strömendes Wasser immer wieder zur Verfügung. Überall auf der Erde ist es möglich, „Energiepflanzen" anzubauen oder auf Sonne, Wind und Wasser zurückzugreifen. Gewinne mit diesen Energieträgern können bei den Erzeugern bleiben, ohne an große Konzerne zu gehen.

Biosprit und Biogas geben beim Verbrennen nur so viel CO_2 ab, wie die Pflanzen dafür vorher beim Wachsen aus der Luft aufgenommen haben. Die Herstellung von Biogas und Biosprit ist aber mit hohem Energieaufwand verbunden. Pflanzen müssen angebaut, gedüngt und geerntet werden. Für Biosprit müssen Zucker und Öl extrahiert und chemisch umgewandelt werden.

Um Platz zum Anbau von „Energiepflanzen" zu schaffen, werden immer mehr Wälder gerodet. Die entstehenden Felder werden stark gedüngt. In großen Monokulturen müssen große Mengen Pflanzenschutzmittel eingesetzt werden, die oft alle Lebewesen auf den Feldern abtöten. Die Felder lassen sich nicht gleichzeitig zum Anbau von Nahrungspflanzen nutzen. Mais, Raps und Zuckerrohr stehen einer wachsenden Weltbevölkerung nicht mehr zur Verfügung, um Lebensmittel herzustellen. Außerdem wird Lebewesen der Lebensraum entzogen, die aufgrund der Evolution an bisherige Pflanzenarten angepasst waren.

Kraftwerke, die von Sonne und Wind abhängig sind, können nicht verlässlich jederzeit nach Bedarf Energie liefern. Überschüssige Energie wird noch nicht in genügendem Umfang gespeichert.

B

Solarkraftwerke

1

Die Sonne versorgt die Erde ständig mit so viel Energie, dass der Energiebedarf der Menschheit ungefähr 11 000-mal gedeckt werden könnte. Wie lässt sich diese Energie mit Solarkraftwerken (lat. *sol:* die Sonne) nutzen?

A Aufgaben

Sonnenkollektoren oder Solarzellen?

2

1 Auf manchen Hausdächern sind einige Sonnenkollektoren und viele Solarmodule montiert. → 2
a Nennt jeweils die Aufgabe dieser Bauteile.
b Ordnet ihnen jeweils das passende Energieflussdiagramm zu. → 3 4

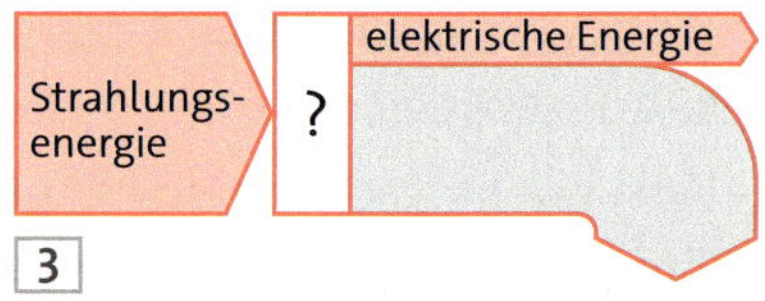

3

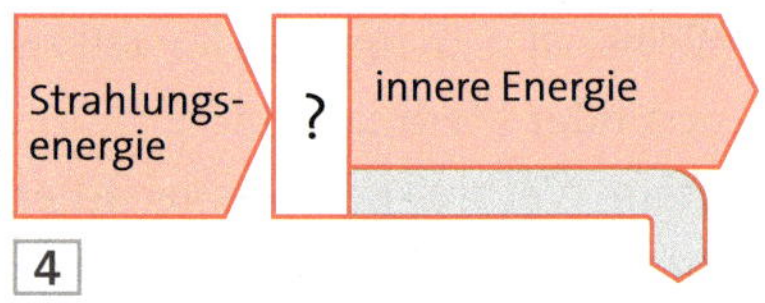

4

B Aufgaben

Sonnenschein – ungleich verteilt

1 Welche Gebiete Deutschlands kommen am ehesten zur Nutzung von Sonnenenergie in Frage?
a Beschreibt die Verteilung
- der jährlichen Sonnenscheindauer → 5
- der Strahlungsenergie, die pro m² am Erdboden eintrifft → 6

b Vergleicht die Verteilungen.
c Beantwortet die Eingangsfrage.

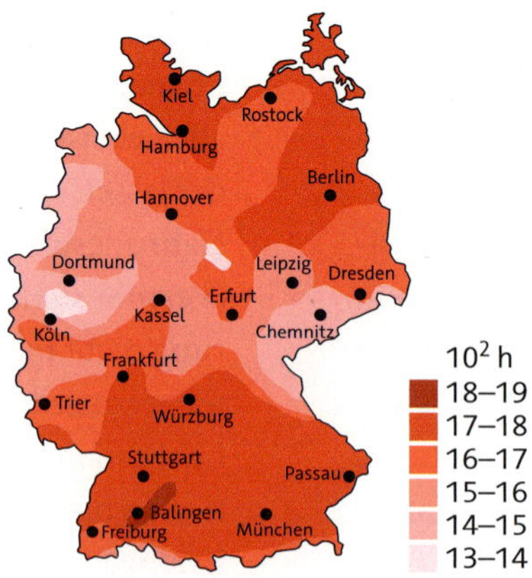

5 Jährliche Sonnenstunden

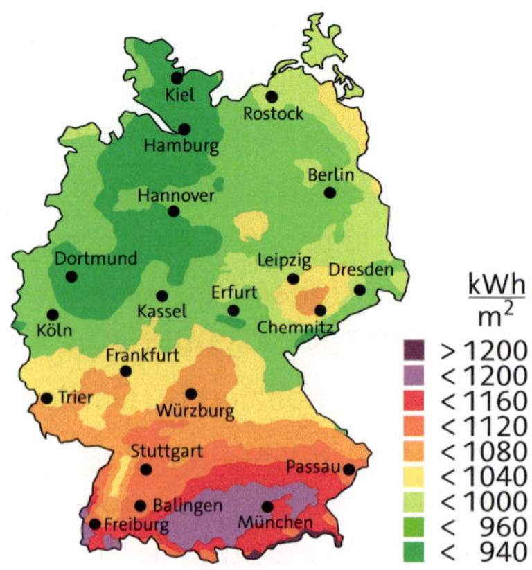

6 Jährliche Strahlungsenergie

2 Informiert euch, wie die Solarnutzung in Deutschland aktuell verteilt ist. Vergleicht mit den Strahlungskarten. → 5 6 Vermutet Gründe für die Unterschiede.

das solarthermische Kraftwerk
die Solarzelle
die Fotovoltaik

Grundlagen

Solarthermische Kraftwerke • Sie gehören zu den Wärmekraftwerken. Wir unterscheiden zwei Arten: → 7 8
- In Parabolrinnenkraftwerken reflektieren Parabolspiegel Sonnenstrahlung zu Rohren (Rinnen), in denen ein Wärmetransportmittel fließt. → 7
- In Solarturmkraftwerken reflektieren Spiegel die Strahlung auf einen Absorber, durch den Rohre führen. → 8

Die konzentrierte Sonnenstrahlung erhitzt das Wärmetransportmittel auf viele Hundert Grad Celsius. Im Dampferzeuger gibt es innere Energie ab, um heißen Wasserdampf mit hohem Druck zu erzeugen. → 9 Er treibt eine Turbine an und diese einen Generator. Solarthermische Kraftwerke sind für Gebiete mit hoher Sonneneinstrahlung und Trockenheit geeignet. → 10

Solarthermische Kraftwerke wandeln Strahlungsenergie der Sonne erst in innere Energie eines Wärmetransportmittels und dann in elektrische Energie um.

Fotovoltaik • Solarmodule bestehen aus vielen Solarzellen. → 1 2

Solarzellen wandeln Strahlungsenergie direkt in elektrische Energie um (Fotovoltaik). Ihr Wirkungsgrad liegt meist unter 20 %.

Umwelt • Große Solarkraftwerke bedecken große Flächen und greifen in natürliche Lebensräume ein.

7 Parabolrinnenkraftwerk

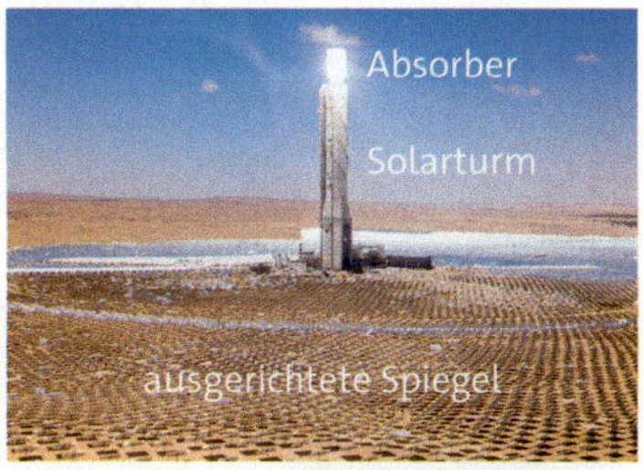

8 Solarturmkraftwerk

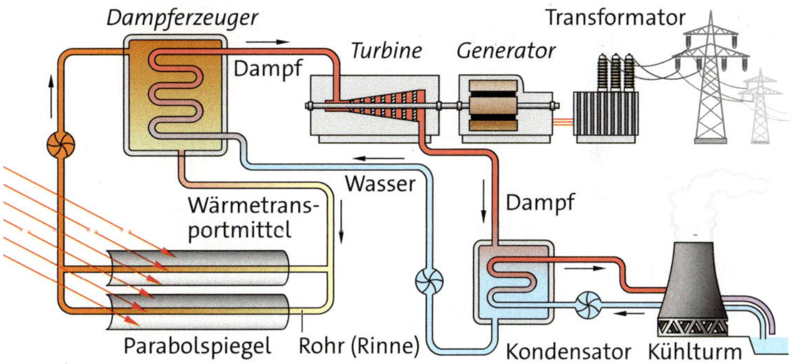

9 Parabolrinnenkraftwerk (Aufbau)

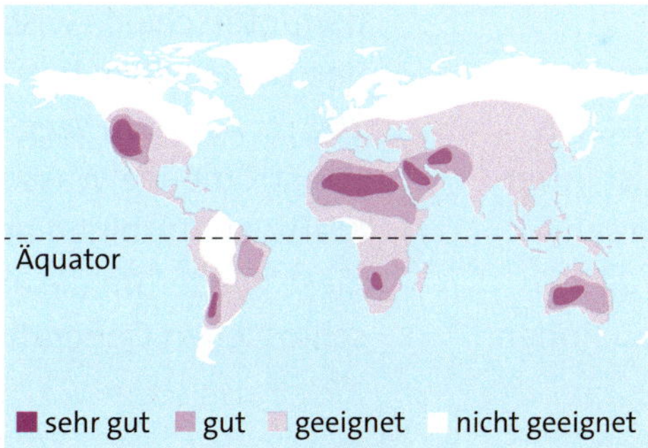

10 Gebiete für solarthermische Kraftwerke

Aufgaben

1 Nenne den grundsätzlichen Unterschied zwischen solarthermischen und fotovoltaischen Kraftwerken.

2 Gib Gründe dafür an, dass es in Spanien solarthermische Kraftwerke gibt, aber nicht bei uns. → 10

Wasserkraftwerke

1

Der Staudamm ist über 80 m hoch. Wieso wird bei manchen Wasserkraftwerken das Wasser so hoch aufgestaut?

A Aufgaben

Anteile der Wasserkraft

1 Wasserkraftwerke waren 2019 in Deutschland zu 3,5 % an der elektrischen Energieversorgung beteiligt, in Österreich zu 57 %. → 2 Vermutet eine Erklärung dafür.

2 Der Anteil der Wasserkraftwerke an der elektrischen Energieversorgung ist in verschiedenen Ländern sehr unterschiedlich. → 2 Versucht Erklärungen zu finden.

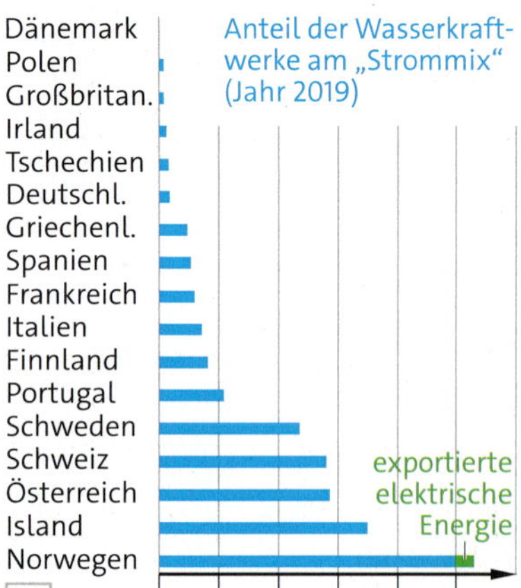

2

B Aufgabe

Walchenseekraftwerk

1 Seit rund 100 Jahren liefert das Walchenseekraftwerk zuverlässig elektrische Energie. → 3 Wasser strömt vom Walchensee zum Kochelsee hinunter. Der Höhenunterschied zwischen den beiden Seen beträgt 200 m. Auf dem Weg treibt das strömende Wasser im Kraftwerk Turbinen an und diese wiederum die angeschlossenen Generatoren.

a Ordnet den Ziffern in der Zeichnung diese Begriffe zu: Generator, Walchensee, Kochelsee, Turbine, Fallrohr.

b Beschreibt die Energieumwandlungen im Kraftwerk.

c Informiert euch über die elektrische Leistung des Walchenseekraftwerks.

d Wir nutzen im Mittel eine elektrische Leistung von $1{,}8 \cdot 10^2$ W pro Kopf. Berechnet, wie viele Personen das Kraftwerk mit elektrischer Energie versorgen könnte.

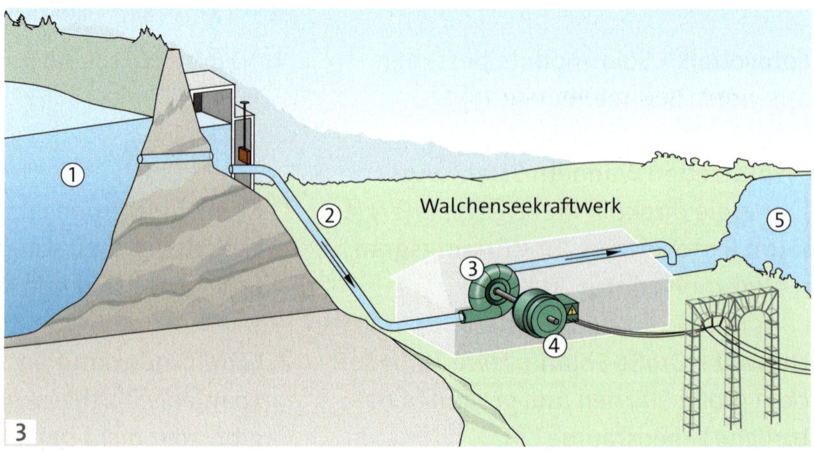

3

C Aufgaben

Wasserkraftwerke → 4

1 Berechnet die elektrische Leistung des Kraftwerks Jochenstein. Geht davon aus, dass es pro Jahr 6400 h in Betrieb ist.

2 Kraftwerk Frauenau
a Begründet, warum dieses Kraftwerk nicht für einen Dauerbetrieb geeignet ist.
b Vergleicht, wie viel elektrische Energie jährlich bereitgestellt wird: Kraftwerke Frauenau und Jochenstein. Begründet den Unterschied.

3 Das Kraftwerk Hohenwarte II kann 6,5 Stunden ohne Unterbrechung in Betrieb sein und viel elektrische Energie bereitstellen. Dann muss der Speichersee wieder aufgefüllt werden. Dazu wird mit noch mehr elektrischer Energie Wasser in den Speichersee nach oben gepumpt. Begründet, warum man den energetischen Nachteil in Kauf nimmt.

4 Ordnet den folgenden Begriffen jeweils eines der Kraftwerke zu:
Speicherkraftwerk, Pumpspeicherkraftwerk und Laufwasserkraftwerk.

Die potenzielle und kinetische Energie von Wasser kann auf unterschiedliche Weise in elektrische Energie umgewandelt werden:

- Beim Kraftwerk Jochenstein an der Donau fließt enorm viel Wasser – 2050 m^3 pro s – über eine Fallhöhe von 10 m. Das Kraftwerk stellt eine elektrische Energie von $850 \cdot 10^6$ kWh jährlich bereit.
- Das Kraftwerk am Stausee Frauenau kann nicht ständig Energie liefern. Bei voller Leistung strömt mehr Wasser vom Stausee durch die Turbinen, als über die Flüsse Kleiner Regen und Hirschbach zufließt. Man setzt das Kraftwerk daher nur ein, wenn kurzzeitig viel elektrische Energie benötigt wird. In der restlichen Zeit wird der Speichersee wieder aufgefüllt. Jede der beiden Turbinen liefert bei einer Fallhöhe von 74 m und einer Leistung von 346 kW eine elektrische Energie von $2{,}1 \cdot 10^6$ kWh pro Jahr.
- Das Kraftwerk Hohenwarte II liefert nur bei hohem Bedarf elektrische Energie – und zwar sofort. Steht dagegen im Netz überschüssige elektrische Energie zur Verfügung, füllen Pumpen das künstlich angelegte Oberbecken auf. Wenn dann das nächste Mal elektrische Energie benötigt wird, lässt man das Wasser 300 m aus dem Speicherbecken nach unten stürzen und die Turbinen antreiben.
- In den Meeren steckt sehr viel Energie. Gezeitenkraftwerke nutzen den Höhenunterschied zwischen Ebbe und Flut. Wellenkraftwerke wandeln die Energie der Wellen in elektrische Energie um.

4

Wasserkraftwerke

Grundlagen

Gewässer als Energieträger • Auf der Erde verdunsten alle 100 Sekunden rund 200 Milliarden Liter Wasser – das ist so viel Wasser, wie der Chiemsee enthält. Das verdunstete Wasser gelangt als Niederschlag wieder auf die Erde zurück und füllt z. B. Seen. Flüsse transportieren es „bergab“ in die Meere. Da der Wasserkreislauf durch die Energie der Sonne angetrieben wird, liegt die Ursache der kinetischen und potenziellen Energie des Wassers in der Strahlungsenergie der Sonne.

Wasserkraftwerke wandeln kinetische Energie strömenden Wassers mithilfe von Turbinen und Generatoren in elektrische Energie um. Ihr Wirkungsgrad beträgt bis zu 90 %.

1 Laufwasserkraftwerk an der Ruhr

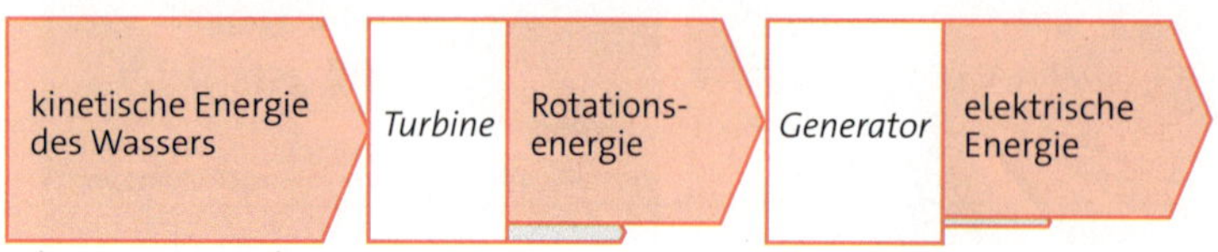

2 Laufwasserkraftwerk

Laufwasserkraftwerke • Ein Fluss oder Bach treibt Turbinen mit angeschlossenen Generatoren an. → 1 Staustufen oder Wehre ermöglichen einen kleinen Höhenunterschied zwischen Zu- und Abfluss. Durch die Turbinen läuft ständig so viel Wasser, wie vom Fluss nachgeliefert wird – also oft sehr viel.

Laufwasserkraftwerke nutzen die kinetische Energie des strömenden Wassers in Flüssen. → 1 2

Speicherkraftwerke • Als Wasserspeicher dient z. B. ein hoch gelegener See oder ein Stausee mit hoher Staumauer. Das Wasser strömt in Fallrohren aus großer Höhe zu den Turbinen.

Speicherkraftwerke nutzen die potenzielle Energie von Wasser, das in großer Höhe gespeichert wurde. Sie wird beim Herabströmen in kinetische Energie umgewandelt. → 3 4

Wenn ein Speicherkraftwerk bei voller Leistung in Betrieb ist, kann es sein, dass mehr Wasser aus dem Speicher strömt, als in gleicher Zeit zufließt. Dann betreibt man das Kraftwerk nicht ständig, sondern nur bei sehr großem Bedarf an elektrischer Energie. In der restlichen Zeit stehen die Turbinen still und der Speicher wird durch den natürlichen Wasserzulauf wieder aufgefüllt. In Norwegen mit seinen wasserreichen Gebirgen stellen die Speicherkraftwerke sogar mehr elektrische Energie bereit als nötig. Diese elektrische Energie wird in andere Länder exportiert.

das Wasserkraftwerk
das Laufwasserkraftwerk
das Speicherkraftwerk
das Pumpspeicherkraftwerk

Pumpspeicherkraftwerke • Weit oberhalb dieser Kraftwerke befindet sich ein Speicherbecken, in das meist nur wenig Wasser natürlich zufließt. → 5 Mit überschüssiger elektrischer Energie aus dem Stromnetz wird Wasser aus einem See oder Fluss in das Speicherbecken gepumpt. Dabei werden die Generatoren des Kraftwerks als Elektromotoren betrieben, um die Pumpen anzutreiben. Bei hohem elektrischen Energiebedarf lässt man das Wasser aus dem Speicherbecken wieder nach unten zu den Turbinen strömen.

Bei Pumpspeicherkraftwerken wird elektrische Energie in potenzielle Energie des Wassers umgewandelt, in dieser Form gespeichert und bei großem Bedarf wieder in elektrische Energie zurückgewandelt.

Umwelt • Wasserkraftwerke und ihr Bau greifen stark in Gewässer und den natürlichen Lebensraum ein. Es sollte darauf geachtet werden, dass jederzeit genügend Wasser für den weiteren Flussverlauf abfließt und Fische z. B. in Fischtreppen passieren können.

Aufgaben

1 Nenne je zwei Vor- und Nachteile der Nutzung von Wasserkraftwerken zur Bereitstellung elektrischer Energie.

2 Formuliere eine Gemeinsamkeit und einen Unterschied von Speicher- und Laufwasserkraftwerken.

3 Zeichne ein Energieflussdiagramm für ein Pumpspeicherkraftwerk.

3 Speicherkraftwerk (Solina, Polen)

5 Pumpspeicherkraftwerk (Hengsteysee)

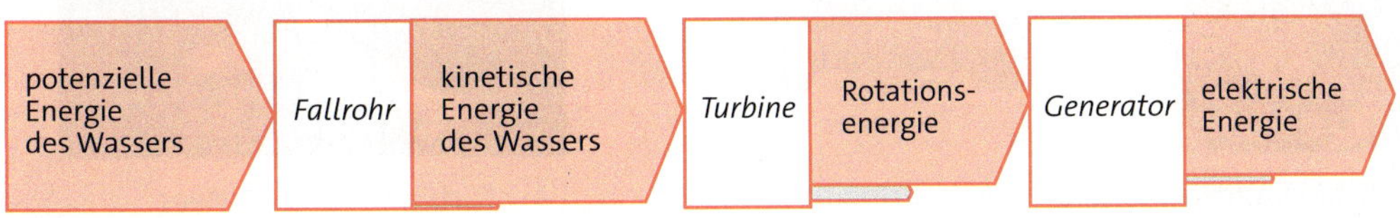

4 Speicherkraftwerk

Wasserkraftwerke

Im Fokus

Aus der Technik: Besondere Wasserkraftwerke

Schachtkraftwerk • Dieses Kraftwerk wurde für kleine Flüsse wie die Loisach am Kochelsee entwickelt. → 1 Turbine und Generator liegen in einem Schacht unterhalb eines feinen Gitters (Rechen). → 2 Ein Teil des Wassers, Fische und Steine können über dem Rechen abwärts passieren. In den Uferbereich wird kaum eingegriffen, sodass der Fluss seine natürlichen Eigenschaften weitgehend beibehält.

Gezeitenkraftwerk • Bei Saint-Malo in Frankreich trennt eine 750 m lange Staumauer das Meer von der Mündung des Flusses Rance. → 2 Wenn die Flut einsetzt, schließen Schieber die Durchlassöffnungen, bis das Meer hoch über dem Fluss steht. Dann werden die Schieber herausgezogen, Wasser strömt vom Meer aus durch die Öffnungen und treibt die Turbinen an. Bei Ebbe geschieht das Gleiche in umgekehrter Richtung.
Da der Damm eines Gezeitenkraftwerks ein erheblicher Eingriff in die Natur ist, wurden inzwischen Wasserkraftwerke mit sehr großen Rotoren entwickelt, die Strömungen im Meer ohne Damm nutzen. → 3

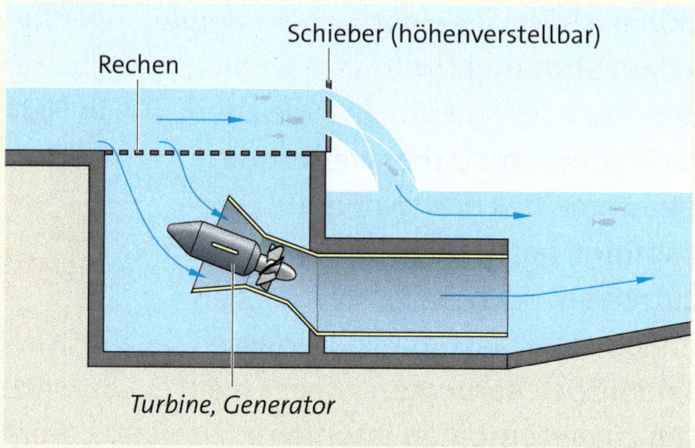

1 Schachtkraftwerk (Prinzip)

Aufgaben

1 Nenne Vorteile des Schachtkraftwerks im Vergleich zu „herkömmlichen" Laufwasserkraftwerken. → 1

2 Beschreibe die Energieumwandlungen, wenn bei Flut Wasser durch die Turbinen des Gezeitenkraftwerks fließt. → 2

3 Informiere dich über weitere besondere Wasserkraftwerke. Notiere ihre Namen und beschreibe eines davon.

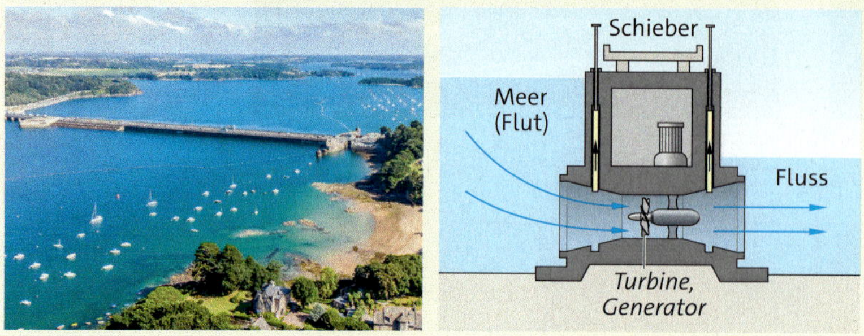

2 Gezeitenkraftwerk bei Saint-Malo (Frankreich; Prinzip)

3 Turbinen für das Meer

D Aufgaben

Große Speicherkraftwerke

Weltweit gibt es viele eindrucksvolle Staudämme.

1 Ergänze durch Berechnung oder Recherche die fehlenden Angaben für die vier Quartettkarten rechts.

2 Das Fußballfeld in der Münchner Arena hat eine Fläche von 7140 m^2. Vergleiche mit der Fläche des jeweiligen Stausees auf den vier Quartettkarten.

3 Diskutiert über die Vor- und Nachteile der einzelnen Staudammprojekte.

4 Welche großen Staudämme gibt es noch?

a Recherchiere weitere Beispiele.

b Sammle Vor- und Nachteile für eines deiner Beispiele. Überwiegen die Vorteile oder die Nachteile? Nimm begründet Stellung.

c Ergänzt mit den gefundenen Informationen das Quartett um weitere Karten.

d Spielt das Quartett, wenn ihr Zeit habt. Legt vorher fest, wie ihr mit den Informationen über negative Auswirkungen umgeht.

1A Europa

Grande-Dixence-Staudamm, Schweiz

Höhe Staumauer: 285 m
Länge Staumauer: 695 m
Fläche Stausee: 3,65 km^2
elektrische Leistung: 1,26 GW (2019)
elektrische Energie: 2,2 TWh (2019)
Einsparung CO_2: $1{,}7 \cdot 10^9$ kg (2019)
(im Vergleich zum Steinkohlekraftwerk mit 0,79 kg CO_2 pro kWh)

Negative Auswirkungen:
unkontrolliertes Ausfließen einer großen Wassermenge im Jahr 2000 mit Todesfällen, Verwüstung der Landschaft, Gebäudeschäden

2A Asien

3-Schluchten-Staudamm, China

Höhe Staumauer: ? m
Länge Staumauer: 2300 m
Fläche Stausee: ? km^2
elektrische Leistung: 22,5 GW
elektrische Energie: 102 TWh (2018)
Einsparung CO_2: ? kg (2018)
(im Vergleich zum Steinkohlekraftwerk mit 0,79 kg CO_2 pro kWh)

Negative Auswirkungen:
1,4 Millionen Menschen umgesiedelt; fruchtbare Böden vom 663 km langen Stausee überflutet; Erdrutsche an Ufern; Stausee versandet

2B Asien

Atatürk-Staudamm, Türkei

Höhe Staumauer: ? m
Länge Staumauer: 1614 m
Fläche Stausee: 800 km^2
elektrische Leistung: ? GW
elektrische Energie: ? TWh in 1 Jahr
Einsparung CO_2: $7{,}0 \cdot 10^9$ kg in 1 Jahr
(im Vergleich zum Steinkohlekraftwerk mit 0,79 kg CO_2 pro kWh)

Negative Auswirkungen:
Menschen umgesiedelt; Hunderte Ortschaften und historische Stätten überflutet; Konflikte mit Nachbarländern wegen Kürzung des Wasserabflusses

3A Amerika

Grand-Coulee-Talsperre, USA

Höhe Staumauer: 168 m
Länge Staumauer: ? m
Fläche Stausee: 337 km^2
elektrische Leistung: ? GW
elektrische Energie: 21 TWh in 1 Jahr
Einsparung CO_2: ? kg in 1 Jahr
(im Vergleich zum Steinkohlekraftwerk mit 0,79 kg CO_2 pro kWh)

Negative Auswirkungen:
Zerstörung von Land und Kultur der ansässigen Ureinwohner; Störung der Fischwanderung und Vernichtung von Laichplätzen

Windkraftwerke

1

2

Riesige Windkraftwerke werden immer häufiger im Meer gebaut. Wieso macht man das?

A Aufgabe

Wind in Europa

1 Für die Karte des „Windatlas" wurden Windgeschwindigkeiten mit einem Wettermodell berechnet. → 3

a Gebt an, wo die Windgeschwindigkeit besonders hoch ist.

b Vergleicht die Windgeschwindigkeit in Bayern mit anderen Gebieten auf der Karte.

c Vermutet anhand der Karte, wieso in der Nordsee Offshore-Windkraftwerke gebaut werden (*Offshore:* entfernt von der Küste). → 2

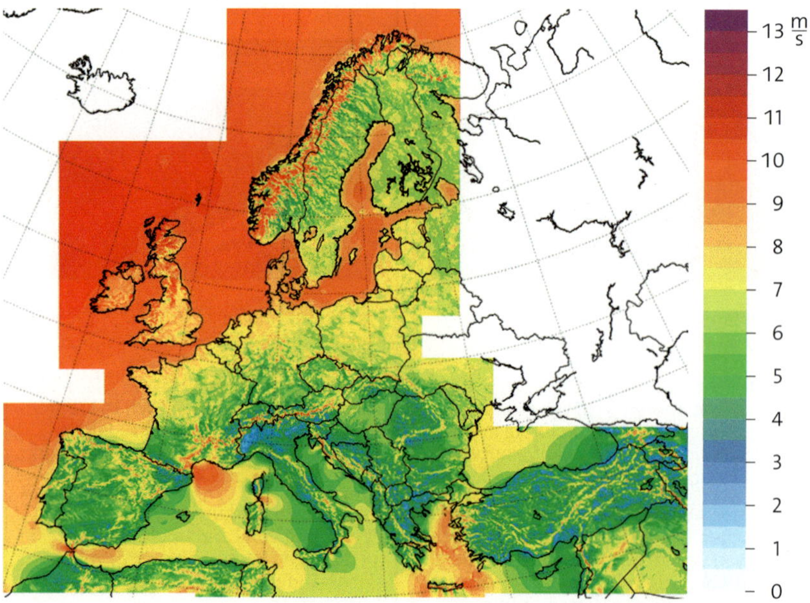

3 Langjährige mittlere Windgeschwindigkeiten in 100 m Höhe

B Aufgabe

Für und Wider

1 Nennt Vor- und Nachteile von Windkraftwerken. → 4

Die Energie von Wind lässt sich relativ einfach in elektrische Energie umwandeln. Da sie regenerativ und kostenfrei ist, ist ihr Anteil an der elektrischen Energieversorgung Deutschlands hoch. Windkraftwerke stoßen kein CO_2 oder sonstige schädliche Abgase aus.
Trotzdem gibt es Kritik: Anwohner befürchten Betriebsgeräusche und Schattenschlag, auch der Tier- und Artenschutz äußert Bedenken. Die Unesco spricht sich aus Denkmalschutzgründen gegen Windkraftwerke nahe der berühmten Wieskirche in Oberbayern aus.

4

das Windkraftwerk
die Offshore-Anlage

Grundlagen

Windkraftwerke • Sie können 100 m lange Rotorblätter besitzen und mehr als 200 m hoch sein (zum Vergleich: Die Türme der Frauenkirche in München sind 99 m hoch). Windkraftwerke bestehen im Wesentlichen aus einem Rotor und einem Generator. → 5

Der Rotor wandelt kinetische Energie des Winds in Rotationsenergie um und der Generator anschließend in elektrische Energie. Der Wirkungsgrad beträgt bis zu 45 %.

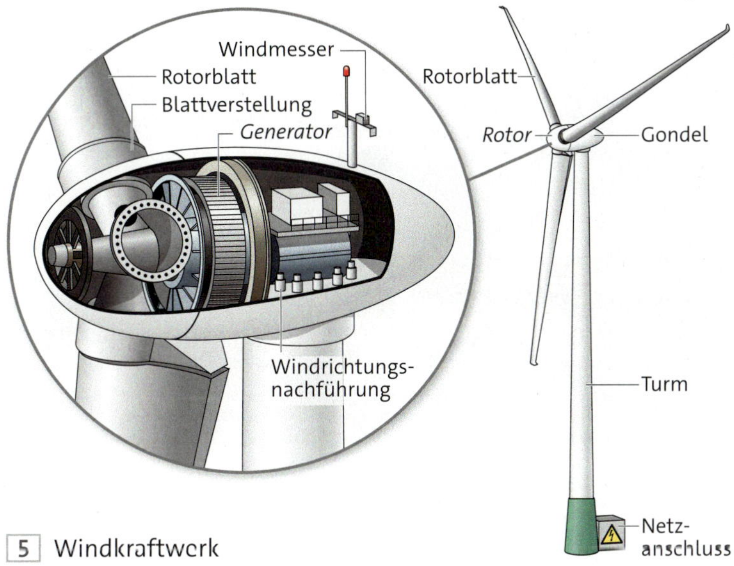

5 Windkraftwerk

Der Bau von Windkraftwerken lohnt sich nur, wo die Windgeschwindigkeit im Mittel mindestens 5,0 $\frac{m}{s}$ in 130 m Höhe beträgt. Doppelte Geschwindigkeit bedeutet achtfache Energie, die die strömende Luft pro Sekunde transportiert! → 6 Bei Windgeschwindigkeiten über 25 $\frac{m}{s}$ werden die Kraftwerke zu ihrem Schutz abgeschaltet.

Leistung • Bei optimalem Wind haben große Windkraftwerke eine Leistung z. B. von 6 MW und versorgen $15 \cdot 10^3$ bis $20 \cdot 10^3$ Zweipersonenhaushalte mit elektrischer Energie. Im Vergleich zu einem Kohlekraftwerk mit 1 GW Leistung ist das nicht viel. Deshalb braucht man sehr viele Windkraftwerke. So gab es im Jahr 2020 in Deutschland mehr als 31 000 Windkraftwerke mit einer Gesamtleistung von 63 GW. Gegen noch mehr Windkraftwerke an Land gab es Widerstand (siehe „Umwelt"). Deshalb und aufgrund der im Mittel höheren Windgeschwindigkeiten werden zunehmend Windkraftwerke auf See gebaut. 2020 waren es vor deutschen Küsten bereits 1500 Offshore-Anlagen mit einer Gesamtleistung von 8 GW.

Umwelt • Die Rotoren stellen eine Gefahr für Vögel, Fledermäuse und Insekten dar. Sie beeinträchtigen die Landschaft. Auch in vielen Hundert Metern Abstand kann es durch den Schall der Rotoren zu störenden Geräuschen kommen. Die bewegten Schatten am Boden werden ebenfalls als störend empfunden.

Aufgaben

1 Zeichne das Energieflussdiagramm für ein Windkraftwerk.

2 Nenne Gründe, wieso Windparks verstärkt auf See errichtet werden.

In der Zeitspanne Δt strömt Luft mit der Masse m durch die Kreisfläche A:

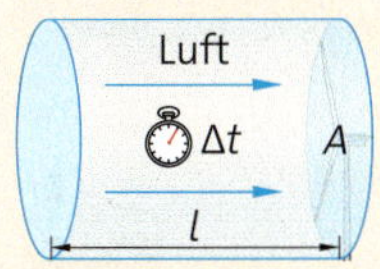

$m = \varrho \cdot V = \varrho \cdot A \cdot l$
(ϱ: Luftdichte).
Bei der Windgeschwindigkeit v beträgt die kinetische Energie dieser Luft:

$E_{kin} = \frac{1}{2} \cdot m \cdot v^2$

$E_{kin} = \frac{1}{2} \cdot \varrho \cdot A \cdot l \cdot v^2$

Daraus folgt für die Energie E, die mit der Luft pro Zeitspanne Δt zur Fläche A strömt:

$\frac{E}{\Delta t} = \frac{1}{2} \cdot \frac{\varrho \cdot A \cdot l \cdot v^2}{\Delta t}$

$\frac{E}{\Delta t} = \frac{1}{2} \cdot \varrho \cdot A \cdot v^2 \cdot \frac{l}{\Delta t}$

$\frac{E}{\Delta t} = \frac{1}{2} \cdot \varrho \cdot A \cdot v^2 \cdot v$

$\frac{E}{\Delta t} = \frac{1}{2} \cdot \varrho \cdot A \cdot v^3$

Also gilt: 2-fache Geschwindigkeit → 2^3-fache Energie pro Sekunde!

6 Windenergie

Gekoppelte Kraftwerkssysteme

1

Dieses Heizkraftwerk nutzt Holzschnitzel als Energieträger. Es wandelt rund 22 % der zugeführten chemischen Energie in elektrische Energie um. Sein Wirkungsgrad beträgt aber 89 %!

Grundlagen

Heizkraftwerke • In Heizkraftwerken wird ein Teil des Dampfs vorzeitig aus den Turbinen abgeführt und seine innere Energie z. B. zum Heizen von Häusern genutzt. Es wird also nicht nur elektrische Energie zur Verfügung gestellt, sondern auch Wärme. → 2 Man spricht von Kraft-Wärme-Kopplung. Weil der Dampf auch zum Heizen genutzt wird, ist der elektrische Wirkungsgrad des Heizkraftwerks (22 %) geringer als der eines modernen Kohlekraftwerks (45 %). Insgesamt wird aber ein größerer Teil der zugeführten Energie genutzt, sodass das Heizkraftwerk einen viel höheren Gesamtwirkungsgrad hat als das Kohlekraftwerk.

Bei der Kraft-Wärme-Kopplung wird die zugeführte Energie in elektrische Energie und in Wärme zum Heizen umgewandelt. Damit ergibt sich ein sehr hoher Gesamtwirkungsgrad.

Blockheizkraftwerke • Die Kraft-Wärme-Kopplung wird auch im Blockheizkraftwerk genutzt. → 3 Hier treibt z. B. ein Verbrennungsmotor den Generator an. Kühlwasser und Abgase erwärmen im Wärmetauscher Wasser, das zum Heizen verwendet wird. Der elektrische Wirkungsgrad liegt im Beispiel bei 30 % (bei Blockheizkraftwerken mit Brennstoffzellen sind sogar 60 % möglich) und der Gesamtwirkungsgrad bei bis zu 90 %. Besonders effektiv sind Blockheizkraftwerke, wenn die Wärme nicht über weite Strecken transportiert werden muss, weil es dann kaum zu Verlusten kommt.

2 Energieflussdiagramm des Heizkraftwerks von Bild 1

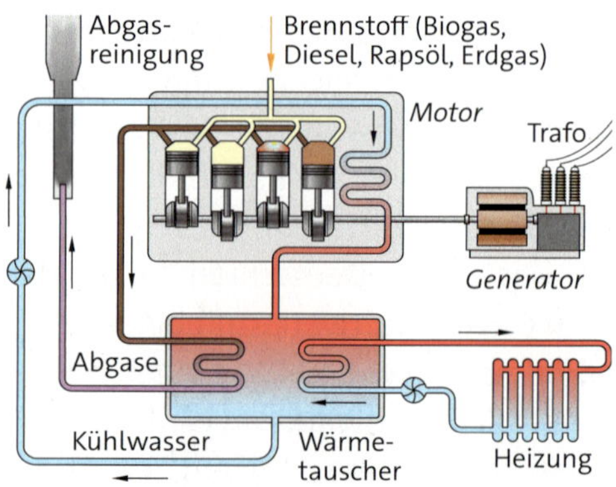

3 Blockheizkraftwerk (z. B. mit Motor)

das Heizkraftwerk
die Kraft-Wärme-Kopplung
das Blockheizkraftwerk
das Gas-und-Dampf-Kraftwerk
das Geothermiekraftwerk

Gas-und-Dampf-Kraftwerke • Bei GuD-Kraftwerken wird z. B. Erdgas in eine Gasturbine geleitet und dort verbrannt. → 4 Die Verbrennungsgase sind bis zu 1600 °C heiß, stehen unter hohem Druck und treiben die Gasturbine an, die wiederum einen ersten Generator antreibt. Das Abgas verlässt die Turbine mit einer Temperatur von 650 °C und besitzt immer noch sehr viel innere Energie. Sie wird genutzt, um Wasser zu verdampfen. Der heiße Dampf treibt eine Dampfturbine an und diese einen zweiten Generator.

Geothermiekraftwerke • Auch diese Wärmekraftwerke nutzen die Kraft-Wärme-Kopplung. Sehr heißes Wasser wird aus den Tiefen der Erde über eine Förderbohrung nach oben gepumpt. → 5 Über den ersten Wärmetauscher und den Dampferzeuger gibt es Wärme an eine Flüssigkeit (z. B. Isobutan) ab, die dadurch verdampft. Der Dampf treibt die Turbine und diese den Generator an. In einem zweiten Wärmetauscher gibt das immer noch warme Wasser Wärme zum Heizen ab. Das abgekühlte Wasser wird schließlich über eine Injektionsbohrung zurück in die Tiefe geleitet.
In vulkanischen Gebieten findet man bereits in Tiefen von 100 m ausreichend heißes Wasser. In Deutschland muss viel tiefer gebohrt werden: In Holzkirchen wurde z. B. 5 km tief gebohrt, um 157 °C heißes Wasser zu erreichen. Aufwendige Voruntersuchungen sollen die Gefahr ausschließen, durch die Bohrungen lokale Erdbeben auszulösen.

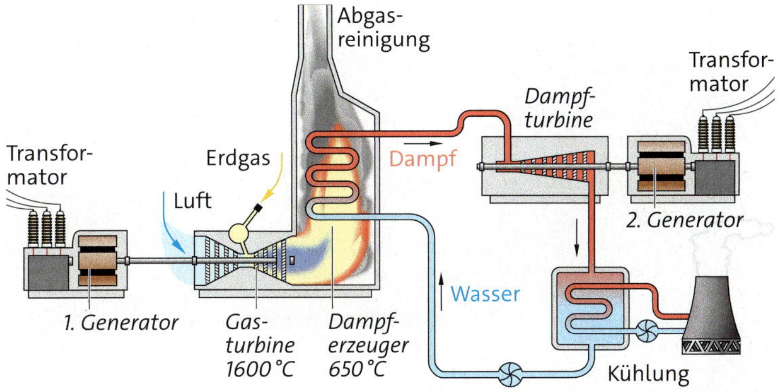

4 Gas-und-Dampf-Kraftwerk (GuD-Kraftwerk)

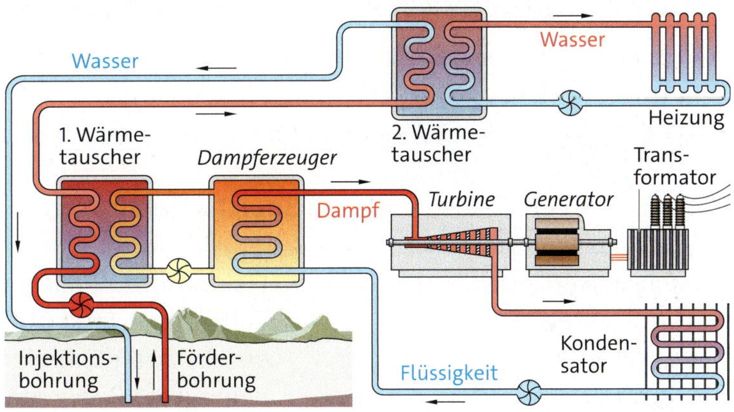

5 Geothermiekraftwerk (Prinzip)

Aufgaben

1 Das Blockheizkraftwerk hat einen größeren Wirkungsgrad als der Motor, der den Generator antreibt. → 3 Erkläre den Unterschied.

2 Erkläre, warum GuD-Kraftwerke einen viel größeren Wirkungsgrad haben als Kohlekraftwerke. → 4

3 Im Geothermiekraftwerk spielen vier Kreisläufe eine Rolle. → 5 Beschreibe sie.

Überschüssige Energie speichern

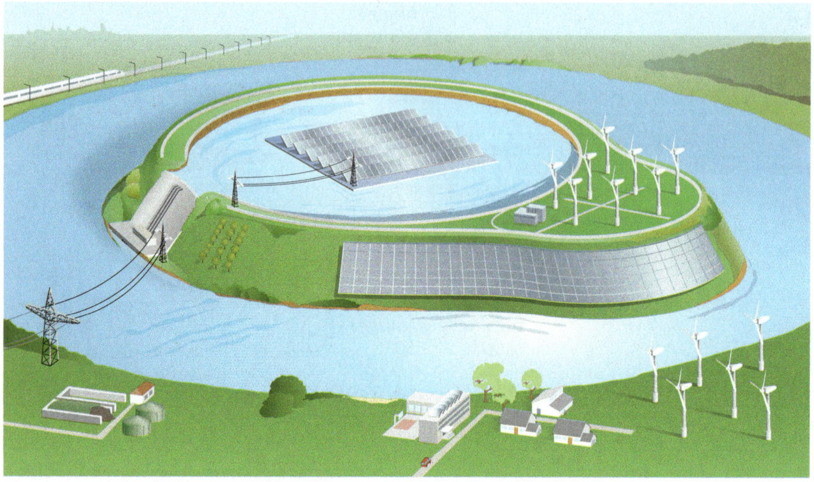

[1] „Energiespeicherlandschaft“ der Zukunft?

Winde wehen unregelmäßig, die Sonne scheint oft nicht. Wind- und Solarkraftwerke stellen deshalb mal zu viel elektrische Energie zur Verfügung und mal zu wenig. Wie lässt sich überschüssige elektrische Energie für dunkle, windstille Tage speichern? Künstlich angelegte „Energiespeicherlandschaften“ wären vielleicht eine Möglichkeit.

A Aufgaben

Fachleute aus Wissenschaft und Politik diskutierten über „regenerative Energien und Speichermöglichkeiten“. Sie kamen zum Schluss, dass ein Stromsystem auf Grundlage erneuerbarer Energieträger ohne ausreichende Speicher für elektrische Energie nicht zuverlässig funktionieren kann. Die Speicher stellen einen wesentlichen Baustein dar, um mit dem zeitlich schnell veränderlichen Angebot an elektrischer Energie umzugehen. Verschiedene Technologien sind notwendig, weil die Energie kurz- und langfristig zwischengespeichert werden muss.

[2] Bericht von einer Diskussion

Speichertechniken

1 Elektrische Energie wird in Zukunft verstärkt mithilfe erneuerbarer Energieträger bereitgestellt werden. Das zieht andere Veränderungen nach sich. → [2]

a „Ein Stromnetz, das auf regenerativen Energieträgern beruht, braucht Zwischenspeicher für die Energie.“ Begründet diese Aussage.

b Begründet, warum verschiedene Speichertechniken nötig sind.

2 Welche Speichermöglichkeiten gibt es für elektrische Energie? → [3]

a Nennt die Energieformen, in denen elektrische Energie zwischengespeichert werden kann.

b Erklärt, zu welcher Möglichkeit die „Energiespeicherlandschaft“ gehört. → [1]

c „Akkus sind Stromspeicher.“ Erläutert, warum dieser Begriff aus physikalischer Sicht nicht richtig ist.

d Informiert euch über Druckluftspeicher.

Chemische Speicher	Mechanische Speicher	Thermische Speicher
Akkumulatoren	Schwungrad	erwärmte Flüssigkeit
Wasserstoff	Pumpspeichersee	geschmolzener Feststoff
Methan/Methanol	Druckluftspeicher	–

[3] Einige Möglichkeiten, elektrische Energie zwischenzuspeichern

der chemische Speicher
der mechanische Speicher
der thermische Speicher

Grundlagen

Chemische Speicher • Akkumulatoren (Akkus) speichern elektrische Energie als chemische Energie. Trotz hoher Wirkungsgrade stehen sie wegen der benötigten Materialien und ihrer „Entsorgung“ in der Kritik.
Wasser lässt sich mit elektrischer Energie in Wasserstoff und Sauerstoff zerlegen (Elektrolyse). Wasserstoff lässt sich lange speichern. Man kann ihn z. B. in Brennstoffzellen zur Bereitstellung elektrischer Energie einsetzen oder als Brennstoff in Blockheizkraftwerken.
CO_2 lässt sich mit Wasserstoff unter Energieeinsatz zu Methan synthetisieren und ins Erdgasnetz einspeisen. Weiter verarbeitet zu Flüssigkraftstoff könnte sogar die heutige Tankstelleninfrastruktur genutzt werden.

Mechanische Speicher • Elektrische Energie wird in Pumpspeicherkraftwerken als potenzielle Energie gespeichert. Ihr Wirkungsgrad ist hoch. Große Pumpspeicherkraftwerke eignen sich als Langzeitspeicher. Kritisch gesehen wird hier der hohe Flächenbedarf.
In Schwungradspeichern bringt ein Elektromotor z. B. eine tonnenschwere Stahlscheibe auf eine hohe Umdrehungsgeschwindigkeit, elektrische Energie wird als Rotationsenergie gespeichert. Schwungradspeicher sind Kurzzeitspeicher. Sie können sehr viel Energie in sehr kurzer Zeit abgeben.
In Druckluftspeichern wird Luft durch elektrische Pumpen verdichtet, elektrische Energie wird als innere Energie der komprimierten Luft gespeichert. In dichten Tanks lässt sich Druckluft lange speichern. Sie kann Turbinen antreiben und diese wiederum Generatoren.

Thermische Speicher • In einigen solarthermischen Kraftwerken wird überschüssige Strahlungsenergie am Tage gespeichert, indem sie Salz in einem Tank schmilzt und erhitzt. Nachts gibt das Salz dann innere Energie zum Verdampfen von Wasser ab. Der Dampf treibt eine Turbine mit Generator an.
Thermische Speicher benötigen oft eine sehr aufwendige Wärmedämmung, um innere Energie länger zu speichern.

Energieentwertung • Beim Speichern elektrischer Energie und bei der Nutzung der gespeicherten Energie wird zweimal Energie entwertet. Dadurch wird der Wirkungsgrad reduziert.

Regenerative Energieträger stehen meist unregelmäßig zur Verfügung. Im Überschuss bereitgestellte elektrische Energie lässt sich chemisch, mechanisch oder thermisch für den späteren Bedarf speichern.

Aufgaben

1 Nenne drei Beispiele für die Speicherung von überschüssiger elektrischer Energie. Zeichne ein Energieflussdiagramm zu einem Beispiel.

2 Beschreibe Beispiele für die Nutzung von Wasserstoff als Energieträger.

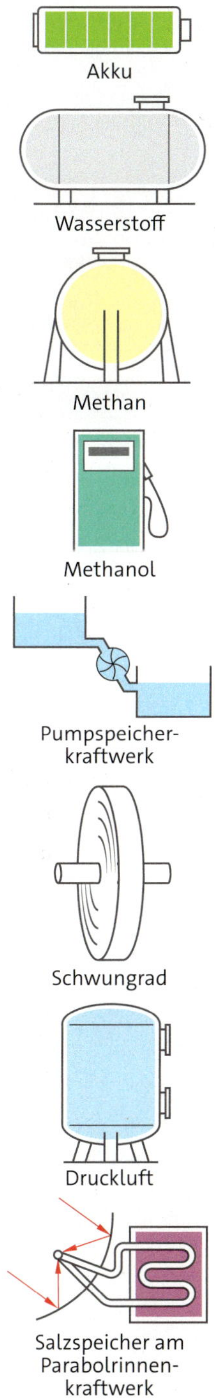

4 Speicher für überschüssige elektrische Energie

Energieübertragungstechniken

1 „Insel" mit Konverterstation von Wechsel- zu Gleichstrom

Wie kommt die Energie am besten von den Windparks in der Nordsee zu den Kunden in Süddeutschland? Mit Wechselstrom oder mit Gleichstrom oder ...

Grundlagen

Übertragung mit Wechselstrom • Unser Verbundnetz überträgt elektrische Energie bisher überwiegend mit Wechselspannungen und -strömen. Trafos können Wechselspannungen ohne große Verluste hoch- und heruntertransformieren. Beim Transport elektrischer Energie durch Wechselströme kommt es aus mehreren Gründen zu Verlusten an die Umgebung:

- Die Fernleitungen werden durch die Ströme erwärmt und geben Energie thermisch ab. Die Stromstärke hat sehr großen Einfluss auf die unerwünschte thermische Energieabgabe. Um viel elektrische Energie bei kleiner Stromstärke zu übertragen, sind sehr hohe Spannungen nötig.
- Wechselströme bauen in rascher Abfolge immer wieder magnetische Felder um sich herum auf. Dabei wird elektrische Energie umgewandelt.
- Bei Seekabeln hat der ständige Wechsel der Stromrichtung Effekte mit unerwünschter Energieabgabe zur Folge (die wir hier nicht darstellen können).

Übertragung mit Gleichstrom • Auch bei Gleichstrom geben die erwärmten Leitungen Energie thermisch ab. Es lassen sich aber viel höhere Spannungen einsetzen und das ständige Aufbauen von Magnetfeldern entfällt. Fernleitungen können bei Hochspannungs-Gleichstrom-Übertragung (HGÜ) mit 800 kV und 8,0 GW Leistung bis zu 2000 km lang sein, ohne dass zu viel Energie unerwünscht abgegeben wird! Eine HGÜ besteht aus der Gleichstromleitung und zwei Konverterstationen am Anfang und Ende der Leitung. In den Stationen wandeln Halbleitermodule Gleich- und Wechselspannung ineinander um. → 1 Unterwegs gibt es keine weiteren Stationen zum Entnehmen elektrischer Energie. Bei der Spannungskonvertierung wird nämlich ein Teil der elektrischen Energie umgewandelt und thermisch abgegeben – und die Stationen sind teuer. Wegen dieser Nachteile der Stationen ist die HGÜ über kurze Strecken an Land nicht rentabel. Erst ab ca. 600 km überwiegen die geringeren Leitungsverluste die Nachteile. HGÜs von der Nordsee nach Süddeutschland sind in Planung. → 2 HGÜ mit Seekabeln im Meer ist dagegen schon ab 70 km rentabel.

die Hochspannungs-Gleichstrom-Übertragung (HGÜ)
der „grüne" Wasserstoff

Wasserstoff • In 1 kg Wasserstoff ist viel mehr Energie gespeichert als in 1 kg Benzin: 33 kWh im Vergleich zu 12 kWh. Wasserstoff muss aber unter großem Energieaufwand hergestellt werden ($\eta \approx 40\,\%$). Wo jedoch Strahlungsenergie im Überfluss verfügbar ist (z. B. in Nordafrika), fällt der Energieaufwand beim Herstellen kaum ins Gewicht. Man spricht dann von „grünem" Wasserstoff, wenn er mithilfe erneuerbarer Energieträger hergestellt wird. Der Wasserstoff kann in Pipelines oder mit Tankschiffen transportiert werden, bei uns lässt sich das Erdgas-Fernleitungsnetz nutzen. → 3 Zudem kann Wasserstoff zu flüssigen Treibstoffen verarbeitet und in dieser Form über weite Strecken transportiert werden.

Zum Übertragen elektrischer Energie über weite Entfernungen nutzt man Wechsel- oder Gleichstrom (HGÜ) bei sehr hohen Spannungen. Alternativ bietet sich auch der Transport von Wasserstoff an.

HGÜ (gestrichelt: Trassen müssen noch festgelegt werden)

Wechselspannungsnetz (vereinfacht)

2 Höchstspannungsnetz – ein Szenario für 2040

Fernleitungen

Gasspeicher

3 Erdgas-Fernleitungsnetz (2017)

Aufgaben

1 Nenne je einen Vor- und Nachteil bei der Energieübertragung mit:
a Wechselspannung (Hochspannung)
b HGÜ

2 Beschreibe, was man unter „grünem" Wasserstoff versteht.

3 Prüfe, ob dein Wohnort dicht an den Fernleitungsnetzen liegt. → 2 3

Energieübertragungstechniken

Im Fokus

Aus der Technik: Zukünftige elektrische Energieversorgungssysteme

Ausgleich von Angebot und Nachfrage • Wind- und Solarkraftwerke nehmen an Bedeutung zu. Regenerative Energieträger stehen aber nicht an jedem Standort jederzeit ausreichend zur Verfügung. Daher werden hohe Anforderungen an ein stabiles Verteilungsnetz regenerativ bereitgestellter Energie gestellt. Um sie zu erfüllen, braucht man eine leistungsstarke, großräumige Vernetzung zwischen regenerativen Kraftwerken, Energiespeichern und Nutzern.

Früher war es relativ einfach – die elektrische Energie floss in einer „Einbahnstraße" vom zentralen Kraftwerk durch das Stromnetz bis zum Nutzer. Heute gibt es „Gegenverkehr": Die Energie fließt nicht nur in eine Richtung, weil ein Nutzer auch zum Anbieter elektrischer Energie werden kann, wenn z. B. die Fotovoltaikanlage auf seinem Hausdach überschüssige elektrische Energie ins Stromnetz abgibt. Wenn die Sonne nicht mehr scheint, wird der Anbieter wieder nur zum Nutzer.

Ein Großteil der riesigen Energiemenge von Offshore-Windparks muss über weite Strecken bis nach Süddeutschland transportiert werden. Dafür sind geeignete Leitungen nötig.

Stabile Stromnetze erfordern außerdem kurz- und langfristige Energiespeicher, um Schwankungen auszugleichen. Dazu gibt es z. B. Pumpspeicher. Auch Einzelpersonen können mit dem Akku in ihrem E-Auto etwas elektrische Energie speichern.

Es ist schwierig, alles unter einen Hut zu bringen: riesige Energiemengen von Windparks und kleine von der privaten Fotovoltaikanlage, große Entfernungen quer durch Europa und kleine im eigenen Haushalt, Angebot je nach Wind und Sonnenschein. Dafür braucht man intelligente Energieversorgungssysteme.

Regionale „Smart Grids" • Computergesteuerte Verteilstationen fassen im Umkreis von rund 30 km Anbieter (Windparks, Solarkraftwerke, Biogasanlagen ...), Speicher (Pumpspeicher, große Akkus bei Windkraftwerken ...) und Nutzer zu einem intelligenten Versorgungsnetz zusammen. Man spricht vom „Smart Grid". → 1 Die Verteilstation ist das „Gehirn" des Smart Grids. Das Versorgungsnetz hat kein zentrales Kraftwerk, sondern viele kleinere Kraftwerke, die von der Verteilstation zu einem „virtuellen Kraftwerk" zusammengeschaltet sind. Bei Windstille wird z. B. automatisch ein Pumpspeicherkraftwerk eingeschaltet. Bei starkem Wind wird Wasser ins Oberbecken gepumpt. Intelligente Energiezähler („Smart Meter") bei den Nutzern melden der Station laufend den Bedarf. Sie steuert Bereitstellung, Speicherung und Transport elektrischer Energie entsprechend. Es kann aber passieren, dass das virtuelle Kraftwerk in einer Region nicht zur Versorgung mit elektrischer Energie ausreicht. Dann muss elektrische Energie von außerhalb kommen.

Überregionaler Energietransport • In der Nordsee steht Windenergie im Überfluss zur Verfügung, im „Sonnengürtel" der Erde ist es die Strahlungsenergie der Sonne. Offshore-Windparks in der Nordsee und Solarkraftwerke z. B. in Marokko machen diese Energien verfügbar. Für die Übertragung der großen Energiemengen

das Smart Grid
das virtuelle Kraftwerk

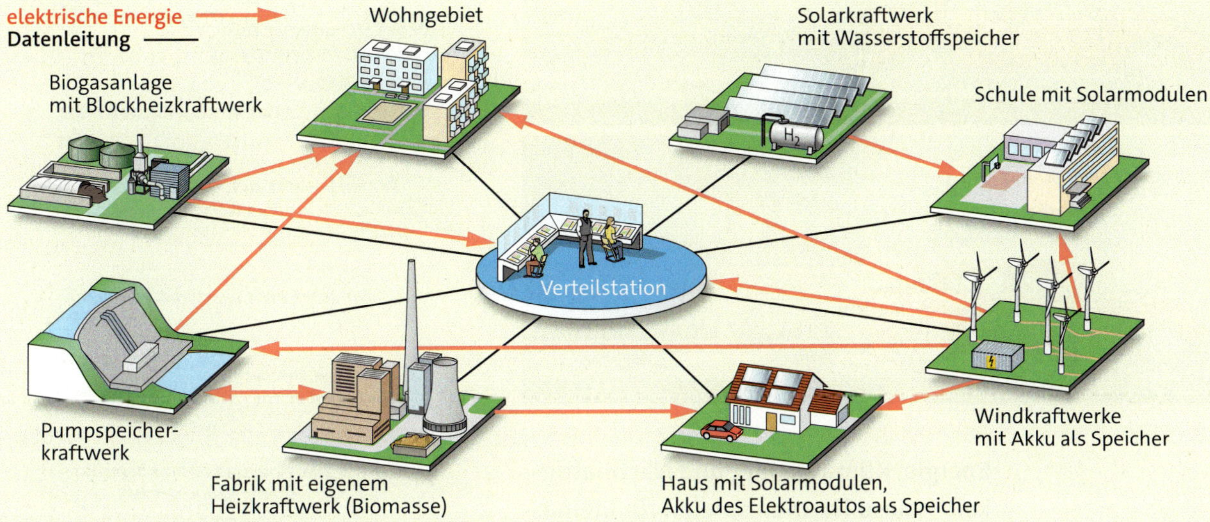

1 Smart Grid (die Kraftwerke sind zu einem „virtuellen Kraftwerk" zusammengeschaltet)

kommt z. B. die HGÜ in Frage, mit der elektrische Energie von der Nordsee nach Süddeutschland transportiert wird. Die überschüssige Energie aus den Solarkraftwerken in Marokko kann genutzt werden, um „grünen" Wasserstoff zu erzeugen, der dann z. B. von Tankschiffen nach Rotterdam transportiert und von dort über Pipelines verteilt wird. → 2

Aufgaben

1 Beschreibe, was du unter einem Smart Grid und einem virtuellen Kraftwerk verstehst. Begründe, wieso die Verteilstation als „Gehirn" des Smart Grids bezeichnet wird.

2 Beschreibe verschiedene Möglichkeiten, regenerativ bereitgestellte Energie über weite Entfernungen zu transportieren.

2 Wasserstoff-Leitungsnetz – ein Szenario für 2040

Verantwortbare Entscheidungen treffen

1

Energie, Klimawandel und Nachhaltigkeit – diese Themen spielen für kleine und große Entscheidungen eine immer wichtigere Rolle. Wie kommt man zu einer verantwortbaren Entscheidung?

In der Familie von Paul und Leonie steht ein Autokauf an. Die Zwillinge haben in der Schule in Physik viel zum Thema Energie gelernt und möchten nun ihr Wissen über Autos als Energiewandler nutzen.
Ihre Eltern haben bisher nur Autos mit Verbrennungsmotoren gehabt und fragen ihre Kinder deshalb, was sie über Elektroautos wissen. Erfreut tauschen sich Leonie und Paul zum Thema aus. → 2 Dann recherchieren sie genauer. Ein paar Tage später führen die Geschwister ein ausführliches Gespräch mit ihren Eltern und beraten sie gründlich.
Zu welchem Auto würdet ihr euren Eltern raten?

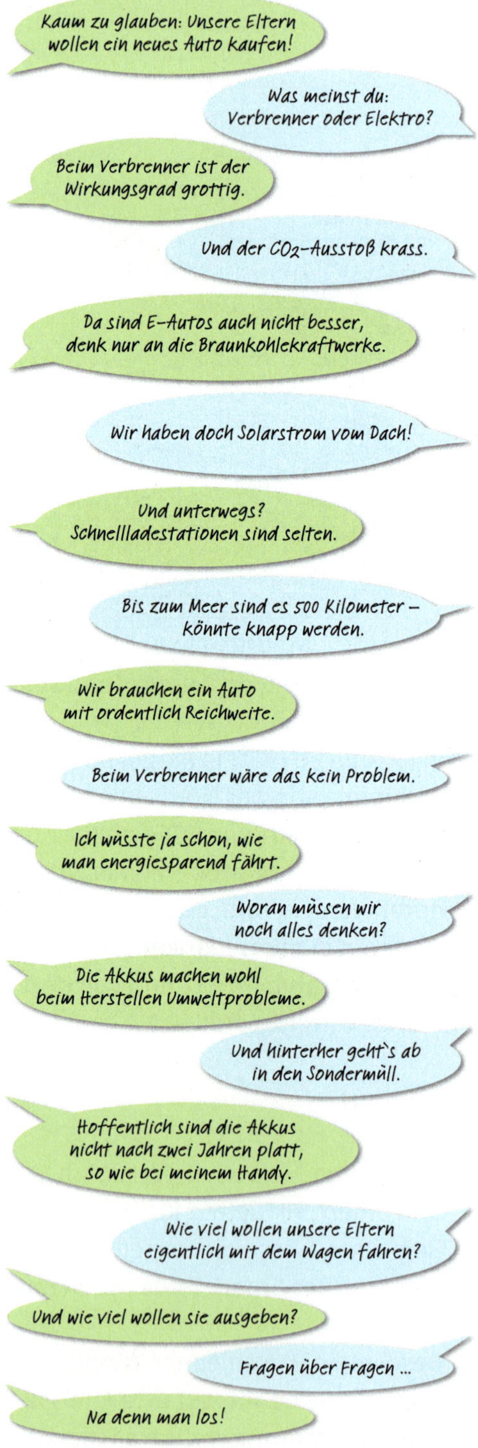

2 Gespräch zwischen Paul und Leonie

Methode

Informationen für eine Entscheidung sammeln und bewerten

Vor jeder größeren Entscheidung solltest du dich gut informieren. Oft ist es schwierig, aus der Flut von Informationen zu einer vernünftigen Einschätzung zu kommen. Da helfen dir vier Schritte, vorgestellt am Beispiel „Welches Auto für meine Eltern?“.

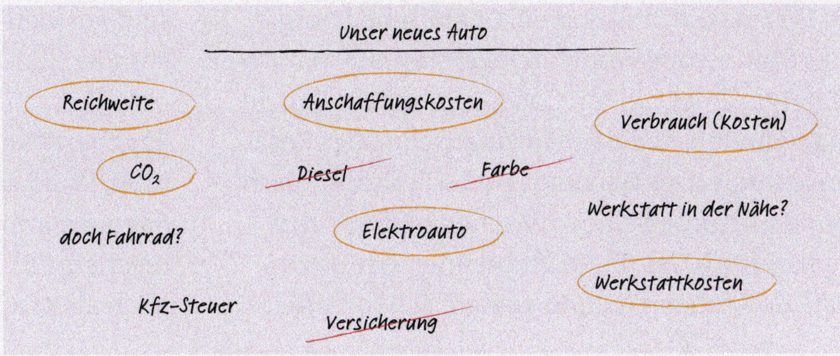

3 Gedankensammlung zum Autokauf

1. In das Thema einarbeiten Verschaffe dir einen Überblick über verschiedene Möglichkeiten, die deine Eltern beim Autokauf haben, und wo du dich genauer informieren kannst.

2. Entscheidungskriterien sammeln Notiere in Stichpunkten deine Gedanken zur Fragestellung, auch wenn dir einige zunächst nicht wichtig erscheinen. → 3 Suche gezielt nach weiteren Kriterien, die für die Entscheidung interessant sind. Da helfen z. B. das Internet, Fachpersonal in der Werkstatt oder vertraute Personen. → 2 Ergänze damit bei Bedarf deine Gedankensammlung.

3. Wichtigste Kriterien auswählen Prüfe die Gedankensammlung: Hebe besonders Bedeutsames hervor und streiche für deine Eltern Unwichtiges durch. → 3

4. Möglichkeiten nach den wichtigsten Kriterien bewerten Unterziehe die in Frage kommenden Autos einem Check nach den wichtigsten Kriterien. Beachte dabei die Folgen der möglichen Entscheidung im Sinne der Nachhaltigkeit.

A Lernaufgaben

1 Beratung zum Autokauf

a Erstelle eine eigene Gedankensammlung zur Frage „Welches Auto für meine Eltern?“. → 3

b Bewerte die Kriterien deiner Gedankensammlung. Was ist besonders wichtig?

c Notiere Stichpunkte, die du bei der Beratung deiner Eltern verwenden willst.

d Führe mit deinen Eltern das Beratungsgespräch anhand der Stichpunkte (auch wenn gerade kein Autokauf ansteht).

e Reflektiert in der Klasse eure Beratungsgespräche.

2 Beratung zur Energie

Bereitet eine Beratung vor, z. B.: „Welchen Stromanbieter wollen wir für unsere Wohnung nehmen?“

Zusammenfassung

Wärmekraftmaschinen • Verbrennungsmotoren, Dampfturbinen und Strahltriebwerke gehören zu den Wärmekraftmaschinen. Chemische Energie eines Brennstoffs wird durch Verbrennen in innere Energie eines heißen Gases mit hohem Druck umgewandelt und dann in kinetische oder Rotationsenergie. Der Wirkungsgrad wächst mit dem Temperaturunterschied zwischen heißem und abgekühltem Gas. Beim Verbrennen der Brennstoffe entstehen CO_2 und weitere Schadstoffe.

Fossil – regenerativ • Fossile Energieträger wie Kohle, Erdgas und Erdöl liegen in der Erde und sind vor vielen Hundert Millionen Jahren entstanden (lat. *fossilis:* ausgegraben). Sie sind nicht erneuerbar, ihre Vorräte sind begrenzt.
Regenerative Energieträger wie Sonnenstrahlung, Wind, Wasser und Biomasse stehen uns dagegen immer wieder neu zur Verfügung (lat. *regeneratio:* Wiedergeburt). Man bezeichnet sie auch als erneuerbare Energieträger.

Wärmekraftwerke mit Verbrennung • Beim Verbrennen der Brennstoffe wird chemische Energie in innere Energie der Verbrennungsgase umgewandelt. → 2 Diese wird genutzt, um heißen Dampf zu erzeugen, der eine Turbine mit Generator antreibt. Meistens wird mehr als die Hälfte der zugeführten Energie als „Abwärme" abgegeben, sie ist entwertet.
Wenn regenerativ erzeugte Brennstoffe (z. B. Biogas) eingesetzt werden, ist das beim Verbrennen erzeugte CO_2 Teil eines Kreislaufs, sodass es nicht zusätzlich zur Erderwärmung beiträgt.

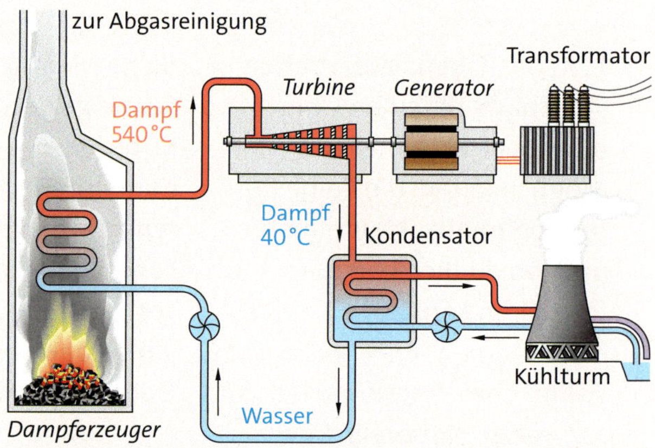

1 Wärmekraftwerk mit Verbrennung

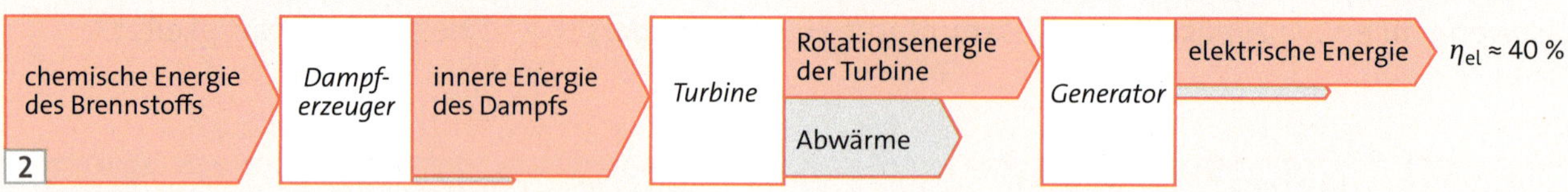

Solarthermische Kraftwerke • Diese Wärmekraftwerke setzen die Strahlungsenergie der Sonne statt der chemischen Energie von Brennstoffen für die Erzeugung von Wasserdampf ein. → 2
Ihr elektrischer Wirkungsgrad liegt meist unter 20 %. Während des Betriebs wird kein CO_2 ausgestoßen.

Fotovoltaikkraftwerke • Solarzellen wandeln Strahlungsenergie direkt in elektrische Energie um. → 3 Dabei wird kein CO_2 ausgestoßen.

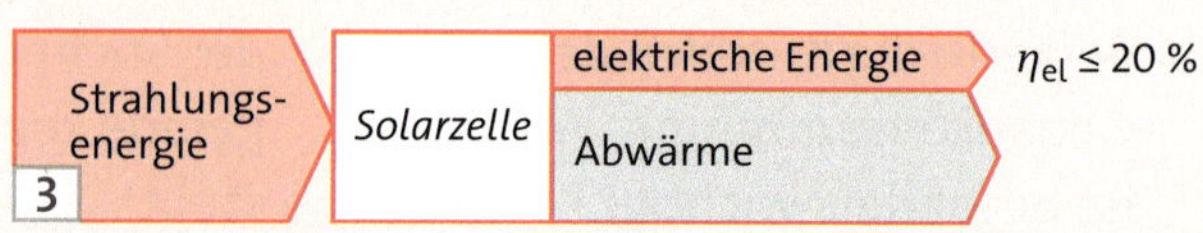

Wasserkraftwerke • Turbinen und Generatoren wandeln kinetische Energie strömenden Wassers in elektrische Energie um. → 4 Während des Betriebs wird kein CO_2 ausgestoßen.

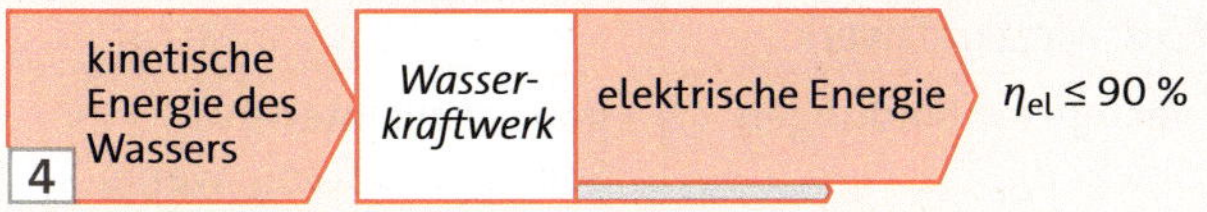

4

Windkraftwerke • Rotoren und Generatoren wandeln kinetische Energie des Winds in elektrische Energie um. → 5 Während des Betriebs wird kein CO_2 ausgestoßen.

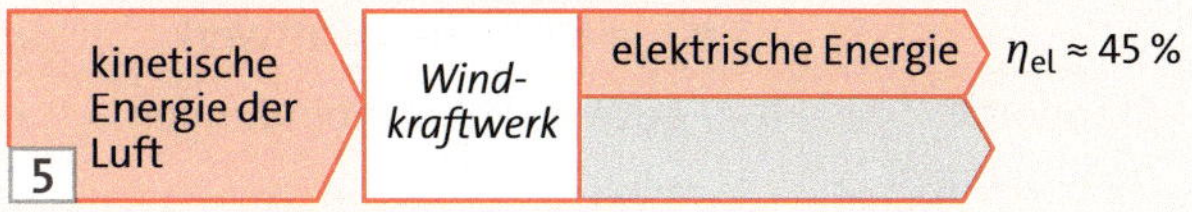

5

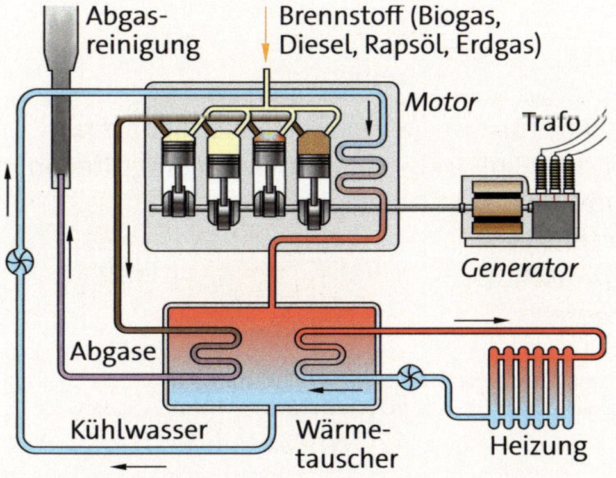

6 Blockheizkraftwerk (z. B. mit Motor)

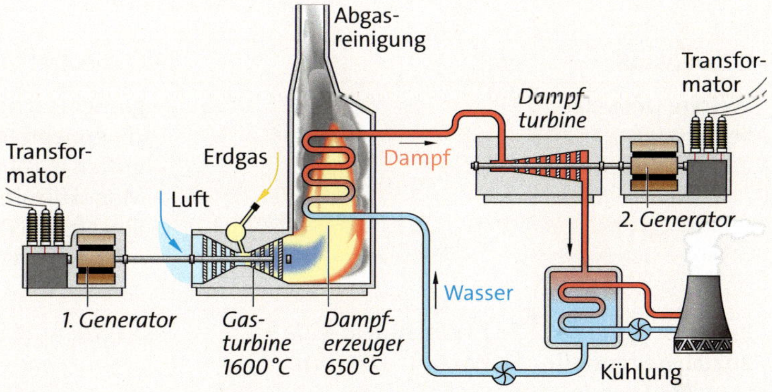

8 Gas-und-Dampf-Kraftwerk (GuD-Kraftwerk)

Gekoppelte Kraftwerkssysteme • Heizkraftwerke und Blockheizkraftwerke wandeln die zugeführte Energie in elektrische Energie und in Wärme zum Heizen um. → 6 Die Kraft-Wärme-Kopplung bewirkt einen hohen Gesamtwirkungsgrad. → 7

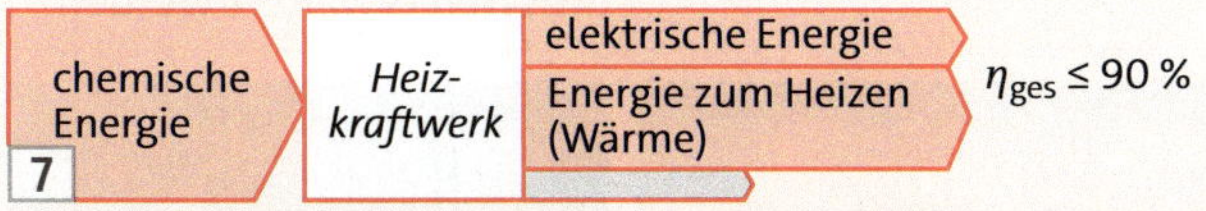

7

In GuD-Kraftwerken wird z. B. Erdgas verbrannt. → 8 Die sehr heißen Verbrennungsgase treiben eine Gasturbine an und diese einen ersten Generator. Das immer noch heiße Abgas wird zum Verdampfen von Wasser genutzt. Der heiße Dampf treibt eine Dampfturbine an und diese einen zweiten Generator.
GuD-Kraftwerke erreichen elektrische Wirkungsgrade von 60 %.

Energiespeichertechniken • Im Überschuss bereitgestellte elektrische Energie lässt sich für den späteren Bedarf speichern: chemisch (z. B. Wasserstoff), mechanisch (z. B. Pumpspeicherkraftwerk) oder thermisch (z. B. geschmolzenes Salz).

Energieübertragungstechniken • Zum Übertragen elektrischer Energie über weite Entfernungen nutzt man Wechsel- oder Gleichstrom (HGÜ) bei sehr hohen Spannungen. Alternativ bietet sich der Transport von gespeichertem Wasserstoff an.

Energieversorgung

	Wärmekraftwerke mit Verbrennung (fossil)	Wärmekraftwerke mit Verbrennung (regenerativ)	Solarthermische Kraftwerke und Fotovoltaikkraftwerke
Energieumwandlung	zugeführt: chemische Energie (Kohle, Erdöl, Erdgas) genutzt: elektrische Energie, Wärme (z. B. Heizkraftwerk)	zugeführt: chemische Energie (Holz, Biomasse, Biogas) genutzt: elektrische Energie, Wärme (z. B. Heizkraftwerk)	zugeführt: Strahlungsenergie der Sonne genutzt: elektrische Energie
Wirkungsgrad	$\eta_{el} \approx 45\,\%$ Kohlekraftwerk $\eta_{el} \approx 60\,\%$ GuD-Kraftwerk $\eta_{ges} \approx 85\,\%$ Heizkraftwerk	$\eta_{el} \approx 30\,\%$ $\eta_{ges} \approx 85\,\%$ Heizkraftwerk	$\eta_{el} \leq 20\,\%$
Standortbedingungen	• gute Verkehrsanbindungen • Lagerflächen • Gewässer zur Kühlung • bei Fernwärme: Haushalte in nicht zu großer Entfernung	• gute Verkehrsanbindungen • Lagerflächen • Gewässer zur Kühlung • dezentral in ländlichen Strukturen möglich	• ganzjährig intensive Sonnenstrahlung, wenig Bewölkung
CO_2-Ausstoß	groß	CO_2-neutral	keiner
Weitere Umweltbelastungen		• großer Flächenbedarf für „Energiepflanzen“ mit Eingriffen in Lebensräume • Monokulturen: intensiver Einsatz von Pflanzenschutzmitteln und Düngern	• großer Flächenbedarf für Solarparks mit Eingriffen in Lebensräume
In Deutschland 2020 bereitgestellte elektr. Energie	232 TWh; Anteil: 43 % ($1\,TWh = 1 \cdot 10^9\,kWh$)	43 TWh; Anteil: 7,9 %	Fotovoltaik: 47 TWh; Anteil: 8,8 %
Aussichten für die Zukunft	schlecht: • hoher CO_2-Ausstoß • Kohleausstieg (Deutschland) • begrenzte Vorräte an fossilen Energieträgern mittel: • GuD-Kraftwerke zur Ergänzung regenerativer Kraftwerke, um die ständige Versorgung zu sichern	mittel: • begrenzt wegen des großen Flächenbedarfs • „Energiepflanzen“ in Konkurrenz zu Nahrungspflanzen • Einsatz von Pflanzenschutzmitteln und Düngern muss reduziert werden.	mittel: • Deutschland liegt nicht im Sonnengürtel der Erde • Ausbau der Fotovoltaik unterstützt Energiewende. gut: • z. B. in Wüsten Nordafrikas; Speicher- und Transportmöglichkeiten der Energie müssten erweitert werden.

1

2 Kohlekraftwerk

3 Biomassekraftwerk

4 Solartherm. Kraftwerk

5 Fotovoltaikkraftwerk

	Geothermiekraftwerke	Wasserkraftwerke	Windkraftwerke
Energieumwandlung	zugeführt: innere Energie der Erde genutzt: elektrische Energie, Wärme zum Heizen	zugeführt: kinetische Energie des Wassers genutzt: elektrische Energie	zugeführt: kinetische Energie der Luft genutzt: elektrische Energie
Wirkungsgrad	$\eta_{el} \approx 10\,\%$ $\eta_{ges} \approx 80\,\%$	$\eta_{el} \leq 90\,\%$	$\eta_{el} \leq 45\,\%$
Standortbedingungen	• heißes Wasser (> 100 °C) oder heiße Gesteinsschichten nicht zu tief unter der Erdoberfläche • stabiles Gestein im Untergrund	• Laufwasserkraftwerke: ganzjährig genügend großer Wasserdurchfluss • Speicherkraftwerke: großer Höhenunterschied zwischen Speichersee und Kraftwerk; genügender Wasserzulauf	• Wind mit geeigneter Geschwindigkeit (zwischen $5\,\frac{m}{s}$ und $25\,\frac{m}{s}$) und möglichst gleichmäßig • Abstand zu Ortschaften
CO_2-Ausstoß	keiner	keiner	keiner
Weitere Umweltbelastungen	• in seltenen Fällen: leichte Erdbeben, Gesteinsveränderungen durch austretendes Wasser	• großer Flächenbedarf für Speicherseen • Eingriffe in Lebensräume, z. B. Beeinträchtigung von Fischen • veränderter Wasserhaushalt im Gewässerverlauf	• bewegter Schattenwurf • laute Geräusche • Eingriff in Lebensräume, z. B. Gefahr für Vögel, Fledermäuse und Insekten
In Deutschland 2020 bereitgestellte elektr. Energie	vernachlässigbar	18 TWh; Anteil: 3,3 %	Onshore/Offshore: 102 TWh; Anteil: 19 % 26 TWh; Anteil: 4,8 %
Aussichten für die Zukunft	mittel: • in Deutschland nur wenige Gebiete mit günstigen Standortbedingungen gut: • in Regionen wie Island mit vulkanischem Untergrund	mittel: • in Deutschland kaum noch Zuwachs im großen Maßstab möglich gut: • in Regionen wie Norwegen mit wasserreichen Gebirgen	mittel: • geringe Akzeptanz des Ausbaus Onshore in Deutschland, aber unterstützt die Energiewende gut: • Offshore-Windparks in küstennahen Gebieten mit günstigem Wind und geringer Wassertiefe

6 Geothermiekraftwerk

7 Laufwasserkraftwerk

8 Speicherkraftwerk

9 Windkraftwerke

Teste dich! (Lösungen im Anhang)

Wärmekraftmaschinen

1 Nenne mindestens drei Wärmekraftmaschinen. Gib jeweils eine Anwendung an.

2 Verbrennungsmotoren
a Gib an, in welchem Motor das Treibstoff-Luft-Gemisch nur durch Zusammenpressen der Luft gezündet wird und in welchem durch einen Zündfunken. Ordne diesen Motoren die Begriffe „Fremdzünder“ und „Selbstzünder“ zu.
b Skizziere das Energieflussdiagramm für einen Ottomotor.
c „Mein Auto mit einem Ottomotor verschwendet Energie.“ → 1 Begründe diese Aussage.

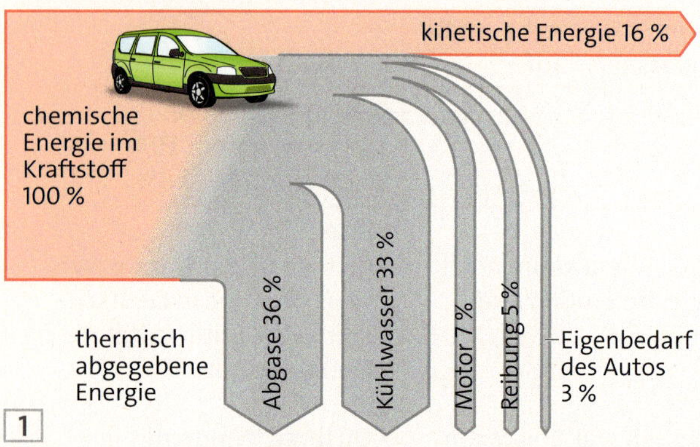

1

d Nenne vier Schadstoffe, die von den Verbrennungsmotoren in die Luft abgegeben werden, und ihre möglichen Folgen.
e Begründe, warum in Zukunft der Einsatz von Verbrennungsmotoren reduziert werden soll.

Kraftwerke

3 Wärmekraftwerk mit Verbrennung → 2
a Schreibe die Reihenfolge der gewünschten Energieumwandlungen auf.
b Trage die zugehörigen Energiewandler in eine Tabelle ein. → 3 Ordne ihnen zu:
- Die Turbine treibt den Generator an.
- chemische Energie → innere und kinetische Energie
- innere und kinetische Energie → Rotationsenergie
- Brennstoff wird verbrannt, Wasser verdampft und der Dampf wird auf über 500 °C erhitzt.
- Rotationsenergie → elektrische Energie
- Der Dampf treibt die Turbine an.

c Gib den Wirkungsgrad des Kraftwerks an.
d Beschreibe mindestens drei Probleme, die mit der Nutzung von fossilen Brennstoffen wie Kohle oder Erdöl verbunden sind.

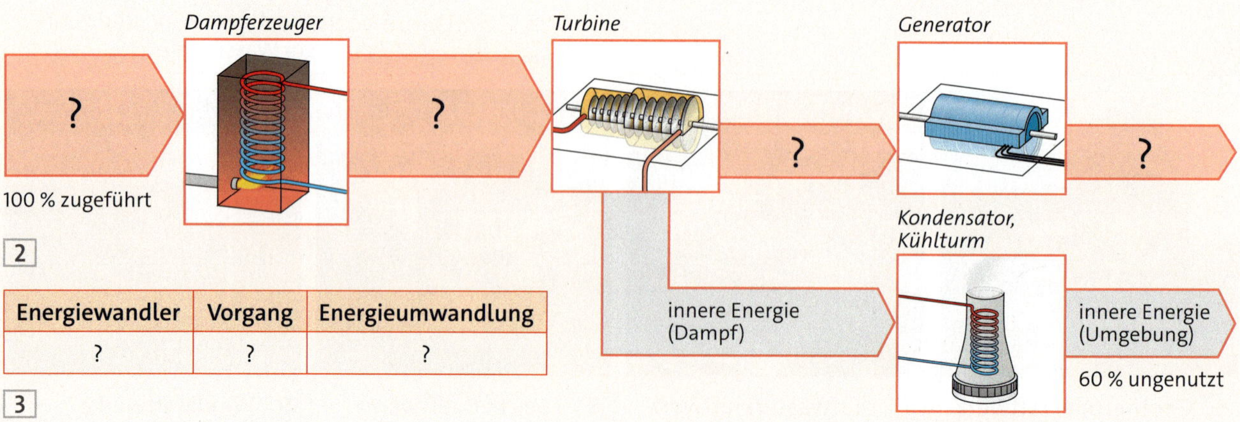

2

Energiewandler	Vorgang	Energieumwandlung
?	?	?

3

4 Fossil – regenerativ

a Beschreibe, was man unter fossilen und regenerativen Energieträgern versteht. Nenne dazu jeweils mindestens drei Beispiele. Gib außerdem jeweils ein Kraftwerk an, das mit dem Energieträger arbeitet.

b In Kohlekraftwerken und Biomassekraftwerken wird bei Verbrennungen viel CO_2 erzeugt. Dennoch ist die CO_2-Belastung der Atmosphäre bei Biomassekraftwerken viel geringer als bei Kohlekraftwerken. Erkläre den Unterschied.

c Beschreibe Gemeinsamkeiten und Unterschiede zwischen solarthermischen Kraftwerken und Kohlekraftwerken.

5 Das Diagramm zeigt, wie viel elektrische Energie die Windkraftwerke in Deutschland in den Jahren 2019/20 zur Verfügung stellten. → 4

a Nenne für beide Jahre jeweils die zwei Monate mit der höchsten/niedrigsten bereitgestellten elektrischen Energie. Gib die Energien an.

b Beurteile deine Ergebnisse im Hinblick auf die gleichmäßige elektrische Energieversorgung.

c Beschreibe, wie sich die Schwankungen durch andere regenerative Kraftwerke sowie Energiespeichermöglichkeiten ausgleichen lassen.

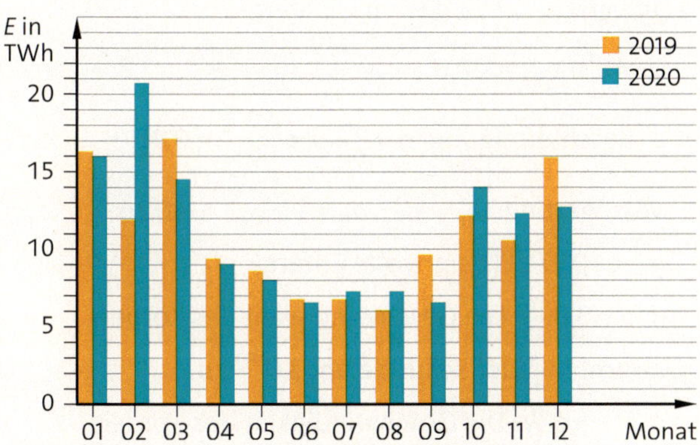

4 Elektrische Energie aus Windkraftwerken

6 Wasserkraftwerke

a Alle Wasserkraftwerke sind im Prinzip ähnlich aufgebaut. Nenne die gleichen Teile.

b „Das Walchenseekraftwerk ist ein Speicherkraftwerk." – „Nein, das ist doch ein Pumpspeicherkraftwerk!" Welche Aussage ist richtig? Begründe deine Antwort.

c Skizziere das Energieflussdiagramm für ein Speicherkraftwerk.

d Es ist ein windiger und sonniger Tag in Deutschland. Vermute, wie ein Pumpspeicherkraftwerk an diesem Tag geschaltet ist. Skizziere das zugehörige Energieflussdiagramm.

e „Pumpspeicherkraftwerke sind Unsinn! Erst wird das Wasser mühsam hochgepumpt, um es dann später wieder runterlaufen zu lassen." Nimm Stellung dazu.

f „Auch Laufwasserkraftwerke nutzen im Prinzip Sonnenenergie." Erkläre diese Aussage.

7 Windkraftwerke in der Nordsee und Solarkraftwerke in Marokko stellen elektrische Energie zur Verfügung. Wie kann diese Energie nach Bayern transportiert werden?

a Für die Übertragung elektrischer Energie aus der Nordsee werden verschiedene Techniken eingesetzt. Nenne und beschreibe sie kurz. Gib jeweils ihre Vor- und Nachteile an.

b Die Energie aus einem Fotovoltaikkraftwerk in Marokko lässt sich z. B. mithilfe von „grünem" Wasserstoff transportieren. Beschreibe:
- wie mit der Strahlungsenergie der Sonne „grüner" Wasserstoff erzeugt wird.
- wie dieser Wasserstoff nach Bayern kommen könnte.
- wie mithilfe des Wasserstoffs elektrische Energie bereitgestellt werden könnte (z. B. im Blockheizkraftwerk).

Lösungen der Testaufgaben

Mechanik – Seite 50/51

1 a Der Körper bleibt in Ruhe oder er bewegt sich mit unveränderter Geschwindigkeit geradeaus weiter (also geradlinig gleichförmig).
b Der Körper bewegt sich beschleunigt geradeaus, seine Geschwindigkeit nimmt zu.
c Der Körper bewegt sich verzögert geradeaus, seine Geschwindigkeit nimmt ab.

2 a Korrigiert: Ohne Kraft keine Bewegungsänderung.
b Korrigiert: Bei gleicher Kraft wird der Körper mit der größeren Masse weniger beschleunigt.
c Korrigiert: Bei gleicher Kraft ist die Beschleunigung umso größer, je geringer die Masse des Körpers ist („je leichter der Körper ist").
d Richtiger Merksatz: Beschleunigung gleich Kraft durch Masse.

3 a Der in 3 s zurückgelegte Weg ist 9-mal so groß wie der Weg, den das Auto in 1 s zurücklegt.
Zurückgelegter Weg: $s = \frac{1}{2} \cdot a \cdot t^2$
b Die in 3 s erreichte Geschwindigkeit ist 3-mal so groß wie die Geschwindigkeit, die das Auto in 1 s erreicht. Geschwindigkeit: $v = a \cdot t$

4 Der Betrag der beschleunigenden Kraft kann mithilfe der kinetischen Energie berechnet werden.
Kinetische Energie: $E = F \cdot s$ und $E = \frac{1}{2} \cdot m \cdot v^2$
Umformen: $F = \frac{E}{s}$ Umrechnen: $v = 180\,\frac{\text{km}}{\text{h}} = 50{,}0\,\frac{\text{m}}{\text{s}}$
$$F = \frac{\frac{1}{2} \cdot 0{,}058\,\text{kg} \cdot (50{,}0\,\frac{\text{m}}{\text{s}})^2}{0{,}10\,\text{m}} = 725\,\text{kg} \cdot \frac{\text{m}}{\text{s}^2} = 725\,\text{N}$$
$F = 7{,}3 \cdot 10^2\,\text{N}$ (2 sinnvolle Ziffern)

5 a Das Motorrad beschleunigt bei gleicher Antriebskraft schneller als ein Auto, weil die Masse des Motorrads geringer ist als die Masse des Autos.
Beschleunigung: $a = \frac{F}{m}$
b Beschleunigung: $a = \frac{v}{t}$; $a = \frac{\frac{100}{3{,}6}\,\frac{\text{m}}{\text{s}}}{3{,}0\,\text{s}} = 9{,}\overline{259}\,\frac{\text{m}}{\text{s}^2}$
$a = 9{,}3\,\frac{\text{m}}{\text{s}^2}$ (2 sinnvolle Ziffern)
Zurückgelegte Strecke: $s = \frac{1}{2} \cdot a \cdot t^2$
$s = \frac{1}{2} \cdot 9{,}3\,\frac{\text{m}}{\text{s}^2} \cdot (3{,}0\,\text{s})^2 = 41{,}85\,\text{m}$; $s = 42\,\text{m}$ (2 s. Z.)

6 a Zurückgelegte Strecke: $s = \frac{1}{2} \cdot a \cdot t^2$
$s = \frac{1}{2} \cdot 5{,}0\,\frac{\text{m}}{\text{s}^2} \cdot (20\,\text{s})^2 = 1000\,\text{m}$; $s = 1{,}0\,\text{km}$ (2 s. Z.)
Die Startbahn sollte also 1,6 km lang sein.
b Geschwindigkeit: $v = a \cdot t$
$v = 5{,}0\,\frac{\text{m}}{\text{s}^2} \cdot 20\,\text{s} = 100\,\frac{\text{m}}{\text{s}} = 360\,\frac{\text{km}}{\text{h}}$
$v = 3{,}6 \cdot 10^2\,\frac{\text{km}}{\text{h}}$ (2 sinnvolle Ziffern)
c *t-s*-Diagramm

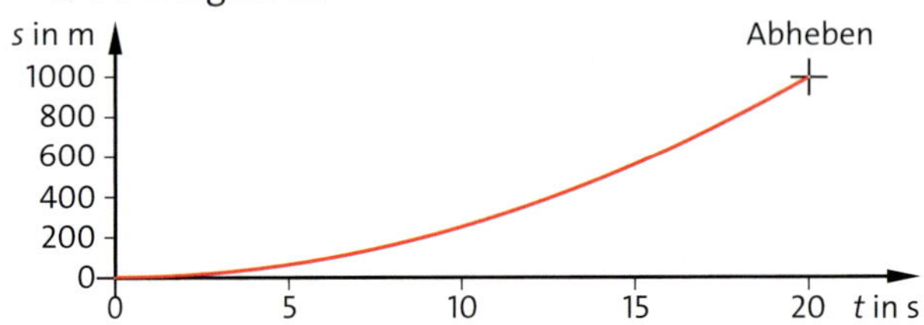

t-v-Diagramm

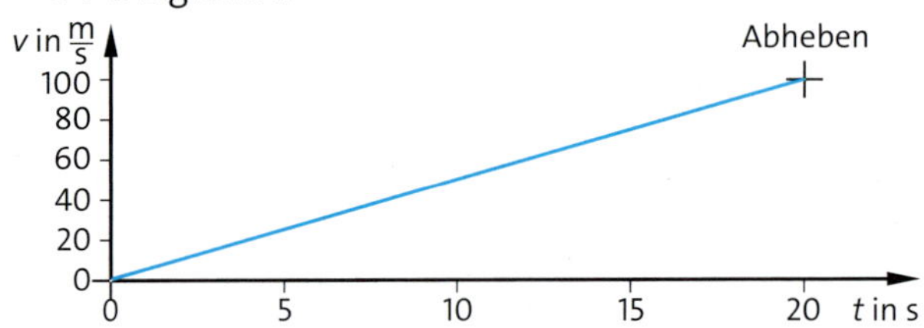

7 a Von 0 s bis 10 s beschleunigt der Körper gleichmäßig aus dem Stand auf $4{,}0\,\frac{\text{m}}{\text{s}}$. Von 10 s bis 25 s bewegt sich der Körper mit konstanter Geschwindigkeit gleichförmig weiter. Von 25 s bis 40 s verzögert der Körper gleichmäßig bis zum Stillstand.
b Die Strecken beim Beschleunigen und Verzögern lassen sich besonders einfach mithilfe der jeweiligen Durchschnittsgeschwindigkeit berechnen:
$s = v_D \cdot \Delta t = \frac{1}{2} \cdot v \cdot \Delta t.$
0–10 s: $s = \frac{1}{2} \cdot 4{,}0\,\frac{\text{m}}{\text{s}} \cdot 10\,\text{s} = 20\,\text{m}$
10–25 s: $s = v \cdot \Delta t$; $s = 4{,}0\,\frac{\text{m}}{\text{s}} \cdot 15\,\text{s} = 60\,\text{m}$
25–40 s: $s = \frac{1}{2} \cdot 4{,}0\,\frac{\text{m}}{\text{s}} \cdot 15\,\text{s} = 30\,\text{m}$
0–40 s: $s_{ges} = 110\,\text{m}$; $v_D = \frac{s_{ges}}{t_{ges}}$, $v_D = \frac{110\,\text{m}}{40\,\text{s}} = 2{,}8\,\frac{\text{m}}{\text{s}}$ (2 s. Z.)
c Beschleunigung: $a = \frac{v}{\Delta t}$; $a = \frac{4{,}0\,\frac{\text{m}}{\text{s}}}{10\,\text{s}} = 0{,}40\,\frac{\text{m}}{\text{s}^2}$
Verzögerung: $a_B = -\frac{v}{\Delta t}$; $a_B = -\frac{4{,}0\,\frac{\text{m}}{\text{s}}}{15\,\text{s}} = -0{,}2\overline{6}\,\frac{\text{m}}{\text{s}^2}$
$a_B = -0{,}27\,\frac{\text{m}}{\text{s}^2}$ (2 sinnvolle Ziffern)
d $a = 3{,}0\,\frac{\text{m}}{\text{s}^2}$: Die Geschwindigkeit des Körpers nimmt in jeder Sekunde um $3{,}0\,\frac{\text{m}}{\text{s}}$ zu.
$a_B = -5{,}0\,\frac{\text{m}}{\text{s}^2}$: Die Geschwindigkeit des Körpers nimmt in jeder Sekunde um $5{,}0\,\frac{\text{m}}{\text{s}}$ ab.

8 a Kinetische Energie: $E = \frac{1}{2} \cdot m \cdot v^2$

Umrechnung: $v = 50\,\frac{\text{km}}{\text{h}} = \frac{50}{3{,}6}\,\frac{\text{m}}{\text{s}}$

$E = \frac{1}{2} \cdot 1270\text{ kg} \cdot \left(\frac{50}{3{,}6}\,\frac{\text{m}}{\text{s}}\right)^2 = 122\,492\text{ J}$

$E = 1{,}2 \cdot 10^5\text{ J}$ (2 sinnvolle Ziffern)

Genutzte Leistung: $P = \frac{E}{t}$; $P = \frac{1{,}2 \cdot 10^5\text{ J}}{1{,}9\text{ s}} = 63\,158\text{ W}$

$P = 63\text{ kW}$ (2 sinnvolle Ziffern)

b Beschleunigung: $a = \frac{v}{t}$; $a = \frac{\frac{50}{3{,}6}\,\frac{\text{m}}{\text{s}}}{1{,}9\text{ s}} = 7{,}309\,94\,\frac{\text{m}}{\text{s}^2}$

$a = 7{,}3\,\frac{\text{m}}{\text{s}^2}$ (2 sinnvolle Ziffern)

Beschleunigende Kraft: $F = m \cdot a$
$F = 1270\text{ kg} \cdot 7{,}3\,\frac{\text{m}}{\text{s}^2} = 9271\text{ N}$; $F = 9{,}3\text{ kN}$ (2 s. Z.)

9 a Endgeschwindigkeit: $v = 2 \cdot v_D = 2 \cdot \frac{s_{ges}}{t}$

$v = 2 \cdot \frac{20\text{ m}}{300\text{ s}} = 0{,}13\overline{3}\,\frac{\text{m}}{\text{s}}$; $v = 0{,}13\,\frac{\text{m}}{\text{s}}$ (2 sinnvolle Ziffern)

b Kinetische Energie: $E = \frac{1}{2} \cdot m \cdot v^2$

$E = \frac{1}{2} \cdot 23\,000 \cdot 10^3\text{ kg} \cdot \left(0{,}13\,\frac{\text{m}}{\text{s}}\right)^2 = 194{,}35\text{ kJ}$

$E = 1{,}9 \cdot 10^2\text{ kJ}$ (2 sinnvolle Ziffern)

c Beschleunigende Gesamtkraft (Betrag): $F = \frac{E}{s}$

$F = \frac{1{,}9 \cdot 10^2\text{ kJ}}{20\text{ m}} = 9{,}5\text{ kN}$

d Jeder der 1000 Menschen müsste mit einer Kraft von 9,5 N ziehen. Diese Kraft ist etwa so groß wie die Kraft von rund 10 N, mit der man einen 1-kg-Körper hebt, kann also leicht ausgeübt werden.

10 a Reaktionsweg: $s_R = v \cdot t_R$

$s_R = \frac{130}{3{,}6}\,\frac{\text{m}}{\text{s}} \cdot 0{,}80\text{ s} = 28{,}8\overline{8}\text{ m}$; $s_R = 29\text{ m}$ (2 s. Z.)

b Bremszeit: $a_B = -\frac{v}{t}$; $t = -\frac{v}{a_B}$

$t = \frac{\frac{130}{3{,}6}\,\frac{\text{m}}{\text{s}}}{6{,}0\,\frac{\text{m}}{\text{s}^2}} = 6{,}0\overline{185}\text{ s}$; $t = 6{,}0\text{ s}$ (2 sinnvolle Ziffern)

c Bremsweg: $s_B = -\frac{1}{2} \cdot a_B \cdot t^2$

$s_B = \frac{1}{2} \cdot 6{,}0\,\frac{\text{m}}{\text{s}^2} \cdot (6{,}0\text{ s})^2 = 108\text{ m}$; $s_B = 1{,}1 \cdot 10^2\text{ m}$ (2 s. Z.)

d Anhalteweg: $s_A = s_R + s_B$
Einsetzen: $s_A = 29\text{ m} + 1{,}1 \cdot 10^2\text{ m} = 1{,}4 \cdot 10^2\text{ m}$

11 Fallhöhe: $h = \frac{1}{2} \cdot \frac{v^2}{g}$; $h = \frac{1}{2} \cdot \frac{\left(\frac{15}{3{,}6}\,\frac{\text{m}}{\text{s}}\right)^2}{9{,}81\,\frac{\text{m}}{\text{s}^2}} = 0{,}884\,868\text{ m}$

$h = 0{,}88\text{ m}$ (2 sinnvolle Ziffern)

12 a Grafische Auswertung

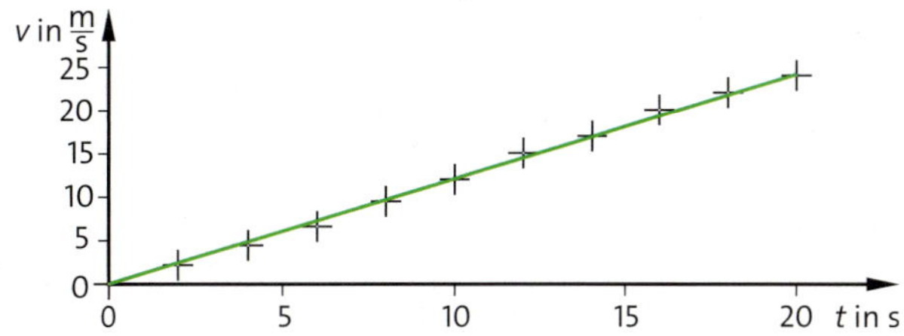

Rechnerische Auswertung:

t in s	0	2,0	4,0	6,0	8,0	10	12	14	16	18	20
v in $\frac{\text{m}}{\text{s}}$	0	2,2	4,4	6,6	9,4	12	15	17	20	22	24
$\frac{v}{t}$ in $\frac{\text{m}}{\text{s}^2}$	–	1,1	1,1	1,1	1,2	1,2	1,3	1,2	1,3	1,2	1,2

b Die Messwertpaare liegen im Rahmen der Messgenauigkeit auf einer Ursprungsstrecke. Der Quotient $\frac{v}{t}$ ist im Rahmen der Messgenauigkeit konstant. Folglich ist die erreichte Geschwindigkeit v direkt proportional zur benötigten Zeit t: $v \sim t$. Die Bewegung ist also gleichmäßig beschleunigt.

c Beschleunigung: $a = \frac{v}{t}$
Ablesen aus dem Diagramm: $t = 15\text{ s}$; $v = 18\,\frac{\text{m}}{\text{s}}$

$a = \frac{18\,\frac{\text{m}}{\text{s}}}{15\text{ s}} = 1{,}2\,\frac{\text{m}}{\text{s}^2}$ (2 sinnvolle Ziffern)

Alternativ kann der Mittelwert gebildet werden:
$\overline{a} = \frac{1{,}1 + 1{,}1 + 1{,}1 + 1{,}2 + 1{,}2 + 1{,}3 + 1{,}2 + 1{,}3 + 1{,}2 + 1{,}2}{10}\,\frac{\text{m}}{\text{s}^2} = 1{,}2\,\frac{\text{m}}{\text{s}^2}$

d $v = 60\,\frac{\text{km}}{\text{h}} \approx 17\,\frac{\text{m}}{\text{s}}$ (2 sinnvolle Ziffern)
Diese Geschwindigkeit wird laut Diagramm nach etwa 14 s erreicht.

e Rechnerische Überprüfung: $t = \frac{v}{a}$

$t = \frac{\frac{60}{3{,}6}\,\frac{\text{m}}{\text{s}}}{1{,}2\,\frac{\text{m}}{\text{s}^2}} = 13{,}\overline{8}\text{ s}$; $t = 14\text{ s}$ (2 sinnvolle Ziffern)

f Zurückgelegte Strecke bis $60\,\frac{\text{km}}{\text{h}}$: $s = \frac{1}{2} \cdot a \cdot t^2$

$s = \frac{1}{2} \cdot 1{,}2\,\frac{\text{m}}{\text{s}^2} \cdot (14\text{ s})^2 = 117{,}6\text{ m}$; $s = 1{,}2 \cdot 10^2\text{ m}$ (2 s. Z.)

g Betrag der beschleunigenden Kraft: $F = m \cdot a$
$F = 120 \cdot 10^3\text{ kg} \cdot 1{,}2\,\frac{\text{m}}{\text{s}^2} = 144 \cdot 10^3\text{ N}$
$F = 1{,}4 \cdot 10^5\text{ N}$ (2 sinnvolle Ziffern)

h Kinetische Energie $60\,\frac{\text{km}}{\text{h}}$: $E = \frac{1}{2} \cdot m \cdot v^2$

$E = \frac{1}{2} \cdot 120 \cdot 10^3\text{ kg} \cdot \left(\frac{60}{3{,}6}\,\frac{\text{m}}{\text{s}}\right)^2 = 16{,}\overline{6}\text{ MJ}$; $E = 17\text{ MJ}$ (2 s. Z.)

i Genutzte Leistung: $P = \frac{E}{t}$

$P = \frac{17\text{ MJ}}{14\text{ s}} = 1{,}214\text{ MW}$; $P = 1{,}2\text{ MW}$ (2 sinnvolle Ziffern)

Elektrizitätslehre – Seite 108/109

1 a Die Lampen sind in einer Parallelschaltung an das Stromnetz (die Steckdose) angeschlossen.
b A: I_{ges} = 261 mA; B: I_{ges} = 261 mA; C: I_C = 30 mA
D: I_D = 87 mA + 57 mA + 87 mA = 231 mA
E: I_E = 57 mA + 87 mA = 144 mA; F, G: $I_F = I_G$ = 87 mA
c Elektrische Leistung der Elektrizitätsquelle:
$P_{el} = U \cdot I_{ges}$; P_{el} = 230 V · 0,261 A = 60,03 W
P_{el} = 60,0 W (3 sinnvolle Ziffern)

2 Schaltzeichnungen:

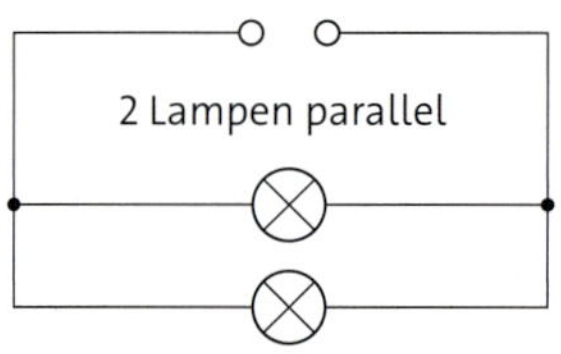

Tabelle:

Lampen	P_{el} in W	U in V	I in A	R in Ω	Schaltung
1	3,0	6,0	0,50	12	einfacher Stromkreis
2	6,0	12	0,50	24	in Reihe
2	6,0	6,0	1,0	6,0	parallel

3 Der Stabmagnet kann z. B. in die Spule hinein- und wieder herausbewegt werden oder vor ihrer Öffnung rotieren. Die Induktionsspannung ist umso größer,
- je schneller der Magnet bewegt wird.
- je größer die Windungszahl der Spule ist.
- je größer die Querschnittsfläche der Spule ist.
- je stärker das Magnetfeld des Stabmagneten ist.

4 Gleichspannung: Das Messgerät zeigt keinen Induktionsstrom an. Begründung: Die angelegte Gleichspannung bewirkt einen Gleichstrom in der Feldspule, sodass diese von einem unveränderlichen Magnetfeld umgeben ist, das auch die Induktionsspule durchsetzt. Ohne Veränderung des Magnetfelds wird in der Induktionsspule keine Spannung induziert, sodass im angeschlossenen Stromkreis kein Induktionsstrom fließt.
Wechselspannung: Das Messgerät zeigt einen Induktionsstrom an (wenn es auf Wechselstrom eingestellt ist). Begründung: Die angelegte Wechselspannung bewirkt einen Wechselstrom in der Feldspule, sodass diese von einem veränderlichen Magnetfeld umgeben ist, das auch die Induktionsspule durchsetzt. Wegen der ständigen Veränderungen des Magnetfelds wird in der Induktionsspule eine Wechselspannung induziert, sodass im angeschlossenen Stromkreis ein Wechselstrom fließt.

5 a Versuchsskizze: Siehe Seite 70, Bild 2.
Durchführung: Der Stabmagnet wird in den geschlossenen Aluminiumring hineinbewegt.
Beobachtung: Der Aluminiumring bewegt sich vom Magneten weg, der Ring wird abgestoßen.
b Wenn man den Magneten auf den Ring zubewegt, nimmt die Stärke des Magnetfelds im Ring zu. Dadurch wird im Ring ein Strom induziert. Der Strom erzeugt ein Magnetfeld, das nach der lenzschen Regel so gerichtet ist, dass es der Zunahme des Magnetfelds im Ring entgegenwirkt. Dadurch wirken abstoßende Kräfte zwischen Ring und Magnet: Der Ring wird vom Magneten weg beschleunigt und der Magnet wird abgebremst.
c Der Induktionsstrom im Ring bedeutet, dass beim Annähern des Magneten elektrische Energie auftritt. Wenn die kinetische Energie des Magneten unverändert wäre, würde die Gesamtenergie des Systems aus Ring und Magnet zunehmen. Da aber der Magnet vom Ringmagnetfeld infolge der lenzschen Regel abgebremst wird, nimmt die kinetische Energie des Magneten ab. Die Gesamtenergie des Systems aus Ring und Magnet bleibt also konstant.

6 a In einer Metallplatte werden Wirbelströme induziert, wenn sich das Magnetfeld in ihr ändert.
b Zwei Wirkungen von Wirbelströmen: Erwärmung und Abbremsung
c 2 Beispiele für erwünschte Wirbelströme: Induktionsherd, Wirbelstrombremse
d Beim Transformator sind Wirbelströme in den Eisenkernen der Spulen unerwünscht. Deshalb bestehen die Eisenkerne aus vielen dünnen Eisenblechen, die durch Lackschichten gegeneinander isoliert sind.

7 a Unter dem Kochfeld befindet sich eine Spule, die an Wechselstrom mit hoher Frequenz angeschlossen ist. Er verursacht ein schnell veränderliches Magnetfeld um die Spule herum. Dadurch ändert sich auch das Magnetfeld im elektrisch leitenden Pfannenboden ständig, sodass in ihm Wirbelströme induziert werden. Sie führen zur Erhitzung der Pfanne. Im Kochfeld können keine Wirbelströme entstehen, weil es elektrisch nicht leitend ist. Deshalb wird das Ei außerhalb der Pfanne nicht gebraten.
b Das Wasser im Gefäß bleibt kalt. Im Boden des Glases können keine Wirbelströme induziert werden, weil Glas den elektrischen Strom nicht leitet.

c Vorteile einer Induktionskochplatte gegenüber einem Elektroherd mit Heizplatte:
- höherer Wirkungsgrad (Energieeinsparung)
- reagiert schneller auf Einstellungsänderungen
- Sobald man den Topf entfernt, wird die Wärmeentwicklung unterbrochen (höhere Sicherheit).
- Die Kochstelle wird nur unter dem Topf warm.

8 a Skizze siehe S. 85, Bild 4. Die Magnetpole rotieren in den fest stehenden Induktionsspulen. An den Enden der Induktionsspulen wird die Induktionsspannung über feste Anschlüsse abgenommen.
b Bei Außenpolgeneratoren wird die Spannung an der rotierenden Spule über Schleifkontakte abgenommen, wodurch die unerwünschten Energieumwandlungen und der Materialverschleiß steigen. Für hohe Spannungen werden Spulen mit großer Windungszahl benötigt, wodurch die Masse des Rotors und damit die Belastung der Lager zunimmt.
c Energieflussdiagramm siehe S. 85, Bild 6.
Gründe für unerwünschte Energieentwertung:
- Reibung in den Lagern und an Schleifkontakten
- Erwärmung der stromführenden Leitungen
- Wirbelströme in Metallteilen

9 Der Wechselstrom in der Primärspule bewirkt ein sich ständig änderndes Magnetfeld in der Spule und im gemeinsamen Eisenkern. Diese Magnetfeldänderungen induzieren in der Sekundärspule eine Wechselspannung.

10 Der Wechselstrom in der Spule der Ladestation bewirkt ein ständig wechselndes Magnetfeld in der Umgebung der Spule. Es wird vom Eisenkern verstärkt und durchdringt die Spule des aufgesetzten Handgeräts. Aufgrund der ständigen Magnetfeldänderungen wird an der Spule des Handgeräts eine Spannung induziert. Diese treibt einen Induktionsstrom an, der vom Gleichrichter in einen Gleichstrom umgewandelt wird und den Akku auflädt.

11 a Niederspannungstrafo: Die Sekundärspule hat viel weniger Windungen als die Primärspule. Beispiel: Netzteil vom PC
b Hochspannungstrafo: Die Sekundärspule hat viel mehr Windungen als die Primärspule. Beispiel: Trafo im Umspannwerk eines Kraftwerks
c Hochstromtrafo: Die Sekundärspule hat viel weniger Windungen als die Primärspule. Der Draht der Sekundärspule hat einen sehr großen Durchmesser. Beispiel: Schweißtrafo

12 Wirkungsgrad der Energieübertragung:
$\eta = \frac{P_S}{P_P} = \frac{U_S \cdot I_S}{U_P \cdot I_P}$; $\eta = \frac{24\,\text{V} \cdot 2{,}5\,\text{A}}{230\,\text{V} \cdot 0{,}293\,\text{A}} = 0{,}89 = 89\,\%$ (2 s. Z.)

13 Schaltzeichnung: S. 105, Bild 8. Die Generatorspannung wird zunächst hochtransformiert. Dadurch reduziert sich die Stromstärke in der Fernleitung, sodass die Verlustleistung stark (mit dem Quadrat der Stromstärke) abnimmt. Für das Ortsnetz wird die Spannung wieder heruntertransformiert.

14 a Stromstärke in der Fernleitung:
$I_L = \frac{P_{el}}{U}$; $I_L = \frac{154 \cdot 10^6\,\text{VA}}{220 \cdot 10^3\,\text{V}} = 700\,\text{A}$
b Verlustleistung: $P_{th} = 0{,}024 \cdot 154\,\text{MW} = 3{,}7\,\text{MW}$ (gerundet auf 2 sinnvolle Ziffern)
Widerstand der Fernleitung: $P_{th} = R_L \cdot I_L^2$; $R_L = \frac{P_{th}}{I_L^2}$
$R_L = \frac{3{,}7 \cdot 10^6\,\text{VA}}{(700\,\text{A})^2} = 7{,}6\,\frac{\text{V}}{\text{A}} = 7{,}6\,\Omega$ (2 sinnvolle Ziffern)
c Maßnahmen zur Verbesserung des Wirkungsgrads: Die Spannung könnte im Umspannwerk noch höher transformiert werden, damit die elektrische Energie mit geringerer Stromstärke von den Fernleitungen übertragen wird. Man könnte den elektrischen Widerstand der Fernleitungen verringern (anderes Material, dickere Seile ...).

Atom- und Kernphysik – Seite 138/139

1 Zwischen dem Metalldraht und der Metallhülle des Zählrohrs ist eine hohe Spannung angelegt. Es fließt aber kein Strom, weil der Metalldraht und die Metallhülle durch eine Isolierung und das Gas im Zählrohr gegeneinander isoliert sind. Wenn radioaktive Strahlung durch die Folie in das Zählrohr eindringt, wird das Gas ionisiert und dadurch kurzfristig leitend. Jetzt fließt kurzzeitig ein Strom im Stromkreis. Dieser Stromimpuls wird am Widerstand von einem elektronischen Zähler erfasst und oft über einen Lautsprecher hörbar gemacht.

2 a Das Zählgerät zeigt eine hohe Impulsrate an, im Lautsprecher knackt es heftig. Die α-Strahlung hat eine große Ionisierungsfähigkeit und erzeugt sehr viele Ionen im Gas, das sich im Zählrohr befindet.
b Der Strahler wird 10 cm weiter entfernt:
Die Impulsrate nimmt deutlich ab, weil die Reichweite der α-Strahlung in Luft nur wenige Zentimeter beträgt.
Blatt Papier oder Alublech: Die Impulsrate nimmt sehr stark ab, weil die α-Strahlung das Papier oder das Alublech nicht durchdringt.
c Das Zählgerät zeigt eine geringere Impulsrate an als zuvor, das Knacken ist weniger heftig. Die β-Strahlung hat eine geringere Ionisierungsfähigkeit als die α-Strahlung und erzeugt deshalb weniger Ionen im Gas, das sich im Zählrohr befindet.

Der Strahler wird 10 cm weiter entfernt: Die Impulsrate nimmt nur wenig ab, weil die Reichweite der β-Strahlung in Luft einige Meter beträgt.
Blatt Papier oder Alublech: Beim Papier nimmt die Impulsrate kaum ab, weil die β-Strahlung das Papier größtenteils durchdringt. Beim Alublech nimmt die Impulsrate deutlich ab, weil ein Teil der β-Strahlung absorbiert wird.

3 a Wenn in der Materialprobe Atomkerne zerfallen, geben sie ionisierende Strahlung ab. In der Luft zwischen den Platten werden dadurch Ionen erzeugt, die zur jeweils entgegengesetzt geladenen Metallplatte strömen – ein elektrischer Strom entsteht. α-Strahlung und β-Strahlung sind elektrisch geladen und können zum Strom beitragen.
b Je stärker die ionisierende Wirkung der Strahlung ist, desto mehr Ionen werden pro Sekunde in der Luft zwischen den Platten erzeugt. Dadurch wird die Stromstärke im Messstromkreis größer.

4 Alle Eisen-Isotope haben 26 Protonen und 26 Elektronen. Fe-54 hat 28 Neutronen, Fe-56 30 Neutronen, Fe-57 31 Neutronen und Fe-58 32 Neutronen.

5 a Radioaktives Isotop: $^{87}_{39}\text{Y}$ (Yttrium-87)
b Ein Neutron im Atomkern von Yttrium-87 hat sich in ein Proton umgewandelt, wobei ein Elektron abgestrahlt wurde.
c Die β-Strahlung ist negativ geladen und wird im elektrischen Feld zum positiv geladenen Körper hin abgelenkt (entgegengesetzt zur Feldlinienrichtung). Sie kann einige Meter Luft, Papier, Haut und dünnes Alublech (< 4 mm) durchdringen. Ihre ionisierende Wirkung ist kleiner als die von α-Strahlung und größer als die von γ-Strahlung.

6 a 137: Anzahl der Nukleonen im Atomkern
55: Anzahl der Protonen im Atomkern
b Die Aktivität nimmt in jeweils rund 30 Jahren um die Hälfte ab. → Die Halbwertszeit beträgt ca. 30 a.
c Die Aussage ist falsch. Nach der ersten Halbwertszeit ist noch die Hälfte der zu Beginn vorhandenen Atomkerne des radioaktiven Caesiums vorhanden, die Aktivität ist noch halb so groß. Nach Ablauf der zweiten Halbwertszeit ist noch die Hälfte der Hälfte vorhanden, also ein Viertel der ursprünglichen Atomkerne. Die Aktivität beträgt also noch ein Viertel der ursprünglichen Aktivität.
d Die Caesiumwerte nahmen bei einer Halbwertszeit von 30 a in vier Wochen kaum ab. Die Iodwerte nahmen wegen der viel kürzeren Halbwertszeit von 8 d in vier Wochen so stark ab (nach 32 d auf rund 6,3 %), dass sie unter die Caesiumwerte sanken.

7 a Kohlenstoff C-12 und C-14 werden von allen Lebewesen über die Luft (und von Tieren auch über die Nahrung) aufgenommen und über den Stoffwechsel zum Teil wieder abgegeben. Der Anteil an C-14 im Organismus ist zur Lebenszeit praktisch immer gleich groß. Nach dem Tod sind Aufnahme und Abgabe von Kohlenstoff beendet. Die Anzahl der C-14-Atome im Körper verringert sich von nun an durch Kernzerfälle. Die Anzahl der C-12-Atome bleibt dagegen konstant. Der Quotient aus C-14- zu C-12-Atomen nimmt dadurch mit der Zeit ab, nach 5730 a ist er z. B. nur noch halb so groß wie zum Todeszeitpunkt. Die Aktivität A des Körpers nimmt im gleichen Maß ab. Durch den Quotienten „C-14 zu C-12“ oder anhand der Aktivität lässt sich daher bestimmen, wann ein Organismus gestorben ist.
b Holzkohle: In 15,0 g finden 3,13 Zerfälle pro Sekunde statt. $A(t) = 3{,}13\ \text{Bq}$
Holz: In 15,0 g finden 15,0 · 15,3 = 230 Zerfälle (3 sinnvolle Ziffern) pro Minute statt, also 3,83 Zerfälle pro Sekunde. $A_0 = 3{,}83\ \text{Bq}$
Die Halbwertszeit von C-14 beträgt $T = 5730\ \text{a}$.
Mit Umformungen wie im Kasten 5 auf Seite 129 erhält man für das Alter der Holzkohle:

$$t = T \cdot \log_{0,5}\left(\frac{A(t)}{A_0}\right)$$

$$t = 5730\ \text{a} \cdot \log_{0,5}\left(\frac{3{,}13}{3{,}83}\right) = 5730\ \text{a} \cdot 0{,}291 = 1{,}67 \cdot 10^3\ \text{a}$$

c Diagramm:

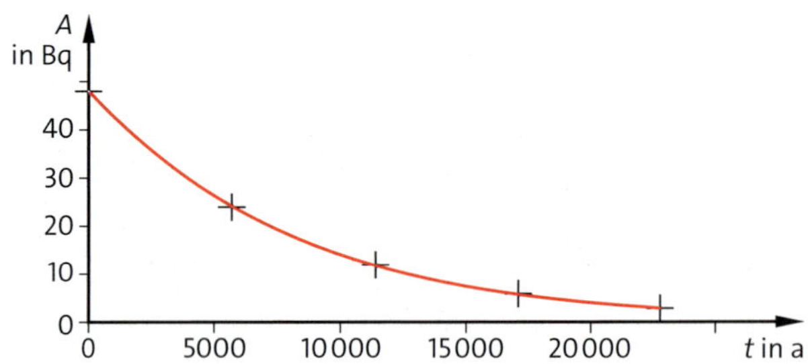

8 a Technik: Kontrolle von Schweißnähten, Ionisationsrauchmelder, Abtöten von Keimen bei Gewürzen, Züchtung neuer Getreidesorten, Atombatterie
Medizin: Szintigramm mit Iod I-131 oder Technetium Tc-99^m, Diagnose und Therapie von Tumoren mit Lutetium Lu-177
b 5 A-Regeln: Abstand vergrößern, Abschirmung optimieren, Aktivität verringern, Aufnahme vermeiden, Aufenthaltsdauer verringern

9 Die Bedenken sind nicht unberechtigt. In großer Höhe ist man bei Flugreisen der Höhenstrahlung stärker ausgesetzt als am Erdboden. Im Bayerischen Wald gibt es Gebiete, in denen die Strahlenbelastung insbesondere in Häusern und Kellern durch radioaktives Radon und seine Zerfallsprodukte hoch ist. Ob die jährliche radioaktive Belastung bei den Flugreisen größer ist als beim Urlaub im Bayerischen Wald hängt von der Anzahl und Dauer der Flüge bzw. von der Länge des Urlaubs und der Aufenthaltsdauer in belasteten Räumen ab.

10 a Diagramm:

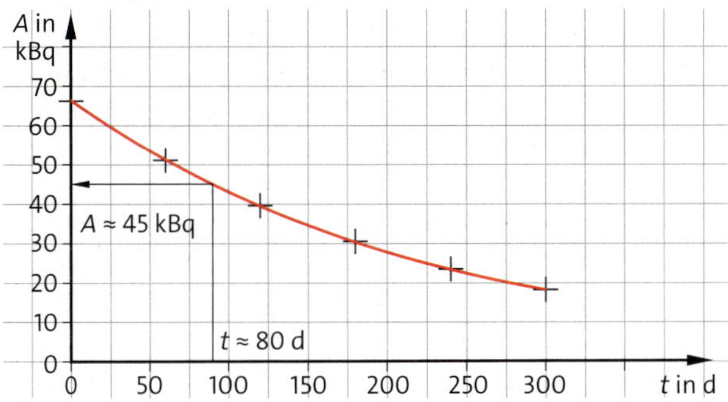

b Ablesen im Diagramm: $A(80\text{ d}) = 45\text{ kBq}$

c Wir wählen als Tabellenwerte z. B. aus:
$A_0 = 66{,}0\text{ Bq}$; $t = 300\text{ d}$, $A(t) = 18{,}3\text{ Bq}$
Mit Umformungen wie im Kasten 4 auf Seite 129 erhält man für die Halbwertszeit von Ca-45:

$$T = \frac{t}{\log_{0,5}\left(\frac{A(t)}{A_0}\right)};\ T = \frac{300\text{ d}}{\log_{0,5}\left(\frac{18,3}{66,0}\right)} = \frac{300\text{ d}}{1,85} = 162\text{ d}$$

11 a Der Nulleffekt entsteht, weil natürliche Strahlung (Höhenstrahlung, terrestrische Strahlung) in das Messgerät eindringt und Zählimpulse auslöst.

b Der Nulleffekt beträgt 2 Impulse pro 5,0 s.
Korrigierte Tabelle und Diagramm:

***t* in s**	0	15	30	45	60
Impulse pro 5,0 s	400	347	299	258	223

***t* in s**	75	90	105	120	135
Impulse pro 5,0 s	193	166	143	123	107

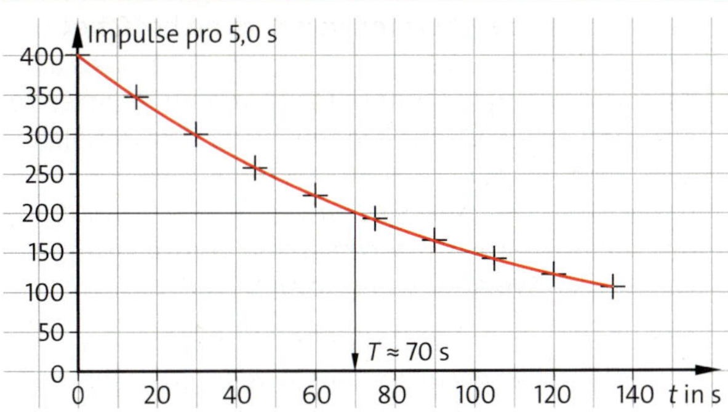

Abgelesene Halbwertszeit von Pa-234^{m}: $T \approx 70\text{ s}$

Energieversorgung – Seite 182/183

1 Ottomotor/Dieselmotor: Antrieb für Fahrzeuge
Dampfturbine: Antrieb von Generatoren in Wärmekraftwerken
Strahltriebwerk: Antrieb von Flugzeugen

2 a Ottomotor: Zündung durch Zündfunken; Fremdzünder.
Dieselmotor: Zündung durch Zusammenpressen der Luft; Selbstzünder

b Siehe Bild 5 auf S. 145.

c Mehr als 80 % der zugeführten Energie werden von dem Auto mit Ottomotor nicht in kinetische Energie für die Fortbewegung umgewandelt, sondern überwiegend thermisch abgegeben. Diese Energie kann praktisch nicht mehr genutzt werden.

d Schadstoffe und mögliche Folgen:
Kohlenstoffdioxid (CO_2): verstärkt den Treibhauseffekt der Erde, Klimawandel
Ruß: erhöhtes Krebsrisiko
Stickstoffoxide: Reizung der Atemwege, saurer Regen, Sommersmog, Klimawandel
Kohlenstoffmonooxid (CO): Kopfschmerzen, Schwindel, Übelkeit, Ersticken

e Der Einsatz von Verbrennungsmotoren soll reduziert werden, weil beim Verbrennen von Benzin und Diesel viel CO_2 entsteht. Wenn weniger CO_2 zusätzlich erzeugt wird, wird der Treibhauseffekt weniger verstärkt, sodass der Klimawandel abgemildert wird. Beim Verbrennen entstehen außerdem Luftschadstoffe, die unsere Gesundheit belasten sowie Gebäude und Pflanzen schädigen können („saurer Regen“). Der Ausstoß dieser Schadstoffe würde bei einem reduzierten Einsatz von Verbrennungsmotoren ebenfalls verringert werden.
Der Einsatz von Verbrennungsmotoren soll auch reduziert werden, damit die begrenzten Vorkommen an Erdöl langsamer abnehmen, sodass dieser wertvolle Rohstoff länger zur Verfügung steht. Ein geringerer Erdölbedarf bedeutet für Deutschland auch, dass die Abhängigkeit von Erdölimporten sinkt.

3 a Gewünschte Energieumwandlungen:
chemische Energie → innere und kinetische Energie → Rotationsenergie → elektrische Energie

b Ausgefüllte Tabelle siehe nächste Seite.

c Wirkungsgrad des Kraftwerks: $\eta = 40\,\%$

d Beim Verbrennen der fossilen Brennstoffe entsteht viel CO_2. Es verstärkt den Treibhauseffekt der Erde und damit einen Klimawandel.
Beim Verbrennen entstehen schädliche Abgase, die aufwendig gereinigt werden müssen.

Die Förderung von Kohle oder Erdöl stellt einen großen Eingriff in die Umwelt dar.
Kohle und Erdöl stehen nicht unbegrenzt zur Verfügung, sie sind keine regenerativen (erneuerbaren) Energieträger.

Energiewandler	Vorgang	Energieumwandlung
Dampferzeuger	Brennstoff wird verbrannt, Wasser verdampft und der Dampf auf über 500 °C erhitzt.	chemische Energie → innere und kinetische Energie
Turbine	Der Dampf treibt die Turbine an.	innere und kinetische Energie → Rotationsenergie
Generator	Die Turbine treibt den Generator an.	Rotationsenergie → elektrische Energie

Tabelle zu Aufgabe 3b

4 a Fossile Energieträger liegen in der Erde und sind vor vielen Hundert Millionen Jahren entstanden. Sie sind nicht erneuerbar, ihre Vorräte sind begrenzt.
Beispiele und Kraftwerke: Kohle (Kohlekraftwerk), Erdgas (GuD-Kraftwerk), Erdöl (Blockheizkraftwerk)
Regenerative (erneuerbare) Energieträger stehen uns immer wieder neu zur Verfügung.
Beispiele und Kraftwerke: Sonnenstrahlung (Fotovoltaikkraftwerk), Wind (Windkraftwerk), Wasser (Speicherkraftwerk) und Biomasse (Heizkraftwerk)
b Pflanzen nehmen beim Wachsen genauso viel CO_2 aus der Luft auf, wie später im Biomassekraftwerk beim Verbrennen erzeugt wird. Zusammen betrachtet wird die Atmosphäre also nicht durch zusätzliches CO_2 belastet.
c Gemeinsamkeiten: Dampferzeuger, Turbine, Generator (und Transformator)
Unterschied: Bei Kohlekraftwerken wird Kohle verbrannt und mit der dabei thermisch abgegebenen Energie Wasser im Dampferzeuger verdampft und der Dampf erhitzt.
Bei solarthermischen Kraftwerken wird ein flüssiges Wärmetransportmittel (meist ein Öl) durch Sonnenstrahlung erhitzt und gibt seine hohe innere Energie im Dampferzeuger an das Wasser ab.

5 a 2019: maximal im Januar (16,2 TWh) und März (17,1 TWh); minimal im Juni/Juli (6,8 TWh) und August (6,0 TWh)
2020: maximal im Januar (16,0 TWh) und Februar (20,8 TWh); minimal im Juni (6,6 TWh) und September (6,6 TWh)
b Von April bis September stellen die Windkraftwerke viel weniger elektrische Energie zur Verfügung als in den anderen Monaten. Dadurch kann die Versorgungssicherheit beeinträchtigt werden.
c Sowohl die geringen Werte im Frühling/Sommer als auch die hohen Werte im Herbst/Winter müssen ausgeglichen werden. Beispiele:
Im Durchschnitt ist die Sonneneinstrahlung im Sommer stärker als in den anderen Monaten. Mit genügend Fotovoltaikkraftwerken ließe sich die geringere Menge an elektrischer Energie aus Windkraftwerken im Frühling/Sommer ausgleichen.
Von Oktober bis März stellen die Windkraftwerke besonders viel elektrische Energie zur Verfügung. Man könnte einen Teil dieser Energie speichern (z. B. in Batterie- oder Wasserstoffspeichern) und dann von April bis September bei Bedarf nutzen.

6 a Gemeinsamkeiten: Turbine, Generator (und Transformator)
b Das Walchenseekraftwerk ist ein Speicherkraftwerk: Der Walchensee dient als Speicher, aus dem Wasser zum Kraftwerk am Kochelsee herabströmt. Im Kraftwerk treibt das strömende Wasser die Turbinen mit den angeschlossenen Generatoren an.
Ein Pumpspeicherkraftwerk würde Wasser aus dem Kochelsee wieder zum Walchensee nach oben pumpen. Das geschieht aber nicht.
c Energieflussdiagramm des Speicherkraftwerks siehe Seite 163, Bild 4.
d Energieflussdiagramm im Pumpbetrieb:

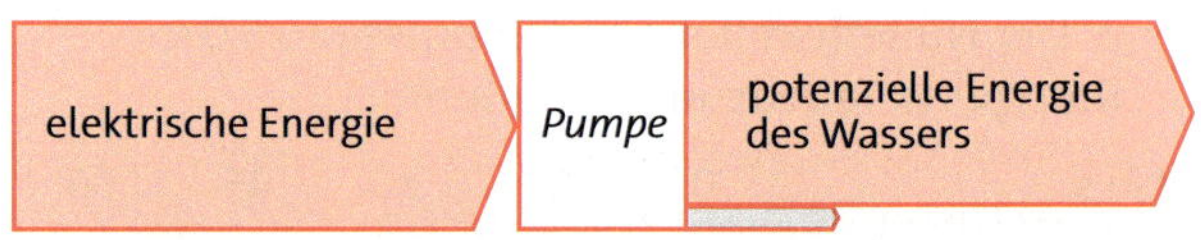

e Pumpspeicherkraftwerke speichern Energie, wenn z. B. gerade überschüssige elektrische Energie zur Verfügung steht, und stellen elektrische Energie schnell zur Verfügung, wenn gerade großer Bedarf besteht. Um die Schwankungen an elektrischer Energie im Netz auszugleichen, nimmt man es in Kauf, dass Energie beim Hinaufpumpen und Herabströmen ungenutzt abgegeben wird. Pumpspeicherkraftwerke haben also eine wichtige Aufgabe.
f Die Strahlungsenergie von der Sonne bewirkt das Aufsteigen des Wassers durch Verdunstung, sodass sich Wolken bilden können, die dann im Quellgebiet des Flusses abregnen.

7 a Um die elektrische Energie von der Nordsee nach Bayern zu übertragen, werden im Verbundnetz sehr hohe Wechselspannungen eingesetzt und bei der

Hochspannungs-Gleichstrom-Übertragung (HGÜ) sehr hohe Gleichspannungen.
Vorteile bei Wechselstrom: Die hohen Spannungen bewirken, dass die Stromstärken in den Fernleitungen so gering sind, dass die Leitungsverluste nicht zu groß sind. Über Umspannwerke kann elektrische Energie an vielen Stellen zu- oder abgeführt werden, ohne dass die Kosten dafür zu hoch werden.
Nachteile bei Wechselstrom: Wechselströme bauen in rascher Abfolge immer wieder Magnetfelder um sich herum auf. Dabei wird elektrische Energie umgewandelt, ohne genutzt zu werden. Bei Seekabeln führt der ständige Wechsel der Stromrichtung ebenfalls zu unerwünschten Umwandlungen elektrischer Energie.
Vorteile bei Gleichstrom: Die hohen Spannungen bewirken, dass die Stromstärken in den Fernleitungen so gering sind, dass die Leitungsverluste nicht zu groß sind. Bei Gleichströmen treten keine unerwünschten Umwandlungen elektrischer Energie auf, die mit dem Wechsel der Stromrichtung verbunden sind.
Nachteile bei Gleichstrom: Die Konverterstationen sind teuer und beim Konvertieren wird relativ viel elektrische Energie ungenutzt umgewandelt und thermisch abgegeben. Deshalb liegen die Konverterstationen an Land sehr weit auseinander.
b Erzeugung von „grünem" Wasserstoff: Die Strahlungsenergie der Sonne wird vom Fotovoltaikkraftwerk in elektrische Energie umgewandelt. Die elektrische Energie wird bei der Elektrolyse genutzt, um Wasser in Wasserstoff und Sauerstoff aufzuspalten.
Transport des Wasserstoffs: Der Wasserstoff kann durch Pipelines geleitet oder mithilfe von Tankschiffen transportiert werden. (Eventuell ist es sinnvoll, den Wasserstoff vorher zu verflüssigen oder zu Methan bzw. Methanol zu synthetisieren.)
Bereitstellen von elektrischer Energie im Blockheizkraftwerk: Wasserstoff (Methan, Methanol) wird im Motor verbrannt. Der Motor treibt einen Generator an, der elektrische Energie bereitstellt.
Wenn im Wahlbereich des Chemieunterrichts Brennstoffzellen behandelt wurden, ist auch folgendes Beispiel möglich: In der Brennstoffzelle reagiert der Wasserstoff mit Sauerstoff zu Wasser, wobei elektrische Energie bereitgestellt wird.

Bildquellenverzeichnis

Titelbild o.: mauritius images/alamy stock photo/blickwinkel | Titelbild u.: ClipDealer GmbH/Maksym Yemelyanov | Origami-Vogel: Sofarobotnik GbR

Fotos
akg-images: Science Photo Library/Universal History Archive\\UIG: 117/9, Science Source: 117/8, 133/3 | bpk/adoc-photos: 117/7 | Bardo Diehl: 26/4 | Björn Whita/ForWind – Universität Oldenburg: 166/3 | Bridgeman Images: Look and Learn: 120/1, Luisa Ricciarini: 165/3A, SZ Photo/Scherl: 141/r. | CartoonStock: Marian Kamensky 176/1 | Cornelsen/Jochim Lichtenberger: 40/2; Cornelsen/Markus Gaa: 82/1, 88/2, 95/5; Cornelsen/Volker Minkus: 64/1, 66/1, 82/2, 97/2; Cornelsen/Martin Zimmer, bearbeitet von Volker Minkus: 119/5 | dpa Picture-Alliance ASSOCIATED PRESS/AP Content: 31/5, Pelamis Wave Power: 161/Wellenkraftwerk, Phanie: 130/1 | ESA A. Gerst: 42/2, NASA: 42/1 | Imago Sportfotodienst GmbH GEPA pictures: 47/3 | Imago Stock & People GmbH blickwinkel: 103/2, imago images/VWPics: 126/1, Science Photo Library: 134/2 | Markus Osterhoff: 123/5 | mauritius images: age fotostock: 111/l., alamy stock photo/agrofruti: 107/4, alamy stock photo/BSIP SA: 113/6, alamy stock photo/ColsTravel: 165/1A, alamy stock photo/Combine Harvester: 113/7, alamy stock photo/Doin Oakenhelm: 149/8, alamy stock photo/Global Warming Images: 159/7, alamy stock photo/Jochen Tack: 95/4+6, 114/1, alamy stock photo/Melvyn Longhurst: 15/l., alamy stock photo/Michael Roper: 164/3, alamy stock photo/Mihajlo Maricic: 4/u.l. + 110/m., alamy stock photo/Nigel Cattlin: 31/3, alamy stock photo/Oliver Wood Photography: 103/4, alamy stock photo/Panther Media GmbH: 107/5, alamy stock photo/parkerphotography : 3/o.l.+14/m, alamy stock photo/Peter Adams Photography: 181/9, alamy stock photo/PjrStudio: 76/1, alamy stock photo/Rob Arnold: 172/1, alamy stock photo/Zoonar GmbH: 131/5r., Alamy/Jerónimo Alba: 180/4, Christian Ohde/Chromorange: 49/5, Hans Blossey: 162/1+163/5, Hans-Peter Merten: 148/7, 180/2, Harry Koerber: 98/1, Image Source: 34/1, 86/3l., imageBroker/Olaf Döring: 97/3, imageBroker/Ulrich Niehoff: 86/2l., Jochen Tack: 168/1, Masterfile RM: 165/2B, Pitopia: 158/2, 161/Hohenwarte II, Ulrich Niehoff: 53/l., Westend61: 161/Jochenstein, 181/7+8 | NASA: 133/2 | sciencephotolibrary DEPT. OF NUCLEAR MEDICINE, CHARING CROSS HOSPITAL: 130/2, Morgan,Hank: 134/3 | Shutterstock.com: CHOTE BKK: 146/1, hramovnick: 149/7, Hywit Dimyadi: 149/6, Jason Winter: 141/l., JaysonPhotography: 15/r., kvsan: 142/1, LuYago: 112/2, New Africa: 88/1, nito: 130/3, Oleksiy Mark: 113/5, pang_oasis: 114/2, Pincasso: 38/1, ronstik: 54/1, SARIN KUNTHONG: 103/3, Scharfsinn: 93/4, Smit: 180/5, tuttifrutti: 31/4, Yury Kosourov: 53/r. | stock.adobe.com: 131/4, Alexey Kuznetsov: 25/8, Andrei Merkulov: 148/4, 180/3, antoine2k: 164/2l., Alexander Rochau: 166/1, berkut_34/Sergey Sergeev: 131/5m., bietau: 161/Frauenau, Björn Wylezich: 112/1, Bryan Busovicki 2004: 160/1, cunaplus: 58/1, dima_pics: 86/1l., Ein Qi-Wang/Sweet: 4o.l., 52/m, Elnur: 5/o.l., 140/m., ErsErg: 109/4, Fly_and_Dive: 148/2, Fokke: 166/2, Giuma: 181/6, Image Source: 147/3, Kampan: 94/1, Kinek00/Michal: 87/5, Klodien/Claudine Van Massenhove/nfin-mas.com: 165/2A, Mateusz Łopuszyński: 163/3, motive56: 49/6, nordroden: 147/5, pixs: sell: 111/r., Proxima Studio: 103/5, scofieldza: 87/4, snvv: 148/3, STOCKSTUDIO: 159/8, TebNad: 118/1, ThomasLENNE: 149/9, Yulia Sugarbox: 72/1, ZHAOJIANKANG/ABCDstock: 158/1 | Südtiroler Archäologiemuseum – www.iceman.it: 132/1

Grafiken und Illustrationen
Cornelsen/Inhouse: 7/m.r., 155/2–5 | Cornelsen/Atelier G: 142/m.r., 198/2m. | Cornelsen/Mathias Pflügner: 28/1, 44/1 | Cornelsen/Rainer Götze: 6, 7/u.r., 8–12, 16–24, 25/6+7, 26/1, 27, 28/2+3, 29+30, 32+33, 34/2+3, 35–37, 38/2+3, 39, 40/1, 41, 42/3+4, 43, 44/2, 45, 47/2, 48, 49/7, 50, 54/2–5, 55–57, 59–63, 64/2+3, 65, 66/2+3, 67–71, 72/2–4, 73–75, 76/2+3, 77–81, 82/3+4, 83–85, 86/1r.–3r., 88/3+4, 89–92, 93/5+6, 94/2, 95/3, 97/4, 98/2+3, 99–102, 104–106, 107/6+7, 108, 109/5, 112/3, 113/4, 114/3, 115+116, 118/2, 119/3+4, 121+122, 123/7, 124+125, 126/3, 127+128, 133/4+5, 135/6, 136–138, 142/2–4, 143–145, 146/2, 147/4, 148/5, 150–154, 158/3–5, 158/6 (Datenbasis: Deutscher Wetterdienst, eigene Elemente ergänzt), 159/9+10, 160/2 (Datenbasis: Eurostat, Share of energy from renewable sources in gross electricity consumption, 2004–2019), 160/3, 162/2, 163/4, 164/1+2m., 166/3 Skala, 167, 168/2+3, 169–171, 173/2 (Datenbasis: Netzentwicklungsplan Strom 2035 [2021], zweiter Entwurf), 173/3 (Datenbasis: www.bmwi.de, Fernleitungsnetzbetreiber), 175/1, 175/2 (Datenbasis: European Hydrogen Backbone initiative 2021), 176/2, 177–179, 182, 183 (Datenbasis: Bundesverband WindEnergie e.V.), 184–186, 188–190, 196+197, 200

Hinweis: Fett gedruckte Begriffe sind Lernwörter.

N

O

P

R

S

Periodensystem der Elemente (vereinfacht)

Periode	I. Hauptgruppe	II. Hauptgruppe	III. Nebengruppe	IV. Nebengruppe	V. Nebengruppe	VI. Nebengruppe	VII. Nebengruppe	VIII. Nebengruppe	VIII. Nebengruppe
1	Wasserstoff 1 H 1								
2	Lithium 7 Li 3	Beryllium 9 Be 4							
3	Natrium 23 Na 11	Magnesium 24 Mg 12							
4	Kalium 39 K 19	Calcium 40 Ca 20	Scandium 45 Sc 21	Titan 48 Ti 22	Vanadium 51 V 23	Chrom 52 Cr 24	Mangan 55 Mn 25	Eisen 56 Fe 26	Cobalt 59 Co 27
5	Rubidium 85 Rb 37	Strontium 88 Sr 38	Yttrium 89 Y 39	Zirconium 90 Zr 40	Niob 93 Nb 41	Molybdän 98 Mo 42	Technetium [98] Tc 43	Ruthenium 102 Ru 44	Rhodium 103 Rh 45
6	Caesium 133 Cs 55	Barium 138 Ba 56	139 175 La–Lu 57–71	Hafnium 180 Hf 72	Tantal 181 Ta 73	Wolfram 184 W 74	Rhenium 187 Re 75	Osmium 192 Os 76	Iridium 193 Ir 77
7	Francium 223 Fr* 87	Radium 226 Ra* 88	227 262 Ac*–Lr* 89–103	Rutherfordium 267 Rf* 104	Dubnium 268 Db* 105	Seaborgium 271 Sg* 106	Bohrium 272 Bh* 107	Hassium 270 Hs* 108	Meitnerium 276 Mt* 109

Elemente der Lanthanreihe (Lanthanoide)

Lanthan 139 La 57	Cer 140 Ce 58	Praseodym 141 Pr 59	Neodym 144 Nd 60	Promethium 147 Pm* 61	Samarium 150 Sm 62

Elemente der Actiniumreihe (Actinoide)

Actinium 227 Ac* 89	Thorium 232 Th* 90	Protactinium 231 Pa* 91	Uran 238 U* 92	Neptunium 237 Np* 93	Plutonium 244 Pu* 94

Nukleonenzahl – 16
Name des Elements – Sauerstoff
Elementsymbol – O
Ordnungszahl – 8

schwarz = Feststoff
blau = Flüssigkeit
rot = Gas
* radioaktives Element

Metall
Halbmetall
Nichtmetall
Zuordnung noch nicht bestätigt

VIII. Nebengruppe	I. Nebengruppe	II. Nebengruppe	III. Hauptgruppe	IV. Hauptgruppe	V. Hauptgruppe	VI. Hauptgruppe	VII. Hauptgruppe	VIII. Hauptgruppe	Periode
								Helium 4 He 2	1
			Bor 11 B 5	Kohlenstoff 12 C 6	Stickstoff 14 N 7	Sauerstoff 16 O 8	Fluor 19 F 9	Neon 20 Ne 10	2
			Aluminium 27 Al 13	Silicium 28 Si 14	Phosphor 31 P 15	Schwefel 32 S 16	Chlor 35 Cl 17	Argon 40 Ar 18	3
Nickel 58 Ni 28	Kupfer 63 Cu 29	Zink 64 Zn 30	Gallium 69 Ga 31	Germanium 74 Ge 32	Arsen 75 As 33	Selen 80 Se 34	Brom 79 Br 35	Krypton 84 Kr 36	4
Palladium 106 Pd 46	Silber 107 Ag 47	Cadmium 114 Cd 48	Indium 115 In 49	Zinn 120 Sn 50	Antimon 121 Sb 51	Tellur 130 Te 52	Iod 127 I 53	Xenon 132 Xe 54	5
Platin 195 Pt 78	Gold 197 Au 79	Quecksilber 202 Hg 80	Thallium 205 Tl 81	Blei 208 Pb 82	Bismut 209 Bi 83	Polonium 209 Po* 84	Astat 210 At* 85	Radon 222 Rn* 86	6
Darmstadtium 282 Ds* 110	Roentgenium 280 Rg* 111	Copernicium 285 Cn* 112	Nihonium 287 Nh* 113	Flerovium 285 Fl* 114	Moscovium 291 Mc* 115	Livermorium 293 Lv* 116	Tenness 292 Ts* 117	Oganesson 293 Og* 118	7

Europium 152 Eu 63	Gadolinium 157 Gd 64	Terbium 159 Tb 65	Dysprosium 162 Dy 66	Holmium 165 Ho 67	Erbium 167 Er 68	Thulium 169 Tm 69	Ytterbium 173 Yb 70	Lutetium 175 Lu 71
Americium 243 Am* 95	Curium 247 Cm* 96	Berkelium 247 Bk* 97	Californium 251 Cf* 98	Einsteinium 252 Es* 99	Fermium 257 Fm* 100	Mendelevium 258 Md* 101	Nobelium 259 No* 102	Lawrencium 262 Lr* 103

Operator	Das sollst du tun:
Nenne Gib an	Notiere Namen oder Begriffe. Verwende Fachwörter.
Beschreibe	Formuliere etwas so genau und ausführlich mit Fachwörtern, dass ein anderer es sich gut vorstellen kann.
Erkläre	Verstehe, wie etwas funktioniert oder aufgebaut ist. Führe die Funktionsweise und den Aufbau auf Regeln und Gesetze zurück.
Begründe	Gib die wichtigen Gründe oder Ursachen an.
Erläutere	Erkläre ausführlich anhand von einem oder mehreren Beispielen.
Vergleiche	Stelle Gemeinsamkeiten und Unterschiede zum Beispiel in einer Tabelle dar.
Skizziere	Fertige ein ganz einfaches Bild an, das auf den ersten Blick verständlich ist.
Zeichne Konstruiere	Fertige ein genaues und vollständiges Bild an. Verwende ein Lineal oder Geodreieck.
Berechne	Stelle den Rechenweg dar und gib das Ergebnis an.
Ermittle Bestimme	Komme durch eine Rechnung, eine Zeichnung oder einen Versuch zu einem Ergebnis.
Untersuche	Erforsche einen Zusammenhang mit einem oder mehreren Versuchen. Mache dir vorher einen Plan. Dokumentiere dein Vorgehen und die Ergebnisse.
Nimm Stellung Bewerte	Entscheide dich, ob du einer Aussage zustimmst oder sie ablehnst. Begründe dann deine Entscheidung. Führe sie auf Regeln und Gesetze zurück.

1 Operatoren im Physikunterricht und ihre Bedeutung

Stoff	Signalwort	Piktogramme	H-Sätze	P-Sätze	AGW
Ethanol	Gefahr	entzündbar   gesundheitsschädlich	H225 H319	P210, P240 P305 + P351 + P338 P403 + P233	$960 \frac{mg}{m^3}$

2 Schadstoffkennzeichnung

Vorsatz	Zeichen	Faktor	
Deka-	D	10	10^1
Hekto-	h	100	10^2
Kilo-	k	1 000	10^3
Mega-	M	1 000 000	10^6
Giga-	G	1 000 000 000	10^9
Tera-	T	1 000 000 000 000	10^{12}
Peta-	P	1 000 000 000 000 000	10^{15}
Exa-	E	1 000 000 000 000 000 000	10^{18}

3 Vielfache von Einheiten

Vorsatz	Zeichen	Faktor	
Dezi-	d	0,1	10^{-1}
Zenti-	c	0,01	10^{-2}
Milli-	m	0,001	10^{-3}
Mikro-	µ	0,000 001	10^{-6}
Nano-	n	0,000 000 001	10^{-9}
Piko-	p	0,000 000 000 001	10^{-12}
Femto-	f	0,000 000 000 000 001	10^{-15}
Atto-	a	0,000 000 000 000 000 001	10^{-18}

4 Teile von Einheiten

Fester Stoff	ϱ in $\frac{g}{cm^3}$
Aluminium	2,70
Blei	11,34
Diamant	3,51
Eis (bei 0 °C)	0,917
Gold	19,32
Kupfer	8,93
Platin	21,45
Plexiglas	1,2
Silber	10,50
Silicium	2,328
Stahl (V2A)	7,9
Titan	4,51
Uran	19,16
Zink	7,13
Zinn	7,29
Flüssiger Stoff	
Benzin	0,78
Diesel	0,87
Ethanol	0,789
Quecksilber	13,546
Spiritus	0,83
Wasser bei 20 °C Wasser bei 4 °C	0,998 1,00

5 Dichte bei 20 °C

Gasförmiger Stoff	ϱ in $\frac{g}{dm^3}$
Chlor	3,214
Erdgas	0,60
Helium	0,1785
Kohlenstoffdioxid	1,9769
Luft	1,2923
Propan	2,0096
Sauerstoff	1,429
Stickstoff	1,251
Wasserdampf (100 °C)	0,768
Wasserstoff	0,0899

6 Dichte bei 0 °C und 1013 hPa

Stoff (bei 20 °C)	c in $\frac{kJ}{kg \cdot °C}$
Aluminium	0,896
Blei	0,129
Eis (bei 0 °C)	2,1
Eisen	0,452
Ethanol	2,42
Glas	0,78
Gold	0,129
Kupfer	0,382
Luft (bei 1013 mbar)	1,005
Messing	0,384
Milch	3,9
Olivenöl	1,9
Sand	0,7 bis 0,9
Silber	0,235
Spiritus	2,42
Stein	0,7 bis 0,9
Wasser	4,182

7 Spezifische Wärmekapazität

Brennstoff	H in $\frac{MJ}{kg}$
Benzin	42
Braunkohle	16
Diesel	43
Erdgas	bis 45
Hausmüll	10
Heizöl	43
Holzpellets	18
Holz, trocken	15
Papier	15
Propan	46
Spiritus	30
Stadtgas	16
Steinkohle	27
Wasserstoff	120

8 Spezifischer Heizwert

Isotop	T
Caesium Cs-137	30,08 a
Cobalt Co-60	5,2711 a
Iod I-131	8,0228 d
Kalium K-40	$1,248 \cdot 10^9$ a
Kohlenstoff C-14	5730 a
Phosphor P-32	14,268 d
Plutonium Pu-239	$2,411 \cdot 10^4$ a
Polonium Po-210	138,38 d
Radium Ra-226	1600 a
Radon Rn-220	55,6 s
Radon Rn-222	3,825 d
Strontium Sr-90	9,96 min
Thorium Th-232	$1,405 \cdot 10^{10}$ a
Tritium H-3	12,312 a
Uran U-235	$7,038 \cdot 10^8$ a
Uran U-238	$4,468 \cdot 10^9$ a

9 Halbwertszeit

Strahlungsart	q
Röntgenstrahlung β-Strahlung γ-Strahlung	1
langsame Neutronen	2–5
schnelle Neutronen Protonen	10
α-Strahlung	20

10 Bewertungsfaktor (Qualitätsfaktor)

Tabellen

Schaltzeichen	Bezeichnung	Schaltzeichen	Bezeichnung	Schaltzeichen	Bezeichnung
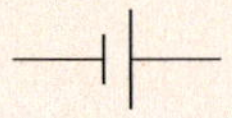	Batterie (Zelle)	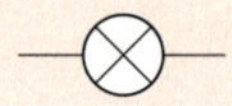	Glühlampe		Diode
	Netzgerät	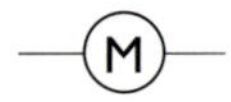	Motor	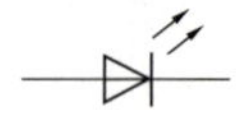	Leuchtdiode (LED)
	Leiterverzweigung mit leitender Verbindung	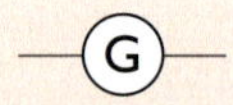	Generator	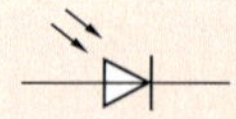	Solarzelle (Fotodiode) 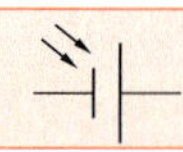
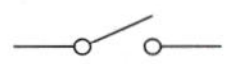	Schalter (geöffnet)	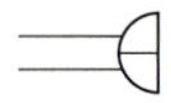	Summer	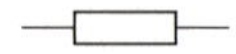	Festwiderstand
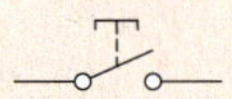	Taster (geöffnet)	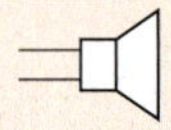	Lautsprecher	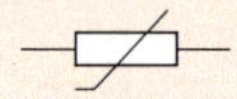	veränderbarer Widerstand
	Erdung	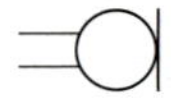	Mikrofon	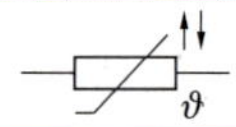	Heißleiterwiderstand (NTC)
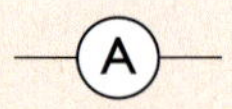	Stromstärkemessgerät		Spule	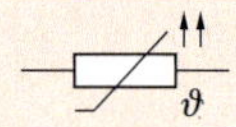	Kaltleiterwiderstand (PTC)
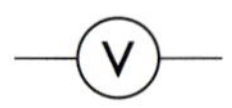	Spannungsmessgerät	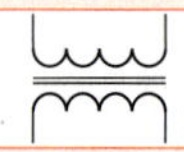	Transformator (mit Weicheisenkern)	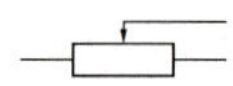	Schiebewiderstand mit Schleifkontakt
	Widerstandsmessgerät	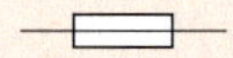	Sicherung	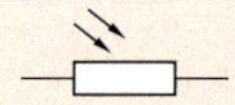	Fotowiderstand (LDR)

1 Einige Schaltzeichen (Schaltsymbole)

Ringfarbe	1. Ring (1. Ziffer)	2. Ring (2. Ziffer)	3. Ring (Multiplikator)		4. Ring (Toleranz)
Schwarz	0	0			
Braun	1	1	0	10^1	±1 %
Rot	2	2	00	10^2	±2 %
Orange	3	3	000	10^3	
Gelb	4	4	0000	10^4	
Grün	5	5	00000	10^5	
Blau	6	6	000000	10^6	
Violett	7	7	0000000	10^7	
Grau	8	8			
Weiß	9	9			
Gold					±5 %
Silber					±10 %
keine					±20 %

Dieser Festwiderstand hat 1000 Ω ±5 %:
Braun Schwarz Rot Gold
1 0 00 ±5 %
Der Widerstand liegt zwischen 950 Ω und 1050 Ω.

2 Farbcode für Festwiderstände

Stoff (bei 20 °C)	ϱ in $\frac{\Omega \cdot mm^2}{m}$
Aluminium	0,027
Blei	0,208
Blut	$1{,}6 \cdot 10^6$
Eisen	0,10
Gold	0,022
Graphit	8,00
Hartgummi	$1 \cdot 10^{19}$
Kohle (Bürsten)	40
Konstantan	0,50
Kupfer	0,0172
Leitungswasser	$2 \cdot 10^7$
Meerwasser	$5 \cdot 10^5$
Platin	0,107
Quarzglas	$7{,}5 \cdot 10^{23}$
Silber	0,016
Silicium	$1{,}2 \cdot 10^7$
Wolfram	0,055
Zink	0,061
Zinn	0,11

3 Spezifischer Widerstand

Tabellen

Größe	Gleichung
Geschwindigkeit	$v = \frac{\Delta s}{\Delta t}$
Beschleunigung	$a = \frac{\Delta v}{\Delta t}$
Impuls	$p = m \cdot v$
Ortsfaktor	$g = \frac{F_G}{m}$
Dichte	$\varrho = \frac{m}{V}$
Energie, Arbeit	$E = F \cdot s$, $W = F \cdot s$
potenzielle Energie Hubarbeit	$E_{pot} = F_G \cdot h = m \cdot g \cdot h$ $W_{Hub} = F_G \cdot h = m \cdot g \cdot h$
kinetische Energie	$E_{kin} = \frac{1}{2} \cdot m \cdot v^2$
Leistung	$P = \frac{E}{t}$; $P = \frac{W}{t}$
Wirkungsgrad	$\eta = \frac{E_{nutz}}{E_{zu}}$; $\eta = \frac{W_{nutz}}{W_{zu}}$; $\eta = \frac{P_{nutz}}{P_{zu}}$
Druck	$p = \frac{F}{A}$
Schweredruck	$p = \varrho \cdot g \cdot h$
Auftriebskraft	$F_A = \varrho \cdot g \cdot V$

Gesetz	Gleichung
Gesetz von Hooke	$F = D \cdot \Delta l$
Grundgleichung der Mechanik	$F = m \cdot a$
Weg-Zeit-Gesetz	$s = \frac{1}{2} \cdot a \cdot t^2$ (a konst.)

4 Größen und Gesetze aus der Mechanik

Größe	Gleichung
spezifische Schmelzwärme	$w_s = \frac{W_s}{m}$
spezifische Verdampfungswärme	$w_v = \frac{W_v}{m}$
spezifischer Heizwert	$H = \frac{W_{th}}{m}$

Gesetz	Gleichung
allgemeine Gasgleichung	$\frac{p_1 \cdot V_1}{T_1} = \frac{p_2 \cdot V_2}{T_2}$
Gesetz von Boyle-Mariotte	$p_1 \cdot V_1 = p_2 \cdot V_2$ (T konst.)
Gesetz von Gay-Lussac	$\frac{V_1}{T_1} = \frac{V_2}{T_2}$ (p konst.)
Erwärmungsgesetz	$W_{th} = c \cdot m \cdot \Delta\vartheta$

5 Größen und Gesetze aus der Wärmelehre

Größe	Gleichung
elektrische Stromstärke	$I = \frac{Q}{t}$
elektrische Spannung	$U = \frac{P_{el}}{I}$ $U = \frac{E_{el}}{Q}$
elektrische Leistung	$P_{el} = \frac{E_{el}}{t}$ $P_{el} = U \cdot I$
thermische Leistung	$P_{th} = R \cdot I^2$
elektrische Energie	$E_{el} = P_{el} \cdot t$
elektrischer Leitwert	$G = \frac{I}{U}$
elektrischer Widerstand	$R = \frac{U}{I}$

Gesetz	Gleichung
Gesetz von Ohm	$I \sim U$ und $R = \frac{U}{I} =$ konst.
Widerstandsgesetz	$R = \varrho \cdot \frac{l}{A}$
unverzweigte Stromkreise (Reihenschaltungen)	$U_{ges} = U_1 + U_2 + ...$ $I = I_1 = I_2 = ...$ $R_{ges} = R_1 + R_2 + ...$ $\frac{R_1}{R_2} = \frac{U_1}{U_2}$
verzweigte Stromkreise (Parallelschaltungen)	$U = U_1 = U_2 = ...$ $I_{ges} = I_1 + I_2 + ...$ $\frac{1}{R_{ges}} = \frac{1}{R_1} + \frac{1}{R_2} + ...$ $\frac{R_1}{R_2} = \frac{I_2}{I_1}$

6 Größen und Gesetze aus der Elektrizitätslehre

Größe	Gleichung
Aktivität	$A = \frac{n}{t}$
Energiedosis	$D = \frac{E}{m}$
Äquivalentdosis	$H = q \cdot D$

Gesetz	Gleichung
Zerfallsgesetz	$N(t) = N_0 \cdot \left(\frac{1}{2}\right)^{\frac{t}{T}}$

7 Größen und Gesetz aus der Atom- und Kernphysik

Größe	Symbol	Einheit		Weitere Einheiten		Beziehungen
Länge	l	Meter	1 m	Zoll	1″	1″ = 2,54 cm
Fläche	A	Quadratmeter	1 m^2	Hektar	1 ha	1 ha = 10 000 m^2
Volumen	V	Kubikmeter	1 m^3	Liter	1 l	1 m^3 = 1000 l
Masse	m	Kilogramm	1 kg	Tonne	1 t	1 t = 1000 kg
Dichte	ϱ	Kilogramm pro Kubikmeter	$1\,\frac{kg}{m^3}$	Gramm pro Kubikzentimeter	$1\,\frac{g}{cm^3}$	$1\,\frac{g}{cm^3} = 1000\,\frac{kg}{m^3}$
Zeit	t	Sekunde	1 s	Minute Stunde	1 min 1 h	1 min = 60 s 1 h = 60 min = 3600 s
Frequenz	f	Hertz	1 Hz			$1\,Hz = \frac{1}{s}$
Geschwindigkeit	v	Meter pro Sekunde	$1\,\frac{m}{s}$	Kilometer pro Stunde	$1\,\frac{km}{h}$	$1\,\frac{m}{s} = 3{,}6\,\frac{km}{h}$
Impuls	p	Kilogramm mal Meter pro Sekunde	$1\,kg \cdot \frac{m}{s}$	Newton mal Sekunde	1 Ns	$1\,kg \cdot \frac{m}{s} = 1\,Ns$
Beschleunigung	a	Meter pro Sekunde zum Quadrat	$1\,\frac{m}{s^2}$			
Kraft	F	Newton	1 N	Kilogramm mal Meter pro Sekunde zum Quadrat	$1\,kg \cdot \frac{m}{s^2}$	$1\,N = 1\,kg \cdot \frac{m}{s^2}$
Druck	p	Pascal	1 Pa	Bar	1 bar	$1\,Pa = 1\,\frac{N}{m^2}$ $1\,bar = 10\,\frac{N}{cm^2} = 10^5\,Pa$
Energie Arbeit, Wärme	E W, W_{th}	Joule	1 J	Kilowattstunde	1 kWh	1 J = 1 Nm = 1 Ws 1 kWh = 3,6 MJ
Leistung	P P_{el}, P_{th}	Watt	1 W			$1\,W = 1\,\frac{J}{s} = 1\,\frac{Nm}{s}$ 1 W = 1 VA
Wirkungsgrad	η					
Temperatur	T, ϑ	Kelvin	1 K	Grad Celsius	1 °C	0 °C ≙ 273,15 K
spezifische Wärmekapazität	c	Joule pro Kilogramm und Grad Celsius	$1\,\frac{J}{kg \cdot °C}$	Kilojoule pro Kilogramm und Grad Celsius	$1\,\frac{kJ}{kg \cdot °C}$	
spezifischer Heizwert	H	Joule pro Kilogramm	$1\,\frac{J}{kg}$	Megajoule pro Kilogramm	$1\,\frac{MJ}{kg}$	
Ladung	Q	Coulomb	1 C	Elementarladung	1 e	$1\,e = 1{,}602 \cdot 10^{-19}\,C$
Stromstärke	I	Ampere	1 A			$1\,A = 1\,\frac{C}{s}$
Spannung	U	Volt	1 V			$1\,V = 1\,\frac{W}{A} = 1\,\frac{J}{C}$
Widerstand	R	Ohm	1 Ω			$1\,\Omega = 1\,\frac{V}{A}$
spezifischer Widerstand	ϱ	Ohm mal Quadratmillimeter pro Meter	$1\,\frac{\Omega \cdot mm^2}{m}$			
Leitwert	G	Siemens	S			$1\,S = 1\,\frac{A}{V}$
Aktivität	A	Becquerel	1 Bq			$1\,Bq = \frac{1}{s}$
Energiedosis	D	Gray	1 Gy			$1\,Gy = 1\,\frac{J}{kg}$
Äquivalentdosis	H	Sievert	1 Sv			$1\,Sv = 1\,\frac{J}{kg}$

1 Physikalische Größen und ihre Einheiten (*kursiv:* Basisgrößen des Internationalen Einheitensystems SI)